有限责任公司法论

（第2版）

On the Law of
Limited Liability Company

吴高臣·著

中国民主法制出版社
全国百佳图书出版单位

图书在版编目（CIP）数据

有限责任公司法论/吴高臣著. —2版. —北京：
中国民主法制出版社，2019.11
ISBN 978-7-5162-2123-5

Ⅰ.①有… Ⅱ.①吴… Ⅲ.①股份有限公司—公司法
—研究—中国 Ⅳ.①D922.291.914

中国版本图书馆 CIP 数据核字（2019）第 251971 号

图书出品人：刘海涛
出版统筹：乔先彪
责任编辑：逯卫光

书名/有限责任公司法论（第 2 版）
　　　YOUXIANZERENGONGSIFALUN（DI2BAN）
作者/吴高臣　著

出版·发行/中国民主法制出版社
地址/北京市丰台区玉林里 7 号（100069）
电话/63055259（总编室）　63057714（发行部）
传真/63056975　63056983
http：//www.npcpub.com
E-mail：mzfz@npcpub.com
经销/新华书店
开本/16 开　710 毫米×1000 毫米
印张/21.25　字数/321 千字
版本/2019 年 12 月第 1 版　2019 年 12 月第 1 次印刷
印刷/北京天宇万达印刷有限公司

书号/ISBN 978-7-5162-2123-5
定价/68.00 元
出版声明/版权所有，侵权必究。

第 2 版修订说明

本书在保持 2009 年版基本框架的基础上，依据公司法理论的新发展和《中华人民共和国公司法》(本书简称《公司法》)的修订进行了全面修改，其修改要点包括如下：

1. 团体法思想逐渐为公司法学界接纳。作为团体法的公司法与作为个人法的民法存在明显不同，关注此种差别方能更好地理解、适用和完善公司法律制度。本书以团体法思想为指引，全面修订了书中相关问题分析思路和解决对策。本书第一章专门讨论了团体法的基础理论，提出了公司法的基本原则，国内公司法论著尚未见到讨论公司法基本原则者。本书进而以团体法思想详细分析了股东会决议制度。

2. 详细阐明有限责任公司的人合性。人合性是把握有限责任公司制度的关键。从人合性出发，有限责任公司治理应具有更大的弹性，允许股东就公司治理作出自己的特别安排，为此本书专门分析了有限责任公司股东协议以及非典型公司治理结构事业合伙人制度。

3. 结合《公司法》的修改，全面修订本书内容。2010 年最高人民法院颁布了《最高人民法院关于适用〈中华人民共和国公司法〉若干问题的规定(三)》(本书简称《公司法司法解释三》)，就公司设立、出资、股权确认等纠纷案件适用法律问题作出了具体规定，2013 年《公司法》进行了公司资本制度改革，2017 年最高人民法院颁布了《最高人民法院关于适用〈中华人民共和国公司法〉若干问题的规定(四)》(本书简称《公司法司法解释四》)，就公司决议效力、股东知情权、利润分配权、优先购买权和股东代表诉讼等案件适用法律问题作出了重要解释。2019 年 4 月 29 日最高人民法院发布了《最高人民法院关于适用〈中华人民共和国公司法〉若干问题的规定(五)》(本书简称《公司法司法解释五》)，就关联交易、董事权益、利润分配、股东分歧解决机制等纠纷解决作出了明确规定，旨在促进营商环境的优化。围绕上述内容，本书进行了较为全面细致的修改，同时删除了部分较为成熟且实践中争议不大的制度，如公司承包合同等。

4. 注重司法实践。援引民事裁判文书对滥用公司人格的认定、估值调整协议的效力等司法实践中存在的较大争议问题进行讨论,关注司法裁判的动态,寻找实践中的公司法。

吴高臣

2019 年 8 月 10 日

人合性：理解有限责任公司法律制度的钥匙

（第2版代序）

有限责任公司兼具商事合伙的人合性和股份有限公司的资合性，人合性是有限责任公司的本质属性，资合性是其外在表现形式。《公司法》历经多次修订，以更多的任意性规范调整有限责任公司，彰显了有限责任公司的人合性。只有准确把握有限责任公司的人合性，才能更好地理解有限责任公司法律制度。

何为其人合性？学者各抒己见，从不同的视角对人合性作出解读。就总体而言，可以分为两种观点。学界对此两种观点并未冠以明确的称呼，为行文方便，笔者加以概括，分别称之为单一关系说和双重关系说。

单一关系说认为，所谓人合性就是有限责任公司股东之间的信任关系。叶林教授等学者在阐明有限责任公司历史沿革的基础上，阐明了人合性及其对公司治理的影响。有限责任公司的组建、管理甚至业务的展开，均是建立在股东间相互信任基础上的；股东的身份对公司意义重大，股东间自主协商机制对公司事务的安排与解决有重大影响[1] 这可以说是内部关系说的经典概括。高永周认为，人合性是股东与股东之间的信任关系。进而指出，股东个人之间存在的相互信任关系的人合性与以公司信用基础为分类标准的人合性有不同的法律内涵。前者是股东与股东之间的信任关系，是处理公司与股东及股东之间的内部关系，而后者是对外经济活动信用基础，说到底就是公司的债务最终由股东来承担的问题，是外部关系。[2]

双重关系说认为，人合性不仅涉及公司治理还涉及债权人保护。林成铎虽然也认为人合性为股东之间的信任关系，但与高永周的观点有所不同，"人合性体现在股东自身的资产状况、信用状况与个人能力等是公司成立的

---

[1] 叶林、段威：《论有限责任公司的性质及其立法趋向》，《现代法学》2005 年第 1 期，第 57—63 页。

[2] 高永周：《有限责任公司的人合性》，《北京科技大学学报》2008 年第 4 期，第 59—60 页。

基础,股东之间彼此具有最基本的信任关系。这样的一种双重性,影响了公司的内部关系和外部关系,股东的利益体现在彼此的信任关系之上"。因此,人合性具有内部表现形式和外部表现形式。有限责任公司的人合性派生了封闭性和所有权与经营权的统一。[1] 而李劲华则从有限责任公司制度设计的角度观察,认为公司成员之间的良好关系只是有限责任公司人合性的要求,而不是其人合性本身。人合性的渊源在于有限责任公司形式的特别设计,其含义包括两个方面:对内是指公司内部运转及权利义务分配,以资本多数决原则和股东人数多数决原则的混合适用为依据,甚至允许股东一致决原则的存在;对外则是指有限责任公司相对人的交易风险的保障主要由公司资产承担,但在一定程度上同时由公司股东承担。有限责任公司的人合性派生出了有限责任公司的另外两个重要特点:封闭性和所有与经营的一致性。[2]

上述两种观点均从有限责任公司制度的历史演变出发,分析人合性的内涵,得出了不同的结论。争议的焦点可以归纳为两个问题:一是人合性是否指股东之间的信任关系?二是人合性是否分为内部表现和外部表现两个方面?有限责任公司的人合性来源于商事合伙。德国学者指出,在有限责任公司的成员之间,存在某种个人关系,这种关系很像合伙成员之间的那种相互关系。[3] 而合伙的人合性是指合伙人之间强烈的信任关系。有限责任公司正是由于吸收了商事合伙的人合性特征,才弥补了股份有限公司资合性的部分弊端,从而为广大中小企业股东所青睐,成为重要的商事主体。因此,股东之间的信任关系才是人合性的本质,其他属性只是人合性的具体表现形式。至于这些表现形式是否分为内部和外部两个方面,笔者认为从团体法观念出发,公司法解决的是公司内部关系问题,原则上不涉及公司外部关系,除非这一关系具有特殊性。主张双重关系说的学者认为,有限的信用是有限责任公司的缺陷,可以通过人合性的对外含义加以弥补,有限责任公司的债权除了公司资产担保外,股东在特定情形下也要承担。笔者认为该观点存在两个方面问题:一是有限的信用是有限责任的弊端,它不仅存在于有限责任公司也存在于股份有限公司,这意味着有限的信用是公司制度的

---

〔1〕 林成铎:《有限责任公司股东退出机制研究》,中国政法大学出版社 2009 年版,第 19—27 页。

〔2〕 李劲华:《有限责任公司的人合性及其对公司治理的影响》,《山东大学学报(哲学社会科学版)》2007 年第 4 期,第 89—92 页。

〔3〕 [德]罗伯特·霍恩、[德]海因·科茨、[德]汉斯·G. 莱塞:《德国民商法导论》,楚建译,中国大百科全书出版社 1996 年版,第 280 页。

弊端;二是现代公司法走向严格准则主义,加重了发起人责任和股东出资义务的履行要求,也没有因有限责任公司和股份有限公司而给予明显的区别对待,这方面《公司法司法解释三》就是很好的例证。总之,有限责任公司的人合性就是股东之间的信任关系。

人合性有利于降低有限责任公司的经营成本,提升公司自治力。有限责任公司诸多制度均体现了人合性之维系。一是股东人数的限制性,因为股东人数过多,相互间的信任难以保持,与股份有限公司的区别也变得过于模糊。二是资本的封闭性,有限责任公司资本筹集、股权转让均受到较多限制,与之相联系信息公开程度较低,从而有助于保护公司的商业秘密。三是所有权和经营权分离程度低,股东基本参与经营管理,所有者和经营者的一致性需要赋予有限责任公司治理更多的自治空间,可以借助股东协议和公司章程等设置与股份有限公司明显不同的股东权利义务(如就分红权和表决权作出特别约定)、公司治理规范(如就股东会和董事会权限划分作出特别约定)。有限责任公司的上述特点,也是吸引发达资本市场部分上市公司自主选择退市的重要原因之一。当然,我们在强调人合性优势的同时,也不能忽视其弊端,公司法亦有防止有限责任公司人合性弊端的制度安排。一是丧失公司独立性的危险,公司独立人格要求所有权和经营权分开,而人合性则导致两权分离程度低,这或许是有限责任公司人格否认案例较多的原因之一。因此,有限责任公司应当充分考虑资合性因素,建立完善的内部经营管理规范,防止人格混同。二是形成公司僵局的危险。股东之间发生剧烈利益冲突时,已经丧失了基本的信任而相互掣肘,极易引发有限责任公司僵局。有限责任公司可以事先进行公司治理规范设计,防止僵局的形成并构建僵局解决方法。

综上所述,人合性是有限责任公司的本质属性,其对有限责任公司制度产生了决定性影响。把握了人合性,也就获得了打开有限责任公司法律制度之门的钥匙。

吴高臣

2019 年 8 月

序

　　写一本关于有限责任公司法律制度的书是我近年来的愿望。有限责任公司是中小企业普遍采用的组织形式，其对社会生活的影响虽然不像上市公司那么受到关注，不过由于其数量众多远非上市公司所能比，其实际影响可能超过上市公司。然而，针对有限责任公司法律制度进行专门研究的著作并不多见。本书就是对这一方面的一种尝试。无论是1993年《中华人民共和国公司法》(本书简称《公司法》)还是2005年《公司法》，其对股份有限公司的规定比有限责任公司更为细致。究其原因，有限责任公司比股份有限公司更具契约性，所以法律应就股份有限公司方方面面作出较为明确具体的规定，并赋予有限责任公司更多意思自治的空间。这一做法无疑是正确的，不过任何事物都具有两面性，这同时又给中小投资者"制造"了问题——中小投资者在设立、经营有限责任公司过程中的自治空间有多大？实践中，不少有限责任公司股东之间、股东与管理层之间的纠纷往往就存在于这些自治领域，纠纷的当事人渴望了解适用于有限责任公司的法律制度并以之解决他们的问题，而《公司法》关于有限责任公司的规定并不能满足他们的需求。探究这些纠纷，寻求合理可行的解决机制是公司法律制度必须回答的问题。这就是本书的主要写作动机。

　　实用主义的出发点决定了本书实用主义的研究思路。毕竟，应用性是法学的重要特征之一，对于公司法律制度而言更是如此。说到实用主义，并非指本书不重视对有限责任公司法律制度的理论研究，而是强调理论研究的目的是解决实践中存在的问题。本书尽可能贴近有限责任公司实践，力求解决公司组织方面的诸多问题，对实践中争议比较大而广大投资者又比较关注的问题，如有限责任公司股东身份的认定、股东查阅权、公司承包合同的合法性、股东代表诉讼等均进行了较为深入的理论探究，继而在此基础之上提出了相应的解决对策。

与公司法律制度类著作相比，本书最有特色之处就在于"有限责任公司小股东的特殊保护"一章。该章从小股东保护的一般理论出发，分析了我国有限责任公司小股东可以对抗大股东的法定权利和约定权利。这既是本人对《公司法》进行研究的结果，也是多年教学和实务经验的结晶。

　　人生也有涯，而知也无涯。虽然我对公司法有浓厚的学术兴趣，奈何才疏学浅，文中议论难免贻笑大方，纵然偶有见地，亦是前辈教诲之功。恳请广大读者批评指正。

　　是为序。

吴高臣

2008 年 11 月

目 录

第一章　公司与公司法概述

第一节　公司的概念与特征

一、公司的概念

公司是在商品经济发展到一定程度时产生的，是生产社会化的产物。公司制度的每一点都是适应生产社会化的需要而形成的。生产社会化程度愈高的国家，公司制度愈为发达，反之亦然。公司已经成为现代经济关系中最重要、最活跃的主体，是经济细胞的动力之所在。随着我国市场经济的发展，公司制度得到确立，其中最为重要的立法就是1993年颁布的《中华人民共和国公司法》（以下简称《公司法》），该法于1999年、2004年、2005年、2013年和2018年五次修改。

（一）公司的历史沿革

至少在希腊化时代，古罗马已经出现了行会等团体，国家出于自身的利益需要，承认并保护这些团体，因为"国家同一个有组织的人员、熟悉的团体打交道，比起同一群漫无组织的陌生人打交道要容易得多"[1]。这似乎意味着"公司这种经济上的联合首先出现在罗马"[2] 但是，"罗马的法律从来没有提到过现代非常熟悉的那种公司，显然是因为根本不存在那种公司"[3]

中世纪初期，由于教会对财富的掠夺，自由贸易遭受了限制。直至中世纪后期，由于人口的增长以及区域间经济发展差异，才使得贸易重新回暖。随着贸易的不断扩大，出现大量联合经营的需要，产生了最初的家族企业，构成无限公司与有限公司的前身。这时出现的公司形态被称为古典公司。古典公司一般以家庭积累作为资金的主要来源，有限的资金投入决

---

[1]　[美] M. 罗斯托夫采夫：《罗马帝国社会经济史》（上下册），马雍、厉以宁译，商务印书馆1985年版，第231页。

[2]　蔡立东：《公司自治论》，北京大学出版社2006年版，第20页。

[3]　[美] M. 罗斯托夫采夫：《罗马帝国社会经济史》（上下册），马雍、厉以宁译，商务印书馆1985年版，第250页。

定了古典公司较少的员工与较小的规模，所有权与经营权合而为一。

随后，公司的发展进入了特许主义时期，公司只能通过国王或者国家的特别授权才能设立。特许主义具有浓厚的政治色彩。而公司也凭借着特许获得了某一区域的独占经营权，出现了最早的股份有限公司，最具代表性的是英国、荷兰的殖民贸易公司。在此基础上，逐渐发展出具有现代意义的公司形式。从 1673 年法国颁布《商事条例》至今，公司制度已有三百多年的历史，它与票据制度共同构成资本主义经济的两大支柱，[1] 极大地促进了西方社会经济的繁荣。

（二）公司的概念

我国的公司制度是在内外交困的情形之下，借助外国资本、官僚资本和民族资本移植而来的。"公司"一词并非我国所固有，源于英文 company。[2] 在汉语中，"公"含有无私、共同的意思，"司"则是指主持、管理，二者合在一起就是众人无私地从事或者主持其共同事务的意思。[3] 公司虽为外来概念，却有着一个贴切的中文译名，因为公司的最基本含义，恰恰就是不同主体为实现共同目的从事共同事业的团体。

现代社会，公司已成为耳熟能详的概念。"什么是公司"这一看似再简单不过的命题，却难以作出令人满意的解答。英国著名公司法学家高尔指出："尽管公司法在法律领域已是公认的法律部门，相关著作也层出不穷，不过由于公司一词没有严格的法律含义，依然无法把握公司法的准确范围。"[4] 尽管如此，我们还是可以从各国公司立法出发，努力探究公司的内涵。关于"公司"的概念，有不作概括界定只就各种公司分别作出规定者，如德国、瑞士；有作概括界定者，如日本、我国香港特区。《日本商法》第 52 条规定："（一）本法所谓公司，指以经营商行为为目的而设

---

〔1〕 谢怀栻：《票据法概论》，法律出版社 2002 年版，第 20 页。

〔2〕 当然，美国习惯于使用 Corporation 表示公司。Company 是指一定数量的人为了共同目的，往往是以营利为目的进行经营，而结成的社团，也指适合于因规模太大以致无法以合伙方式运作而采用的一种组织形式，包括法人团体和非法人团体。Corporation 是指由个人组成的一个团体，或一群担任某种职位的个人，他们在法律上被视为一个单一的法律实体。英国法律承认的 Corporation 分为集体法人和独任法人。其中集体法人有多种类型，并且为多种目的而设立，包括以营利为目的设立的法人即商事法人。显然，Company 中的法人团体和 Corporation 中的商事法人含义相同。参见〔英〕戴维·M. 沃克：《牛津法律大辞典》，李双元等译，法律出版社 2003 年版，第 236—237、265—266 页。

〔3〕 史际春、温烨、邓峰：《企业和公司法》，中国人民大学出版社 2001 年版，第 155 页。

〔4〕 L. C. B. Gower, Gower's Principles of Modern Company Law, 5th edition, Sweet & Maxwell, 1992, pl.

立的社团。（二）依本编（日本商法第二编：公司编——引者注）规定设立的以营利为目的的社团，虽不以经营商行为为业者，亦视为公司。"第54条第1款规定："公司为法人。"不过2005年颁布的《日本公司法》对公司的界定有所修订。该法第2条规定："……公司指股份公司[1]、无限公司、两合公司或合同公司[2]。"[3]第3条规定："公司为法人。"第5条规定："公司作为其事业实施的行为及为事业实施的行为为商行为。"两相比较，日本"公司意义"表述发生重大变化：一是放弃公司社团性特征的表述，主张公司为依据公司法设立的法人，这与2004年日本修改民法的做法保持一致，即删除了原民法第35条第1款关于"以营利为目的的社团可以依据商事公司设立的条件设立法人"的规定；二是不再坚持用营利性概括公司的特征，突出变化是将商法中公司"营业"改为"事业"，此处"事业"显然包含了非营利活动在内，即允许公司从事非营利活动。[4]香港《公司条例》第2条指出："公司是指依本法例组成并登记的公司以及现存的公司。"那么，《公司法》是如何规定的呢？《公司法》第2条指出："本法所称公司是指依照本法在中国境内设立的有限责任公司和股份有限公司。"第3条进一步说明："公司是企业法人，有独立的法人财产，享有法人财产权。公司以其全部财产对公司的债务承担责任。有限责任公司的股东以其认缴的出资额为限对公司承担责任；股份有限公司的股东以其认购的股份为限对公司承担责任。"《中华人民共和国民法总则》（以下简称《民法总则》）第76条规定："以取得利润并分配给股东等出资人为目的成立的法人，为营利法人。营利法人包括有限责任公司、股份有限公司和其他企业法人等。"由此可见，营利法人是企业法人的属概念，企业法人是营利法人的种概念；企业法人是公司的属概念，公司是企业法人的种概念。综上所述，在我国"公司"可以概括为：依照公司法所设立的以营利为目的的社团法人。

---

〔1〕 必须注意的是，2005年6月29日颁布的《日本公司法》中的股份公司与我国的《公司法》中的股份公司含义不同。《日本公司法》实现了股份公司和有限责任公司的一体化，不再保留有限责任公司的形式，不过以资本公开性为标准在股份公司内部区别规制。

〔2〕 合同公司实质上为美国人创造的有限责任公司（LLC）。合同公司是法人，其股东内部关系适用合伙规则，即准用关于无限公司的规定，但股东承担有限责任。

〔3〕 如无特别说明，本书中所引用的《日本公司法》条文均来自王保树主编：《最新日本公司法》，于敏、杨东译，法律出版社2006年版。

〔4〕 王保树主编：《最新日本公司法》，于敏、杨东译，法律出版社2006年版，第3—4页。

（三）公司与企业的区别

公司与企业这两个概念关系非常密切。在日常生活中，人们往往对这两个概念不加区分，混合使用。建立现代企业制度，亦是我国 1993 年制定《公司法》的宗旨[1] 法学界通说认为，公司是企业的形态之一。然而细细分析，两者存在诸多不同。

第一，两者词源不同。公司是法律术语，企业是经济学术语。公司源于英语 company 一词，反映股东与公司、公司与债权人之间的法律关系。企业源于英语 enterprise 一词，原意是企图冒险从事某项事业，后来用于指经营组织或者经营体。

第二，两者内涵有所不同。公司和企业从不同的角度来描述某一组织的特性。作为法律术语，公司着重反映某一组织的民事法律地位及其成员和资本的联合性；作为经济学术语，企业着重反映某一组织具有经营性。[2] 大陆法系传统的民法理论始终把企业作为一种特定的财产集合，如《意大利民法典》第 2555 条规定："企业是企业主为企业的经营而组织的全部财产。"财产关系与组织关系紧密结合而获得人格，从这种意义上说，"公司 = 企业（财产关系）+ 组织关系"。

第三，两者外延不同。依据《公司法》第 3 条的规定，公司是企业法人。而现实生活中，企业除了采取公司的组织形式外，还可以采取个体、合伙等形态。因而，企业不都是公司。同时，公司又不限于作为企业的组织形式，非营利组织也可以采取公司的形式。例如，《证券登记结算管理办法》第 4 条第 1 款规定："证券登记结算机构是为证券交易提供集中登记、存管与结算服务，不以营利为目的的法人。"我国的证券登记结算机构为依据《中华人民共和国证券法》（以下简称《证券法》）和《公司法》成立的中国证券登记结算有限责任公司，由上海证券交易所和深圳证券交易所各出资 50%。而中国证券登记结算有限责任公司的宗旨是秉承安全、高效的基本原则，根据多层次市场加快发展的需要，健全完善集中统一的

---

[1] 1993 年 11 月 14 日中国共产党十四届三中全会通过了《中共中央关于建立社会主义市场经济体制若干问题的决定》。全会指出，要进一步转换国有企业经营机制，建立适应市场经济要求、产权清晰、权责明确、政企分开、管理科学的现代企业制度。1993 年《公司法》第 1 条规定："为了适应建立现代企业制度的需要，规范公司的组织和行为，保护公司、股东和债权人的合法权益，维护社会经济秩序，促进社会主义市场经济的发展，根据宪法，制定本法。"

[2] 关于公司与企业内涵的差异可以参阅于庆生：《企业与商事主体的关系辨析》，《河南机电高等专科学校学报》2003 年第 3 期，第 109—110、112 页。

登记结算体系，为登记结算系统各类参与者参与场内场外、公募私募以及跨境证券现货和衍生品投融资提供规范、灵活、多样的登记结算基础设施服务。[1] 由此可见，中国证券登记结算有限责任公司是不以营利为目的的法人。当然，非营利组织采取公司形态，属于公司的非典型形态。

二、公司的特征

关于公司的特征，学者的论述也不尽相同。从我国改革开放提出建立现代企业制度以来，公司就一直被认为是现代企业制度。究其原因，公司具有不同于其他企业形态的治理结构。从这一点出发，与股东脱离的专门管理应为公司的重要特征。作为方便股东投资的工具，股东有限责任和股权自由转让亦应为公司的特征。至于营利性、社团性、法人性自不待言。鉴于有限责任和法人性关系密切，本书将在下文对有限责任进行专题研究。

（一）专门管理

现代公司中基本实现了所有权和经营权的分离，股东在相当程度上脱离了公司的管理，职业经理人负责公司的经营管理。一般而言，公司法将公司的经营管理权赋予董事会。董事虽然由股东选举产生，但相当多的董事并非股东，他们专门负责公司的经营管理。通常，董事会聘任经理负责具体管理公司事务。其结果就是董事会和经理层拥有公司的经营管理权。为了防范经营管理权的滥用，各国公司法设置了相应的监督机制。通常，英美法系国家设立独立董事，而大陆法系国家设立监事。这样一来，在现代公司中就形成了独特的治理结构，股东拥有重大决策、选举管理者的权利，不过无法直接干预公司经营管理；董事会和经理层专门负责公司经营管理；独立董事或者监事履行专门的监督职责。

与股东脱离的专门管理，使得股东摆脱了其他企业形态下直接参与经营管理的束缚，拓宽了股东的投资领域。当然，股东也可能由于董事会和经理层的经营不善而遭受损失，为此在专门管理的前提下，法律赋予股东两项重要的权利：一是有限责任，即股东仅以出资额为限对公司债务承担责任；二是股权自由转让，即通过转让股权而自由退出公司。与此同时，法律还课董事和经理以注意义务和忠实义务，促使其恪尽职守。

---

[1] 关于中国证券登记结算有限责任公司的简介，参见 http://www.chinaclear.cn/zdjs/gsgg/a-bout_ lmtt.shtml，访问时间 2018 年 4 月 11 日。

（二）股权自由转让

如前所述，专门管理催生了股权自由转让。与合伙企业相比，公司股东更容易转让其股权，这促进了资本市场的发展。当然，股权自由转让并非不受任何限制。在我国，就有限责任公司而言，其股权转让的自由程度相对较低，受到法律和公司章程的限制。加之有限公司股权转让缺乏公开市场，股东往往处于无法退出公司或者低价退出公司的尴尬境地。就上市公司而言，由于存在证券市场，其股权转让的自由程度较高，但也受到法律的种种限制。

虽然股权可以自由转让，但公司通常不得购买本公司的股权，除非法律有特殊规定。一般而言，公司购买本公司股权将直接导致公司资本减少，难免危及债权人利益。关于公司回购本公司股权的特殊规定参见本书第六章第五节。

（三）营利性

公司是以营利为目的的组织，营利性是公司的本质特征之一。公司设立和运作的目的都是获取经济利益。投资者希望通过公司的经营活动获得盈利，并将所得到的利润分配给投资者，从而实现投资收益。在这里我们必须区分"营利"和"盈利"，前者是指谋求利润，后者是指企业单位的利润或者获得利润。显然，"营利"是指谋求利润的目的和过程，"盈利"则是指获得利润的结果。因而，公司可以因为经营不善或者其他原因而无"盈利"，但并不丧失"营利性"。公司的营利性特征可以从三个方面把握。

1. 以营利为目的。公司的营利性特征已为世界上大多数国家和地区的公司立法所确认。《公司法》虽然没有明文规定公司必须以营利为目的，不过该法第 3 条指出公司为企业法人。而"企业法人以从事生产、流通、科技等活动为内容，以获取盈利和增加积累、创造社会财富为目的，它是一种营利性的社会经济组织"[1]

2. 经营性。所谓经营性是指公司营利行为的连续性和不间断性，即在一段时间内连续不断地从事某种同一性质的营利活动。由此可见，公司的营利行为是一种职业性营利行为，即公司以某种营利活动为业。这就与公民在日常生活中偶尔从事的营利活动区分开来。例如，甲将自己的旧家具卖与他人，虽有营利目的，但不具有经营性。

---

[1] 佟柔主编：《中国民法》，法律出版社 1990 年版，第 98 页。

3. 有盈余应分配给股东。利润分配乃根本。区分组织营利性与否的关键在于其是否将经营所得分配给成员。"所谓营利，指积极的营利并将所得利益分配于其构成员。即非指法人自身的营利，而是指为其构成员营利。因此，仅法人自身营利，如果不将所获得利润分配于构成员，而是作为自身发展经费，则不属于营利法人。"[1] 《民法总则》第 76 条规定："以取得利润并分配给股东等出资人为目的的成立的法人，为营利法人。营利法人包括有限责任公司、股份有限公司和其他企业法人等。"

（四）社团性

《民法总则》第 57 条规定："法人是具有民事权利能力和民事行为能力，依法独立享有民事权利和承担民事义务的组织。"公司作为法人，当然也应是人的结合，其股东和股权具有多元性，这就是所谓的社团性。公司是否具有社团性，一直是学术界争议较大的问题之一。有学者主张，随着一人公司逐渐为许多国家的法律所承认，公司已经逐渐失去其社团性特征。[2] 另有学者主张，一人公司是公司和公司法上的一种特例，不反映公司这种社会现象的本质，也不代表公司和公司法的发展方向，社团性依然是公司的特征之一。[3] 笔者认为，后者所言甚是。一人有限责任公司和国有独资公司就是由一个投资主体出资设立的一人公司。《公司法》将一人有限责任公司和国有独资公司规定于有限责任公司一章，采取的是"特殊规定"的模式，顾名思义，它们只不过是有限责任公司的一种例外，承认一人有限责任公司和国有独资公司并不是对公司社团性的否定。关于一人公司的详细论述，参见本书第二章第三节。

（五）法人性

公司具有法人资格是世界多数国家和地区的立法通例。可以说，公司是法人的典型形态，法人性是公司的重要特征之一。

1. 公司具有独立的人格。公司作为独立于自然人、非法人组织的民事主体，具有完全的民事权利能力和民事行为能力。公司具有自己的名称、住所和组织机构，能够以自己的名义进行经营活动。公司对其法定代表人和其他工作人员的经营活动，承担民事责任。

2. 公司具有独立的财产。公司的财产最初源于股东的投资，不过股东

---

〔1〕 梁慧星：《民法总论》，法律出版社 2001 年版，第 146 页。

〔2〕 江平主编：《新编公司法教程》，法律出版社 1994 年版，第 24 页。

〔3〕 史际春、温烨、邓峰：《企业和公司法》，中国人民大学出版社 2001 年版，第 178 页。

一旦出资就丧失了所有权，该财产就转化为公司的财产。公司对于其全部财产享有法人财产权，任何股东无权直接支配公司的财产。公司的财产与股东的财产是泾渭分明的，公司拥有独立的财产，是公司从事经营活动的物质基础。

3. 公司能够独立承担民事责任。公司具有独立的人格和财产，应当以其全部财产对外承担民事责任。一方面，任何债务人不论是自然人、非法人组织还是法人，均应以自己的全部财产承担清偿责任，公司当然也不例外；另一方面，公司拥有独立的财产，只能以自己的财产对外承担清偿责任，而不应累及他人。从这种意义上说，公司对其债权人也承担无限责任：其一，以其全部财产承担责任；其二，除非"死亡"——破产，债务并不消灭。

公司财产责任的独立性体现在三个方面：

（1）公司责任与股东责任的独立。公司只能以自己拥有的财产清偿债务，股东对公司债务不承担责任，即使公司资不抵债，也不例外。

（2）公司责任与其工作人员责任的独立。公司的民事活动虽由董事、经理等工作人员实施，其民事责任可能由于工作人员的过错行为所致，但不能因此要求工作人员对公司的债务负责。当公司无力偿还对外债务之际，不能随意追加公司的董事、经理为连带责任人或共同被告。

（3）公司责任与其他任何人责任的独立。公司责任不但与股东责任、其工作人员责任独立，而且独立于其他任何人的责任。作为民事主体，公司责任自负，即使面对主管机关或者关联公司，依然是独立的法人。

三、公司有限责任

（一）公司有限责任

1. 公司有限责任的含义

公司作为现代企业的基本形态，其股东以有限责任作为其责任形式。在传统公司法中，有限责任制度居于核心地位。所谓公司有限责任，是指公司以其全部财产对公司债务承担责任，公司股东仅以其出资额为限对公司承担责任。由此可见，所谓公司有限责任，称之为"股东有限责任"恐怕更加符合其本意。不过，就其实质而言，公司有限责任并非有限责任。"有限责任，指债务人以特定财产为限，负其责任（物的有限责任）。债权人仅得就该特定财产满足其债权，纵其债权未因此而全部获偿，对于其他财产，亦不得为强制执行。"所谓公司有限责任属于"计算上有限责任，非属真正的责任限制，因为对于此种约定或法定'定额有限责任'，股东于股款缴足后，对于公司之债权人或者其他第三人，均不负任何责任"。[1]

公司的独立人格是有限责任产生的条件。公司作为独立的民事主体，当然应当以其全部财产对外承担民事责任；股东的人格既然和公司截然分开，当然不应当对公司的债权人负责。可以说，不理解公司的独立人格，也就不能理解公司有限责任。公司的独立人格和有限责任形成公司的面纱（The Veil of Incorporation），将公司和股东分开，保护股东免受公司债权人的直接追索。股东罩上公司独立人格和有限责任制度这一面纱后，对外就表现为公司，而不是一个个的股东。与公司有限责任相类似，公司的面纱称为"股东的面纱"似乎更加符合实际情况。

2. 公司有限责任的价值

有限责任制度自产生以来，就成为促进经济发展的有力工具。美国著名公司法学者克拉克指出，现代社会中，公司成为占支配地位的商业组织形式的重要原因之一就是投资人的有限责任。[2] 通常，有限责任制度具有以下功能。

第一，减少和转移投资风险，鼓励投资。市场竞争充满了风险，风险总是和利润相伴随的。公司有限责任使股东的投资风险预先确定，股东不至于承担无法预料的风险。同时，有限责任制度促使股东投资的自由转让成为可能，股东可以自由退出公司。因而有限责任制度有利于吸引社会公众投资。那么，股东减少的风险由谁承担了呢？这一风险通常被认为转移给了公司债权人。这是否意味着对公司债权人不公平呢？其实，公司债权人也因此减少了交易风险。如果公司债权人不是与公司而是与公司的每一个股东进行一笔相同的交易，公司债权人将会支出更多的信用评估成本和执行成本。本质上，消除这些成本能够使部分甚至全部与公司有关的人受益，而不使任何人受损。[3]

第二，促进所有权和经营权分离。股东是公司的最终所有者，不过股东是否参与经营管理很大程度上受到责任形式的影响。在无限责任制度

---

〔1〕 王泽鉴：《债法原理第一册：基本理论·债之发生》，中国政法大学出版社2001年版，第30页。

〔2〕 ［美］罗伯特·C. 克拉克：《公司法则》，胡平等译，工商出版社1999年版，第1—2页。

〔3〕 ［美］罗伯特·C. 克拉克：《公司法则》，胡平等译，工商出版社1999年版，第6—7页。

下，为了避免承担不可预测的风险，股东必然要求参与公司的经营管理，难以形成所有权和经营权的分离。在有限责任制度下，由于风险预先确定，股东无须参与公司的经营管理。同时，有限责任制度也使得公司股东人数相对增多，导致部分股东没有机会参与公司管理。从这种意义上说，有限责任制度促进了现代公司治理结构的完善。[1]

此外，有限责任制度和股份自由转让相联系，也促进了证券市场的发展，实现资源的优化配置。[2]

（二）公司人格否认制度

1. 公司人格否认制度的含义

有限责任制度并非白璧无瑕，也具有明显的缺陷：第一，忽视了对公司债权人的合理保护。有限责任制度将股东的部分风险转移给公司债权人，而与股东相比，公司债权人对公司的了解更少，通常也无权干预公司的经营管理，却承担着公司的经营风险，有违公平原则。第二，为股东特别是董事滥用公司的法律人格提供了机会。公司的运作靠人来实现，在某些情形之下，股东或者董事就可能利用公司的人格从事欺诈行为（如隐匿财产逃避债务），由于有限责任制度的存在，遭受损失的债权人无法直接向股东或者董事提出清偿要求。第三，对侵权责任的规避。现代社会产品责任案件日益增多，有限责任制度的存在，使得受害人无法获得充分的赔偿。[3]

有鉴于此，英美法系国家率先创立了公司人格否认制度。该制度在英美法系常被称为"揭开公司的面纱"（Lifting the Veil of Incorporation）或者"刺破公司的面纱"（Piercing the Veil of Incorporation），大陆法系常被称为"直索责任"（Durchgiff）。《公司法》第 20 条第 3 款规定："公司股东滥用公司法人独立地位和股东有限责任，逃避债务，严重损害公司债权人利益的，应当对公司债务承担连带责任。"一般而言，公司人格否认是指在具体的法律关系中，基于特定事由，否认公司的独立人格，使股东在某些情况下对公司债务承担无限责任的法律制度。[4] 正如前述，公司独立人格是有限责任产生的条件，一旦公司人格因特定事由遭到否认，股东就无法再

---

〔1〕 值得注意的是，两权分离是国内学者关于有限责任价值的论述，国外学者并不认为两权分离是有限责任制度的优点。

〔2〕 王利明：《公司的有限责任制度的若干问题》，《政法论坛》1994 年第 2 期，第 86 页。

〔3〕 王利明：《公司的有限责任制度的若干问题》，《政法论坛》1994 年第 2 期，第 86—87 页。

〔4〕 范健、蒋大兴：《公司法论（上卷）》，南京大学出版社 1997 年版，第 291 页。

获得有限责任制度的庇护，将直接对公司债权人承担责任。

2. 公司人格否认的构成要件

商法的基本原则之一就是严格责任主义[1]，这一原则同样适用于公司人格否认制度，即在特定情形下，股东或者其他行为人应当就其滥用公司人格的行为承担严格责任。所谓严格责任，是指不必证明具有过错，加害人即应对损害承担责任，但能够以特定抗辩事由的存在证明而不必承担的，相对于过错责任为严格责任。[2] 值得注意的是，严格责任只是对责任的表面性描述，不足以作为归责原则，在适用严格责任时应具体情况具体分析。[3] 据此，我们认为，公司人格否定的构成要件为：

第一，行为人存在滥用公司人格的行为。法律之所以否定公司的法律人格，就在于由于行为人滥用公司人格导致公司丧失了独立人格，公司成为行为人获利的工具。

首先，我们必须解决的问题是行为人是否仅仅局限于股东。一般而言，行为人不仅包括公司股东，还包括公司董事、经理以及其他与公司利益有直接利害关系的人。

其次，滥用公司人格的认定。最高人民法院指导案例第 15 号"徐工集团工程机械股份有限公司诉成都川交工贸有限责任公司等买卖合同纠纷案"指出："关联公司的人员、业务、财务等方面交叉或混同，导致各自财产无法区分，丧失独立人格的，构成人格混同。"[4] 这一裁判要旨说明公司人格滥用的具体标准不易把握，需要结合诸多要素进行综合分析，亦反映了司法机关慎重适用公司人格否认制度的立场。那么，满足何种情形可以认定滥用公司人格呢？主要存在以下情形：

（1）财产混同，即公司财产与股东甚至其他公司财产无法分清，丧失了财产的独立性。我国实行银行账户实名制，账户所有人原则是账户资金的权利人。同时，根据《中华人民共和国会计法》《中华人民共和国税收征收管理法》《企业会计准则——基本准则》等相关规定，公司应当使用单位账户对外开展经营行为，公司账户与管理人员、股东账户之间不得进

---

〔1〕 董安生、王文钦、王艳萍：《中国商法总论》，吉林人民出版社 1994 年版，第 68 页。
〔2〕 吴兆祥：《侵权法上的严格责任研究》，中国人民大学博士学位论文（2001），第 10 页。
〔3〕 吴兆祥：《侵权法上的严格责任研究》，中国人民大学博士学位论文（2001），第 11—12 页。
〔4〕 《指导案例 15 号：徐工集团工程机械股份有限公司诉成都川交工贸有限责任公司等买卖合同纠纷案》，http：//www.court.gov.cn/fabu-xiangqing-13321.html，访问时间 2015 年 1 月 5 日。

行非法的资金往来，以保证公司财产的独立性和正常的经济秩序。据此，公司应当在资产、银行账户等方面保持独立性。司法实践中，公司借款被股东占用，股东与公司账户资金往来频繁，资金用途复杂；[1] 或者占用公司借款后，股东亦有多次直接向出借人归还公司借款的情形[2] 均可能构成财产混同。公司资金虽然存入股东账户，但该账户完全用于公司经营，股东也未将个人资金存入该账户或者从该账户转出公司资金，则应认定未构成财产混同。[3]

（2）人员混同，即"一套人马，两块牌子"，公司经理、财务负责人和董事会秘书等高级管理人员在控股股东、实际控制人及其控制的其他企业中担任除董事、监事以外的其他职务或者领取薪酬。司法实践中，单纯兼任关联公司的董事或者董事长均不构成人员混同。[4] 而公司股东和员工是否相同也是判断人员混同的因素之一。"对于不存在持股关系的关联公司而言，认定人格混同、要求关联公司承担连带责任，更须有证据证实公司之间表征人格的因素（人员、业务、财务等）高度混同，导致各自财产无法区分，已丧失独立人格，构成人格混同，而且这种混同状态给债权人带来债务主体辨认上的困难，使关联公司逃避巨额债务，最终危害到债权人的利益。"[5]

（3）业务混同，即公司与股东从事相同或者类似的业务活动，在经营过程中彼此不分，以至于与之交易的对方当事人无法分清与谁进行交易活动。司法实践中，仅仅存在股东与公司业务相同的情形并不足以构成业务混同。[6]

值得注意的是，《公司法》第 63 条确立了一人公司人格否认的特殊规则，即一人有限责任公司的股东不能证明公司财产独立于股东自己的财产的，应当对公司债务承担连带责任。

---

〔1〕 参见山东省高级人民法院（2016）鲁民终第 67 号民事判决书。如无特别说明，本书中引用或者参考的民事判决或者裁定均来自中国裁判文书网（http://wenshu.court.gov.cn/）。
〔2〕 参见云南省高级人民法院（2015）云高民二终字第 84 号民事判决书。
〔3〕 参见广东省江门市中级人民法院（2015）江中法民二终字第 469 号民事判决书。
〔4〕 参见福建省泉州市中级人民法院（2013）泉民再终字第 28 号民事判决书指出，不能以同一自然人兼任两公司董事，两公司股东存在亲属关系，认定两公司人格混同。中华人民共和国最高人民法院（2013）民二终字第 43 号民事判决书指出："不应仅以两公司的董事长为同一自然人，便认定两公司的人格合一。"
〔5〕 参见中华人民共和国最高人民法院（2016）最高法民申第 3168 号民事裁定书。
〔6〕 参见广东省江门市中级人民法院（2015）江中法民二终字第 469 号民事判决书。

第二，滥用公司人格造成他人利益损害。因果关系是公司人格否定的另一构成要件。只有滥用公司人格的行为，造成了他人的损害，他人才能够主张直索责任，要求行为人直接承担民事责任。否则，即使存在公司人格滥用的情形，但并未造成他人实际损害，他人也无权主张公司人格否认，只能由有关国家机关对行为人追究行政责任甚至刑事责任。

第二节　公司法概述

一、公司法的概念与调整对象

（一）公司法的概念

公司法是指调整公司设立、组织、运营、解散以及其他社会关系的法律规范的总称。

通常，公司法有广义和狭义之分。就广义而言，所谓公司法是指各种调整公司设立、组织、运营、解散以及其他社会关系的公司法律规范的总称，不仅仅局限于以公司法命名的法律，还包括其他法律中的公司法规范。就狭义而言，所谓公司法就是指以公司法命名的调整公司设立、组织、运营、解散以及其他社会关系的法律规范的总称，如《中华人民共和国公司法》。如无特别说明，本书使用的公司法这一概念即采狭义。《公司法》于 1993 年出台，被认为是中国第一部关于市场经济主体的法律。它的实施极大地推动了企业改革和经济发展。囿于历史的原因，该法存在种种弊端。[1] 其间虽然经过 1999 年、2004 年两次修改，但仅涉及三个条文，1993 年《公司法》中存在的缺陷并未得到根本改变。为此，立法机关于 2005 年对 1993 年《公司法》进行了重大修改，《公司法》的基本理念、价值取向、基本制度等均发生了脱胎换骨的变化。2013 年围绕公司资本制度对《公司法》再次进行了重大修改，涉及 11 个条文，我国公司资本制度由法定资本制之实缴制度变更为认缴制。在此期间，2006 年、2008 年、2010 年、2017 年最高人民法院陆续发布了四个《公司法》的司法解释，对《公司法》的完善和司法适用发挥了重要作用。

---

〔1〕　参见 2005 年 2 月 25 日国务院法制办公室主任曹康泰在十届全国人大常委会第十四次会议上就《中华人民共和国公司法（修订草案）》所作的说明。

（二）公司法的调整对象

调整对象是划分法律部门的重要标准之一。每一个法律部门，均有独特的调整对象，公司法也不例外。从公司法的概念出发，其调整对象主要为公司设立、组织、运营、解散过程中所发生的社会关系。就总体而言，这些社会关系可以分为财产关系和组织关系两类。

1. 财产关系

公司不会孤立地存在，必定和股东、第三人发生这样那样的社会关系，从而形成对内关系和对外关系。"所谓对内之法律关系，即指公司与其股东、或其股东相互间之法律关系而言；所谓对外之法律关系，即指公司与第三人或其股东与第三人之法律关系而言。"[1] 因而公司法所调整的财产关系又可以分为两类，即内部财产关系和外部财产关系。

内部财产关系，是指公司的发起人之间、股东之间、股东和公司之间围绕公司的设立、组织、运营、解散所形成的具有财产内容的社会关系，包括发起人的出资、出资的转让、股利的分配、公司的增资和减资、公司的合并和分立、公司的解散与清算等。公司的内部财产关系贯穿于公司存续的全过程，是公司法的主要调整对象。

外部财产关系，是指公司运营过程中与第三人形成的具有财产内容的社会关系，包括两类：一是公司日常经营过程中与第三人形成的财产关系，该种财产关系与公司本身的组织特点并不密切联系，任何企业均会形成此种财产关系，因而该财产关系不由公司法调整；二是与公司本身的组织特点密切联系的财产关系，其他企业通常不会形成此种财产关系，该种财产关系多由公司法调整。例如，公司债发行过程中，公司与债权人、承销商之间的财产关系即属后者。

2. 组织关系

公司法调整的组织关系也分为两类，即内部组织关系和外部组织关系。

内部组织关系，是指公司的发起人之间、股东之间、股东和公司之间、股东与股东会、监事会、经理之间在公司存续过程中所形成的具有管理协作内容的社会关系。公司内部的组织关系，涉及公司的运营和相关利害关系人的利益，也是公司法的主要调整对象，而且较之公司内部的财产

---

[1] 郑玉波：《公司法》，台湾地区三民书局1980年版，第2页。

关系而言更为重要。毕竟离开了良好的组织模式，公司根本无法获取利润，公司和股东的利益均无从谈起。

外部组织关系，是指公司在设立、组织、运营、解散过程中与国家有关管理机关之间形成的纵向经济管理关系，例如，公司与工商机关、主管机关之间的关系。这种外部的组织关系对于公司的设立、组织、运营、解散非常重要，反映了整个社会维护经济秩序和交易安全的客观需要。

（三）公司法的适用范围

根据《公司法》第 2 条和第 217 条的规定，《公司法》适用于依据该法成立的有限责任公司和股份有限公司以及外商投资的有限责任公司。当然，法律对中外合资经营企业、中外合作经营企业和外资企业另有规定的，应当适用其他规定。

二、公司法的性质

公司法的性质如何？公司章程是否可以改变公司法规范？这些公司法的基础理论问题常常为人们所忽视，但实践中的法律纠纷却一再提醒人们认真审视公司法的性质。

（一）公司法是具有公法色彩的私法

按照大陆法系关于公法和私法划分的理论，民商法属于私法，公司法作为商事单行法，当然也属于私法。不过伴随着立法本位从个人本位向社会本位的过渡，公司法中许多原本被视为私法的领域，已经随着国家干预的强化而具有了公法色彩。例如，对公司对外投资的限制、法定公积金的提取等无不反映了国家公权对股东私权的干预。不过，这些公法性规范始终处于为私法性规范服务的角色，其目的并不在于取代私法性规范，而在于更好地实现股东利益、公司利益和社会利益的平衡。因此，从本质上说，公司法虽被公法化了，但依然是私法。

公法性规范属于强行法，任何人包括股东和公司均不得违反，目的在于维护交易安全和经济秩序；私法性规范属于任意法，股东和公司可以按照自己的意愿行事，目的在于保障当事人的意思自由。公法性规范和私法性规范的结合，为股东追求个人利益划分了合理的界限，增进了全社会的福祉。

（二）公司法是组织法

组织法是指规定某种社会组织设立、变更和终止、内部组织机构、成员权利义务、活动宗旨等法律规范的总称。通过对公司法调整对象的理解，不难发现公司法主要解决的是公司主体资格问题。公司法主要规范公司的设立、变更和解散，公司章程，公司主体资格，公司治理结构，股东权利义务等，这些内容无不涉及如何组织公司。因此，公司法系组织法。

（三）公司法是团体法

除一人公司外，其他公司为两个以上民事主体所设立的团体。公司法既然为规制这一团体的立法，不可避免地体现出与个人法不同的团体法规则，即按照多数决原则解决公司重大事务，原则上多数股东的意志就是公司的意志，从而超越了"意思表示一致"的传统民商法规则。按照多数人的意志决定公司事务，将施惠于公司多数或者大多数人，也可能背离少数人意志，甚至影响公司内部少数人的切身利益，这是公司民主的代价。[1]

三、公司法的价值取向

法律诸价值的互克性是它们之间关系的主流，在法律的诸价值中，如果其中的一项价值得到完全的实现，就难免在一定程度上牺牲或否定其他价值。[2] 每一个部门法，必然在相互冲突的法律诸价值中，选择某一项价值作为其基本价值追求，从而实现其立法目的。个人法和团体法也表现出了不同的价值取向。在法律诸价值中，作为个人法的民法的基本价值取向是公平，即公平与民法的其他价值（譬如效率）发生冲突时，民法首先会选择公平，公平优先兼顾效率。作为民法基本价值取向的公平，主要是体现在平等原则和公平原则上。平等是指人们在法律地位上的平等，并在其权利遭受侵害时应受到平等的保护。平等是社会中的最基本正义，或者说是分配正义的要求。[3] 公平原则强调以利益均衡作为价值判断标准调整主体之间的利益关系。平等原则和公平原则相辅相成，共同实现民法的公平、正义的价值理念。作为团体法的公司法的基本价值取向是效率，即效率与公司法的其他价值（譬如公平）发生冲突时，公司法首先会选择效率，效率优先兼顾公平。公司股东的利益冲突在所难免，如果要求所有公

〔1〕 叶林：《公司法研究》，中国人民大学出版社 2008 年版，第 92—94 页。
〔2〕 徐国栋：《民法基本原则解释——以诚实信用原则的法理分析为中心（增删本）》，中国政法大学出版社 2004 年版，第 356 页。
〔3〕 王利明：《民法总则研究》，中国人民大学出版社 2003 年版，第 102 页。

司股东就其在团体中的整体利益达成完全一致的意见，不但往往旷日持久，而且往往难以达成一致意见，因为完全一致则事实上给予任何股东以否决权。为了保障公司的整体利益，公司法上建立了不同于民法的意思表示机制，实行资本多数决，极大地提高了效率。

第三节　公司法的基本原则

任何一个法律部门都有其基本原则，围绕基本原则构建法律规则体系。虽然公司法的著作汗牛充栋，但未见阐明公司法基本原则者。从公司的拟制性出发，公司法定应当成为公司设立、变更或者消灭的基本原则；从公司法的私法属性出发，意思自治似乎应当成为公司法的基本原则，只是应当因应公司法的特性而体现为公司自治原则；从团体法与个人法的差别出发，区分原则应当成为处理公司内部关系和外部关系的基本准则。

一、公司法定原则

公司法定原则是商主体法定原则或者企业形态法定原则[1]在公司法领域的具体体现。简而言之，囿于公司法律人格的拟制性，为交易安全考量，实行公司法定原则。公司法定原则包括以下三个方面。

（一）公司类型法定

公司类型法定是指公司的类型由法律明确设定，当事人不得创设法定类型之外的公司。《公司法》第 2 条规定："本法所称公司是指依照本法在中国境内设立的有限责任公司和股份有限公司。"据此，依据《公司法》只能设立有限责任公司和股份有限公司，不得设立无限责任公司、两合公司和股份两合公司。

（二）公司内容法定

公司内容法定是指公司的财产关系和组织关系由法律明确规定，当事

---

[1]　其实关于商主体法定原则还是企业形态法定原则的表述涉及对企业是否是商主体的这一论断的争议。有学者主张企业就是商主体；其反对者认为法律关系中的企业是纯粹的客体存在，例如，《意大利民法典》第 2555 条规定："企业是企业主为企业的经营而组织的全部财产"；《俄罗斯联邦民法典》第 132 条规定："企业作为权利客体，是用以从事经营活动的财产综合体。"笔者倾向于后一种观点。

人不得任意改变公司的财产关系和组织关系。

就财产关系而言，公司享有法人财产权，股东承担履行出资的法定义务。《公司法》第3条规定："公司是企业法人，有独立的法人财产，享有法人财产权。公司以其全部财产对公司的债务承担责任。有限责任公司的股东以其认缴的出资额为限对公司承担责任；股份有限公司的股东以其认购的股份为限对公司承担责任。"据此，公司享有法人财产权，公司财产与股东财产泾渭分明，一旦出现财产混同则可能构成公司人格否认。股东承担履行出资的法定义务，一旦股东违反出资义务，除了履行出资义务外，还应在未履行出资义务范围内对公司债务承担补充责任。

就组织关系而言，公司应依法设立股东会、董事会、监事会等组织机构，遵循不同组织机构的职权规范进行运作，建立完善的治理结构。

（三）公司公示法定

公司公示法定是指公司的设立、变更或者消灭必须按照法定程序予以公示。公司的设立和消灭采登记生效主义，未经登记，公司不得成立和消灭。对于公司的变更，有的事项（如公司类型变更）采登记生效主义，未经登记，变更事项不具有法律效力；有的事项（如公司法定代表人变更）采登记对抗主义，未经登记，不得对抗善意第三人。

2014年国务院以国发〔2014〕7号文件印发的《注册资本登记制度改革方案》指出，将企业年度检验制度改为企业年度报告公示制度，这意味着公司经营的基本信息也应依法公开。《企业信息公示暂行条例》第9条规定："企业年度报告内容包括：（一）企业通信地址、邮政编码、联系电话、电子邮箱等信息；（二）企业开业、歇业、清算等存续状态信息；（三）企业投资设立企业、购买股权信息；（四）企业为有限责任公司或者股份有限公司的，其股东或者发起人认缴和实缴的出资额、出资时间、出资方式等信息；（五）有限责任公司股东股权转让等股权变更信息；（六）企业网站以及从事网络经营的网店的名称、网址等信息；（七）企业从业人数、资产总额、负债总额、对外提供保证担保、所有者权益合计、营业总收入、主营业务收入、利润总额、净利润、纳税总额信息。前款第一项至第六项规定的信息应当向社会公示，第七项规定的信息由企业选择是否向社会公示。经企业同意，公民、法人或者其他组织可以查询企业选择不公示的信息。"

二、公司自治原则

（一）公司自治原则的含义

公司自治不同于意思自治。意思自治是民法的基本原则，是个人法的基本原则，强调民事主体享有充分的自由，可以按照自己的意志设立、变更和终止民事法律关系。意思自治原则具体体现在民法的各项法律制度之中，并具体演化为各个法律制度的原则，在公司法中表现为依法设立公司的自由。[1] 王泽鉴教授认为："结社自由作为私法自治的重要表现，包含设立法人的自由、加入法人的自由以及法人自主，即得经由章程及成员会议决议，决定其内部事项。"[2] 笔者对此持不同看法。意思自治是个人法的基本原则，其目的在于保障个人按照自由意志与其他人建立法律关系。而王泽鉴教授所谓设立法人的自由、加入法人的自由，即民事主体按照其自由意志成为法人成员并与法人建立法律关系，此种情形与个人法上的意思自治的含义完全吻合；而王泽鉴教授所谓法人自主，强调经由章程及成员会议决议决定其内部事项，此种情形法人成员虽然参与其中，但系法人决定其内部事项，该决议行为系法人行为，而非成员行为，与意思自治原则的含义存在明显差别。而所谓法人自主恰恰反映的就是团体法上的特有现象，成员以会议的形式进行团体重大事项审议，但成员并非决议的主体，决议也并非成员的决议，而是团体的决议。因此，应当将王泽鉴教授所谓的结社自由一分为二，一是个人法意义上的意思自治即结社自由，即民事主体设立团体的自由；二是团体法意义上的意思自治即团体自治，即法人机关（包括成员会议）在职权范围内决定团体事务的自由。本文所谓公司自治就是后者在公司法领域的运用，即公司机关在职权范围内决定公司事务的自由。

一般而言，公司通过章程、股东会以及董事会决议实现自治。其实公司章程也是以股东会议决议方式通过，从这个意义上说，公司自治是通过股东会和董事会决议实现的。而股东或者董事一致同意具有局限性，往往造成无法形成决议的局面，多数决就成为公司自治的基本方式。

（二）公司自治的方式：多数决原则

1. 多数决原则的含义

公司是人的结合，通常股东具有复数性。依据关系契约理论，公司应

---

[1] 王利明：《民法总则研究》，中国人民大学出版社 2003 年版，第 111 页。

[2] 王泽鉴：《民法概要》，中国政法大学出版社 2003 年版，第 57 页。

当是关系契约体。股东因所追求利益的差别，随着股东人数的增加，股东之间形成多序列复杂的网状关系，而且股东之间的关系呈几何级数增加。在这种情形之下，股东的利益冲突在所难免，股东难以就公司利益达成一致认识，因而公司事务取得股东的一致同意几乎是不可能的。面对这一难题，我们只能求诸罗尔斯"纯粹的程序正义"理论，以完善的程序尽可能地实现实体正义。虽然存在所谓的公司利益，但要让所有股东认识、接受与选择按照公司利益而采取行动，事实上并不容易，而且股东人数越多，这种集体行动就越难达成，因此为了公司利益的实现，也为了实现公司法对效率的追求，就需要借助正当程序解决这一难题，多数决原则成为次优选择。以正当程序为保障的多数决制度，成为公司法与民法的显著不同。就有限责任公司而言，多数决可以表现为人数占多数的股东的意思即为公司意思；也可以表现为出资比例占多数的股东的意思即为公司意思；就股份有限公司而言，多数决表现为出资比例占多数的股东的意思即为公司意思。

2. 多数决原则不足及其救济

当然，我们必须看到多数决在实现公司自治中存在不足，因为单纯的多数决并不能保证作出最佳的选择。美国著名经济学家肯尼斯·J. 阿罗对此作过非常深入的研究，他在 1951 年出版的经典著作《社会选择与个人价值》提出了"阿罗不可能性定理"（Arrow's Impossibility Theorem）："在非独裁的情况下，不可能存在适用于所有个人偏好类型的社会福利函数。"[1] 质言之，依靠多数决的原则，不可能在各种个人偏好中选择出一个共同一致的集体选择结果。阿罗强烈的悲观主义结论对传统政治哲学产生了颠覆性的冲击，并使福利经济学的研究长期陷入困境。直到 20 世纪 60 年代中后期，阿马蒂亚·森（Amartya Sen）发现并非理性的社会选择不可能，而是作为社会选择基础的信息的有限性导致的。因此他提出了解决"阿罗不可能性定理"的办法就是扩大信息基础[2] 这一办法同样适用于公司自治。为了保证多数决结果的合理性，必须在表决前向参与表决的股东提供充分的信息。一旦提供的信息不足或者不实，则多数决结果的合理

---

〔1〕 关于"阿罗不可能性定理"的详细论述，参见［美］肯尼斯·J. 阿罗：《社会选择与个人价值（第二版）》，丁建锋译，上海人民出版社 2010 年版，第 24—37 页。

〔2〕 阿马蒂亚·森对社会选择理论的贡献之一就是解决了"阿罗不可能性定理"，关于其社会选择理论的详细论述，参见［印］阿马蒂亚·森：《集体选择与社会福利》，胡的的、胡毓达译，上海科学技术出版社 2004 年版，第 199—212 页。

性就值得怀疑，就应当给予利害关系人必要的救济。这就不难解释股东会决议制度中会议通知的重要性。《公司法》第41条和第102条分别就有限责任公司和股份有限公司的股东大会会议通知作出了明确规定，包括通知发出时间、会议时间、会议地点和审议事项。实践中亦有股东因未收到股东大会会议通知而主张股东大会决议无效或者可撤销的情形，2016年4月12日发布的《最高人民法院关于适用〈中华人民共和国公司法〉若干问题的规定（四）（征求意见稿）》第7条即将股东大会会议通知违法列为决议可撤销的法定事由。令人遗憾的是，最终发布的《最高人民法院关于适用〈中华人民共和国公司法〉若干问题的规定（四）》（以下简称《公司法司法解释四》）删除了该条规定。

多数决原则另一主要不足就是可能不适当地损害了少数股东的利益。为此，能否将股东平等作为公司法的基本原则，以弥补多数决的不足呢？一般而言，股东平等原则是指在公司内部，公司与股东发生关系时，应给予所有股东平等待遇。换言之，公司与股东基于公司内部事务发生关系时，公司应当平等对待所有股东。股东平等是公司与股东之间、股东与股东之间法律关系的集中表现。一般而言，股东平等旨在强调股东权利义务平等。一方面要求股东的权利义务内容应当相同，不因股东身份的差异而有所不同，另一方面要求股东在公司事务表决过程中按照相同原则确定投票规则（例如，按照持股比例或者一人一票）进行投票，同样不因股东身份的差异而有所不同。股东权利义务平等的两个方面内容相辅相成，密不可分。

多数决制度主要表现为资本多数决。首先，从民法理论而言，资本多数决原则与禁止权利滥用原则存在潜在的冲突。民法的本位随着时代的不同而演变。近代民法倡导个人本位，"所有权绝对"成为民法的三大原则之一，权利成为法律的中心观念，对资本多数决的绝对强调即与此自由主义的法律思想与自由放任的经济政策相吻合。进入现代社会，资本主义国家出现严重的社会问题，均与民法的三大原则有关，于是民法思想为之一变，由极端尊重个人权利变为重视社会公共利益，所有权绝对原则受到限制，各国法律明确规定禁止权利滥用。[1] 在公司治理过程中，拥有控制权的股东出于自利心理，可以借助资本多数决原则置其他股东和公司的利益于不顾，从而出现资本多数决的滥用。其次，从公司实务而言，绝对强调资本多数决原则有可能破坏公司的治理结构，损害部分股东的利益。由于

---

〔1〕　关于民法本位之变迁，参见梁慧星：《民法总论》，法律出版社2001年版，第34—37页。

资本多数决让资本说话，拥有多数资本的股东的意志总是处于支配地位，少数小股东的意志总是无足轻重。因此，资本多数决原则可能会使股东会流于形式。其后果就是大量小股东不愿出席股东会，股东会成为大股东的议事机构，从而破坏了公司的治理结构。由此可见，在某种意义上说，理性的冷漠其实就是资本多数决原则下小股东的无奈之举。换言之，资本多数决是小股东理性冷漠的原因之一。大股东对公司事务的决定权和小股东对公司事务的干预权和监督权同时实行，是现代公司法倡导股东平等原则的重要反映，是一个问题的两个方面。[1] 但是资本多数决却忽视了小股东的干预权和监督权，没有给予其生存的空间。总之，资本多数决原则使股东地位趋于实质的不平等。大股东的意志得以合法地强加于小股东，小股东的意志与之在公司的投资完全分离。有鉴于此，世界各国纷纷对资本多数决原则加以修正，力图保证股东平等。[2] 为此，彻底贯彻股东平等原则要求我们在某些特定情形之下对少数股东实行特殊保护以实现实质平等。

必须注意的是，股东平等原则虽能对多数决原则的不足提供必要的救济，但不可过于强调甚至将股东平等作为与多数决原则甚至公司自治原则相提并论，它只是多数决原则的必要补充。尽管平等是私法的基石，但私法更强调对自由的尊重，私法自治才是私法基本原则的基础，意欲实现多元化私人目标，必须承认有差别的平等。[3] 股东平等原则的含义是股东权利义务平等，是一种"质"的平等而不是"量"的绝对平等，是一种承认合理差别的平等，只要这一差别符合罗尔斯正义原则的第二原则即差别原则，允许部分成员在不危及其他成员权利义务"质"的前提下追求自身权利义务"量"的最大化。正是股东对自身权利义务"量"的最大化的追求，形成了股东权利义务的稳定结构，促成了团体法效率价值的实现。因

[1] 张民安：《公司少数股东的法律保护》，载《民商法论丛（第9卷）》，法律出版社1998年版，第98页。
[2] See K. R. Abbott, Company Law, 5th ed., London: DP Publications Ltd., 1993, pp276-296; Stephen Griffin, Company Law Fundamental Principles, 2nd ed., London: Pitman Publishing, 1996, pp297-308.
[3] 国内学者较早深入研究民法基本原则的学者当属徐国栋教授，其主张：平等主要是宪法问题，民法是平等的杀手。徐国栋：《平等原则：宪法原则还是民法原则》，《法学》2009年第3期；徐国栋：《民法哲学》，中国法制出版社2009年版，第121—122页。这一观点在民法学界引起了较多争议，但从中可以窥见民法中平等实质为机会平等，这就包含着结果的不平等。

此，公司自治中所涉及的平等虽然包含实质平等，但更多地体现为形式平等，舍此团体无法存续。

三、区分原则

（一）区分原则的含义

公司一旦成立，就会形成内部关系和外部关系。公司内部关系包括公司内部的组织关系和财产关系，涵盖公司、股东、公司机关三者相互之间的关系，与公司以外的第三人没有关系，应当适用公司法规则。《公司法》第3条规定："公司是企业法人，有独立的法人财产，享有法人财产权。公司以其全部财产对公司的债务承担责任。有限责任公司的股东以其认缴的出资额为限对公司承担责任；股份有限公司的股东以其认购的股份为限对公司承担责任。"该条款确立了公司人格独立，也是对区分原则的立法确认，公司与其债权人的关系与股东无关，股东与公司和其他股东的关系与公司债权人无关。

以公司决议为例。股东通过参加股东会议行使股东权利，形成股东会议决议，该决议作为公司机关的决议，当然应当视为公司的行为。因此，一旦股东会议决议违法，股东不应以无独立人格的股东会议为被告提起诉讼，而应当以公司为被告提起诉讼；与此同时，公司以外的第三人无权以公司为被告提起股东会议决议效力争议诉讼，因为公司自治属于公司内部关系，与公司以外的第三人无关。同理，公司其他机关的决议也属于公司内部关系，股东可以以公司为被告提起公司机关决议效力争议诉讼，公司以外的第三人无权提起该等诉讼。公司外部关系包括公司外部的组织关系和财产关系，涵盖公司与公司以外第三人（包括公司主管机关等政府部门）之间的关系，原则上与公司内部人无涉。公司与第三人发生关系的场合，公司以民商事主体的身份出现，这种关系与其他民商事主体之间发生的类似关系无二，即这一关系的发生与公司本身的特性无关，因此不应当适用公司法，而应当适用民商事一般立法。一般而言，股东通过公司机关实现公司自治，公司通过公司机关与股东发生关系；而公司只能以公司的名义，不能以公司机关或者股东的名义，与第三人发生关系。因此，在处理公司法律关系时，应当内外有别，区分公司内部关系和公司外部关系，各自适用不同的法律规范，这就是区分原则。

（二）区分原则在司法实践中的运用

区分原则在公司内部和外部之间构筑了一道界限，公司内部与外部的联系被屏蔽，公司内部关系涉及公司、股东、公司机关相互之间的关系，与公司外部关系无涉；公司外部关系涉及公司与第三人的关系，公司具有法律人格，原则上与公司内部关系无关。因此，应当依据区分原则解决公司内部关系和外部关系。

我国司法机关在处理涉及团体法律关系的案件时已经逐渐接纳了区分原则。例如，在涉及隐名出资的股东身份认定案件中，司法机关一方面确认隐名出资的合法性，另一方面认定隐名股东为公司以外的第三人，其欲成为股东必须取得其他股东过半数的同意。《最高人民法院关于适用〈中华人民共和国公司法〉若干问题的规定（三）》（以下简称《公司法司法解释三》）第25条明确规定，有限责任公司的实际出资人与名义出资人因隐名出资合同发生纠纷的，适用合同法规则；实际出资人要求成为公司股东的，应当适用公司法的相关规则。[1]

在最为典型的涉及团体法律关系中，公司以公司决议为基础对外设立法律关系。按照区分原则，公司决议这一内部行为与公司对外进行的民事法律行为的效力原则上无关。纵然按照法律规定公司对外进行某些民事法律行为必须以公司决议为基础，但公司决议的不存在或者无效，也不应当影响该民事法律行为的效力，除非与公司进行民事法律行为的第三人事先知晓公司决议不存在或者无效。第三人知情而否定第三人与公司之间民事法律行为效力的原因并非是公司决议的不存在或者无效，而是第三人的知情本身表明其主观状态并非出于善意。《公司法司法解释四》第6条规定："股东会或者股东大会、董事会决议被人民法院判决确认无效或者撤销的，公司依据该决议与善意相对人形成的民事法律关系不受影响。"在此规定颁行之前，法院已经遵循区分原则处理股东会决议效力纠纷案件。最高人民法院在审理申请再审人绵阳高新区科创实业有限公司（以下简称"科创公司"）、福建省固生投资有限公司、陈木高与被申请人绵阳市红日实业有限公司股东会决议效力及公司增资纠纷一案中，明确指出："涉诉的科创

---

[1]《公司法司法解释三》第25条规定："有限责任公司的实际出资人与名义出资人订立合同，约定由实际出资人出资并享有投资权益，以名义出资人为名义股东，实际出资人与名义股东对该合同效力发生争议的，如无合同法第五十二条规定的情形，人民法院应当认定该合同有效。前款规定的实际出资人与名义股东因投资权益的归属发生争议，实际出资人以其实际履行了出资义务为由向名义股东主张权利的，人民法院应予支持。名义股东以公司股东名册记载、公司登记机关登记为由否认实际出资人权利的，人民法院不予支持。实际出资人未经公司其他股东半数以上同意，请求公司变更股东、签发出资证明书、记载于股东名册、记载于公司章程并办理公司登记机关登记的，人民法院不予支持。"

公司股东会决议存在瑕疵，科创公司依据该决议与陈木高签订了入股协议，但陈木高为科创公司以外的第三人，陈木高并无审查科创公司意思形成过程的义务，该决议的瑕疵不影响入股协议的效力；该入股协议并不违法，当属有效。"[1]

---

[1]　参见《绵阳市红日实业有限公司、蒋洋诉绵阳高新区科创实业有限公司股东会决议效力及公司增资纠纷案》，《中华人民共和国最高人民法院公报》2011年第3期，第34—45页。

第二章　有限责任公司概述

第一节　有限责任公司的含义

一、有限责任公司的概念与特征

有限责任公司产生于 19 世纪末的德国。在有限责任公司出现之前，无限公司、两合公司、股份有限公司和股份两合公司均已经存在，不过也都不同程度地暴露出各自的弊病。无限公司具有信用基础良好、设立简便、股东相互信任的优点，但股东无限责任导致公司资金筹集困难，不适合公司规模扩大的需要。股份有限公司虽然满足了公司筹集巨额资金实现快速扩张的需求，但股东人数众多且彼此陌生，加之股权分散且流动性强，导致多数股东并不关心公司发展，容易形成内部人控制而危及股东和公司利益。同时，由于股份有限公司对社会公众利益影响较大，各国立法普遍对其采取严格的法律控制，因此股份有限公司难以适应中小企业发展的要求。至于两合公司和股份两合公司从诞生之时起就孕育了两类股东之间从公司的经营目标到股东的权利义务的矛盾，协调两者之间的利益冲突绝非易事，所以这两类公司从未成为占据主导地位的公司形式，而且随着时间的推移，正逐渐走向衰亡。现实呼唤兼收并蓄其他形态公司优点的公司形式——有限责任公司应运而生。德国于 1892 年颁布世界上第一部《德国有限责任公司法》。正如德国学者所言："有限责任公司并不是自然产生的，而是德国立法者创设的。因此，在 1892 年《德国有限责任公司法》生效以后，才开始在德国出现有限责任公司。"[1] 其他大陆法系国家纷纷仿效，相继颁行了有限责任公司法。可以说，有限责任公司从产生之日起就具有强大的生命力，逐渐成为占主导地位的公司形式。我国 1993 年《公司法》亦确立了这种公司形式。

---

[1]　[德] 托马斯·莱塞尔等：《德国资合公司法（第 3 版）》，高旭军等译，法律出版社 2005 年版，第 8 页。

值得注意的是，大陆法系的有限责任公司相当于英美法系的封闭公司，不同于美国的有限责任公司（Limited Liability Company，LLC）。如前所述，美国表述公司的法定术语是 corporation 而不是 company。由此可见，美国有限责任公司与公司法所谓的公司有异。其实，有限责任公司在全美国只有四十多年的历史。1977 年，怀俄明州在参考、借鉴欧洲有限责任公司法的基础上，第一个颁布了有限责任公司法，紧随其后的是佛罗里达州。但此后十来年的时间里有限责任公司的立法处于停顿状态，主要原因在于有限责任公司能否享受合伙型企业的税收待遇尚不明确。1988 年美国国内税务当局（Internal Revenue Service）对有限责任公司免税的条件作了十分宽松的解释：有限责任公司事实上可以享受免除企业所得税待遇。这一裁决成为各州迅速进行有限责任公司立法的推进剂。美国各州在随后的几年内群起效尤，有限责任公司立法在各州得到迅速普及。截至 1996 年美国 50 个州及哥伦比亚特区都完成了有限责任公司法的立法过程。1994 年，美国"统一州法全国委员会"制定了《统一有限责任公司法》的示范法，1996 年又对该示范法进行了重要的修改。至此，有限责任公司作为新型的企业组织的形式在美国完全确立了自己的地位。其实，美国有限责任公司不过是公司制度和合伙制度的融合，股东可以享受有限责任待遇，公司可以享受合伙企业税收优惠。

（一）有限责任公司的概念

根据《公司法》的规定，有限责任公司是指由五十个以下的股东共同出资设立的，股东以出资额为限对公司承担责任，公司以其全部资产对公司债务承担责任的企业法人。

（二）有限责任公司的特征

有限责任公司作为公司的一种形式，除具备公司的一般特征外，还有自身的特点。大陆法系学者对有限责任公司特征的表述不尽一致，我国学者也是如此。结合我国公司立法，与其他公司形态相比，有限责任公司主要具有以下特征。

1. 股东人数的限制性

大陆法系各国公司法对有限责任公司大多规定了股东人数上限，对其他类型公司通常只规定股东人数下限。究其原因，有限责任公司具有较强的人合性，要求股东之间相互信任。如果股东人数众多，相互间的信任难以维系，更谈不上合作，从而危及公司的生存和发展。当然，各国公司法对有限责任公司股东上限的规定并不一致。法国《商事公司法》第36条规定："有限公司股东不超过五十人；如果公司股东达到五十人以上，应在两年内转变为股份有限公司或者使股东人数变为不超过五十人，否则公司应当解散。"[1]《公司法》第24条规定："有限责任公司由五十个以下股东出资设立。"与法国公司立法相比，《公司法》并未对有限责任公司股东人数超过上限如何处理作出明确规定。笔者认为，《公司法》第24条的规定属于强行法规范，当事人不得突破，一旦出现有限责任公司股东人数超过上限的情况，要么在合理的时间内转变为股份有限公司，要么在合理的时间内减少股东人数直至符合法律规定，要么依法解散。

2. 股东责任的有限性

与个体经济、合伙企业不同，有限责任公司的股东仅以其出资额为限对公司承担责任，不直接对公司债权人负责。即使公司财产不足以清偿全部债务，股东也没有义务以其出资以外的其他财产对公司债权人承担清偿责任。

3. 公司资本的封闭性

与股份有限公司不同，有限责任公司的资本具有封闭性。主要表现为：

第一，就筹集资本方式而言，有限责任公司的资本只能由全体股东筹集，不能像股份有限公司那样以公开发行股票的方式募集资本。所以，大陆法系国家公司法普遍规定，有限责任公司只能发起设立，其资本只能由全体股东认购，不得向社会公众募集。当然，资本筹集不公开也有其优点，有限责任公司设立程序简便，方便股东投资。

第二，就出资转让方式而言，由于有限责任公司注重维系股东之间的信任关系，因而出资的转让受到一定限制。根据《公司法》相关规定，有限责任公司的股东向股东以外的人转让其出资时，原则上须经其他股东过半数同意。不同意转让的股东应购买该转让的出资。在同等条件下，其他股东对该转让的出资有优先购买权。股东转让出资后，必须办理必要的变更手续包括但不限于工商变更登记，否则不得对抗第三人。虽然股东出资自由转让受到了限制，导致有限责任公司股东出资转让相当困难，不过这也有助于增强公司经营管理的稳定性和股东之间的相互信任。

第三，就信息公开程度而言，有限责任公司不承担所谓信息披露义

---

[1] 卞耀武主编：《当代外国公司法》，法律出版社1995年版，第385页。

务,如向社会公开其财务报表等。这也是资本封闭性的重要内容之一。《公司法》第165条规定:"有限责任公司应当依照公司章程规定的期限将财务会计报告送交各股东。股份有限公司的财务会计报告应当在召开股东大会年会的二十日前置备于本公司,供股东查阅;公开发行股票的股份有限公司必须公告其财务会计报告。"

4. 股东出资的非股份化

与股份有限公司将其资本划分为等额的股份不同,有限责任公司的资本一般不分为等额的股份,股东出资不以股份为单位计算,而是直接以出资额计算。而且,股东在股东会上通常也是按照出资比例行使表决权。

5. 兼具人合和资合特点

这是就有限责任公司的信用基础而言的。有限责任公司的信用基础包括股东信用(人合性)和资本信用(资合性)。所谓人合性,是指有限责任公司对外信用的基础之一是股东的个人信用,而且股东之间通常存在着特殊的信任关系,从而能够协调一致地经营管理公司。人合性使得有限责任公司形成了诸多不同于股份有限公司的灵活制度。所谓资合性,是指有限责任公司对外信用的基础之一是公司资本的数额,有限责任公司只有具备了法定最低的注册资本数额才可以成立。

二、有限责任公司与股份有限公司的比较

与有限责任公司有所不同,所谓股份有限公司,是指全部资本分成等额股份,股东以其持有股份为限对公司承担责任,公司以其全部资产对公司债务承担责任的企业法人。有限责任公司和股份有限公司作为《公司法》规范的两种公司形态,既有相同之处,又有不同之处。两者的相同之处和不同之处甚多,主要表现在以下几个方面。

(一)相同之处

1. 法律人格相同。有限责任公司和股份有限公司都是企业法人,依法独立享有民事权利和承担民事义务。

2. 股东责任形式相同。有限责任公司和股份有限公司股东都以自己的出资额为限对公司承担责任,公司以其全部财产对外承担责任。

3. 股东出资方式相同。按照《公司法》第27条和第82条的规定,有限责任公司和股份有限公司的股东都可以用货币出资,也可以用实物、知识产权、土地使用权等非货币资产作价出资。

4. 公司产权形式相同。按照《公司法》第 3 条规定，公司享有由股东投资形成的全部法人财产权。有限责任公司和股份有限公司作为法人，拥有独立的财产。因而，法人财产权是一种有所有权之实而假经营权之名的折中性权利，是企业经营权和法人所有权妥协的产物，具有过渡性，必然为法人所有权所取代，但法人所有权不过是中介性而非终极性的所有权。法人所有权的存在是股东个人所有权扩张的产物，它只能强化而不会削弱或者损害股东的利益。[1]

（二）不同之处

1. 信用基础不同。如前所述，有限责任公司兼具人合和资合特点，其信用基础包括股东信用和资本信用两个方面。而股份有限公司是典型的资合公司，其对外信用依赖于公司资本的多寡，股东信用不充当重要角色。值得注意的是，从我国证券市场上的资产重组实践来看，重组方的不同，直接影响到股东对公司资产重组的信心，也影响到重组后公司股票价格。在这种意义上说，股份有限公司也并非纯粹的资合公司，只是与有限责任公司相比其资合性更强而已。

2. 资本公开性程度不同。如前所述，有限责任公司的资本具有封闭性。而股份有限公司的资本具有公开性，主要表现为：第一，就筹集资本的方式而言，股份有限公司的资本既可以向股东筹集，也可以向社会公开募集，还可以发行股票；第二，就出资的转让方式而言，股份有限公司的资本实现了股份化，除个别股东（如发起人等）股份的转让受到一定限制外，绝大多数股东可以自由转让其股份；第三，就信息公开程度而言，由于股份有限公司股东人数众多，加之公司信用基础为资本的多寡，因此必须承担信息披露义务，保障包括股东在内的社会公众及时了解公司的经营情况。特别是上市公司承担着细致甚至烦琐的信息披露义务，以保障公司股东和社会公众的知情权。

3. 资本股份化与否不同。有限责任公司的资本一般不划分为等额股份。公司成立后，股东享有股权的证明是公司签发给股东的出资证明书，出资证明书不能转让和流通。而股份有限公司的资本则划分为等额股份，股份是公司资本的最小计算单位，每一股份的金额与股份总数的乘积就是公司的注册资本总额。股份的表现形式为股票，股东享有股权的证明就是

---

[1] 孔祥俊：《企业法人财产权研究——从经营权、法人财产权到法人所有权的必然走向》，《中国人民大学学报》1996 年第 3 期，第 52—60 页。

持有公司的股票。股票是有价证券，可以流通和转让。

4. 股东人数限制不同。依据《公司法》第24条的规定，有限责任公司由五十个以下股东共同出资设立，一人公司才可以只有一个股东。按照《公司法》第78条的规定，设立股份有限公司应当有二人以上二百人以下的发起人。至于股东人数上限法律无明文规定。

5. 两权分离程度不同。有限责任公司受到股东人数和出资转让的限制，股东相对稳定，使得股东和公司关系密切，公司经营很难独立于股东。而股份有限公司较好地实现了所有权和经营权的分离。股份有限公司股东人数众多，股份自由转让，股东更迭频繁；加之规模巨大，股东往往难以胜任管理职责，促使职业经理人的产生。职业经理人在提高经营管理效益的同时，也使得公司的运作越来越独立于股东。与两权分离程度不同相适应，《公司法》对有限责任公司和股份有限公司治理结构的要求也不尽相同。有限责任公司两权分离程度低，相应地，《公司法》对其组织机构设立的要求比较低，股东会、董事会和监事会不是必须设立的组织机构；而股份有限公司两权分离程度高，相应地，《公司法》对其组织机构设立的要求比较高，股东会、董事会和监事会是必须设立的组织机构。

第二节　有限责任公司的分类

公司诞生至今，适应社会经济发展的需要，种类不断增多，形态日益复杂。为了正确区分不同公司的主体特征，按照不同标准对公司进行分类并展开类型化研究，就成为一种有效的方法。这一方法同样适用于有限责任公司。在此，我们针对公司法律实务中常用的公司分类作一简要分析。当然，这一分析也适用于股份有限公司。

一、母公司和子公司

具有关联关系的公司互称为关联公司。何为关联关系？《公司法》第216条第4项规定："关联关系，是指公司控股股东、实际控制人、董事、监事、高级管理人员与其直接或者间接控制的企业之间的关系，以及可能导致公司利益转移的其他关系。但是，国家控股的企业之间不仅因为同受国家控股而具有关联关系。"根据相互关联的两公司之间的外部组织关系，有限责任公司可以分为母公司和子公司。

在相互关联的两公司中，因拥有另一公司一定比例的股份或者根据协议可以控制另一公司或者对另一公司施加重大影响的公司为母公司，另一公司为子公司。由此可见，把握母公司和子公司的关键在于对控制和重大影响的理解。

何谓控制？《企业会计准则——关联方关系及其交易的披露》第 3 条指出，"控制，指有权决定一个企业的财务和经营政策，并能据以从该企业的经营活动中获取利益"。进一步指出，控制主要可以采取通过下列方式来实现：（1）通过一方拥有另一方超过半数以上表决权资本的比例来确定。包括以下几种情况：① 一方直接拥有另一方过半数以上表决权资本。② 一方间接拥有另一方过半数以上表决权资本的控制权。间接拥有另一方过半数以上表决权资本的控制权，是指通过子公司而对子公司的子公司拥有其过半数以上表决权资本的控制权。③ 一方直接和间接拥有另一方过半数以上表决权资本的控制权。直接和间接拥有另一方过半数以上表决权资本的控制权，是指母公司虽然是拥有其半数以下的表决权资本，但通过与子公司所拥有的表决权资本的合计，而达到拥有其过半数以上的表决权资本的控制权。（2）虽然一方拥有另一方表决权资本的比例不超过半数以上，但通过拥有的表决权资本和其他方式达到控制。主要有以下几种情况：① 通过与其他投资者的协议，拥有另一方半数以上表决权资本的控制权。② 根据章程或协议，有权控制另一方的财务和经营政策。③ 有权任免董事会等类似权力机构的多数成员。这种情况是指虽然一方拥有另一方表决权资本的比例不超过半数，但根据章程、协议等能够任免董事会的董事，以达到控制的目的。④ 在董事会或类似权力机构会议上有半数以上投票权。这种情况是指虽然一方拥有另一方表决权资本的比例不超过半数，但能够控制另一方董事会等权力机构的会议，从而能够控制其财务和经营政策，使其达到事实上控制。

何谓重大影响？《企业会计准则——关联方关系及其交易的披露》第 3 条指出，"重大影响，指对一个企业的财务和经营政策有参与决策的权力，但并不决定这些政策。参与决策的途径主要包括：在董事会或类似的权力机构中派有代表；参与政策的制定过程；互相交换管理人员；或使其他企业依赖于本企业的技术资料等"。《〈企业会计准则——关联方关系及其交易的披露〉指南》指出，当一方拥有另一方 20% 或以上至 50% 表决权资本时，一般对被投资企业具有重大影响。由此可见，重大影响是指能够决定公司董事会的部分人选或者能够对公司的经营管理决策产生相当大的影响，但这种影响不足以直接改变公司的经营决策。

母公司和子公司主要揭示的是两者的控制与被控制的关系。应当遵循关联关系的相关规则处理母子公司之间的关系，主要就是母公司不得利用关联关系损害子公司的利益，但母公司和子公司在法律上都具有独立的法律人格。子公司虽然在经营、财务、人事等方面受到母公司控制或者影响，但子公司作为独立法人，拥有自己独立的名称、财产和章程，对外独立承担民事责任。《公司法》第14条第2款规定："公司可以设立子公司，子公司具有法人资格，依法独立承担民事责任。"

二、本（总）公司和分公司

按照公司内部组织关系，有限责任公司可以分为本（总）公司和分公司。

本（总）公司是指依法设立并管辖公司全部组织关系的具有企业法人资格的总机构。本（总）公司具有独立的法人资格，对外独立承担民事责任；对内具有业务经营、资金调度、人事安排等事务的决定权。在日常生活中，只要某一公司设有分支机构，尽管该公司名称中并未使用"总公司"字样，不过相对于分支机构而言，该公司通常被人们称为"总公司"。不过，这只能局限于日常用语，因为立法规定设有分公司或者子公司的有限责任公司不得再称"总公司"。对于符合企业集团条件的，其核心企业可以登记为"集团有限责任公司"。[1]

分公司是指依法设立并受本公司管辖的不具有企业法人资格的分支机构。分公司不具有独立的法人资格，不拥有独立的财产，对外不能独立承担民事责任，而是由本公司承担；对内在业务经营、资金调度、人事安排等方面受本公司管辖。《公司法》第14条第1款规定："公司可以设立分公司。……分公司不具有法人资格，其民事责任由公司承担。"分公司也没有自己独立的名称，其名称应当冠以从属的本公司的名称，缀以"分公司"的字样。例如，北京东方科技有限责任公司在上海设立一家分公司，该分公司的名称为"北京东方科技有限责任公司上海分公司"。分公司不具有法人资格的特征使其与子公司区分开来。分公司虽然不具有法人资格，但只要办理了营业登记领取营业执照后，就可以以自己的名义独立开

---

[1] 参见《国家工商行政管理局关于施行〈中华人民共和国公司登记管理条例〉若干问题的意见》第8条。

展经营活动，也可以以自己的名义参与民事诉讼。分公司的这一特征使其与公司的职能部门区分开来。

由此可见，本（总）公司和分公司是对一个公司内部按照管辖关系进行分类的结果。本（总）公司才是真正意义上的公司，而分公司并不是真正意义上的公司。

三、本国公司和外国公司

按照公司国籍，有限责任公司可以分为本国公司和外国公司。

关于公司的国籍，各国立法采取不同的确认标准，主要有设立准据法说（以公司注册登记所依据的法律来确定公司国籍）、股东国籍说（以股东国籍或者出资占多数的股东国籍来确定公司国籍）、设立行为地说（以公司的注册登记地来确定公司的国籍）、住所地说（以公司住所所在国家为公司国籍）四种做法。[1]

1. 设立准据法说。即公司依据哪个国家或者法域的法律设立的，就认定其是该国或者地区的公司，对于该公司事实上的经营场所或者主要办事机构是否在该国在所不问。由于公司设立的准据法一般就是公司登记成立地的法，所以该学说与设立行为地说基本上是吻合的。

2. 股东国籍说。即以股东国籍或者占多数出资额的股东的国籍或者身份来确定公司的国籍。凡主要股东或占多数出资额的股东是外国人的为外国公司，反之则为本国公司。以此学说确定公司国籍的弊端有三：其一，会使公司国籍不固定，尤其是股份有限公司，其股份可以自由转让，股东具有很大的流动性，股东国籍构成处于不断变动当中，难以借此认定公司国籍；其二，公司东道国的主权可能受损，如果一个公司在东道国登记成立从事经营，但由于其主要股东或者多数股东是外国人或者其他地区的公民，该公司就会处于外国法或者其他法域的法律管辖之下，脱离东道国的控制；其三，不利于公司开展经营活动，在东道国注册经营的外国公司，其生产经营活动及合法权益不能受到东道国法律的充分保护。有鉴于此，多数国家不以股东国籍确定公司国籍。

然而，尽管股东国籍对于确定公司国籍不具有直接的法律意义，但它在经济、政治和人们的思想观念等方面仍不乏相当的意义。日常生活中人

---

[1] 详细内容参见史际春、温烨、邓峰：《企业和公司法》，中国人民大学出版社 2001 年版，第 198—200 页。

们常说的"中外合资企业"就是从股东国籍角度而言的。

3. 设立行为地说。即以公司注册登记地来确定公司国籍。公司适用哪国法律登记成立，登记成立所在国即为公司国籍，因而与设立准据法说的结果通常是一致的。值得注意的是，美国公司法属于州法，对于某州而言，外国公司包括在美国以外国家和地区登记成立的公司和在其他州登记成立的公司。此说主要为英美法系国家所采用。

4. 住所地说。即以公司的住所所在的国家为公司国籍。而各国法律对公司住所有不同的规定，包括营业中心地、总公司所在地、事实上的总公司所在地、公司主要办事机构所在地等。根据住所地说，凡法定住所设在国外的公司是外国公司，设在本国的为本国公司。此说的主要弊端在于公司可以通过变更住所达到变更国籍从而规避某国的法律管辖。欧洲国家多采住所地说确定公司国籍。

我国采设立行为地说。凡在我国境内依照我国法律成立的公司为本国公司，凡在我国境外依据境外法律成立的公司为外国公司。我国港澳台地区属于我国不可分割的组成部分，不过毕竟属于国内境外，我国港澳台公司在大陆投资或者直接设立分支机构参照外国公司对待，即适用外资投资企业的有关规定。

公司法中的外国公司通过表现为一种特殊的分公司，这种公司相对于本公司而言是分公司，相对于分公司业务活动所在国而言是外国公司。因此，《公司法》直接称之为"外国公司的分支机构"。《公司法》第195条规定："外国公司在中国境内设立的分支机构不具有中国法人资格。外国公司对其分支机构在中国境内进行经营活动承担民事责任。"外国公司在我国设立分支机构，必须向中国主管部门提出申请，并提交公司章程、所属国的公司登记证书以及其他文件。获准后，由该外国公司在中国境内负责该分支机构的代表人或者代理人，向公司登记机关依法办理登记手续，领取营业执照，即可以自己的名义开展经营活动。值得注意的是，外国公司也可以依法在我国设立办事处，不过该办事处不属于《公司法》上的"外国公司的分支机构"，仅可以从事业务联系事宜，不得以自己的名义直接从事经营活动。自2004年10月起，办事处的审批事宜直接由工商行政管理机关决定，采取形式审查，当事人提供的主要资料为登记证书和银行资信证明的影印件。

第三节　一人公司

一、一人公司

所谓一人公司（One Man Company），是指股东仅为一人的公司。世界各国早期的公司立法，通常对一人公司作出禁止规定，不仅禁止设立一人公司，而且规定公司存续期间因故仅剩一名股东时应当予以解散。随着经济的发展，一人公司逐渐得到一些国家的承认。

就目前各个国家和地区关于一人公司的立法来看，大致存在四种立法模式。[1] 第一种立法模式：禁止设立一人公司，但允许存续期间因故转变而来的一人公司存在，而且该股东依然承担有限责任。第二种立法模式：禁止设立一人公司，但允许存续期间因故转变而来的一人公司存在，不过该股东须就公司债务承担无限责任，如意大利。第三种立法模式：禁止设立一人公司，而且规定公司存续期间因故仅剩一名股东时应当予以解散，如比利时。第四种立法模式：允许设立一人公司，如德国、法国、瑞典、日本、美国大多数州[2]。

一人公司的存在，背离了公司的社团性特征。为此公司法学界提出了多种学说，试图解释一人公司。究其原因，法律是实现生活的反映。立法上之所以承认一人公司，是因为市场经济的充分发展使得一人公司的存在不可避免。正如哲人所言，一切立法的过程不过是发现法律的过程。一人公司不是立法者凭空创造的产物，而是立法者从现实生活中发现的。一句话，实践创造了一人公司制度，立法者只不过用法律语言将其表述出来而已。

二、一人有限责任公司

2005 年《公司法》确立了一人有限责任公司制度，2013 年进行了较大修改。与普通有限责任公司相比，法律对一人有限责任公司采取了更为严格的控制措施。

---

〔1〕　范健主编：《商法（第二版）》，高等教育出版社 2002 年版，第 91 页。

〔2〕　美国为联邦制国家，公司立法属于州的立法权范围。因此，美国各州的公司制度不尽相同。自 1949 年密歇根州开创先河至今，大多数州允许设立一人公司。

（一）一人有限责任公司概念

在我国，一人有限责任公司具有特定的含义，不包括国有独资公司。所谓一人有限责任公司，是指只有一个自然人股东或者一个法人股东的有限责任公司。一人有限责任公司的突出特征就是突破了公司社团性的特征，仅仅拥有一个股东，而且这个股东要么是自然人，要么是法人（该法人不包括国家、各级人民政府国有资产监督管理机构）。

（二）一人有限责任公司的特殊规定

1. 股东及公司对外投资的限制

《公司法》对普通有限责任公司及其股东的对外投资并无明确限制，而是交由公司章程和股东自己自主选择。而对自然人出资设立一人有限责任公司，《公司法》作出了限制性规定。该法第 58 条指出："一个自然人只能投资设立一个一人有限责任公司。该一人有限责任公司不能投资设立新的一人有限责任公司。"对于法人出资设立一人有限责任公司，法律则无上述限制。如此立法的理由何在？难道自然人股东更容易损害公司债权人利益？

2. 公司登记的特殊规定

一人有限责任公司应当在公司登记中注明自然人独资或者法人独资，并在公司营业执照中载明。这主要是为了保护交易相对人的利益，交易当事人一经审查一人有限责任公司营业执照即可对其信用作出基本判断。

3. 公司财务会计制度的特殊规定

普通有限责任公司的年度财务报告法律并不要求必须审计。而对一人有限责任公司法律要求则不同。《公司法》第 62 条规定："一人有限责任公司应当在每一会计年度终了时编制财务会计报告，并经会计师事务所审计。"由于一人有限责任公司年度财务报告必须审计，这将增加一人有限责任公司的负担。

4. "加重"的股东责任

一人有限责任公司股东也享受有限责任待遇，以出资额为限对公司承担责任。根据《公司法》第 63 条的规定，如果一人有限责任公司的股东不能证明公司财产是独立于股东自己的财产的，则应当对公司债务承担连带责任。《公司法》的该项规定加大了一人有限责任公司人格否认的可能性，这也有损于一人有限责任公司的发展。司法实践中的案例表明，一人公司的股东对其自身财产与公司财产相互独立应当承担举证责任，否则应承担举证不能的责任。[1] 当然，关于一人公司人格否认也应首先适用《公司法》第20条，因为第63条只是第20条所确立的公司人格否认制度的一部分。

三、国有独资公司

建立现代企业制度，是我国国有企业改革的重要目标。有限责任公司制度作为现代企业制度，固然能够为企业发展筹集足够的资金，但更为关键的是能够使企业具有良好的治理结构。这恰恰是国有企业所迫切需要的。我国一些国有企业本身并不缺少资金，另有一些国有企业所从事的行业不适宜非国有主体介入，如军事工业。那么，适时引入不具有筹资功能但依然具有完善的治理结构的一人公司就成为一种合理的选择，国有独资公司应运而生。

（一）国有独资公司的概念和特征

1. 国有独资公司的概念

国有独资公司，是指国家单独出资、由国务院或者地方人民政府授权本级人民政府国有资产监督管理机构履行出资人职责的有限责任公司。就经济意义而言，国有独资公司属于国有企业。但从法律意义而言，国有独资公司和国有企业存在明显不同。

其一，成立的法律依据不同。前者依《公司法》成立，后者依《中华人民共和国全民所有制工业企业法》成立。

其二，企业财产权不同。前者拥有企业法人财产权，与股东财产完全分离，从而确立了独立法人的主体地位；后者仅拥有经营权，其与股东财产并不完全分离，其主体地位的独立性常常遭到怀疑甚至否定。

其三，治理结构不同。前者实行权责明确和相互制约的企业管理体制，即董事会—监事会—经理的体制；后者实行厂长（经理）负责制，即企业的厂长（经理）集企业决策权（除政府仍拥有的决策权之外）、业务执行权和企业法人代表人权于一人，缺少日常有效的监督和必要的制约。[2]

2. 国有独资公司的特征

国有独资公司是《公司法》针对我国国情而规定的一种特殊类型的有

---

〔1〕 参见上海市第二中级人民法院（2015）沪二中民一（民）终字第1347号民事判决书。
〔2〕 王保树、崔勤之：《中国公司法原理（最新修订第三版）》，社会科学文献出版社2006年版，第136页。

限责任公司。与普通的有限责任公司相比，国有独资公司具有以下特征：

（1）投资主体的特定性，即"国有"。就实质而言，国有独资公司的全部资本来源于国家投入，国家是其唯一股东；就形式而言，国家对国有独资公司的投资并不是完全直接以国家名义投入，可以由国家单独出资，也可以由国务院或者地方人民政府授权本级人民政府国有资产监督管理机构进行投资。除此之外，其他人也可以按照有关法律的规定设立独资公司，但不能称之为国有独资公司，例如外商单独出资设立的公司只能称之为外商独资公司。为了反映国有独资公司的特性，实践中直接投资设立国有独资公司的国有资产监督管理机构被称为"出资人"，而不是"股东"。这显然与其他有限责任公司不同，直接出资设立其他有限责任公司的投资者通常称之为"股东"。

（2）投资主体的单一性，即"独资"。国有独资公司的投资主体只有一个，即国家单独出资、由国务院或者地方人民政府授权本级人民政府国有资产监督管理机构。国有独资公司只能国家单独出资、由国务院或者地方人民政府授权本级人民政府国有资产监督管理机构单独投资设立。由国有资产监督管理机构投资设立，但并非单独投资，而是由若干个国有资产监督管理机构共同投资设立，虽然公司的全部资产也属于国有，但并非国有独资公司，而是普通的有限责任公司。

（3）公司制度的特殊性。国有独资公司是一种特殊类型的有限责任公司，其设立、组织机构、公司章程、经营管理等方面都与普通的有限责任公司有所不同。

（二）国有独资公司的特殊规定

1. 国有独资公司的适用范围

通常，以下公司应当采取国有独资公司形式：从事机密尖端技术研究与生产的公司、国家规定的专营专卖公司、稀缺贵重金属公司、造币公司等。

2. 国有独资公司的组织机构

（1）机构设置。国有独资公司不设股东会，由国有资产监督管理机构行使股东会职权。国有资产监督管理机构可以授权公司董事会行使股东会的部分职权，决定公司的重大事项，但公司的合并、分立、解散、增加或者减少注册资本和发行公司债券，必须由国有资产监督管理机构决定；其中，重要的国有独资公司合并、分立、解散、申请破产的，应当由国有资产监督管理机构审核后，报本级人民政府批准。由此可见，国有独资公司的董事会既拥有普通的有限责任公司股东会的部分职权，又是公司的执行机构和对外代表机构，负责公司日常的经营管理。国有独资公司设立监事会，监督公司的经营管理，并行使国务院规定的其他职权。

（2）董事会。董事会每届任期三年。部分董事由国有资产监督管理机构按照董事会的任期委派或者更换；部分董事为职工代表，由公司职工民主选举产生。

董事会设董事长一人，可以视需要设副董事长。董事长、副董事长由国有资产监督管理机构从董事会成员中指定。

（3）经理。国有独资公司设经理，由董事会聘任或者解聘。经国有资产监督管理机构同意，董事会成员可以兼任经理。

（4）监事会。国有独资公司监事会成员不得少于五人，其中职工代表的比例不得低于三分之一，具体比例由公司章程规定。监事会成员由国有资产监督管理机构委派；但是，监事会成员中的职工代表由公司职工代表大会选举产生。监事会主席由国有资产监督管理机构从监事会成员中指定。

（5）国有独资公司负责人专任制度。《公司法》第69条规定："国有独资公司的董事长、副董事长、董事、高级管理人员，未经国有资产监督管理机构同意，不得在其他有限责任公司、股份有限公司或者其他经济组织兼职。"由此可见，专任制度比竞业禁止更为严格。竞业禁止要求董事、经理不得自营或者为他人经营与所任职公司同类的营业或者从事损害本公司利益的活动，并不禁止董事、经理自行担任与本公司从事不同类营业公司的负责人。《公司法》规定国有独资公司负责人专任制度的目的就在于，防止公司负责人因兼职而疏于对公司的管理，避免国有资产流失，保证国有资产保值增值。

第三章　有限责任公司的设立

第一节　有限责任公司设立概述

一、有限责任公司设立的概念

有限责任公司的设立，又称为有限责任公司的开办，是指发起人为组建有限责任公司，使其取得法人资格，必须采取和完成的多种准备行为。有限责任公司的设立与有限责任公司的成立虽然仅一字之差，但含义迥然不同。前者是指组建有限责任公司并使其取得法人资格的过程；后者发生于有限责任公司被依法核准登记之时。成立是设立行为被依法认可后产生的法律后果。

二、有限责任公司的设立原则

（一）公司设立原则概览

公司设立原则，又称为公司设立的立法主义，是指法律规定的发起人在设立公司时所应遵循的基本原则。公司设立原则反映了特定时期法律对公司设立所采取的态度。纵观各国公司立法的发展历程，公司设立原则也发生了一系列变迁。具体来说，主要存在以下几种设立原则。

1. 自由主义

所谓自由主义是指公司的设立完全按照当事人的意愿，法律不加任何限制，公司一经成立即取得法人资格。自由主义发端于中世纪早期地中海沿岸贸易发达国家。其突出优点是便于公司设立。当然，其缺陷也十分明显：由于法律对公司设立不加任何限制，导致公司与合伙难以区分，投资者滥设公司，从而危及交易安全。因此，自由主义存在不久即被取代。

2. 特许主义

所谓特许主义是指公司的设立及成立必须经国家元首或者国家特许。

中世纪后期，伴随着商业分工的细化和商业行会的建立，欧洲各国各种行会企图借助封建国家权力实现对商品市场的行业垄断，封建国家也希望通过区域性的行会组织承担某些公共职能而推行其统治政策，于是行会对行政性垄断的追求促成了公司设立原则从自由主义向特许主义转变。特许主义盛行于 17—18 世纪的英国，当时法律中唯一涉及公司的条文就是"除国会法令许可外，不得设立公司"。[1]

3. 核准主义

所谓核准主义是指公司的设立除了符合法律规定的条件外，还要事先取得行政主管机关的核准。核准主义为 1673 年法国《商事条例》首创。与特许主义相比，特许主义强调立法机关的特权，而核准主义则强调行政机关的特权。一般而言，核准主义较之特许主义有所进步，但由于行政干预色彩浓厚，与特许主义存在几乎相同的弊端：公司设立审查严苛，旷日持久，容易滋生腐败。所以，现代社会中核准主义已经不再被广泛采用，只有极少数特殊公司设立适用核准主义。

4. 准则主义

所谓准则主义是指公司的设立只须按照法律规定的条件，向主管机关登记即可，不必事先取得行政主管机关的核准。由于核准主义不利于公司的设立，阻碍经济发展的需求，废除行政机关特权的立法主义——准则主义应运而生。1862 年英国公司法首先采取该原则，以后逐渐为世界各国公司立法仿效。不过在准则主义适用初期，由于公司设立条件的规定过于粗陋，形同自由放任，一度出现公司泛滥并危及交易安全。为了保护公司股东和债权人的利益，维护交易安全，各国立法对公司设立条件作出了较为严格的规定，从而形成了严格准则主义。

5. 严格准则主义

所谓严格准则主义是指在准则主义的基础上，法律进一步严格规定公司设立的条件并加重发起人的责任，同时强化法院及行政机关对公司设立的监督。[2] 与准则主义相比，严格准则主义赋予了公司登记机关一定的审查权限，即公司登记机关有权审查公司设立是否符合法律规定的条件，如果符合法律规定的条件和程序性规定，则只能予以登记，而不能以政策上

---

〔1〕 周友苏：《新公司法论》，法律出版社 2006 年版，第 110 页。
〔2〕 王保树主编：《中国商事法》，人民法院出版社 1996 年版，第 88 页。

或者其他理由拒绝登记。[1] 目前，严格准则主义已为世界多数国家和地区所采纳，成为普遍奉行的公司设立原则。

（二）我国有限责任公司的设立原则

《公司法》颁布之前，我国企业法人的设立遵循核准主义。《公司法》适应市场经济条件下公司制度发展的需要，在吸收其他国家公司立法经验的基础上，对有限责任公司的设立采取了以严格准则主义为原则、以核准主义为例外的立法主义。《公司法》第 6 条规定："设立公司，应当依法向公司登记机关申请设立登记。符合本法规定的设立条件的，由公司登记机关分别登记为有限责任公司或者股份有限公司；不符合本法规定的设立条件的，不得登记为有限责任公司或者股份有限公司。法律、行政法规规定设立公司必须报经批准的，应当在公司登记前依法办理批准手续。……"同时《公司法》第二章专设一节规范有限责任公司的设立，对有限责任公司的设立条件、发起人责任等作出了严格的规定。具体而言，对于一般有限责任公司的设立实行严格准则主义，只要符合《公司法》规定的条件，即可登记成立，不需要行政机关的审批；对于特定行业和经营特定项目的有限责任公司以及国有企业联合投资设立或者改建而来的有限责任公司和国有独资公司实行核准主义，除了符合《公司法》规定的条件外，还须事先取得有关行政机关的批准，方可设立。

三、有限责任公司设立的方式

总体而言，公司的设立方式分为两种：一是发起设立，即公司资本由发起人全部认购，不向发起人以外的任何人募集而设立公司；二是募集设立，即发起人只能认购公司资本的一部分，其余部分向社会公开募集而设立公司。

资本封闭性的特点决定了有限责任公司只能采取发起设立的方式。《公司法》第 24 条规定："有限责任公司由五十个以下股东出资设立。"第 57 条第 2 款规定："本法所称一人有限责任公司，是指只有一个自然人股东或者一个法人股东的有限责任公司。"第 64 条第 2 款规定："本法所称国有独资公司，是指国家单独出资、由国务院或者地方人民政府授权本级人民政府国有资产监督管理机构履行出资人职责的有限责任公司。"由此

---

〔1〕 赵旭东主编：《公司法学》，高等教育出版社 2003 年版，第 95 页。

可见，有限责任公司可以通过两种形式发起设立：一是由多数发起人共同出资设立，成立后的公司为普通的有限责任公司；二是由一个发起人单独投资设立，成立后的公司为一人有限责任公司或者国有独资公司。《公司法》的这一做法充分考虑了市场经济发展的需要，体现了立法对经济生活的关注。

四、有限责任公司设立的条件

设立有限责任公司必须具备法定的条件，否则，公司不得成立。《公司法》第23条规定："设立有限责任公司，应当具备下列条件：（一）股东符合法定人数；（二）有符合公司章程规定的全体股东认缴的出资额；（三）股东共同制定公司章程；（四）有公司名称，建立符合有限责任公司要求的组织机构；（五）有公司住所。"

（一）股东符合法定人数

《公司法》对有限责任公司的股东人数采取区别对待的策略，即规定普通的有限责任公司股东为五十人以下，而一人有限责任公司和国有独资公司股东为一人。

（二）有符合公司章程规定的全体股东认缴的出资额

有限责任公司兼有资合性质，公司资本也是对外信用的基础。因此，设立有限责任公司必须具备一定数额的公司资本。根据《公司法》第26条的规定，有限责任公司实行注册资本的认缴制，出资方式和出资时间由股东通过公司章程予以约定；法律、行政法规以及国务院决定对有限责任公司注册资本实缴、注册资本最低限额另有规定的，从其规定。《中华人民共和国保险法》第69条规定："设立保险公司，其注册资本的最低限额为人民币二亿元。国务院保险监督管理机构根据保险公司的业务范围、经营规模，可以调整其注册资本的最低限额，但不得低于本条第一款规定的限额。保险公司的注册资本必须为实缴货币资本。"《中华人民共和国商业银行法》第13条规定："设立全国性商业银行的注册资本最低限额为十亿元人民币。设立城市商业银行的注册资本最低限额为一亿元人民币，设立农村商业银行的注册资本最低限额为五千万元人民币。注册资本应当是实缴资本。国务院银行业监督管理机构根据审慎监管的要求可以调整注册资本最低限额，但不得少于前款规定的限额。"

（三）股东共同制定公司章程

公司章程是规定有限责任公司的组织和行为基本规则的重要文件，是有限责任公司设立的核心文件。公司章程由全体股东共同制订，并且签名盖章。不过《公司法》并未规定公司章程何时生效。一般认为，有限责任公司章程制订后，并不立即发生效力，而是随着公司的成立即领取营业执照而发生效力。[1] 关于公司章程的详细论述，参见本章第二节。

（四）有公司名称，建立符合有限责任公司要求的组织机构

1. 有公司名称

公司必须有自己的名称，公司名称是一公司区别于其他公司的重要标志。有限责任公司作为独立的民事主体，具有独立的法律人格，与自然人有姓名一样，应当有自己的名称。《公司法》第8条第1款规定："依照本法设立的有限责任公司，必须在公司名称中标明有限责任公司或者有限公司字样。"因此，股东在设立有限责任公司时，必须符合《公司法》对公司名称的要求。关于公司名称的详细论述，参见本章第三节。

2. 建立符合有限责任公司要求的组织机构

公司作为法人，必须借助公司机关来表达自己的意志。为此，《公司法》规定，除了一人有限责任公司和国有独资公司外，通常的公司设立股东会、董事会、经理和监事会作为公司的组织机构；不过，股东人数较少和规模较小的有限责任公司可不设董事会和监事会，而只设一名执行董事和一名至二名监事。关于公司组织机构的详细论述，参见本书第七章。

（五）有公司住所

住所是公司的主要办事机构所在地。与1993年《公司法》"有固定的生产经营场所和必要的生产经营条件"的要求不同，2005年修订后的《公司法》仅要求公司有住所即可。这一修订无疑降低了公司设立的成本。关于公司住所的详细论述，参见本章第四节。

五、有限责任公司设立的程序

有限责任公司设立的程序问题，是公司法的一个重要组成部分。按照《公司法》的规定，结合公司实务实践，有限责任公司的设立通常包括以

---

[1] 王保树、崔勤之：《中国公司法原理（最新修订第三版）》，社会科学文献出版社2006年版，第69页。

下阶段。

（一）确定发起人[1]

确定发起人是设立公司的第一步。有限责任公司兼有人合性，股东的信用和相互的信任关系对于公司的发展极为重要。因此，寻求合适的发起人是意欲开办有限责任公司的投资人最为重要的一步。

一般而言，具有完全民事行为能力的自然人以及具有相应行为能力的非法人组织、法人可以成为有限责任公司的发起人。国外立法通常对发起人资格作出限制性规定，我国也不例外。我国立法对有限责任公司发起人资格限制主要体现在一人有限责任公司再投资的限制。《公司法》第58条规定："一个自然人只能投资设立一个一人有限责任公司。该一人有限责任公司不能投资设立新的一人有限责任公司。"

（二）签订发起人协议

发起人协议，又称公司设立合同，是指发起人为设立公司而明确相互之间权利义务关系的书面协议。在公司设立过程中，发起人通常事先签订发起人协议，就公司的注册资本、各发起人的出资比例、公司筹备、相互间的权利义务关系等问题作出约定。由此可见，发起人协议主要调整公司设立阶段发起人之间的权利义务关系。不过，由于发起人协议是公司设立中发起人达成的重要意向，其不仅对公司设立具有重要意义，而且对公司成立后的运营也往往会产生深远的影响。有鉴于此，虽然《公司法》不要求有限责任公司发起人必须签订发起人协议，[2] 但该协议对于解决公司设

---

[1]《公司法》秉承大陆法系传统，称有限责任公司的发起人为股东，而不使用"发起人"的概念。《公司法》中的发起人特指股份有限公司的发起人。其实发起人和股东是不同的。在公司设立阶段打算对公司出资并对公司设立承担责任的投资者称之为发起人，向公司出资并对公司享有权利和承担义务的人称之为股东。由此可见，发起人只有在公司成立后才能转化为股东，股东并不一定是公司的发起人。所以，我们认为凡公司设立阶段均应使用发起人的概念，而不应有有限责任公司和股份有限公司之别。当然，国内亦有学者主张采用设立人的概念统一指称在公司设立阶段从事创办公司的一系列法律行为，并对公司设立承担法定责任的人，指出有限责任公司与股份有限责任公司的设立人不同，进而称创设有限责任公司的人为有限责任公司的设立人，称创设股份有限公司的人为股份有限公司的发起人。周友苏：《新公司法论》，法律出版社2006年版，第120—123页。对此2011年出台的《公司法司法解释三》给出了积极回应，该解释第1条规定："为设立公司而签署公司章程、向公司认购出资或者股份并履行公司设立职责的人，应当认定为公司的发起人，包括有限责任公司设立时的股东。"

[2]《公司法》要求股份有限公司的发起人签署发起人协议，该法第79条规定："股份有限公司发起人承担公司筹办事务。发起人应当签订发起人协议，明确各自在公司设立过程中的权利和义务。"

立过程中面临的问题和可能发生的争议具有重要作用。因而，建议有限责任公司的发起人签订发起人协议。

就法律性质而言，发起人协议系合伙协议。[1] 它将彼此独立的民事主体结合成一个整体，共同从事公司设立活动。一般而言，随着公司的成立，发起人协议的相关内容为公司章程等正式文件所吸收，发起人协议因完成其使命而失去效力。问题在于并非发起人协议的所有内容均会被公司正式文件吸收，那些没有写进公司正式文件中的条款是否具有法律效力。从发起人协议的性质出发，发起人协议对发起人具有约束力当无疑问。因而公司成立后，对于公司正式文件中没有规定而发起人协议中有所规定的事项，只要其不违反强行法或者公司正式文件的原则性规定，应当承认其对发起人具有法律效力。考虑到发起人在公司设立中的地位，在不违反强行法或者公司正式文件的原则性规定的前提下，也应承认公司正式文件中没有规定而发起人协议中有所规定的事项对成立后的公司具有约束力。[2]

（三）制订公司章程和认足出资

各发起人按照《公司法》第 23 条和第 25 条的规定，共同制订公司章程，并签名、盖章。其间，股东认足出资。

（四）缴纳出资

缴纳出资是指发起人按照公司章程对出资方式、出资额、出资期限的约定足额缴纳所认缴的出资额。缴纳出资并非有限责任公司成立的必需环节，发起人只要按照公司章程的约定缴纳出资即可。《公司法》第 26 条规定："有限责任公司的注册资本为在公司登记机关登记的全体股东认缴的出资额。"第 28 条规定："股东应当按期足额缴纳公司章程中规定的各自所认缴的出资额。股东以货币出资的，应当将货币出资足额存入有限责任公司在银行开设的账户；以非货币财产出资的，应当依法办理其财产权的转移手续。股东不按照前款规定缴纳出资的，除应当向公司足额缴纳外，还应当向已按期足额缴纳出资的股东承担违约责任。"2014 年国务院以国发〔2014〕7 号印发的《注册资本登记制度改革方案》指出："公司实收资本不再作为工商登记事项。公司登记时，无需提交验资报告。"据此，

---

〔1〕 施天涛：《公司法论（第四版）》，法律出版社 2018 年版，第 122 页；范健、蒋大兴：《公司法论（上卷）》，南京大学出版社 1997 年版，第 616 页。

〔2〕 有学者从合同相对性出发，认为发起人协议只能约束订立该协议的发起人，对于成立后的公司无约束力。周友苏：《新公司法论》，法律出版社 2006 年版，第 169—170 页。

公司设立时不再要求股东取得法定验资机构的验资证明，但依据《企业信息公示暂行条例》的相关规定，公司应当通过企业信用信息公示系统及时披露股东实缴的出资额、出资时间、出资方式等。[1]

（五）确立公司组织机构

公司组织机构即公司机关是公司的法定机构，在公司设立阶段即应予以解决。有限责任公司的组织机构包括股东会、董事会、经理和监事会。其中董事会对内管理公司事务，对外代表公司。普通的有限责任公司的董事会由公司创立大会暨第一次股东会选举产生；不设股东会的有限责任公司，董事一般由股东委任。

（六）设立登记

在履行上述设立程序后，有限责任公司的发起人即可依法向工商部门办理设立登记。《公司法》第29条规定："股东认足公司章程规定的出资后，由全体股东指定的代表或者共同委托的代理人向公司登记机关报送公司登记申请书、公司章程等文件，申请设立登记。"第6条第1款、第2款规定："设立公司，应当依法向公司登记机关申请设立登记。符合本法规定的设立条件的，由公司登记机关分别登记为有限责任公司或者股份有限公司；不符合本法规定的设立条件的，不得登记为有限责任公司或者股份有限公司。法律、行政法规规定设立公司必须报经批准的，应当在公司登记前依法办理批准手续。"第7条第1款规定："依法设立的公司，由公司登记机关发给公司营业执照。公司营业执照签发日期为公司成立日期。"2015年10月1日起我国全面实施"三证合一"和"一照一码"的企业登记制度改革。所谓"三证合一"，就是将企业依次申请的工商营业执照、组织机构代码证和税务登记证三证合为一证，提高市场准入效率；"一照一码"则是在此基础上更进一步，通过"一口受理、并联审批、信息共享、结果互认"，实现由一个部门核发加载统一社会信用代码的营业执照。[2] 自2015年10月1日起至2017年12月31日前为新旧证照转换的过

---

〔1〕《企业信息公示暂行条例》第9条规定："企业年度报告内容包括：……（四）企业为有限责任公司或者股份有限公司的，其股东或者发起人认缴和实缴的出资额、出资时间、出资方式等信息；……"第10条规定："企业应当自下列信息形成之日起20个工作日内通过企业信用信息公示系统向社会公示：（一）有限责任公司股东或者股份有限公司发起人认缴和实缴的出资额、出资时间、出资方式等信息；……"

〔2〕参见《深化商事制度改革 实现"三证合一"和"一照一码"》，http://www.gov.cn/xinwen/2015-05/20/content_2865095.htm，访问时间2015年6月16日。

渡期。过渡期内，原核发的营业执照，组织机构代码证和税务登记证继续有效，企业都可以使用原发证照办理各项业务。2018 年 1 月 1 日起，一律改用"一照一码"办理业务，原发证照不再有效。2017 年 4 月 11 日发布的《工商总局关于全面推进企业电子营业执照工作的意见》（工商企注字〔2017〕47 号）指出，依法推进电子营业执照的发放和应用，"电子营业执照是以工商总局为全国统一信任源点，载有市场主体登记信息的法律电子证件，由工商行政管理部门依据国家有关法律法规、按照统一标准规范核发，与纸质营业执照具有同等法律效力"〔1〕。

值得注意的是，设立有限责任公司，在申请设立登记前，应当由全体股东指定的代表或者共同委托的代理人向公司登记机关申请名称预先核准；预先核准的公司名称保留六个月。〔2〕公司名称预先核准后六个月内，如公司未申请设立登记，则须再行申请名称预先核准，待核准后才能进行设立登记。不过，公司名称预先核准制度将最终取消。2017 年 4 月 19 日发布的《工商总局关于提高登记效率积极推进企业名称登记管理改革的意见》（工商企注字〔2017〕54 号）指出："从开放企业名称库、建立完善查询比对系统等基础工作入手，通过推行网上申请、简化申请审核流程，提高登记效率，推动建立相关机制、完善相关法规修订，为最终取消企业名称预先核准创造条件。"〔3〕

此外，《公司法》第 14 条第 1 款规定："公司可以设立分公司。设立分公司，应当向公司登记机关申请登记，领取营业执照。分公司不具有法人资格，其民事责任由公司承担。"

六、有限责任公司设立的法律后果

（一）公司设立的法律后果

就有限责任公司的设立而言，其法律后果有三：其一，公司设立符合法律规定的条件和程序，经工商部门核准登记，公司成立；其二，公司设立不符合法律规定的条件和程序，未被工商部门核准登记，公司不成立；其三，违反法律规定，办理公司登记时虚报注册资本、提交虚假证明文件

---

〔1〕《工商总局关于全面推进企业电子营业执照工作的意见》，http://home.saic.gov.cn/zw/wjfb/zjwj/201704/t20170412_261165.html，访问时间 2017 年 10 月 17 日。

〔2〕参见《中华人民共和国公司登记管理条例》第 14 条、第 15 条、第 16 条。

〔3〕《工商总局关于提高登记效率积极推进企业名称登记管理改革的意见》，http://home.saic.gov.cn/zw/wjfb/zjwj/201704/t20170419_261533.html，访问时间 2017 年 10 月 17 日。

或者采取其他欺诈手段隐瞒重要事实取得公司登记情节严重的，撤销公司登记。

有限责任公司无论是成立、不成立还是被撤销，发起人都要对其设立行为承担相应的法律责任。

（二）发起人的法律地位

公司的设立依赖发起人的活动和努力，发起人的法律地位涉及权利义务的归属和责任的承担。发起人的法律地位应当从发起人与发起人之间的关系和发起人与公司之间的关系两个方面进行分析。

就发起人作为独立的投资者而言，其法律地位表现为发起人之间的关系：合伙。各发起人以设立公司为目的结合在一起，根据发起人协议和公司章程行使权利和履行义务。发起人协议和公司章程其性质类似于合伙协议，各发起人均为合伙人，当公司未成立时，应当就公司设立所生债务承担连带责任。

就发起人作为整体而言，其法律地位表现为发起人与公司关系：设立中的公司机关。设立中的公司属于无权利能力社团，发起人作为设立中的公司机关，对外代表公司，对内履行设立义务。公司一经成立，发起人转化为公司股东，成立后的公司与设立中的公司是同一的，因而发起人因设立公司所生的权利义务归属于成立后的公司。

针对公司设立过程中，发起人对外订立合同或者侵权引发的争议，《公司法司法解释三》承认发起人在公司设立过程中与第三人发生民事法律关系的情形中处于设立中的公司机关的法律地位，为了保护第三人的利益而原则上赋予了第三人选择相对人的自由。具体规定如下：

1. 发起人对外订立合同

（1）发起人为设立公司以自己名义对外签订合同，合同相对人请求该发起人承担合同责任的，人民法院应予支持。公司成立后对前款规定的合同予以确认，或者已经实际享有合同权利或者履行合同义务，合同相对人请求公司承担合同责任的，人民法院应予支持。

（2）发起人以设立中公司名义对外签订合同，公司成立后合同相对人请求公司承担合同责任的，人民法院应予支持。公司成立后有证据证明发起人利用设立中公司的名义为自己的利益与相对人签订合同，公司以此为由主张不承担合同责任的，人民法院应予支持，但相对人为善意的除外。

2. 发起人对外侵权

发起人因履行公司设立职责造成他人损害，公司成立后受害人请求公司承担侵权赔偿责任的，人民法院应予支持；公司未成立，受害人请求全体发起人承担连带赔偿责任的，人民法院应予支持。公司或者无过错的发起人承担赔偿责任后，可以向有过错的发起人追偿。

（三）发起人的责任

1. 在公司成立的情况下，发起人的责任

（1）未足额缴纳出资的责任

未足额缴纳出资的责任是指发起人因未按期足额缴纳出资而向公司和其他发起人承担的民事责任。《公司法》第 28 条规定：有限责任公司"股东应当按期足额缴纳公司章程中规定的各自所认缴的出资额。股东以货币出资的，应当将货币出资足额存入有限责任公司在银行开设的账户；以非货币财产出资的，应当依法办理其财产权的转移手续。股东不按照前款规定缴纳出资的，除应当向公司足额缴纳外，还应当向已按期足额缴纳出资的股东承担违约责任。"实践中，不少有限责任公司的发起人在其签订的发起人协议中约定：未按照约定期限足额缴纳出资的，应当向成立后的公司承担违约责任。该种约定是否有效？鉴于该种约定并不违反强行法规范，从意思自治的基本原则出发，似乎应当认定为有效。问题在于有限责任公司的发起人在签订发起人协议时，公司并不存在，发起人能否为一个尚未成立的公司设定权利呢？既然发起人协议的目的在于设立公司，那么发起人协议中必然包含设立后公司的权益。从这种意义上说，发起人可以在发起人协议中为设立后的公司设定权利。

值得注意的是，如果发起人协议或者公司章程中都没有约定，未足额缴纳出资的发起人应当向公司承担违约责任，那么公司能否依据《公司法》第 28 条的规定要求未足额缴纳出资的发起人在足额缴纳出资的同时赔偿损失？单纯就出资问题而言，发起人协议可以视为为第三人利益合同，即发起人为公司利益而出资，成立后的公司作为第三人当然享有发起人协议为其设定的权利，即要求股东按期足额缴纳出资。股东未按期足额缴纳出资则构成违约，公司有权要求股东承担违约责任，股东除了实际履行出资义务外，还应当赔偿由此给公司造成的损失。

此外，《公司法司法解释三》第 13 条第 3 款规定："股东在公司设立时未履行或者未全面履行出资义务，依照本条第一款或者第二款提起诉讼

的原告，请求公司的发起人与被告股东承担连带责任的，人民法院应予支持；公司的发起人承担责任后，可以向被告股东追偿。"该条款加重了发起人的出资责任，发起人股东对其他发起人股东未按期足额缴纳出资的行为承担连带责任，包括履行出资义务的连带责任和在未出资或者未全面履行出资义务的本息范围内对公司债权人的补偿赔偿连带责任。

（2）出资不实的填补责任

出资不实的填补责任是指全体发起人对现物出资的实际价额与公司章程所定价额的显著差额承担连带补足的民事责任。法律之所以规定出资不实的填补责任，源于资本确定原则的要求，是为了保证公司资本充足，维护公司债权人的利益。出资不实的填补责任源于德国公司法。之后为其他国家所效仿。例如，《日本公司法》第52条第1款规定："股份公司成立时现物出资财产等的价额明显不足以章程记载或记录的关于该现物出资财产等的价额（章程发生变更的，为变更后价额）时，发起人及设立时的董事，连带承担向该股份公司支付该不足额的义务。"我国《公司法》第30条规定："有限责任公司成立后，发现作为设立公司出资的非货币财产的实际价额显著低于公司章程所定价额的，应当由交付该出资的股东补足其差额；公司设立时的其他股东承担连带责任。"

（3）虚假出资的责任

虚假出资是指发起人违反公司法的规定并未交付货币、实物或者未转移财产所有权，而伪造或者与他人通谋伪造出资证明，骗取公司的登记的行为。根据《公司法》的相关规定，虚假出资应当承担民事责任和行政责任。该法第199条规定："公司的发起人、股东虚假出资，未交付或者未按期交付作为出资的货币或者非货币财产的，由公司登记机关责令改正，处以虚假出资金额百分之五以上百分之十五以下的罚款。"由此可见，虚假出资的发起人应承担实际缴纳出资的民事责任。值得注意的是，虚假出资行为可能损害与公司交易的第三人的利益，那么虚假出资的发起人是否应当直接对第三人承担民事责任呢？《公司法》第20条第3款确立的公司人格否认制度，虚假出资可视为发起人滥用公司法人独立地位和股东有限责任的行为，由此给第三人造成的损失应当由虚假出资的发起人承担连带赔偿责任。

发起人虚假出资除了承担相应的民事责任和行政责任，数额巨大或者情节严重，构成犯罪的，还将依据《中华人民共和国刑法》（以下简称《刑法》）的相关规定承担刑事责任。该法第159条规定："公司发起人、股东违反公司法的规定未交付货币、实物或者未转移财产权，虚假出资，……数额巨大、后果严重或者有其他严重情节的，处五年以下有期徒刑或者拘役，并处或者单处虚假出资金额或者抽逃出资金额百分之二以上百分之十以下罚金。单位犯前款罪的，对单位判处罚金，并对其直接负责的主管人员和其他直接责任人员，处五年以下有期徒刑或者拘役。"

（4）抽逃出资的责任

这里的抽逃出资是指公司发起人违反公司法的规定，在公司成立后又将其资本抽回或者变相转移等行为。根据《公司法》的相关规定，抽逃出资应当承担民事责任和行政责任。该法第 200 条规定："公司的发起人、股东在公司成立后，抽逃其出资的，由公司登记机关责令改正，处以所抽逃出资金额百分之五以上百分之十五以下的罚款。"由此可见，抽逃出资的发起人应承担实际缴纳出资的民事责任。如果抽逃出资行为损害与公司交易的第三人的利益，抽逃出资的发起人也应承担连带赔偿责任。

发起人抽逃出资除了承担相应的民事责任和行政责任，数额巨大或者情节严重，构成犯罪的，还将依据《刑法》的相关规定承担刑事责任。该法第 159 条规定："公司发起人、股东……在公司成立后又抽逃其出资，数额巨大、后果严重或者有其他严重情节的，处五年以下有期徒刑或者拘役，并处或者单处虚假出资金额或者抽逃出资金额百分之二以上百分之十以下罚金。单位犯前款罪的，对单位判处罚金，并对其直接负责的主管人员和其他直接责任人员，处五年以下有期徒刑或者拘役。"

值得注意的是，2014 年 4 月 24 日通过的《全国人民代表大会常务委员会关于〈中华人民共和国刑法〉第一百五十八条、第一百五十九条的解释》规定："全国人民代表大会常务委员会讨论了公司法修改后刑法第一百五十八条、第一百五十九条对实行注册资本实缴登记制、认缴登记制的公司的适用范围问题，解释如下：刑法第一百五十八条、第一百五十九条的规定，只适用于依法实行注册资本实缴登记制的公司。现予公告。"

2. 在公司不成立的情况下，发起人的责任

虽然《公司法》未对有限责任公司不成立时发起人的责任作出明确规定，但有限责任公司设立过程中必定会因设立行为产生债务和费用，因而可比照该法关于股份有限公司不成立时发起人责任的规定进行处理，即公司不能成立时，发起人对设立行为所产生的债务和费用负连带责任。[1]

---

[1] 参见《公司法》第 95 条。

3. 在公司被撤销的情况下，发起人的责任

在公司被撤销时，发起人可能承担刑事责任。《公司法》第198条规定："违反本法规定，虚报注册资本、提交虚假材料或者采取其他欺诈手段隐瞒重要事实取得公司登记的，由公司登记机关责令改正，对虚报注册资本的公司，处以虚报注册资本金额百分之五以上百分之十五以下的罚款；对提交虚假材料或者采取其他欺诈手段隐瞒重要事实的公司，处以五万元以上五十万元以下的罚款；情节严重的，撤销公司登记或者吊销营业执照。"《刑法》第158条规定："申请公司登记使用虚假证明文件或者采取其他欺诈手段虚报注册资本，欺骗公司登记主管部门，取得公司登记，虚报注册资本数额巨大、后果严重或者有其他严重情节的，处三年以下有期徒刑或者拘役，并处或者单处虚报注册资本金额百分之一以上百分之五以下罚金。单位犯前款罪的，对单位判处罚金，并对其直接负责的主管人员和其他直接责任人员，处三年以下有期徒刑或者拘役。"

第二节　有限责任公司章程

一、有限责任公司章程的概念

有限责任公司章程是有限责任公司必备的规定公司组织及活动的基本规则的书面文件，是以书面形式固定下来的全体股东共同一致的意思表示。公司章程是公司成立的必要条件，也是公司运营的基本准则，因此被称为公司宪章。

一般而言，大陆法系的公司章程是由一份单一的法律文件构成的；英美法系的公司章程由两个文件组成，即组织大纲和内部细则。组织大纲是指规定公司对外事务的法律文件，旨在界定公司成立的目的和经营范围。公司设立时，组织大纲必须提交公司注册登记机关。内部细则是指规定股东与公司之间权利义务关系、公司机构设置、权限划分以及业务执行等内部事务的法律文件，从属于组织大纲并受其制约。内部细则一般不必提交注册登记机关，只在公司内部生效，不能对抗善意第三人。当内部细则与组织大纲发生冲突时，以组织大纲为准。我国秉承大陆法系传统，公司章程由单一文件构成。

二、有限责任公司章程的性质

对于公司章程性质的认识，人们尚有分歧，主要存在三种观点。

（一）契约说

公司章程是由发起人或者股东共同协商制订的，一经登记即对股东具有约束力，所以从其制订和效果来看，具有契约性质。根据《公司法》第28条规定，有限责任公司股东未按照章程规定按期足额缴纳所认缴的出资，应当向已按期足额缴纳出资的股东承担违约责任。如果公司章程不具有契约性质，何来违约责任？

（二）自治规则说

公司章程虽然由发起人或者股东制订，其一经登记，不仅对参与制订的发起人或者股东具有约束力，而且对于以后加入公司的股东、公司、董事、监事、经理和特定条件下的第三人（债权人）也有约束力。可见，公司章程的效力并不局限于制订章程的发起人或者股东，其性质也与契约迥然不同，属于依照《公司法》制订的自治规则。

（三）宪章说

公司章程实际上是公司的发起人为实现公司设立的目的而为公司的内部组织和管理活动所制定的根本性或纲领性制度。既然公司章程规定了公司的基本运行规则，是股东和公司从事商事活动的行为纲领，所以公司章程就是公司的宪章，公司内部的其他文件必须依据公司章程制订，不得同公司章程发生矛盾。[1]

上述三种观点均有其合理性，亦有其不足。契约说无法解释公司章程的对人效力，即公司章程对公司、股东、董事、监事、高级管理人员均有约束力；自治规则说难以说明围绕公司设立所产生的股东之间的违约责任；宪章说虽然较为准确地说明了公司章程在公司中的法律地位及效力，但其借鉴宪政理论，采用类比的方式对公司章程定性，其结论当然值得怀疑，其实宪章说不过是自治规则说的翻版。观察事物，必然通过表象抽象本质，公司章程性质的界定也不例外。从公司章程的地位及效力出发，自治规则说值得赞同。当然也必须看到公司章程中某些条款具有契约性质，但这不应影响我们对其本质的认识。正如学者所言，具有契约性质的公司

---

〔1〕 雷兴虎主编：《公司法新论》，中国法制出版社2003年版，第169页。

章程条款主要是关于股东权利义务和股东出资方式、出资额部分，其他多数条款则具有明显的自治规则色彩。因此，自治规则是公司章程的本质属性，但兼有契约性质。[1]

三、有限责任公司章程的作用

公司章程对于有限责任公司的设立和运作具有重要作用。

（一）公司章程是有限责任公司的基本行为规范

公司章程是有限责任公司全体股东（发起人）共同一致的意思表示，反映了他们的共同愿望，其内容涉及公司的设立宗旨、组织机构、经营范围等方方面面，构成了公司的基本行为规范。公司章程对有限责任公司的设立、运作、变更和终止等一系列活动都具有重要的指导意义。公司及股东均须遵守公司章程的规定。公司制定内部的规章制度也应当受到公司章程的约束，不得与公司章程相抵触。

（二）公司章程是有限责任公司对内对外的信誉证明

有限责任公司章程通常详细规定了股东的权利义务，并经工商部门核准，表明公司对股东权益提供较为完善的保障，从而在公司内部形成较强的信任关系。同时，公司章程对外是公开的，便于社会公众了解公司的设立宗旨、经营范围、注册资本以及其他内容，从而在公司外部形成良好的信用关系。总之，无论是股东还是与公司进行交易行为的相对人，都能够借助公司章程对公司的信誉作出基本的判断。

（三）公司章程是有限责任公司的个性标签

公司章程的内容，除了公司法要求必须记载的事项外，还有大量的相对必要记载事项和任意记载事项。凡是公司法或其他法律法规没有作出强制性规定的事项，股东都可以按照自身意愿将其记载于公司章程。这样一来，股东就可以将其设立公司的目的和实现目的的手段通过公司章程加以表述，使得公司表现出与众不同的个性，而这些个性往往成为公司的核心竞争力，成为吸引客户与公司交往、吸引投资者向公司投资的重要手段。质言之，个性化的公司章程就是公司制度的创新。

---

〔1〕 范健、蒋大兴：《公司法论（上卷）》，南京大学出版社1997年版，第218页。

四、有限责任公司章程的特征

有限责任公司章程具有以下特征:

(一) 法定性

有限责任公司章程的法律地位、内容和效力均由法律强制规定,具有鲜明的法定性特征。

1. 地位法定

根据《公司法》第 11 条和第 23 条的规定,公司章程是设立有限责任公司不可缺少的法律文件,缺之则公司不能成立。由此可见,公司章程在公司设立中的重要性。同时,公司章程作为公司宪章,也是公司行为的基本准则,成立后的有限责任公司应当依据公司章程开展经营活动。

2. 内容法定

《公司法》对有限责任公司章程中应当予以记载的事项作出强制规定,任何人不得违反。《中华人民共和国公司登记管理条例》(以下简称《公司登记管理条例》)第 23 条规定:"公司章程有违反法律、行政法规的内容的,公司登记机关有权要求公司作相应修改。"同时,有限责任公司章程一经制订就有相对的稳定性,非经法定程序不得随意变更。

3. 效力法定

公司法赋予了依法制订的公司章程以法律效力。虽然公司章程应当由有限责任公司的股东共同制订,并由股东在公司章程上签名、盖章,但公司章程对公司、股东、董事、监事和高级管理人员均具有约束力。原则上,上述人员违反公司章程的行为无效。

(二) 真实性

有限责任公司章程记载的内容必须是客观存在的、与实际相符的事实。有限责任公司章程的真实与否不仅影响到股东和公司的权利义务,还影响到与公司交易的第三方的利益。为此,维持公司章程的真实性就成为各国公司法的基本规则之一,也是公司章程的本质特征。根据《公司法》第 6 条的规定,违反公司章程真实性的法律后果之一就是拒绝登记。同时,根据《公司法》第 198 条的规定,办理公司登记时虚报注册资本、提交虚假证明文件或者采取其他欺诈手段隐瞒重要事实取得公司登记的,责令改正,对公司处以罚款;情节严重的,撤销公司登记;构成犯罪的,依法追究刑事责任。

（三）公开性

公司章程不属于有限责任公司的商业秘密，其不仅应对股东公开，还要对一般社会公众公开。这其实是公司法上公开原则的具体体现。[1] 公司章程记载了公司股东、公司资本、经营范围、治理结构等重要事项，借助公开性特征，可以满足股东和社会公众的知情权要求。一方面，便于股东知悉公司的经营状况，行使监督权；另一方面，便于社会公众了解公司的基本情况特别是股权结构和治理结构，为其决定是否与公司进行交易或者向公司投资提供参考。

在我国，公司章程的公开性特征主要表现在以下几个方面：

1. 公司章程必须登记

公司章程登记本身就是公开性的体现，具有公示作用。《公司法》第6条第3款规定："公众可以向公司登记机关申请查询公司登记事项，公司登记机关应当提供查询服务。"据此，社会公众如若要了解有限责任公司的公司章程，可以依法进行查阅。

2. 公司章程必须向股东公开

有限责任公司的股东除了有权向公司登记机关申请查阅公司章程外，还可以向公司提出查阅、复制公司章程的请求，公司应当满足股东的要求。

3. 公司发行债券时必须披露公司章程

符合条件的有限责任公司可以公开发行公司债券。公司章程就是有限责任公司向国务院授权的部门或者国务院证券管理部门报送的申请文件之一，应当依法予以披露。

（四）涉他性

公司章程并非仅仅是制订者之间的一种契约安排的私法秩序，而是一种涉他性的文件。[2] 有限责任公司章程的涉他性主要表现为公司章程的对人效力，即公司章程不仅对其制订者有约束力，对制订者以外的其他人也有约束力。《公司法》第11条规定："……公司章程对公司、股东、董事、监事、高级管理人员具有约束力。"

1. 有限责任公司章程对公司的约束力

既然有限责任公司章程是其必备的规定公司组织及活动的基本规则的

---

〔1〕 周友苏：《新公司法论》，法律出版社2006年版，第198页。

〔2〕 蒋大兴：《公司法的展开与评判——方法·判例·制度》，法律出版社2001年版，第284页。

书面文件，有限责任公司理所当然受到公司章程的约束。一方面，有限责任公司依据其章程组建公司机关，实现股东利益和公司利益的平衡；另一方面，有限责任公司依据其章程开展经营活动，在实现公司利益最大化的同时，维护与其交易的相对人的合法权益，实现股东利益和社会利益的平衡。有限责任公司遵循依法制订的公司章程行事，能够实现股东利益、公司利益和社会利益的平衡。

2. 有限责任公司章程对股东的约束力

公司章程对股东的约束力主要体现为股东依据公司章程的规定享有权利和承担义务。公司章程由股东制订，当然对股东具有约束力。不过公司章程不仅对制订章程的股东具有约束力，对于公司成立后加入的股东也有约束力。这是由公司章程自治规则的性质决定的。有限责任公司股东遵循公司章程行使股东权利和履行股东义务能够实现股东之间的利益平衡。

3. 有限责任公司章程对董事、监事、高级管理人员的约束力

有限责任公司的董事、监事、高级管理人员应当遵守公司章程的规定，依法行使职权。有限责任公司的董事、监事、高级管理人员遵循公司章程行事，能够保障其为公司利益工作，实现其个人利益和公司利益的平衡。

五、有限责任公司章程的内容

有限责任公司章程的内容就是公司章程所记载的事项。《公司法》第25条第1款规定："有限责任公司章程应当载明下列事项：（一）公司名称和住所；（二）公司经营范围；（三）公司注册资本；（四）股东的姓名或者名称；（五）股东的出资方式、出资额和出资时间；（六）公司的机构及其产生办法、职权、议事规则；（七）公司法定代表人；（八）股东会会议认为需要规定的其他事项。"

按照公司章程记载的事项对其效力的影响，公司章程记载事项可以分为绝对必要记载事项、相对必要记载事项和任意记载事项。《公司法》未作此种分类，不过，从公司法理论发展和实务操作来看，有必要对《公司法》关于有限责任公司章程内容的规定进行分类。

（一）绝对必要记载事项

绝对必要记载事项是指法律规定公司章程必须记载，缺少其中任何一项或者其中任何一项违法，将导致公司章程无效。《公司法》第25条第1款前7项属于绝对必要记载事项，有限责任公司章程不得缺少任何一项。

（二）相对必要记载事项

相对必要记载事项也是法律规定的事项，但是否记载于公司章程由股东决定，缺少其中任何一项或者其中任何一项违法，只会导致未记载的事项不发生效力或者违法的事项无效，并不影响公司章程的效力。《公司法》第25条第1款第8项属于相对必要记载事项，[1] 不过《公司法》没有采取大陆法系其他国家公司立法列举式的做法，即明确规定有限责任公司章程可以记载的相对必要记载事项。换言之，《公司法》关于有限责任公司章程的相对必要记载事项分散在相关条款中，包括：

1. 公司法定代表人依据公司章程的规定，由董事长、执行董事或者经理担任（第13条）；

2. 股东会的定期会议按照公司章程的规定召开（第39条）；

3. 董事长、副董事长的产生办法由公司章程规定（第44条）；

4. 董事任期由公司章程规定（第45条）；

5. 执行董事的职权由公司章程规定（第50条）；

6. 监事会职工代表监事的具体比例由公司章程规定（第51条）；

7. 国有独资公司监事会成员中职工代表的具体比例由公司章程规定（第70条）；

8. 公司向股东送交财务报告的期限由公司章程规定（第165条）。

（三）任意记载事项

任意记载事项是指除绝对必要记载事项和相对必要记载事项外，在不违反法律和公序良俗的前提下，由股东协商订入公司章程的事项。《公司法》第25条第1款第8项也是关于任意必要记载事项的规定。有限责任公司股东可以根据公司的实际情况将除绝对必要记载事项和相对必要记载事项外的其他事项订入公司章程。其实，《公司法》关于有限责任公司章程的任意记载事项分散在相关条款中，包括：

1. 公司章程可以作出不按照出资比例分取红利和/或优先认缴增资的规定（第34条）；

2. 公司章程可以对股东会法定职权以外的职权作出规定（第37条）；

3. 公司章程可以对召开股东会的通知日期作出不同于公司法的规定

---

〔1〕 对该项规定，有的学者主张属于绝对必要记载事项，有的学者主张属于相对必要记载事项，有的学者主张属于任意记载事项。我们认为，这其实是关于相对必要记载事项和任意记载事项共同的概括规定。

（第 41 条）；

4. 公司章程可以作出股东不按照出资比例行使表决权的规定（第 42 条）；

5. 股东会的议事方式和表决程序，除公司法有规定的外，由公司章程规定（第 43 条）；

6. 公司章程可以对董事会法定职权以外的职权作出规定（第 46 条）；

7. 董事会的议事方式和表决程序，除公司法有规定的外，由公司章程规定（第 48 条）；

8. 公司章程可以对经理职权作出不同于公司法的规定（第 49 条）；

9. 公司章程可以对监事会法定职权以外的职权作出规定（第 53 条）；

10. 监事会的议事方式和表决程序，除公司法有规定的外，由公司章程规定（第 55 条）；

11. 公司章程可以对股权转让作出不同于公司法的规定（第 71 条）；

12. 公司章程可以对股权继承作出不同于公司法的规定（第 75 条）。

六、有限责任公司章程的修改

有限责任公司章程的修改是指增加、删减或者改变公司章程内容的行为。如前所述，有限责任公司章程具有相当的稳定性，非经法定程序不得随意变更。但社会环境和公司情况不可能一成不变，一旦客观条件发生变化，公司的经营范围、注册资本等往往随之调整，修改公司章程就成为必然。例如，《公司法》第 12 条第 1 款规定："公司的经营范围由公司章程规定，并依法登记。公司可以修改公司章程，改变经营范围，但是应当办理变更登记。"

那么有限责任公司修改公司章程应当遵循何种程序呢？《公司法》第 43 条第 2 款规定："股东会会议作出修改公司章程、增加或者减少注册资本的决议，以及公司合并、分立、解散或者变更公司形式的决议，必须经代表三分之二以上表决权的股东通过。"

第三节　有限责任公司的名称

一、有限责任公司名称的概念

有限责任公司名称是指有限责任公司在生产经营过程中所使用的名称，它是公司章程的绝对必要记载事项之一，是公司设立的必备条件之一，也是公司设立前必须解决的问题。

有限责任公司名称是公司在营业上的名称，即在生产经营过程中用以署名，或者让其代理人使用，与他人为交易行为的名称。有限责任公司名称既然是有限责任公司在营业中使用的名称，那么法律上公司自然得以此名义为权利义务主体。

二、有限责任公司名称的选定

有限责任公司的发展虽然主要取决于公司的生产经营，但也与公司的名称不无关系。在市场经济条件下，公司名称本身就是有限责任公司的无形资产。因此，有限责任公司的发起人应当重视公司名称的选择。

（一）公司名称的立法主义

纵观世界各国公司立法，存在两种公司名称的立法主义。一是自由主义，即公司名称由发起人自有限责任，法律一般不加以限制。二是真实主义，即法律严格限制对公司名称的选择，要求公司名称必须与股东的姓名或者营业种类相一致。《企业名称登记管理规定》第 11 条规定："企业应当根据其主营业务，依照国家行业分类标准划分的类别，在企业名称中标明所属行业或者经营特点。"有限责任公司作为企业，应当遵循该规定。因而，我国对有限责任公司名称的取得采取真实主义。

（二）有限责任公司名称选定的基本要求

《企业名称登记管理规定》第 7 条规定："企业名称应当由以下部分依次组成：字号（或者商号，下同）、行业或者经营特点、组织形式。企业名称应当冠以企业所在地省（包括自治区、直辖市，下同）或者市（包括州，下同）或者县（包括市辖区，下同）行政区划名称。经国家工商行政管理局核准，下列企业的企业名称可以不冠以企业所在地行政区划名称：（一）本规定第十三条所列企业；（二）历史悠久、字号驰名的企业；（三）外商投资企业。"第 13 条规定："下列企业，可以申请在企业名称中使用'中国'、'中华'或者冠以'国际'字词：（一）全国性公司；（二）国务院或其授权的机关批准的大型进出口企业；（三）国务院或其授权的机关批准的大型企业集团；（四）国家工商行政管理局规定的其他企业。"

由此可见，有限责任公司名称应当采取"四段式"，即公司名称由四部分组成。

第一部分，公司所在地行政区划名称。公司名称中的行政区划是公司所在地县级以上行政区划的名称或地名。市辖区的名称不能单独用作公司名称中的行政区划。市辖区名称与市行政区划连用的企业名称，由市工商行政管理局核准。省、市、县行政区划连用的企业名称，由最高级别行政区的工商行政管理局核准。除国务院决定设立的企业外，公司名称不得冠以"中国""中华""全国""国家""国际"等字样。凡使用"中国""中华"，冠以"国际""全国""国家"，或不冠以企业所在地行政区划名称的企业名称，须经国家工商行政管理局核准或核定，在全国范围内，同行业企业名称不得相同或近似。在公司名称中使用"中国""中华""全国""国家""国际"等字样的，该字样应是行业的限定语。使用外国（地区）出资企业字号的外商独资企业、外方控股的外商投资企业，可以在名称中使用"（中国）"字样。外资企业名称可根据国际惯例，其行政区划名称可在字号与组织形式中使用。

第二部分，字号。字号应当由两个以上的字组成。行政区划不得用作字号，但县以上行政区划的地名具有其他含义的除外。私营公司名称可以使用自然人投资人的姓名作字号。联营企业的企业名称可以使用联营成员的字号，但不得使用联营成员的企业名称。联营企业应当在其企业名称中标明"联营"或者"联合"字词。

第三部分，行业。企业名称中的行业表述应当是反映企业经济活动性质所属国民经济行业或者企业经营特点的用语。公司名称中行业用语表述的内容应当与企业经营范围一致。企业名称中标明的行业或经营特点，应当具体反映企业生产、经营、服务的范围、方式的特点，不得单独使用"发展""开发"等字词；使用"实业"字词的，应有所属三个以上的生产、科技型企业。《企业名称禁限用规则》第 28 条规定："企业名称中的行业不得使用与主营业务不一致的用语表述，符合以下条件的可以不使用国民经济行业类别用语表述企业所从事的行业：（一）企业经济活动性质分别属于国民经济行业 5 个以上大类；（二）企业注册资本（或注册资金）1 亿元以上或者是企业集团的母公司；（三）与同一企业登记机关登记、核准的同类别企业名称中的字号不相同。"

第四部分，组织形式，即有限责任公司或者简称为有限公司。

（三）有限责任公司名称选定的限制

《企业名称登记管理规定》《企业名称登记管理实施办法》《企业名称禁限用规则》和《企业名称相同相近比对规则》对有限责任公司名称的选定作出了一系列禁止或者限制。

1. 有限责任公司原则上只允许使用一个公司名称。在同一工商部门辖区内，新登记的公司名称不得与已经登记注册的同行业的公司名称相同或者近似。对于名称相同，根据《企业名称禁限用规则》第 4 条的规定，包括以下情形："（一）与同一登记机关已登记、或者已核准但尚未登记且仍在有效期内、或者已申请尚未核准的同行业企业名称相同；（二）与办理注销登记未满 1 年的同行业企业名称相同；（三）与同一登记机关企业变更名称未满 1 年的原同行业名称相同；（四）与被撤销设立登记和被吊销营业执照尚未办理注销登记的同行业企业名称相同。"对于名称相近，《企业名称相同相近比对规则》作出了详细的规定[1]，该规则第 5 条指出"拟申请的企业名称与同一企业登记机关已登记、核准的企业名称相近的，列出相近的企业名称清单，提示该申请可以通过，但存在审核不予核准的可能，存在虽然核准，但在使用中可能面临侵权纠纷，甚至以不适宜的企业名称被强制变更的风险。"

如有特殊需要，经省级以上工商部门批准，有限责任公司可以在规定的范围内使用一个从属名称。但从属名称不在营业执照上标明，不得以其名义开展经营活动和招揽业务。并且，私营有限责任公司、外商投资的有限责任公司不得使用从属名称。

2. 公司名称不得使用下列法律禁止的事项：（1）有损于国家、社会公共利益的；（2）有可能对公众造成欺骗或者误解的；（3）外国国家（地区）名称、国际组织名称；（4）政党名称、党政军机关名称、群众组织名称、社会团体名称及部队番号；（5）公司名称应当使用符合国家规范的汉

---

[1] 《企业名称相同相近比对规则》第 4 条规定："申请人提交的企业名称登记、核准申请有下列情形之一的，比对系统提示为企业名称相近：（一）与同一企业登记机关已登记、核准的同行业企业名称字号相同，行业表述不同但含义相同。如：万青地产有限公司与万青房地产有限公司、万青置业有限公司。（二）与同一企业登记机关已登记、核准的同行业企业名称字号的字音相同，行业表述相同或者行业表述不同但内容相同。如：北京牛栏山酒业有限公司与北京牛兰山酒业有限公司、北京牛蓝山白酒有限公司。（三）字号包含同一企业登记机关已登记、核准同行业企业名称字号或者被其包含，行业表述相同或者行业表述不同但内容相同。如：北京阿里巴巴网络科技有限公司与北京阿里巴巴巴巴网络科技有限公司、北京阿里巴巴在线信息科技有限公司。（四）字号与同一企业登记机关已登记、核准同行业企业名称字号部分字音相同，行业表述相同或者行业表述不同但内容相同。如：北京阿里巴巴科技有限公司与北京马云阿理巴巴科技有限公司、北京阿理巴巴金控技术有限公司。（五）不含行业表述或者以实业、发展等不使用国民经济行业分类用语表述行业的，包含或者被包含同一企业登记机关已登记、核准的同类别企业名称的字号，或者其字号的字音相同，或者其包含、被包含的部分字音相同。如：北京牛兰山有限公司与北京金牛栏山有限公司；北京全聚德有限公司与北京荃巨得有限公司、北京宏荃聚德实业有限公司。"

字，不得使用汉语拼音字母、阿拉伯数字；（6）其他法律、行政法规规定禁止的。[1]

3. 公司名称的选择必须遵守语言文字的统一要求，除民族自治地方的有限责任公司可以使用本民族自治地方通用的民族语言外，其他公司名称一般应使用汉字。如果有限责任公司需要使用外文名称的，该外文名称应当与中文名称相一致，并报工商部门注册。其字号可以音译，也可以意译，外文名称的组成次序可根据外文书写习惯，也可以编写，但必须在公司章程中载明。

4. 有限责任公司设立分公司、子公司的，有限责任公司及其分公司、子公司名称应当符合下列规定：（1）分公司的名称应当冠以其所从属有限责任公司的名称，缀以"分公司"字样，并标明该分公司的行业和所在地行政区划名称或者地名，但其行业与其所从属的有限责任公司一致的，可以从略；（2）子公司应当使用独立的公司名称，并可以使用其所从属有限责任公司名称中的字号；（3）子公司再设立分公司、子公司的，其名称中不得再使用子公司所从属的有限责任公司名称；（4）设有分公司或者子公司的有限责任公司不得再称"总公司""集团公司"。对于符合企业集团条件的，其核心企业可以登记为"集团有限责任公司"。[2]按照《企业集团登记管理暂行规定》的规定，企业集团是指以资本为主要联结纽带的母子公司为主体，以集团章程为共同行为规范的母公司、子公司、参股公司及其他成员企业或机构共同组成的具有一定规模的企业法人联合体。企业集团不具有企业法人资格。组建企业集团应当具备下列条件：其一，企业集团的母公司注册资本在5000万元人民币以上，并至少拥有5家子公司；其二，母公司和其子公司的注册资本总和在1亿元人民币以上；其三，集团成员单位均具有法人资格。

三、有限责任公司名称权

（一）有限责任公司名称权的概念

有限责任公司名称权是指有限责任公司对其依法取得的公司名称具有专有使用权，包括专有权和使用权两个方面内容。专有权具有排斥他人使

---

〔1〕　关于企业名称禁用的详细规定，参见《企业名称禁限用规则》第二章禁止性规则。
〔2〕　参见《国家工商行政管理局关于施行〈中华人民共和国公司登记管理条例〉若干问题的意见》第8条。

用容易混同的公司名称的作用；使用权具有防止他人妨碍有限责任公司使用其公司名称的作用。

（二）有限责任公司名称权的取得

《民法总则》第 110 条第 2 款规定："法人、非法人组织享有名称权、名誉权、荣誉权等权利。"《企业名称登记管理规定》第 3 条规定："……企业名称经核准登记注册后方可使用，在规定的范围内享有专用权。"只有依法办理核准登记，公司名称才受法律保护，有限责任公司才能取得公司名称权。值得注意的是，有限责任公司使用未经注册登记的公司名称从事生产经营活动构成违法，工商部门有权责令其停止经营活动，没收非法所得或者处以 2000 元以上 2 万元以下罚款，情节严重的，可以并处。

（三）有限责任公司名称权的内容

企业法人名称权的主要内容包括：名称决定权、名称变更权、名称使用权和名称转让权。有限责任公司也不例外。

1. 名称决定权

公司名称由行政区划、字号、行业和组织形式四部分组成。有限责任公司可以作出选择的主要就是字号部分。有限责任公司的名称决定权由发起人在公司成立前集体行使，但这并不妨碍公司成立后，依法变更公司名称，这就涉及名称变更权。

2. 名称变更权

有限责任公司可以依法变更自己的名称，该项权利其实是名称决定权的当然内容。问题在于有限责任公司存续过程中围绕该公司已经形成了一系列的法律关系，为了维护交易安全，有限责任公司变更名称必须遵循法定程序，办理工商变更登记。未履行名称变更登记手续的，变更不生效，并不得以其变更对抗第三人。

3. 名称使用权

有限责任公司有权依法使用自己的名称，并以该名称享有权利和承担义务。有限责任公司使用公司名称，应当遵循诚实信用原则。有限责任公司不得使用未经核准注册的公司名称开展经营活动，也不得擅自变更公司名称，更不得侵犯其他企业的名称权。除此之外，有限责任公司名称的使用必须遵循以下要求：

（1）在特定条件下，必须使用公司完整名称，不得随意简化

有限责任公司应当在住所处标明公司名称。同时，有限责任公司的印

章、银行账户、信笺、产品、包装或者法律文书等使用的公司名称，应当与其营业执照上的公司名称相同。从事商业、公共饮食、服务等行业的公司名称牌匾可适当简化，但应当报登记主管机关备案。

（2）禁止公司名称的许可使用

关于公司名称的许可使用，实践中较为常见，如挂靠、加盟等，我国现行立法并无明文规定。有关机关对此采取禁止态度。根据国家工商行政管理总局 2002 年 2 月 7 日作出的《国家工商行政管理总局关于对企业名称许可使用有关问题的答复》规定，鉴于《中华人民共和国民法通则》（以下简称《民法通则》）将企业名称权列在人身权范畴，企业不得许可他人使用自己的企业名称。企业许可他人使用自己的企业名称从事经营活动的行为属于"出租自己的企业名称"，登记机关应依照《企业名称登记管理规定》第 26 条第 3 项对许可人予以处罚。《企业名称登记管理规定》第 26 条第 3 项规定，登记机关对"擅自转让或者出租自己的企业名称的，没收非法所得并处以 1000 元以上、1 万元以下罚款"。北京市高级人民法院 2002 年 12 月 23 日讨论通过的《关于商标与使用企业名称冲突纠纷案件审理中若干问题的解答》第 7 条中指出："企业名称是用于区别不同企业或者社会组织的标志，具有专用属性，其保护范围受行业和行政区划的限制，仅可由进行注册登记的企业专用，故企业名称专用权人不得许可他人使用自己的企业名称。……"

公司名称的许可使用，不仅涉及许可人和被许可人，还往往涉及第三人利益。为此，规制公司名称许可使用的目的主要在于维护交易安全，不妨参照《中华人民共和国合同法》（以下简称《合同法》）第 50 条关于越权行为的规定解决第三人利益保护问题，即在被许可人以许可人名义与第三人发生交易的场合，应当视第三人知情与否区别对待。第三人为善意，即对被许可人使用他人公司名称不知情，许可人和被许可人对第三人的损失承担连带赔偿责任。第三人知道或者应当知道被许可人使用他人公司名称，则根据第三人过错程度，在第三人和被许可人之间合理分担第三人的损失，对于被许可人应当承担责任的部分，许可人承担连带责任。

值得注意的是，字号是区别不同企业的主要标志，那么公司名称能否包含其他企业的字号吗？一般而言，公司名称不能包含同一行政区划同行业企业的字号，除非取得对方的同意。

4. 名称转让权

《企业名称登记管理规定》第 23 条第 1 款规定："企业名称可以随企

业或者企业的一部分一并转让。"据此有限责任公司可以依法单独转让其名称，也可以随公司转让其名称，还可以随公司的一部分转让其名称。但是，使用"中国""中华"，冠以"国际""全国""国家"，或不冠以所在地行政区划的有限责任公司的名称，不得随公司的一部分转让；外商投资有限责任公司名称、集团有限责任公司名称不得转让。

（四）有限责任公司名称权的效力

公司名称一经创设登记，有限责任公司即取得专有使用权。公司名称权具有排他效力和救济效力。按照《企业名称登记管理规定》，主要表现为：

1. 支配效力

有限责任公司可以直接支配公司名称。一方面，有限责任公司可以依据自己的意志直接依法使用公司名称，任何人未经有限责任公司同意，不得加以干涉。他人非法使用与有限责任公司已登记的公司名称相同或者类似的公司名称为同一营业，构成对该公司名称专用权的侵害，受害人可请求侵害者停止使用。受害人可以向侵权人所在地登记主管机关要求处理，登记主管机关有权责令侵权人停止侵权行为，赔偿受害人因该侵权行为所遭受的损失，没收非法所得并处以 5000 元以上 5 万元以下罚款；受害人也可以不正当竞争为由直接向人民法院起诉。[1] 另一方面，有限责任公司可以按照自己的意志独立支配公司名称，无须得到他人的同意，也可以在无他人介入的情况下，直接支配公司名称并实现其权利。如有限责任公司在住所处标明公司名称，就是其行使公司名称权的一种方式。

2. 排他效力

排他效力，是指有限责任公司名称一经登记，即发生排斥他人为相同或类似的公司名称的登记或使用该名称的效力，包括两层含义：（1）有限责任公司名称应当登记，非经登记不具有排他效力；（2）有限责任公司名称登记以后，其他同行业营业不得再行登记或使用相同或类似的名称。

在我国，有限责任公司名称登记的排他效力主要体现为：（1）在同一市、县范围内同行公司的名称不得相同或者近似。如果公司名称依法核准登记而冠以"省""自治区"或者"中华""中国""国际"字样，则在省、自治区或者全国范围内同行公司名称不得与之相同或者近似。（2）两

---

[1] 参见《中华人民共和国反不正当竞争法》第 21 条。

个以上公司向同一登记主管机关申请相同的符合规定的公司名称，登记主管机关依照申请在先原则核定。属于同一天申请的，应当由公司协商解决；协商不成的，由登记主管机关作出裁决。两个以上公司向不同登记主管机关申请相同的公司名称，登记主管机关依照受理在先原则核定。属于同一天受理的，应当由公司协商解决；协商不成的，由各该登记主管机关报共同的上级登记主管机关作出裁决。（3）两个以上公司名称相同或者近似，发生争议时，登记主管机关按照申请登记的先后顺序处理。

不过，连锁店的公司名称具有特殊性。按照连锁店的通常做法，均采用同一公司名称，而不管是否在同一市、县。各连锁店独立经营，按照公司名称登记的排他效力，应采用不同的公司名称。其实，连锁店应看作一个集团，对外使用同一公司名称，有利于其经营，应当允许。

（五）有限责任公司名称权的特征

1. 地域性

有限责任公司名称权具有地域性，仅在登记主管机关管辖的范围内享有排他性，即除在国家工商行政管理总局核准登记的有限责任公司名称在全国范围内享有专有权外，其余的有限责任公司名称只能在其所登记的某一地区，如省、自治区、直辖市、市、县等范围内享有专有使用权。

2. 公开性

有限责任公司名称权具有公开性。公司名称通过履行登记手续而公开，为社会所知晓。有限责任公司的创设、变更、废止、转让、继承等都必须通过登记予以公开，未经登记，不得对抗善意第三人。

3. 可转让性

有限责任公司名称权具有可转让性。公司名称与其商誉紧密结合在一起，公司名称构成商誉的象征。商誉是一种无形财产，由于公司名称和商誉的特殊关系，因而公司名称权得以体现财产利益，可以被转让和继承。按照现行立法的规定，公司名称可以随公司或者公司的一部分一并转让；公司名称只能转让给一家公司；公司名称的转让方与受让方应当签订书面合同或者协议，报原登记主管机关核准；公司名称转让后，转让方不得继续使用已转让的公司名称。[1]

---

〔1〕 参见《企业名称登记管理规定》第23条。

第三章 有限责任公司的设立

第四节　有限责任公司的住所

一、有限责任公司住所的概念

有限责任公司住所是指有限责任公司进行生产经营活动的中心场所。任何公司都必须有固定的住所，不允许设立无住所的"皮包公司"，因此住所也是公司章程的绝对必要记载事项。

《公司法》第10条规定："公司以其主要办事机构所在地为住所。"所谓主要办事机构，是指公司的主要组织机构（如董事会等）或者管辖公司全部组织关系的总机构。一般而言，当有限责任公司只有一个办事机构时，以该办事机构所在地为住所；当有限责任公司拥有多个办事机构并且位于不同地点时，以登记时所注册的主要办事机构所在地为住所；当有限责任公司设有分公司时，分公司以本公司的所在地为住所。《公司登记管理条例》第12条规定："公司的住所是公司主要办事机构所在地。经公司登记机关登记的公司的住所只能有一个。公司的住所应当在其公司登记机关辖区内。"而且公司在办理住所登记时，应当提交住所证明，即能够证明公司对其住所享有使用权的文件。该条例第29条规定："公司变更住所的，应当在迁入新住所前申请变更登记，并提交新住所使用证明。公司变更住所跨公司登记机关辖区的，应当在迁入新住所前向迁入地公司登记机关申请变更登记；迁入地公司登记机关受理的，由原公司登记机关将公司登记档案移送迁入地公司登记机关。"

二、确定有限责任公司住所的法律意义

有限责任公司必须有固定的住所，确定公司住所的法律意义在于：

（一）便于确定公司登记机关和管理机关

在我国，公司的登记实行分级管理。有限责任公司应当向公司住所地的工商部门申请登记。因此，确定公司住所是办理登记的前提，否则就无法确定公司应当向何地的工商部门申请登记。同时，按照法律的规定，有限责任公司应当向公司住所地的税务机关申办纳税登记，该税务机关即负责征收公司的多种税收。因而，确定公司住所有利于对公司纳税活动的监督管理。

（二）便于公司开展生产经营活动

有限责任公司作为企业法人，必然积极开展生产经营活动，谋求公司

利益最大化。在此过程中，公司将会与其他人形成各种类型的交易关系。而交易关系的建立和维系均要求公司有固定的住所。离开固定的住所，公司根本无法取得其他人的信任，建立交易关系更无从谈起。即使建立了交易关系，一旦对履行地点约定不明，有可能形成不利于公司的解决办法。按照《合同法》第61条和第62条的规定，合同生效后，当事人就履行地点没有约定或者约定不明确的，可以协议补充；不能达成补充协议的，按照合同有关条款或者交易习惯确定；按照合同有关条款或者交易习惯仍不能确定的，适用下列规定：给付货币的，在接受货币一方所在地履行；交付不动产的，在不动产所在地履行；其他标的，在履行义务一方所在地履行。这里的"所在地"，对有限责任公司而言就是其住所。据此，在合同对履行地点约定不明的情况下，公司住所是确定合同履行地点的重要因素。因而，公司住所是有限责任公司开展生产经营活动的重要条件。

（三）便于确定诉讼管辖

有限责任公司在存续期间，不可避免地会与其他人之间形成法律纠纷，需要借助民事诉讼程序予以解决。在诉至人民法院之前，首先要解决的问题就是诉讼管辖。"原就被"即一般诉讼由被告住所地人民法院管辖是一般地域管辖的原则。《中华人民共和国民事诉讼法》第21条第2款规定："对法人或者其他组织提起的民事诉讼，由被告住所地人民法院管辖。"因此，确定有限责任公司的住所是明确诉讼管辖的前提条件。

第四章　有限责任公司的能力

法律上所谓能力，是指法律主体进行法律活动所应具备的地位或者资格。这种地位或者资格是由法律赋予的。私法上的能力有三种：民事权利能力、民事行为能力和民事责任能力（又称侵权行为能力）。民事权利能力是作为民事主体的"人"所具有的"静的"能力；民事行为能力和民事责任能力是作为民事主体的"人"活动的"动的"能力。[1]

有限责任公司能力是指有限责任公司作为权利义务主体享有权利和承担义务的资格。这是有限责任公司具有法律人格的表现。有限责任公司作为法人，其能力是由国家法律规定的。这一点与自然人不同，《民法总则》第57条规定："法人是具有民事权利能力和民事行为能力，依法独立享有民事权利和承担民事义务的组织。"有限责任公司的能力包括权利能力、行为能力和侵权行为能力。

第一节　有限责任公司的权利能力

一、有限责任公司权利能力的概念

有限责任公司的权利能力，即其民事权利能力，是指有限责任公司依法享有权利和承担义务的法律资格。有限责任公司的权利能力与其法人身份紧密相连。这一点与自然人不同，自然人的权利能力旨在体现其伦理性，而包括有限责任公司在内的法人是目的性的创造物，具有法律技术和形式意义。[2]

《公司法》第7条第1款规定："……公司营业执照签发日期为公司成立日期。"第188条规定："公司清算结束后，清算组应当制作清算报告，报股东会、股东大会或者人民法院确认，并报送公司登记机关，申请注销公司登记，公告公司终止。"由此可见，有限责任公司自其依法登记并取

---

〔1〕　王伯琦：《民法总则》，台湾地区编辑馆1979年版，第40页。
〔2〕　王泽鉴：《民法总则》，中国政法大学出版社2001年版，第149—150页。

得营业执照（即成立）之日起享有民事权利能力，自清算并办理注销登记（即终止）之日起民事权利能力消灭。

有限责任公司与自然人都享有民事权利能力，由于有限责任公司与自然人在性质上的差异，以及法律对有限责任公司的特殊要求，决定了有限责任公司的权利能力与自然人迥然有别，受到性质上、法律上和目的上的限制。

二、有限责任公司权利能力因自身性质受到的限制

有限责任公司作为法人，具有独立的人格，但毕竟不像自然人一样有生命和身体，因而自然人基于性别、年龄、生命、身体、亲属关系而产生的权利义务，有限责任公司不能承受。除此之外，有限责任公司的权利能力不再受性质的限制。有限责任公司既可以享有名称权、荣誉权等人身权，也可以享有物权、债权等财产权，还可以享有商标权、专利权、著作权等知识产权。

三、有限责任公司权利能力因法律规定受到的限制

有限责任公司与自然人一样，其权利能力受到法律的限制，只能在法律规定的范围内享有权利能力。有限责任公司作为法人，其权利能力不仅受到一般民事立法的限制，还受到公司立法的特殊限制。

（一）对外投资的限制

《公司法》第15条规定："公司可以向其他企业投资；但是，除法律另有规定外，不得成为对所投资企业的债务承担连带责任的出资人。"正确理解《公司法》对有限责任公司对外投资的限制，应当注意以下几个方面。

1. 投资的界定

投资就是投入资金的意思，就其本身含义而言，包括股权投资和债权投资。不过，《公司法》规定公司对外仅指股权投资。

2. 公司对外投资对象的限制

有限责任公司可以向其他企业投资，不过法律对有限责任公司的投资对象进行了必要的限制：

①有限责任公司不可以成为普通合伙成员。合伙成员均须对合伙的债务承担无限连带责任，这对投资者而言是一种比较重的责任。世界上多数国家和地区的公司立法都作出了禁止性规定。2006年8月27日修订后的

《中华人民共和国合伙企业法》以下简称（《合伙企业法》）增加了关于有限合伙的规定，由于有限合伙人仅以出资额为限对合伙债务承担有限责任，所以有限责任公司可以向有限合伙投资，成为其有限合伙人。

②有限责任公司不得向非公司企业法人投资。有限责任公司是否可以向非公司的企业法人投资呢？《公司法》未作出明确规定。不过实践中，工商部门规定：禁止公司设立非公司的企业法人。[1]

3. 投资数额

《公司法》第 16 条第 1 款规定："公司向其他企业投资或者为他人提供担保，依照公司章程的规定，由董事会或者股东会、股东大会决议；公司章程对投资或者担保的总额及单项投资或者担保的数额有限额规定的，不得超过规定的限额。"由此可见，《公司法》对有限责任公司的对外投资数额并无限制，其决定权法律留给了股东：由股东通过公司章程决定是否为公司设定投资数额的限制以及具体的数额。具体而言，如果公司章程没有设定投资数额，则意味着公司的对外投资数额没有限制；如果公司章程设定了投资数额，则公司应当遵循该投资数额的限制，超过该投资数额限制的投资行为应当为有效，但可以追究违反公司章程投资数额限制的董事、经理等的责任。究其原因，根据区分原则，公司章程关于投资数额的限制属于公司内部规范，应依据团体法的规则予以解决；公司对外的投资行为属于民事法律行为，其效力原则上与公司内部规范无关。《公司法司法解释四》第 6 条规定："股东会或者股东大会、董事会决议被人民法院判决确认无效或者撤销的，公司依据该决议与善意相对人形成的民事法律关系不受影响。"据此，公司内部形成的对外投资的股东会决议或者董事会决议或者经理决定，一旦违反公司章程，依据《公司法》第 22 条的规定应属于可撤销之列，但公司据此形成的对外民事法律行为的效力原则上不受影响。

（二）借贷的限制

1. 禁止有限责任公司董事、高级管理人员借贷公司资金给他人

《公司法》第 148 条中规定："董事、高级管理人员不得……违反公司章程的规定，未经股东会、股东大会或者董事会同意，将公司资金借贷给他人或者以公司财产为他人提供担保；……董事、高级管理人员违反前款规定所得的收入应当归公司所有。"第 149 条规定："董事、监事、高级管

---

[1] 参见《国家工商行政管理局关于施行〈中华人民共和国公司登记管理条例〉若干问题的意见》第 14 条。

理人员执行公司职务时违反法律、行政法规或者公司章程的规定，给公司造成损失的，应当承担赔偿责任。"

2. 有限责任公司与其他企业法人之间借贷的效力

长期以来，我国立法禁止非金融机构企业法人之间的借贷。1996年《贷款通则》第61条规定："……企业之间不得违反国家规定办理借贷或者变相借贷融资业务。"因此，只有金融企业法人能够与其他企业法人之间形成合法的借贷关系。非金融机构企业法人之间的借贷关系无效，其后果通常为借款人应当向贷款人承担着返还本金的义务，借款人和贷款人之间不存在其他义务，即贷款人无权向借款人主张事先约定的利息。不过，非金融机构企业法人可以通过银行委托贷款实现它们之间借贷关系的合法化。具体而言，借款人和贷款人以银行为中介，贷款人将资金存入银行并指定银行将该笔资金借贷给借款人，借款人从银行取得该笔贷款。通常在委托贷款中，银行作为中介仅收取手续费，贷款风险由贷款人承担。

不过，2005年《公司法》似乎改变了人们长期以来依据《贷款通则》的上述观点。1993年《公司法》第60条第1款规定："董事、经理不得挪用公司资金或者将公司资金借贷给他人。"2005年《公司法》第149条（即现行《公司法》第148条）则修改为，董事、高级管理人员不得"违反公司章程的规定，未经股东会、股东大会或者董事会同意，将公司资金借贷给他人或者以公司财产为他人提供担保"。由此可见，2005年《公司法》并非禁止公司对他人借贷，只是限制公司的董事、高级管理人员不得越权借贷，实质上允许公司可以自行决定是否向他人贷款。进一步而言，如果董事、高级管理人员按照公司章程的规定将公司资金借贷给他人，或者经过股东会或者董事会的批准，则属于合法行为。当然，有限责任公司向他人贷款，并非仅受公司章程的约束，其向他人贷款不得构成变相从事金融业务，否则应当否认该等贷款行为的效力。

3. 有限责任公司与自然人之间借贷的效力

《公司法》禁止有限责任公司董事、高级管理人员借贷公司资金给他人，但并未禁止有限责任公司与自然人之间的借贷。那么，它们之间的借贷效力如何呢？

首先，该等借贷行为构成民间借贷，《最高人民法院关于审理民间借贷案件适用法律若干问题的规定》（以下简称《民间借贷规定》）第1条规定："本规定所指的民间借贷，是指自然人、法人、其他组织之间及其相互之间进行资金融通的行为。"

其次，该等借贷行为的效力应当依据民事法律行为的生效要件进行判断。《民法总则》第 143 条重申了民事法律行为的一般生效要件，即："具备下列条件的民事法律行为有效：（一）行为人具有相应的民事行为能力；（二）意思表示真实；（三）不违反法律、行政法规的强制性规定，不违背公序良俗。"《民间借贷规定》第 14 条则明确民间借贷无效的具体情形，"具有下列情形之一，人民法院应当认定民间借贷合同无效：（一）套取金融机构信贷资金又高利转贷给借款人，且借款人事先知道或者应当知道的；（二）以向其他企业借贷或者向本单位职工集资取得的资金又转贷给借款人牟利，且借款人事先知道或者应当知道的；（三）出借人事先知道或者应当知道借款人借款用于违法犯罪活动仍然提供借款的；（四）违背社会公序良俗的；（五）其他违反法律、行政法规效力性强制性规定的。"根据司法实践，以借贷名义非法集资或者非法向公众发放贷款的，该等民间借贷行为无效。[1]

最后，针对民间借贷争议较多的利率问题，《民间借贷规定》第 26 条予以明确，即"借贷双方约定的利率未超过年利率 24%，出借人请求借款人按照约定的利率支付利息的，人民法院应予支持。借贷双方约定的利率超过年利率 36%，超过部分的利息约定无效。借款人请求出借人返还已支付的超过年利率 36% 部分的利息的，人民法院应予支持"。具体而言，民间借贷年利率有两条红线：24% 和 36%。一是超过 36% 部分的年利率无效，不超过 36% 的年利率约定合法有效。二是在合法有效范围内，仅不超过 24% 的年利率部分可以获得法律的强制保护；介于 24%～36% 之间的年利率虽然合法但无法获得法律的强制保护。依据 24%～36% 的年利率计算的利息，借款人已经支付的，无权通过诉讼请求出借人返还；借款人未支付的，出借人无权通过诉讼获得救济。

4. 发行公司债券的限制

公司债券是指公司依照法定程序发行的、约定在一定期限还本付息的有价证券。《证券法》第 16 条规定："公开发行公司债券，应当符合下列条件：（一）股份有限公司的净资产不低于人民币三千万元，有限责任公司的净资产不低于人民币六千万元；（二）累计债券余额不超过公司净资产额的百分之四十；（三）最近三年平均可分配利润足以支付公司债券一年的利息；（四）筹集的资金投向符合国家产业政策；（五）债券的利率不

---

[1] 参见《最高人民法院关于如何确认公民与企业之间借贷行为效力问题的批复》。

超过国务院限定的利率水平；（六）国务院规定的其他条件。公开发行公司债券筹集的资金，必须用于核准的用途，不得用于弥补亏损和非生产性支出。上市公司发行可转换为股票的公司债券，除应当符合第一款规定的条件外，还应当符合本法关于公开发行股票的条件，并报国务院证券监督管理机构核准。"第18条就再次发行公司债券作出限制："有下列情形之一的，不得再次发行公司债券：（一）前一次公开发行的公司债券尚未募足的；（二）对已公开发行的公司债券或者其他债务有违约或者延迟支付本息的事实，仍处于继续状态的；（三）违反本法规定，改变公开发行公司债券所募资金的用途。"

（三）对外担保的限制

《公司法》第16条规定："公司向其他企业投资或者为他人提供担保，依照公司章程的规定，由董事会或者股东会、股东大会决议；公司章程对投资或者担保的总额及单项投资或者担保的数额有限额规定的，不得超过规定的限额。公司为公司股东或者实际控制人提供担保的，必须经股东会或者股东大会决议。前款规定的股东或者受前款规定的实际控制人支配的股东，不得参加前款规定事项的表决。该项表决由出席会议的其他股东所持表决权的过半数通过。"在理解有限责任公司对外担保的限制时，应当注意以下问题：

1. 公司向他人提供担保应当遵守公司章程的规定

为他人提供担保将提高有限责任公司的财务风险，为此必须依照公司章程的规定，提交董事会或者股东会审议。为了规范对外担保行为，有限责任公司可以制订对外担保管理制度，就担保数额、担保对象、担保条件等作出较为细致的规定。

2. 公司为股东或者实际控制人提供担保必须经股东会或者股东大会决议

为了避免股东或者实际控制人利用其在公司的特殊地位牟取私利，为他们提供担保，必须提交有限责任公司股东会进行表决，而且该等股东或者实际控制人作为关联人必须回避表决。

3. 禁止董事、高级管理人员利用公司资产为他人提供担保

《公司法》第148条规定："董事、高级管理人员不得……违反公司章程的规定，未经股东会、股东大会或者董事会同意，将公司资金借贷给他人或者以公司财产为他人提供担保；……董事、高级管理人员违反前款规定所得的收入应当归公司所有。"该条款禁止董事、高级管理人员利用公司

资产为他人提供担保，目的在于防止董事、高级管理人员滥用职权，牟取私利。第149条规定："董事、监事、高级管理人员执行公司职务时违反法律、行政法规或者公司章程的规定，给公司造成损失的，应当承担赔偿责任。"

（四）设立中的有限责任公司与清算中的有限责任公司

1. 设立中的有限责任公司

有限责任公司的设立需要经历一个过程。从发起设立到核准注册前，有限责任公司并未成立，通常被称为设立中的有限责任公司。设立中的有限责任公司不享有法人的权利能力，只能以非法人团体的身份进行民事活动，其内部和外部关系原则上应当适用有关合伙的法律规定，当然对于司法解释已经明确规定的相关事宜应当直接使用司法解释。

2. 清算中的有限责任公司

有限责任公司解散后，应当依法进行清算。处于清算阶段的有限责任公司通常被称为清算中的有限责任公司。清算中的有限责任公司虽然其权利能力依然存在，但仅限于清算范围内的活动，不得从事清算外的活动。自清算完毕办理注销登记之日起，有限责任公司的权利能力归于消灭。

第二节　有限责任公司的行为能力

一、有限责任公司行为能力的概念

有限责任公司的行为能力，即其民事行为能力，是指有限责任公司以自己的意思取得权利和承担义务的法律资格。

《民法总则》第59条规定："法人的民事权利能力和民事行为能力，从法人成立时产生，到法人终止时消灭。"由此可见，我国关于法人的本质，我国立法采法人实在说。[1]有限责任公司作为法人，当然具有民事行为能力。有限责任公司的行为能力与其权利能力同时产生，同时终止。有限责任公司行为能力的范围与其权利能力的范围相一致，即有限责任公司行为能力不能超出其权利能力范围，有限责任公司权利能力受到的种种限制同样适用于其行为能力。

有限责任公司与自然人需要经历的成长过程不同，没有无民事行为能

---

〔1〕　梁慧星：《民法总论》，法律出版社2001年版，第142页。

力和限制民事行为能力的问题，一经核准注册，有限责任公司即具有完全民事行为能力。[1] 不过，有限责任公司毕竟不是自然人，不能进行任何行为，必须由公司的代表机关来行使。

二、公司目的条款对有限责任公司的限制

（一）公司目的条款的性质

公司持续从事的业务通常记载于公司章程之中，被称为目的事业，我国法律习惯上称之为经营范围，此条款即公司目的条款。经营范围对企业法人的限制，学界主要有四种观点：权利能力限制说、行为能力限制说、代表权限制说和内部责任说。[2]

1. 权利能力限制说

法人的权利能力范围由法人目的范围决定，法人目的外的行为当然无效。日本民法典采权利能力限制说，但近几十年日本判例对目的范围进行从宽解释以缓和权利能力限制说之弊端。此种观点的主要弊端：一是该观点事实上承认了法人权利能力的自我规定性。法人权利能力最初取决于发起人的意志，发起人可以按照自己的愿意赋予法人特定范围的权利能力，而法人成立之后，成员大会可以通过调整法人的目的事业范围调整法人的权利能力，这显然有违权利能力法定的基本原则。二是不利于第三人利益的保护。因为权利能力也是承担义务的资格，法人对越权行为无效，当然无须承担任何责任。

2. 行为能力限制说

该学说认为，法人的权利能力仅仅受法律和性质限制，法人作为权利义务主体，其目的事业范围只对行为能力进行限制。法人目的外行为类似于无民事行为能力人所为，效力待定，可由后来的补正行为取得行为能

---

[1] 关于有限责任公司一经成立即具有完全行为能力的认定，具有重要意义。进一步而言，法人一经成立即具有完全行为能力。现实生活中不少案件的审理都涉及这一问题。譬如，沸沸扬扬的许霆案中争议的焦点之一就是银行在许霆利用 ATM 故障取款时是否知情。既然法人从成立时就具有完全行为能力，法人在其经营范围内开展活动，无疑具有完全行为能力。这就意味着它的行为能力就它的运营范围而言是完全的。ATM 只是银行的电子设备，其产生故障，并不表明银行丧失了行为能力。既然银行依然具有行为能力，那么许霆和银行之间交易，银行就是知晓的。据此，许霆的行为不构成秘密窃取。

[2] 梁慧星：《民法总论》，法律出版社 2001 年版，第 151—153 页；王利明主编：《民法（第三版）》，中国人民大学出版社 2007 年版，第 106—108 页；杨代雄：《民法总论专题》，清华大学出版社 2012 年版，第 95—109 页。

力。该种观点可以在一定程度上弥补行为能力限制说的不足。但缺陷依然明显，主要表现在：一是法人不能是无民事行为能力人。我国对法人采组织体说，法人自成立之日起即具有完全的民事权利能力。二是承认目的事业限制法人的行为能力将存在追认主体的难题。事后追认无异于承认法人可以自行扩张自己的行为能力，与其事后扩张，不如承认法人的行为能力不受目的事业范围限制。

3. 代表权限制说

该学说认为，法人的目的事业范围，既不限制法人的权利能力，也不限制法人的行为能力。法人目的，只不过是划定法人的代表机关对外代表法人的代表权限而已。法人超越目的范围的行为是缺乏代表权的行为，应为效力待定，存在依照无权代理的规则予以追认的可能性，也具有适用表见代理的余地，在这两种场合，该行为对法人有约束力。只有第三人知道或者应当知道法人代表越权的情况下，公司才可以主张无效。但是公司章程的记载不可以作为推定第三人知道的证据。

4. 内部责任说

内部责任说是指法人目的事业范围，不过是决定法人机关内部的责任划分而已，对第三人不发生效力，法人的权利能力、行为能力、法人机关的代表权均不受目的范围的限制，法人目的外行为当然应有效。日本商法学界主流观点对营利法人采内部责任说。该学说最大限度地保护了第三人的利益，似有矫枉过正之嫌。

（二）我国公司目的条款的立法和司法变迁

关于经营范围对公司的限制，我国立法和司法的态度经历了一个变迁过程。

长期以来，我国立法上坚持认为，公司包括有限责任公司的权利能力应当受到经营范围的限制。1986 年《民法通则》第 42 条规定："企业法人应当在核准登记的经营范围内从事经营。"审判实践中，人民法院也恪守超越经营范围无效的立场。严格坚持越权行为的观点，有利于维护静态的交易安全，但对动态的交易安全保护不足，对善意第三人而言有失公平。

不过随着市场经济的发展，越权行为无效的立场有所松动，有限责任公司超越经营范围签订的合同并不当然无效。1999 年通过的《合同法》第 50 条规定："法人或者其他组织的法定代表人、负责人超越权限订立的合同，除相对人知道或者应当知道其超越权限的以外，该代表行为有效。"

据此，只有相对人知道或者应当知道有限责任公司超越经营范围而仍与之订立合同，该合同才无效。司法实践也随之变动。《最高人民法院关于适用〈中华人民共和国合同法〉若干问题的解释（一）》第 10 条规定："当事人超越经营范围订立合同，人民法院不因此认定合同无效。但违反国家限制经营、特许经营以及法律、行政法规禁止经营规定的除外。"上述立法表明如果相对人并不知晓公司超越经营范围订立合同，该等行为亦有效。越权行为原则有效，经营范围限制的不再是公司的权利能力、行为能力，民法学者多认为经营范围限制公司授权代表的代表权，而商法学者多持内部责任说。[1] 2005 年修订的《公司法》删除了 1993 年《公司法》第 11 条第 3 款的规定，2017 年颁行的《民法总则》亦无《民法通则》第 42 条的类似规定。

值得注意的是，地方立法已经突破了公司经营范围的传统观念。2001 年 3 月 2 日北京市人民政府颁行的《中关村科技园区企业登记注册管理办法》第 4 条规定："除国家法律、法规规定应当进行专项审批的经营项目外，工商行政管理机关在办理企业登记时，不再审核具体经营项目，企业可以自主选择经营项目，开展经营活动。"第 8 条规定："申请企业设立、变更登记的，工商行政管理机关均应当在《营业执照》'经营范围'栏内注明下列内容：'法律、法规禁止的，不得经营；应经审批的，未获审批前不得经营；法律、法规未规定审批的，企业自主选择经营项目，开展经营活动。'"第 9 条第 1 款规定"企业应当在章程或者合伙协议中明确表述下列内容：'本企业依法开展经营活动，法律、法规禁止的，不经营；需要前置审批的经营项目，报审批机关批准，并经工商行政管理机关核准注册后，方开展经营活动；不属于前置审批项目，法律、法规规定需要专项审批的，经工商行政管理机关登记注册，并经审批机关批准后，方开展经营活动；其他经营项目，本企业领取《营业执照》后自主选择经营，开展经营活动。'"由此可见，在中关村科技园区内成立的有限责任公司，法律对其经营范围不再作特别限制，那么其直接后果就是有限责任公司的经营

---

[1] 王利明主编：《民法（第三版）》，中国人民大学出版社 2007 年版，第 107—108 页。笔者赞同内部责任说。从团体法角度而言，代表权和经营权只是一个硬币的两面。公司法定代表人代表公司进行商事交易，对外而言，行使的是代表权；对内部而言，行使的是经营权。根据区分原则，团体内外之法律关系原则上不发生联系，经营范围仅是公司内部对法定代表人权限的限制，界定了法定代表人的责任，这一限制并不具有对外效力，除非相对人知晓这一限制。

活动不再受到经营范围的限制，通常不会出现超越经营范围从事生产经营的现象。

三、有限责任公司行为的实施

有限责任公司作为法人，其行为的实施具有不同于自然人的特殊性：

（一）有限责任公司的意思能力是社团的意思能力

自然人具有民事行为能力，是以自然人具有意思能力为前提。有限责任公司具有民事行为能力，也以其具有意思能力为前提。但有限责任公司的意思能力与自然人的意思能力不同，它是社团的意思能力。自然人的意思表示由其自身作出，而有限责任公司的意思表示则要由法律规定的权力机关作出。按照《公司法》第 36 条的规定，有限责任公司股东会是公司的权力机构。股东会就有限责任公司的组织、经营管理所作的决议，就是公司的意思。因此，股东会也是有限责任公司的意思机关。

（二）有限责任公司的行为由法定代表人来实施

自然人按照自己的意思通过自己的行为取得权利和承担义务。有限责任公司的意思表示由其权力机关作出，其行为由其法定代表人来实施。《民法总则》第 61 条规定："依照法律或者法人章程的规定，代表法人从事民事活动的负责人，为法人的法定代表人。法定代表人以法人名义从事的民事活动，其法律后果由法人承受。法人章程或者法人权力机构对法定代表人代表权的限制，不得对抗善意相对人。"《民法通则》第 43 条规定："企业法人对它的法定代表人和其他工作人员的经营活动，承担民事责任。"依据《公司法》的规定，股东会、董事会、经理和监事会共同组成有限责任公司的组织机构，但股东会、经理和监事会都不是有限责任公司的代表机关，董事会是有限责任公司的执行机关和代表机关。[1] 《公司法》第 13 条规定："公司法定代表人依照公司章程的规定，由董事长、执行董事或者经理担任，并依法登记。公司法定代表人变更，应当办理变更登记。"有限责任公司的法定代表人按照公司的意思以公司的名义对外进行法律行为，就是有限责任公司本身所为的行为，由此所产生的权利义务当然由有限责任公司直接承受。

---

[1] 梁慧星：《民法总论》，法律出版社 2001 年版，第 168—169 页。

值得注意的是，有限责任公司对外发生法律行为，既可以由法定代表人直接为之，也可以由代理人代为进行，对两者应当予以区别。前者无须有限责任公司授权，从法律角度而言，法定代表人与有限责任公司实质上是一个主体；后者则须有限责任公司授权，否则所谓"代理人"无权代理有限责任公司与第三人进行交往。

第三节　有限责任公司的侵权行为能力

一、有限责任公司侵权行为能力的概念

有限责任公司的侵权行为能力，是指有限责任公司据以独立承担民事责任的法律资格，又被称为有限责任公司的民事责任能力。如前所述，我国立法对法人本质采法人实在说，当然承认法人的侵权行为能力。《民法总则》第62条规定："法定代表人因执行职务造成他人损害的，由法人承担民事责任。法人承担民事责任后，依照法律或者法人章程的规定，可以向有过错的法定代表人追偿。"有限责任公司作为法人，当然也有侵权行为能力。

二、有限责任公司侵权行为的构成要件

有限责任公司的侵权行为应当具备下列条件：

（一）须有有限责任公司法定代表人或者其他工作人员的加害行为

如前所述，有限责任公司的行为由法定代表人或者其他工作人员实施。有限责任公司的侵权行为当然也是法定代表人或者其他工作人员所为。法定代表人在有限责任公司权利能力范围内的加害行为，就是有限责任公司的加害行为。其他工作人员在有限责任公司权利能力或者授权范围内的加害行为，亦是有限责任公司的加害行为。在这里，我们必须明确"其他工作人员"的范围。所谓"其他工作人员"，应解释为包括其他有代表权人和有代理权人，例如董事长外的公司董事、监事、经理、清算人、重整人以及其他有代理权的职员。至于不具有代表权和代理权的普通职员和雇员，因执行职务加害于他人，应依民法关于使用人责任的规定，由法

人作为使用人对被使用人的侵权行为承担责任。[1]

（二）该加害行为须有限责任公司法定代表人或者其他工作人员执行职务时所发生

有限责任公司法定代表人或者其他工作人员只有在执行职务过程中实施加害行为，才构成有限责任公司的侵权行为。否则，该加害行为不属于有限责任公司的侵权行为，而是有限责任公司法定代表人或者其他工作人员的个人侵权行为，应当由其自己承担责任。何谓"执行职务"？凡是与法人的经营活动有关的行为，无论法律行为、准法律行为还是事实行为，均属于"执行职务"的范围。

（三）该加害行为符合侵权行为的构成要件

有限责任公司法定代表人或者其他工作人员的加害行为应当符合侵权行为的构成要件。《中华人民共和国侵权责任法》第6条规定："行为人因过错侵害他人民事权益，应当承担侵权责任。根据法律规定推定行为人有过错，行为人不能证明自己没有过错的，应当承担侵权责任。"第7条规定："行为人损害他人民事权益，不论行为人有无过错，法律规定应当承担侵权责任的，依照其规定。"因此，如果有限责任公司法定代表人或者其他工作人员的加害行为属于一般侵权行为，应当以过错为成立要件；如果有限责任公司法定代表人或者其他工作人员的加害行为属于特殊侵权行为，不以过错为构成要件。至于其他要件，如违法性、损害后果、因果关系等则与自然人的侵权行为并无不同之处。

三、有限责任公司侵权的责任承担

根据《民法总则》第62条的规定，有限责任公司实施侵权行为时，应当由公司承担侵权的民事责任，同时可以追究法定代表人的行政责任和刑事责任。值得注意的是，有限责任公司的侵权行为由其他工作人员实施时，是否也追究其他工作人员法律责任呢？法律没有明文规定，学者一般持肯定态度。[2]

---

[1] 梁慧星：《民法总论》，法律出版社2001年版，第158页。

[2] 孔祥俊：《公司法要论》，人民法院出版社1997年版，第169页。

第四节 公司社会责任

长期以来，人们认为公司设立的目的在于实现股东利益的最大化。不过，从苏丹红事件到频频发生的矿难事故，从辞职门、捐款门到三鹿奶粉事件，我国公司的社会责任问题以前所未有的深度和规模显现出来，使我们不得不思考——什么是公司社会责任？公司是否应当承担社会责任？公司应当承担什么社会责任？

一、公司社会责任的兴起

公司社会责任理论最早发端于德、美等国。1920 年，德国学者基于"企业自体思想"理论，提出了企业社会责任的观点。"公司社会责任"（Corporation Social Responsibility）这一概念最早于 1924 年由美国的谢尔顿提出，并引发了著名的多德（Dodd）与伯尔（Berle）的论战。[1] 由于自由资本主义条件下自由放任经济学思潮的影响，国家守夜人角色的不作为和鼓吹公司自由市场自由导致了资本家们的盲目追逐私利，从而引起了公司的一系列社会问题，特别是周期性的经济危机的出现，公司对社会的负面影响也日益严重。于是从美国开始，越来越多的西方国家纷纷对公司法进行修改，加强了对公司行为的限制，那种漠视劳动者、消费者、债权人等利益相关者的做法受到一些大公司的经营人员和立法者的抛弃，越来越多的经营者主张引入利益关系者参与公司的管理。

公司法中体现公司社会责任的规定，最早可见于 1937 年德国的《股份公司法》，该法规定公司董事"必须追求股东的利益、公司雇员的利益和公共利益"。在美国，到 20 世纪 70 年代已经有 48 个州通过了法案"明确地支持注册公司可以不通过特别的章程条款来资助慈善事业"[2]。而美国宾夕法尼亚州更是首开公司法变革之先河，于 1989 年修正其公司法，其中对传统最具有挑战意味的修正条款是要求公司的经营者为公司的"利益相关者"（Stakeholders）负责，而不仅仅是对股东（Stockholders）一方利益负责。目前美国已有近 30 个州相继在公司法中加入了公司的社会责任内容，日本和德国也对公司法作了部分修改，以突出对利益相关者的保护。

〔1〕 朱慈蕴：《公司法人格否认法理研究》，法律出版社 1998 年版，第 295—296 页。
〔2〕 王天林：《公司社会责任运动的国际化发展》，《山东社会科学》2007 年第 8 期，第 81 页。

就在人们热烈讨论公司社会责任的同时，不少公司选择了践行其社会责任。1992 年，瑞士汽巴嘉基公司（Ciba – Geigy Aktiengesellschaft）〔1〕开公司社会责任报告之先河，发表了除年度财务报告外的第一份"公司环境报告"，随后，在 1994 年又公布了"公司社会报告"。这种三份一组的报告在当时形成一道独特的风景。

与此同时，非政府组织也积极推动更多的公司履行社会责任。其中，社会责任国际（Social Accountability International，SAI）〔2〕、国际标准化组织（International Organization for Standardization，ISO）〔3〕以及全球报告倡

〔1〕 瑞士最大的化工公司和世界重要的精细化工企业。由汽巴公司和嘉基公司于 1970 年合并组成，其子公司遍布世界 40 多个国家，仍沿用两公司的原名，总数达 300 余个，构成了一个遍布世界的生产销售网。汽巴公司 1884 年创立于巴塞尔，起初生产染料，逐渐发展成为生产多种化工产品的公司。汽巴公司的经营范围包括医药、染料、纺织工业用的化学品、造纸和皮革工业用的辅助化学品、塑料、农药、兽药、照相化学品、化妆品、稀有金属和电子仪表等。嘉基公司于 1758 年创立于巴塞尔，1901 年成为有限公司。嘉基公司的经营范围包括染料、颜料、印刷油墨、工业化学品、医药、杀虫剂、除草剂、增塑剂、添加剂。

〔2〕 社会责任国际的前身经济优先权委员会认可委员会（the Council on Economic Priorities Accreditation Agency，CEPAA）成立于 1997 年。该机构于 1997 年 10 月颁布了 SA8000：1997 社会责任标准。2001 年 CEPAA 改名为 SAI 并在 12 月 12 日发表了 SA8000 标准第一次修订版，即 SA8000：2001。截止于 2007 年 7 月已经取得 SA8000 认证的公司全球已经达到 1200 家，其中，中国有 156 张 SA8000 证书。

〔3〕 国际标准化组织作为全球最具权威的非官方标准化组织，旨在促进全球范围内的标准化及其有关活动，以利于国际间产品与服务的交流，以及在知识、科学、技术和经济活动中发展国际间的相互合作。它显示了强大的生命力，吸引了越来越多的国家参与其活动。1992 年在巴西里约热内卢召开"环境与发展"大会，183 个国家和 70 多个国际组织出席会议，通过了"21 世纪议程"等文件。这次大会的召开，标志着全球谋求可持续发展的时代开始了。各国政府领导、科学家和公众认识到要实现可持续发展的目标，就必须改变工业污染控制战略，从加强环境管理入手，建立污染预防（清洁生产）的新观念。通过企业的"自我决策、自我控制、自我管理"方式，把环境管理融于企业全面管理之中。为此国际标准化组织于 1993 年 6 月成立了 ISO/TC207 环境管理技术委员会，正式开展环境管理系列标准即 ISO14000 的制定工作，以规范企业和社会团体等所有组织的活动、产品和服务的环境行为，支持全球的环境保护工作。ISO14000 是一个系列的环境管理标准，它包括了环境管理体系、环境审核、环境标志、生命周期分析等国际环境管理领域内的许多焦点问题，旨在指导各类组织（企业、公司）取得和表现正确的环境行为。自 1996 年以来陆续公布了若干项 ISO14000 技术标准。为了进一步推动公司社会责任，国际标准化组织于 2002 年专门成立了公司社会责任顾问组。自 2003 年 ISO 开始着手制订社会责任方面的标准以来，关于 ISO 是否应该制订社会责任标准及应该制订什么样的标准一直存在不同看法。2004 年 6 月 ISO 在瑞典召开会议研究关于社会责任标准问题，决定制订一个适用于包括政府在内的所有社会组织的"社会责任"指导性文件（标准），编号为 ISO26000。在 2005 年 9 月的曼谷会议上，ISO 再次明确：ISO26000 是不用于第三方认证、不用于商业合同目的、非管理体系的，适用于所有社会组织的指导性文件（导则）。取名为 ISO26000 的该标准，于 2010 年 11 月 1 日发布并供各种组织自愿选择使用，这势必对今后全球企业社会责任运动产生重要影响。

议组织（Global Reporting Initiative，GRI）[1] 所作出的努力引起了广泛关注。如今，丰富多彩的社会和环境报告让有兴趣的读者目不暇接，而且标题各异，如可持续性报告、公司社会责任报告、公司公民报告、能源报告、公司责任报告等，形式、篇幅和内容也不尽相同。

二、公司社会责任兴起的法哲学分析

正如任何法律制度产生其背后均有其法理基础一样，公司社会责任制度的兴起也有其法哲学动因。

（一）功利主义催生公司社会责任

传统民法根据社团法人成立的目的将其分为营利法人和非营利法人，而依据公司法成立的公司无疑属于营利法人，其目的在于从事经营并将所获得的利益分配给成员。这一点似乎并无争议，其实不然。公司社会责任是关于公司本质的一场认识革命。公司社会责任的真正形成源于美国法学界的两次论战，即20世纪30年代至50年代伯利与多德关于管理者受托责任的论战以及20世纪60年代伯利与曼尼关于现代公司作用的论战。

这两次论战，其核心问题均涉及对公司本质的认识。在伯利和多德的论战中，双方以公司系社会组织为基础就公司受托责任展开了温文尔雅的争论，最终以伯利接受多德的观点——"公司作为一个经济组织，在创造利润的同时也有服务社会的功能"，[2] 公司的权力是对整个社会的受托责任——而告终。而伯利和曼尼的论战，则充满了火药味。与伯利认为公司是一个社会组织不同，曼尼从自由经济视角出发指出，公司只是一个经济

---

〔1〕 全球报告倡议组织成立于1997年。该组织由美国非政府组织"对环境负责的经济体联盟"（CERES）和联合国环境规划署（UNEP）共同发起，其目标是在全球推动建立可持续发展信息披露制度，制定并推广全球适用的可持续发展报告框架指南，以帮助企业更好地披露在经济、环境和社会三个方面所取得的业绩，提高可持续发展报告的质量、严谨度和实用性。2002年，GRI正式成为一个独立的国际组织，以UNEP官方合作中心的身份成为联合国成员。2000年该机构发布了《经济、环境和社会业绩可持续性报告指南》，2002年发布了第二版，2006年发布了第三版《可持续发展报告指南》（Sustainability Reporting Guidelines G3）。第三版报告指南在2002年指南的基础之上，吸取了第二版在使用过程中的经验，更加简单实用，能够帮助机构聚焦于实质性的问题，改善可持续发展的表现。并且，这一指南与联合国全球契约的原则很好地糅合在一起，对投资者和分析师更有帮助。目前，第三版《可持续发展报告指南》已经在全球范围内60个国家的1000多个机构中得到应用，已经成为一个公认的可持续发展报告全球标准。

〔2〕 E. Merrrick Dodd, "For Whom Are Corporate Managers Trustees?", Harvard Business Review, 1932, 45 (7), p1148.

组织，"如果公司要在一个高度竞争的市场上出售产品，它就不可能从事大量的非利润最大化的活动，如果它一定要这样做，那么很可能就无法生存"[1]。美国著名经济学家米尔顿·弗里德曼（ Milton Friedman ）也和曼尼一样坚决地反对公司社会责任，他认为"没有什么趋势能像公司的经营者接受社会责任，而非尽最大可能为股东们赚钱那样，能够从根本上破坏我们自由社会所赖以存在的基础""公司社会责任就是为股东们赚钱"[2]。由此可见，伯利和曼尼的论争直指公司社会责任的核心问题：公司是什么？公司仅为股东赚钱还是要兼顾其他人乃至社会的利益。这一问题背后涉及的就是自由主义经济政策还是国家干预的经济政策。

追根溯源，自由主义经济理论的哲学基础是统治了西方几百年的功利主义哲学思潮。功利主义的代表人物是英国哲学家边沁。在边沁看来，人类一切行为动机以及合理性都根源于快乐和痛苦，它们是人类行为的根本原因。"自然把人类置于两个主公——快乐和痛苦——的主宰之下……功利原理承认这一被支配地位，把它当作旨在依靠理性和法律之手建造福乐大厦制度的基础。"[3]追求幸福是人的根本天性，也是人们一切行为的准则。社会是由无数个人组成，它只是一个虚构的团体，社会幸福只能是个人幸福的总和。社会利益只能以最大多数人的最大幸福来衡量，个人的行为和政府的措施都应以此为标准。幸福和痛苦只有每个人自己最清楚，人是他自身幸福最好的判断者。为了自己而谋取最大幸福，这是每个有理性人的目的。因此，国家权力的行使应限于最小限度，即只限于保护自由和财产安全。除此之外，政府不应在经济上作任何干预。这样不但可以使生产达到最大，而且会使分配愈趋于平等。"功利原则，或者说私人利益的原则，其私人特征在于严格的个人主义自由原则，这体现着首创的自由精神与普遍自助。"[4]由此功利主义哲学成为自由主义经济政策的有力辩护。然而，功利主义所强调的自由并非不受任何限制的自由，边沁也承认政府适度干预的必要性。问题在于什么是适度，在边沁生活的年代，其坚持政府经济上的不干涉原则，这反映了个人自由独立与个人相互依赖的社会现

[1] Henry G.. Manne, "The 'higher criticism' of the modern corporation", Columbia Law Review, 1962, 62（3）, p416.

[2] Milton Friedman, "The Social Responsibility of Business is to Increase Its Profits", in T. Beauchamp and N. Bowie, Ethical Theory and Business, Englewood Cliffs, NJ（1988）.

[3] [英]边沁：《道德与立法原理导论》，时殷红译，商务印书馆2000年版，第57页。

[4] [意]圭多·德·拉吉罗：《欧洲自由主义史》，杨军译，吉林人民出版社2001年版，第99页。

实。那么随着时代的变迁，这种"适度"当然也应当发生变化。中世纪进入近代社会，人从封建束缚中解放出来，极度追求个人的自由与平等，却忽视了他人的利益，最终引发了大量社会问题，这些社会问题促使人类反思，正如马克思所言"人的本质不是单个人所固有的抽象物，在其现实性上，它是一切社会关系的总和"。[1] 如果说此前人们对个人自由已经有了充分理解的话，那么至此人们已经充分认识到个人的相互依赖性，即每个人的自由均涉及他人的自由。人类对自身认识的变化要求个人承担更多法律乃至道义责任。这种变化同样会影响人们对公司的认识。既然我们赋予公司法律人格，公司就是社会人，公司也应当向自然人一样，必须关注其他社会人的利益。由此引发了国家的经济政策从自由主义走向干预主义。正如前述，边沁的功利主义当中其实已经隐含着国家干预政策的因素，一旦遇到现代社会的合适土壤，它就蓬勃生长起来。这样我们就不难理解为什么功利主义催生了公司社会责任。

　　无论是公司社会责任的支持者还是反对者均承认公司的营利性特征，只是在公司为谁赚钱这一问题上存在分歧。公司社会责任的反对者认为公司是股东的公司，公司当然应当为股东利润最大化服务；公司社会责任的支持者则认为公司是相关利害关系人的公司，公司当然应当承担社会责任。边沁的功利主义表明，公司是社会中的公司，它必须依赖社会。从这一点出发，就不难理解：上述两种观点并非对立、非此即彼的关系。我们一方面承认公司的营利性特征，另一方面必须强调公司不应唯股东利益是图，应当关注与公司利益相关的股东以外的其他人的利益。公司既要赚钱，又要行善。我们反对"行善赚钱"——以承担社会责任为公司广告获取未来更大收益，也不赞同"赚钱行善"——公司赚钱的目的就在于行善。前者过分强调公司的营利性特征，有违公司社会责任的本意；后者过分忽视公司的营利性特征，对于股东而言无疑过于苛刻，毕竟我们不能要求每一个公司、每一个公司股东成为慈善家，正如我们无法要求每一个公民成为慈善家一样。

　　（二）新自由主义推动公司社会责任条文化

　　公司社会责任理论的产生，除了凯恩斯国家干预理论的支撑外，新自由主义哲学思潮的推动不容忽视。罗尔斯就是其代表人物。罗尔斯批判功利主义把人本身当作手段而不是目的，为了达到"多数人的幸福"而不惜

―――――――――
〔1〕《马克思恩格斯选集（第1卷）》，人民出版社1995年版，第56页。

牺牲他人利益是对他人尊严的严重践踏，提出了其正义原则——"第一个原则：每个人有平等的权利享有与其他人类似的自由相一致的最广泛的基本自由。第二个原则：对社会的和经济的不平等应这样安排，使它们既能（a）被合理地期望适合于每一个人的利益；又能（b）与向所有人开放的地位和职务联系在一起"[1]就内部而言，公司股东和员工之间存在利益冲突，依据罗尔斯第一原则即平等原则，股东作为物质资本的投入者与作为人力资本投入者的员工应当在公司治理结构实现某种平衡，保障员工也有参与公司管理的权利。就外部而言，公司和债权人、消费者、社区居民甚至政府之间存在利益冲突，依据罗尔斯的第二原则即差别原则，应当允许公司在不危及其他人基本自由的前提下利用自身优势谋取利益最大化，公司在自身利益最大化的同时必须考虑其他人的最大利益。正如罗尔斯所言，一个社会应当努力避免使那些状况较好者对较差者福利的边际贡献是一个负数。[2]这就为公司利益最大化划定了边界，为公司承担社会责任提供了正当理由。

当然，新自由主义的正义观只是为公司社会责任理论提供了哲学层面的支持，在公司法领域具体化还必须经历一个过程，直到利害关系人理论的出现才使这一问题有了转机。"利害关系人"（Stakeholders）这一概念，最早源于1963年斯坦福研究所的一份备忘录，系指"那些没有其支持，组织便不复存在的各种集团"[3]。利害关系人理论认为，公司是由各利害关系人缔结契约而形成的社会组织；公司不仅仅是股东利益的集合，而是包括股东、债权人、员工、消费者甚至政府、社区居民在内的各利害关系人的利益集合；公司的存在、发展必然会对各利害关系人产生影响，同时受到各利害关系人的影响，因而必须考虑股东以外的其他利害关系人的利益。利害关系人理论为公司社会责任研究提供了"一种理论框架"，由此公司社会责任应"按照契约关系的思路而不是某种行为来加以定义"，其内容涉及"公司与利益相关者之间的关系"[4]由此便不难理解公司为什么要承担社会责任。公司承担社会责任不是一种简单的利他主义，而可以

---

〔1〕 [美] 约翰·罗尔斯：《正义论》，何怀宏等译，中国社会科学出版社1988年，第60页。

〔2〕 [美] 约翰·罗尔斯：《正义论》，何怀宏等译，中国社会科学出版社1988年，第104页。

〔3〕 Freeman & Redd, Stockholders and stakeholders：A New Perspective on Corporate Governance, 25 California Management Review（1983）.

〔4〕 Clarkson, Max B. E., "A Stakeholder Framework for Analyzing and Evaluating Corporate Social Performance", the Academy of Management 20（1995），p92.

从股东之外的债权人、顾客、供应商、政府、社区、公众和员工等其他利害关系人手中获得各种专用性资产和良好经营环境，从而可转化为稳定增长的财务收益。也就是说，公司承担社会责任是一种既利己也利他的最优抉择。利害关系人理论把公司社会责任纳入其研究的视野，不仅使公司社会责任的研究有了更科学的理论基础，而且也使自身的发展有了更加坚实的微观基础。[1]

由此可见，从公司合同理论出发，公司系包括股东、债权人、员工、消费者甚至政府、社区居民在内的各利害关系人共同"投资"的结果：股东投入的是股权资本，债权人投入的是债权资本、员工投入的是人力资本、消费者投入的是市场资本、政府投入的是公共环境资本、社区居民投入的是经营环境资本。质言之，股东以物质资本投入，其他利害关系人更多地以非物质资本投入。因而不仅股东，而且其他利害关系人均有权要求从公司获得相应的利益。股东的利益可以在公司中直接体现，也可以货币形式得到满足，而其他利害关系人的利益尽管未必直接体现在公司中，甚至无法以货币形式得到满足，但公司的存续无疑对其他利害关系人的利益产生积极或者消极的影响。三线建设是我国 20 世纪 60 年代中期的一项战略决策。20 世纪 80 年代中期开始，国务院提出对三线企业"调整改造、发挥作用"重大决策，专门成立了国务院三线建设调整改造规划办公室，负责调迁规划的制定以及规划批准后对调迁工程项目建设情况的督促检查。三线企业搬迁的阻力之一就是当地农民。当年的三线建设促进了当地经济的发展，提高了当地农民的收入，而三线搬迁则使当地农民十分无奈，甚至设障阻拦，他们不愿从工业文明重返农业社会。[2] 因为三线企业已经深深嵌入当地农民的生活之中，与他们的利益息息相关。

既然股东和公司的其他利害关系人已经形成了"利益共同体"，那么公司在追求股东利益的同时，必须关注其他利害关系人的利益。这就需要在股东和其他利害关系人之间进行适当的利益分配。这一问题事实上触及公司社会责任的性质，即公司社会责任究竟是法律义务还是道德义务。若

---

〔1〕 张兆国、赵寿文、刘晓霞：《公司治理研究的新发展：公司社会责任》，《武汉大学学报（哲学社会科学版）》2008 年第 5 期，第 632 页。

〔2〕《三线阵痛——对万盛区三线搬迁企业原址的探访和再利用探索》，http：//www. cqwb. com. cn/webnews/htm/2004/2/28/50327. shtml，访问时间 2009 年 4 月 28 日；《秦岭大山空城处处待新生》，http：//hsb. hsw. cn/gb/newsdzb/2002 - 06/22/2002 - 06 - 22 - 11hssx1. htm，访问时间 2009 年 4 月 28 日。

为法律义务，只要公司依法经营，就履行了社会责任，其他利害关系人的利益即得到了保障；若为道德责任，公司应当按照社会伦理要求开展经营活动，才能认为公司履行了社会责任，其他利害关系人的利益得到了保障。质言之，只要公司依照法律或者道德要求进行经营活动，公司的目标只有一个：股东利益最大化。[1] 这就使得不少国家的立法不得不考虑公司其他利害关系人的利益，从而引发了公司社会责任的条文化。

（三）公司社会责任是公司法治走向社会本位的标志

公司社会责任条文化，在法理上似乎又带来了一个难题：公司获得了与自然人相同的法律人格，为什么要承担自然人并不承担的社会责任？这其实与法律的本位相关。在资本主义发展初期，法学理论强调的是"个人本位"，以个人为价值主体，法律侧重于保护个人的利益。

以市民社会为基础的私法领域奉行抽象的人格平等原则，对所有民事主体实行一体保护。最初编纂的《法国民法典》"乃是第三等级（tiers état）即市民等级的法典，他们在法兰西大革命中与旧王朝的封建统治阶级进行了顽强的斗争，随后，又在拿破仑倒台以后的王朝复辟中达到了日益成熟和自觉并具有政治影响。因此，民法典编纂者心目中的给民法典的风格以烙印的理想形象，不是小人物、手工业者，更非领薪阶层的理想形象，而是有产者的市民阶级的理想形象；他们有识别力、明智、敢于负责，同时也精通本行和熟悉法律。"[2] 市民存在的基础是个人自由，因此契约自由、保护私有财产和责任自负就成为《法国民法典》的三项原则。"作为《德国民法典》基础的人类形象……是富有的企业家、农场主或政府官员的人类形象；换言之，就是这样一种人，即人们能够指望他们具有足够的业务能力和判断能力，在以契约自由、营业自由和竞争自由的基础上成立的市民盈利团体中理智地活动并避免损失。"[3] 当时在德国起主导作用的大市民阶层深信：只要经济力量的作用不受国家干预的阻滞而自由扩展，那么普遍的繁荣兴盛便会自然成就。由此可见，近代民法中的"人"是一个标准人像，"人"是抽象的、无声的，作为"类"的人[4]

---

〔1〕 这其实也涉及公司的角色定位，关于公益与公司角色定位参见刘连煜：《公司治理与公司社会责任》，中国政法大学出版社2001年版，第29—52页。

〔2〕 ［德］K. 茨威格特、H. 克茨：《比较法总论》，贵州人民出版社1992年版，第173页。

〔3〕 ［德］K. 茨威格特、H. 克茨：《比较法总论》，贵州人民出版社1992年版，第267页。

〔4〕 谢鸿飞：《现代民法中的"人"》，http://go8.163.com/privatelawreview/minfazhongrenxiehf.htm，访问时间2000年12月18日。

或者说，传统民法中的"人"是理性的人。"理性的人的标准是一个客观的标准，这一标准是把被告的预防行为与一个理性的人在相同情况下可能会做到的事加以比较。"[1] 这个"理性人"不过是"一种理想，一种标准"，与其说他是某一种人的代表，不如说他是某一种理性的代表，在这种理性后面潜伏的正是某种规则。从某种意义上说，长久以来法学理论对于规则的重视超过了对人本身的关注。[2] 在自由竞争资本主义时期，这样的制度安排促进了经济的繁荣和社会的进步。但同时也带来垄断和社会不公，为了解决日益严重的社会问题，各国政府实施干预政策。由此揭开了私法公法化的序幕。保护弱者正是在这一社会背景下提出来的。它打破了传统民法对抽象人格的一体保护，转而注重对具体人格的保护，促使以行为立法为主的民法潮流中新的身份立法的诞生。[3]

深入考察这一进程，可以发现民法在这一社会变迁过程中实现了自身现代化，民法的理念和价值取向也发生了变迁。近代民法追求形式正义，现代民法追求实质正义。究其原因，近代民法建立在民事主体的平等性和互换性的基础之上。由于当时市场经济尚不发达，民事主体之间存在的并不显著的经济实力的差别或者优势，可以通过他们之间不断地互换地位而被抵消。因而，只要保障抽象的人格平等，就可以实现社会正义（形式正义）。从 19 世纪末开始，人类的经济生活发生了深刻的变化，作为近代民法基础的两个基本判断即平等性和互换性已经丧失，出现了严重的两极分化和对立。[4] 星野英一认为，与近代法中的"人"的"人格"相比，现代民法中的人是"具体的人"，是弱小的、无知的、需要同情和保护的人，尤其是穷人以及轻率从事、意志薄弱的人。[5] 民事主体之间实力悬殊，并无实质上的平等，迫使民法放弃形式正义转而追求实质正义。其具体表现

〔1〕 ［美］罗伯特·考特、托马斯·尤伦：《法和经济学》，张军等译，上海三联书店、上海人民出版社 1994 年版，第 454 页。
〔2〕 赵晓力：《民法传统经典文本中"人"的观念》，《北大法律评论》1998 年第 1 卷·第 1 辑，第 130—131 页。
〔3〕 迄今为止，我国已经制定不少保护弱者合法权益的新的身份法，例如妇女权益保障法、未成年人保护法、老年人权益保障法、残疾人权益保障法、消费者权益保护法。
〔4〕 梁慧星：《从近代民法到现代民法》，载《民商法论丛（第 7 卷）》，法律出版社 1997 年版，第 228—254 页。
〔5〕 ［日］星野英一：《私法中的人》，载《民商法论丛（第 8 卷）》，法律出版社 1997 年版，第 175—194 页。需要说明的是，具体的人和抽象的人的区别只是相对的，具体的人也是作为一类人而成为法律关注的对象，而不是作为一个个单独的人而成为法律根据各自的实际情况而对之一一加以特殊关照的对象。

就是从借助抽象人格对社会成员实行一体保护演化为根据人所处的具体社会关系，界定其弱者地位，进而给予特殊保护。由此可见，对于弱者的特殊保护并不是对人格平等的背叛，也不是从契约到身份的回归，而是现代民法对现实生活变迁的积极回应，体现了民法对人类的终极关怀。

民法的这一趋势同样表现在公司法领域。世界各国从对股东权利的绝对尊重转向对利益相关者的关注，不少国家立法对利益相关者给予特殊保护，诸如员工劳动权益保障、债权人利益保护等，在尊重股东利益的基础上给予利益相关者适度的关注。其实，自公司产生之日起，利益相关者的保护一直或隐或现于人们的视线之中。克拉克认为，在现代经济活动中，影响人类的环境不再是自然形成的而是人类行为的结果，从而形成人与人相互依存的关系以及人与环境相互影响的关系。[1] 在此可以作出一个合理的推论，在经济活动中，影响人类行为的因素有两点：一是自然因素，二是人类行为。在亚当·斯密时代，受到自然因素的影响，经济领域还没有商业巨人，人与人之间存在的并不显著的经济实力的差别或者优势，可以通过他们之间不断地互换地位而被抵消，从而形成一种主观上人人为自己、客观上人人为社会的局面。诚如亚当·斯密所言，"在这场合，像在其他许多场合一样，他受着一只看不见的手的指导，去尽力达到一个并非他本意想要达到的目的。也并不因为事非出于本意，就对社会有害。他追求自己的利益，往往使他能比真正出于本意的情况下更有效地促进社会的利益"。[2] 从 19 世纪末开始，人类的经济生活发生了深刻的变化，随着巨型公司的出现，人与人之间的经济实力差异显著，巨型公司的经济行为深刻影响着其他人乃至整个社会，这些巨型公司过度追求股东利润最大化将严重影响社会公共利益，为此他们应当为受其影响的其他人提供必要的"福利"。这些"福利"就是所谓的"公司社会责任"。表面看来，要求现代公司承担社会责任是"额外责任"，其实从亚当·斯密时代甚至更久远的年代开始，人们均承担所谓的社会责任，只是由于人类经济实力彼此差别不大，平均承担并为人们所忽视。公司社会责任为现代社会所关注，甚至要求公司以其对社会的影响为依据承担社会责任。其结果必然是公司越大，权力越大，承担的社会责任越多。"谁想要得到权力就意味着谁需要

---

〔1〕 转引自沈洪涛、沈艺峰：《公司社会责任思想起源与演变》，上海人民出版社 2007 年版，第 49 页。

〔2〕 ［英］亚当·斯密：《国民财富的性质和原因的研究（下卷）》，郭大力、王亚南译，商务印书馆 1974 年版，第 27 页。

承担责任，而谁愿意承担责任就意味着谁可以获得权力。"[1] 同时，由于现代社会是法治社会，公司社会责任更多地以立法的面目出现，所以当立法对公司社会责任作出相对明确规定的情况下，公司只是股东的受托人。[2] 这就意味着，当社会责任借助法律规定实现时，其已经转化为法律责任，是否称之为社会责任并不重要。但有一点已经较为清晰地展现在世人面前，公司应当关注利害关系人的利益，公司利润并非为股东所独占，利害关系人可以通过适当的方式参与公司利润的分配。

这表明随着时间的推移，利益相关者的保护日益凸显，法律必须给予他们合理的保护，否则公司的可持续发展将受到戕害，进而整个社会的可持续发展也将成为问题。与股东相比，利益相关者在公司治理结构中往往处于弱者地位甚至根本没有地位，因而通常无法在公司中发声。公司单纯为追求自身利益而造成的外部性行为，如环境污染、资源消耗等问题也日益严重。传统的私法理念已捉襟见肘，不能适应时代发展的要求，于是"个人本位"理念便逐渐开始向"社会本位"理念转变，要求公司保护利益相关者，承担社会责任。表面看来，这种做法似乎有悖于公司自治。权利义务相生相伴，公司自治向来是受到一定限制的。可以说，公司社会责任的确立是"个人本位"向"社会本位"转变的结果。由此私法一改长期以来对机会均等的保护传统，转而追求对实质正义的适度关注。如果说传统私法更关注罗尔斯所谓的平等原则，那么现代私法则在强调平等原则的基础上践行罗尔斯所谓的差别原则，实现其对社会正义的追求。

三、公司社会责任的概念

关于公司社会责任的概念，学说纷纭，莫衷一是。本书仅从法律角度进行简要分析。法律上所谓责任，系指义务不履行所导致的法律后果。而通过上述分析不难发现，公司社会责任并不是公司违反法律规定所承担的不利后果，而是强调公司除了营利以外应当承担其他的义务。有学者指出，公司的社会责任，意味着重新定义公司的目标，除了利润最大化外，

---

[1] [美] 彼得·德鲁克：《组织的管理》，王伯言、沈国华译，上海财经大学出版社 2003 年版，第 140 页。

[2] 在伯利与多德论战过程中，多德因美国 1932 年到 1942 年间政府通过立法实施"新政"大量干预经济活动，转而接纳伯利的观点——公司管理者是股东的受托人。See E. Merrrick Dodd, "Book Reviews：Bureaucracy and Trusteeship in Large Corporations", University of Chicago law Review, 1942, 9。

还要加入一些社会价值。也就是说，公司经营人员应当将他们有关公司目标的看法扩及公司的决定对于其他成员所导致的影响，如雇员、社区和环境等。换言之，公司被期望带着社会良心活动。[1] 从这种意义上说，称之为公司社会义务更为妥当。不过既然已经约定俗成，我们不妨继续称之为公司社会责任。

国内法律学者关于公司社会责任的界定主要有两种观点。一种观点认为，所谓公司社会责任就是指公司不能仅仅以最大限度地为股东们营利或赚钱作为自己的唯一存在目的，而应当最大限度地关怀和增进股东利益之外的其他所有社会利益。这种社会利益应该包括雇员利益、消费者利益、债权人利益、中小竞争者利益、当地社会利益、环境利益、社会弱者利益及整个社会利益等内容。[2] 另一种观点认为，公司社会责任是指公司在实现营利目的增进股东利益的同时，应当兼顾其他利害关系人的利益。[3] 上述两种观点均以公司利害关系人理论为依据，阐明了公司社会责任的内涵，旨在公司营利性和社会责任之间寻求平衡。所不同的是，前一种观点强调"最大限度地关怀和增进股东利益之外的其他所有社会利益"，似乎有矫枉过正之嫌；后一种观点要求"兼顾其他利害关系人的利益"，似乎对股东利益最大化进行了适当的修正。笔者赞同后一种观点，毕竟营利性是公司的本质特征，任何时候都不能以公司社会责任否定公司的营利性本质。

由此可见，公司的社会责任强调的是对股东以外其他利益者的利益保护，以纠正立法上对股东们利益的过度保护，从而体现出法律的公平性。公司利害关系人理论是美国许多学者近年来用以支持公司社会责任理论的主要依据，即不仅股东，而且公司雇员、顾客和广大公众都在公司中有一种利益，公司的经理们有义务保护这种利益。而且公司作为法律上承认的具有独立人格的法人，以营利为目的，为了公司自身的利益和公司出资者的利益，它必须追求经济利益。但同时，我们也必须看到公司作为一个社会上的人，它占有和处置了社会上大部分的资源，也必须承担相应的社会责任，例如环境保护、社会经济稳定等方面责任。追求股东利益的最大化只是公司价值的一部分，管理学界最有影响的学者之一彼得·德鲁克也认

〔1〕 王红一：《公司法功能与结构法社会学分析——公司立法问题研究》，北京大学出版社2002年版，第129页。

〔2〕 刘俊海：《关于公司社会责任的若干问题》，《理论研究》2007年第22期，第19页。

〔3〕 周友苏：《新公司法论》，法律出版社2006年版，第88页。

为：任何一个组织都不只是为了自身，而是为了社会存在，公司也不例外。公司不仅是股东争取利润的工具，也应该成为为其他社会利益者服务的工具。

四、我国公司的社会责任

公司承担社会责任，不仅无损于公司利益，反而有助于公司可持续发展。我国 2005 年《公司法》顺应历史潮流，对公司社会责任作出了相应的规定。

（一）公司社会责任的宣示性规定

《公司法》第 5 条第 1 款规定："公司从事经营活动，必须遵守法律、行政法规，遵守社会公德、商业道德，诚实守信，接受政府和社会公众的监督，承担社会责任。"这是对公司社会责任的宣示性规定，表明《公司法》接受了公司社会责任这一法律理念。鉴于公司社会责任概念模糊不清，如何督促公司践行社会责任将面临困境。[1] 重大自然灾害发生后关于某些公司捐助行为引发的社会讨论，已经暴露出公司社会责任的模糊性。

（二）保护职工利益

与物质资本的投资者一样，职工作为公司人力资本的投资者，是公司开展经营活动的重要因素。《公司法》注重对职工利益的保护，尊重职工参与公司管理的权利。第 17 条规定："公司必须保护职工的合法权益，依法与职工签订劳动合同，参加社会保险，加强劳动保护，实现安全生产。公司应当采用多种形式，加强公司职工的职业教育和岗位培训，提高职工素质。"第 18 条规定："公司职工依照《中华人民共和国工会法》组织工会，开展工会活动，维护职工合法权益。公司应当为本公司工会提供必要的活动条件。公司工会代表职工就职工的劳动报酬、工作时间、福利、保险和劳动安全卫生等事项依法与公司签订集体合同。公司依照宪法和有关法律的规定，通过职工代表大会或者其他形式，实行民主管理。公司研究决定改制以及经营方面的重大问题、制定重要的规章制度时，应当听取公司工会的意见，并通过职工代表大会或者其他形式听取职工的意见和建议。"第 44 条第 2 款规定："两个以上的国有企业或者两个以上的其他国

---

〔1〕 有学者对此展开了深入研究，参见罗培新：《我国公司社会责任的司法裁判困境及若干解决思路》，《法学》2007 年第 12 期。

有投资主体投资设立的有限责任公司，其董事会成员中应当有公司职工代表；其他有限责任公司董事会成员中可以有公司职工代表。董事会中的职工代表由公司职工通过职工代表大会、职工大会或者其他形式民主选举产生。"第51条第2款规定："监事会应当包括股东代表和适当比例的公司职工代表，其中职工代表的比例不得低于三分之一，具体比例由公司章程规定。监事会中的职工代表由公司职工通过职工代表大会、职工大会或者其他形式民主选举产生。"除此之外，第67条还规定了国有独资公司的董事会中应当有职工代表，职工代表由公司职工代表大会选举产生。

职工参与公司的经营管理其实在2005年修订前的《公司法》中也有类似规定，如何将该等规定落到实处，实现"多元治理"将是我们必须面对的问题。

（三）保护债权人利益

《公司法》第1条规定："为了规范公司的组织和行为，保护公司、股东和债权人的合法权益，维护社会经济秩序，促进社会主义市场经济的发展，制定本法。"由此可见，保护"债权人的合法权益"是《公司法》的立法宗旨之一。《公司法》最为显著的变化就是确认了公司人格否认制度。《公司法》第20条规定，公司股东滥用公司法人独立地位和股东有限责任，逃避债务，严重损害公司债权人利益的，应当对公司债务承担连带责任。在现实生活中，有的股东滥用权利，采用转移公司财产、将公司财产与本人财产混同等手段，造成公司可以用于履行债务的财产大量减少，严重损害公司债权人的利益。这一制度的引入，为防范滥用公司制度的风险，保证交易安全，保障公司债权人的利益，维护市场经济秩序，提供了必要的制度安排。而《公司法》的司法解释确立了未履行或者未完全履行出资义务或者抽逃出资的公司股东在未出资或者抽逃出资的本息范围内对公司债权人的补充赔偿责任，以及协助抽逃出资的其他股东、董事、高级管理人员或者实际控制人的连带责任。[1]

---

[1] 参见《公司法司法解释三》第13条和第14条。

第五章 有限责任公司的资本制度

第一节 有限责任公司资本制度概述

一、有限责任公司资本的概念

（一）有限责任公司资本的概念

一般而言，资本是能够带来剩余价值的价值。所谓有限责任公司资本，是指记载于有限责任公司章程的由股东出资构成的公司资产。公司资本是有限责任公司赖以存在和发展的物质基础，也是公司资信状况的反映。

为了正确理解公司资本的含义，必须区分公司资本和公司资产。所谓公司资产是指公司可以支配的全部财产。公司资产包括房屋、设备等有形资产，也包括商标、专利等无形资产。在资产负债表中，公司资产为负债和所有者权益之和，其中所有者权益包括实收资本、资本公积、盈余公积和未分配利润。在我国，实收资本等于公司资本。因此，在有限责任公司正常运营的情况下，公司资产不少于公司资本，即：

公司资产 = 负债 + 所有者权益（公司资本 + 资本公积 + 盈余公积 + 未分配利润）≥公司资本

（二）公司资本的相关概念

在公司立法和实务中，公司资本表现出各种不同的形态，因此必须了解相关概念的含义，以有助于对公司资本的理解。

1. 注册资本

所谓注册资本，是指由公司章程载明并经过公司登记机关登记注册的，公司有权筹集的全部资本。由于大陆法系各国通常实行法定资本制，要求公司股东必须全额认购公司注册资本，因而不论采取一次缴纳还是分期缴纳，公司都将在特定时间内实际拥有注册资本。我国亦实行法定资本制，所以注册资本就是我们通常所说的公司资本。而英美法系国家实行授权资本制，股东不必全额缴足注册资本，因此其注册资本只是名义资本，即所谓授权资本。

2. 授权资本

授权资本是英美法系的概念。公司股东的投资总额即授权资本。授权资本也须记载于公司章程并经公司登记机关登记，因此也是"注册资本"。不过，英美法系实行授权资本制并不要求公司股东必须全额缴纳出资，实践中股东实际缴纳的股款可能十分微小，"一元钱公司"大量存在。因此授权资本又称为名义资本。授权资本并不能反映公司的资信状况，不具有什么实际作用。由于公司股东通常并不全部认足投资总额，授权资本可分为发行资本和未发行资本。

3. 发行资本

发行资本是英美法系的概念。所谓发行资本是指公司实际上向股东发行的股本总额，即股东同意以现金或者其他方式认购的股本总额。发行资本具有实质意义，公司股东应当以此为限对公司承担责任。从这种意义上说，英美法系的发行资本相当于大陆法系的注册资本。[1] 但两者尚有所区别，毕竟股东并不需要实际缴纳所认购的全部股本。

4. 实缴资本

所谓实缴资本，亦称实收资本，是指公司实际已经收到的股东出资总额。实缴资本构成公司实际可以支配的资本。实缴资本原本是英美法系的概念，但随着法定资本制度的缓和，不少大陆法系国家允许股东分期缴纳出资，实缴资本也为大陆法系广泛使用，成为衡量公司当下资信的标准之一。

5. 待缴资本

所谓待缴资本，又称催缴资本，是指公司业已发行、股东已认购但尚未缴纳的资本。对催缴资本，公司有权随时向股东催缴，股东有义务按约定或者公司的要求缴纳。因此，待缴资本实际上已经成为公司应得的财产，已构成股东对公司债务的担保。待缴资本原本是英美法系的概念，不过随着法定资本制度的缓和，不少大陆法系国家允许股东分期缴纳出资，对于股东依照公司章程尚未缴纳的出资，亦可以称之为待缴资本。必须注意的是，这种意义上说的待缴资本与英美法系有所不同，对于前者，股东只须按照公司章程的约定缴纳即可，公司催缴的权利受到公司章程约束；

---

〔1〕 史际春、温烨、邓峰：《企业和公司法》，中国人民大学出版社 2001 年版，第 195 页。

对于后者，公司有权随时催缴，公司可能受到股东协议的约束，也可能不受股东协议的约束。

如果对两大法系关于公司资本的相关概念进行比较，可以得出这样一个结论：就大陆法系而言，注册资本＝发行资本＝实缴资本＋待缴资本；就英美法系而言，授权资本≥发行资本＝实缴资本＋待缴资本。

二、公司资本制度的类型

在长期的实践中，各国形成了各具特色的公司资本制度，即法定资本制、授权资本制和折衷资本制。

（一）法定资本制

法定资本制，又称为确定资本制，是指在公司设立时，必须在公司章程中明确记载公司资本的总额，并且由股东全部认足和实际缴纳的资本制度。在法定资本制下，公司注册资本必须一次全部认足，否则公司不能成立。股东必须实际足额缴纳出资。在实行法定资本制的大陆法系国家，就缴纳资本的方式而言分为两种立法模式，即一次性缴纳和分期缴纳。[1] 公司成立后如果需要增资，必须修改公司章程并办理相关手续。

法定资本制有利于巩固公司的资本结构和保护债权人利益。但由于公司设立时需要股东认足公司全部注册资本并且实际缴纳，增加了公司设立的难度，而且在公司设立之初可能造成资本的闲置。

（二）授权资本制

授权资本制，是指在公司设立时，必须在公司章程中明确记载公司注册资本总额，但不要求股东全部认足，未认购部分由董事会在日后根据公司业务发展的需要随时发行新股募集资金的资本制度。在授权资本制下，公司设立时无须发行全部注册资本即可成立。股东只须认购部分公司资本，而且对于认购的资本也无须一次性实际缴纳。股东对其认购的股权按照约定缴纳其出资。公司成立后如果需要增资，董事会在授权范围内决定增资，而无须股东会决议变更公司章程。

授权资本制有利于公司的设立，方便股东创业。但由于公司实缴资本数额较少，"一元钱公司"大量存在，不利于维护交易安全和保护债权人利益。

---

〔1〕 沈四宝：《西方国家公司法概论（修订版）》，北京大学出版社 1986 年版，第 88 页。

(三) 折衷资本制

鉴于法定资本制和授权资本制都不尽如人意，有些国家在吸收两者优点的基础上，设立了一种新兴的资本制度——折衷资本制。

折衷资本制有两种立法模式：一是折衷授权资本制，即公司在设立时，公司章程应当明确记载注册资本总额，股东只须认足第一次发行的资本，公司即可成立，但第一次发行的资本不得低于注册资本总额的一定比例；未认购的资本，授权董事会随时发行新股募集。二是认许资本制，又称许可资本制，即公司在设立时，公司章程应当明确记载注册资本总额，并由股东全部认足，公司方可成立；但公司章程可以授权董事会于公司成立后的一定年限，在授权时公司注册资本总额一定比例的范围内，发行新股，增加资本，而无须经股东会决议。[1]

折衷授权资本制和认许资本制的主要区别在于：第一，公司成立时注册资本与发行资本的关系不同。折衷授权资本制本质上为授权资本制，因此只发行注册资本的一部分，公司就可以成立；认许资本制本质上为法定资本制，因此发行资本与注册资本必须一致，公司才能成立。第二，公司成立后增资的程序和条件不同。在折衷授权资本制下，公司成立后董事会可以随时发行新股募集资金，只是发行数额受到限制，为注册资本中尚未发行的部分；在认许资本制下，董事会发行新股时间、数额均受到公司章程的约束。

一般而言，折衷资本制吸收了法定资本制和授权资本制的优点，克服了两者的弊端，被认为是一种更为优越的资本制度。

(四) 我国的公司资本制度

2013 年我国推行公司资本制度改革，实行法定资本制之下的认缴制，方便大众投资。《公司法》第 26 条规定："有限责任公司的注册资本为在公司登记机关登记的全体股东认缴的出资额。法律、行政法规以及国务院决定对有限责任公司注册资本实缴、注册资本最低限额另有规定的，从其规定。"第 28 条规定："股东应当按期足额缴纳公司章程中规定的各自所认缴的出资额。股东以货币出资的，应当将货币出资足额存入有限责任公司在银行开设的账户；以非货币财产出资的，应当依法办理其财产权的转移手续。股东不按照前款规定缴纳出资的，除应当向公司足额缴纳外，还

---

〔1〕 范健主编：《商法（第二版）》，高等教育出版社 2002 年版，第 128—129 页。

应当向已按期足额缴纳出资的股东承担违约责任。"第 29 条规定："股东认足公司章程规定的出资后,由全体股东指定的代表或者共同委托的代理人向公司登记机关报送公司登记申请书、公司章程等文件,申请设立登记。"由此可见,有限责任公司的资本总额应当记载于公司章程,由股东全部认足,但无须一次性足额缴纳,而是由有限责任公司股东按照约定一次性全额缴纳或者分期缴纳。一般而言,股东认缴即获得股权。从人合性出发,有限责任公司股东可以就持股比例作出约定,纵然该持股比例与认缴比例甚至实际出资比例为不同的股权亦无不可。

对于认缴资本制度,争议较多的问题主要集中于两点:一是认缴数额的合理性,二是股东出资义务的加速到期。

1. 股东应具备理性的认缴出资承诺

对于认缴数额法律并无明文规定,但股东应当在其财产能力范围内承诺其承担的出资数额。毕竟认缴不等于不缴,股东必须在其承诺的出资期限依法缴纳出资。作为理性人,股东应当作出理性的认缴承诺,或者应当理性地作出认缴承诺。实践中,我国曾发生 9 万亿天价增资案。无论是登记机关还是人民法院均不支持投资者非理性的增资承诺。[1] 如果该案中陈凯仅要求以 500 万元甚至 1 亿元人民币进行增资,是否为理性承诺呢? 这就需要登记机关依据实际情况按照审慎审查的原则予以把握。另外,社会信用体系的建设,也会引导股东理性承诺。股东出资义务的履行将通过企业信用信息公示系统予以及时披露,这是企业信用的体现,也是股东信用的重要组成部分。

2. 股东出资义务加速到期

通常,股东按照承诺的出资期限缴纳其认缴的出资。但在公司保护债

---

[1] 北京金电兴旺能源技术有限公司(以下简称"金电兴旺公司")股东为陈凯和陈杰两人,法定代表人为陈凯。2015 年 3 月 26 日,陈凯主张以两项实用新型专利作为其认缴的 99 万元人民币出资额,申请将金电兴旺公司注册资本由 148 万元变更登记为 99 万元。北京市工商行政管理局昌平分局(以下简称"昌平工商分局")受理了金电兴旺公司的书面申请。同日,昌平工商分局经审查认为,陈凯并未按照《公司法》第 27 条的规定对前述专利予以评估作价,投资人没有作出理性的认缴承诺,为维护市场交易安全和正常的市场秩序,决定不予登记。金电兴旺公司不服该决定,于 2015 年 5 月 11 日向法院提起诉讼。2015 年 7 月 10 日北京市昌平区人民法院作出一审判决,认为金电兴旺公司法定代表人陈凯没有正确认识注册资本缴纳的责任,没有理性地作出认缴承诺,对于金电兴旺公司关于注册资本变更登记的请求,不予支持,驳回金电兴旺公司的全部诉讼请求。金电兴旺公司不服一审判决,提起上诉,2015 年 11 月 19 日北京市第一中级人民法院作出"驳回上诉,维持原判"的终审判决。参见北京市第一中级人民法院(2015)一中行终字第 2022 号行政判决书。

权人利益的特殊情形下，股东出资义务的履行不受出资期限的限制，这就是股东出资义务加速到期制度。股东出资义务加速到期，是指公司不能清偿到期债务时，公司的债权人得以请求未履行出资义务或者未全面履行出资义务的股东在其未缴出资范围内承担补充赔偿责任，而不受约定出资期限限制的制度。我国现行立法中关于股东出资义务加速到期的规范体现在破产法和公司法的司法解释中。具体而言，股东出资义务加速到期分为三种类型：

（1）破产清算中的股东出资义务加速到期。《中华人民共和国企业破产法》（以下简称《破产法》）第 35 条规定："人民法院受理破产申请后，债务人的出资人尚未完全履行出资义务的，管理人应当要求该出资人缴纳所认缴的出资，而不受出资期限的限制。"

（2）非破产清算中的股东出资义务加速到期。《最高人民法院关于适用〈中华人民共和国公司法〉若干问题的规定（二）》（以下简称《公司法司法解释二》）第 22 条规定："公司解散时，股东尚未缴纳的出资均应作为清算财产。股东尚未缴纳的出资，包括到期应缴未缴的出资，以及依照公司法第二十六条和第八十条的规定分期缴纳尚未届满缴纳期限的出资。公司财产不足以清偿债务时，债权人主张未缴出资股东，以及公司设立时的其他股东或者发起人在未缴出资范围内对公司债务承担连带清偿责任的，人民法院应依法予以支持。"

（3）公司存续中的股东出资义务加速到期。《公司法司法解释三》第 13 条第 2 款规定："公司债权人请求未履行或者未全面履行出资义务的股东在未出资本息范围内对公司债务不能清偿的部分承担补充赔偿责任的，人民法院应予支持。……"

股东出资义务加速到期的前两种类型，均为以注销公司为手段清偿公司债权，此时公司应当以其全部财产包括股东认缴尚未履行的出资清偿债权，因而不论何故未履行的出资义务均应立即履行。对于这两种类型的股东出资义务加速到期并无异议。对于第三种类型的股东出资义务加速到期制度则存在针锋相对的观点。

一种观点认为，当公司财产不足以清偿到期债务且股东尚未完全履行出资义务时，股东承担出资加速到期义务。海南省第二中级人民法院在蔡兴钧与山东高速海南发展有限公司、广州市澳森石油化工有限公司、海南迪孚能源有限公司、黄炜买卖合同纠纷一案中认为，股东认缴的出资额可以分期交纳，有限责任公司股东认缴的出资额由实缴出资额和应缴出资额两部分组成,未到缴纳期限的出资为应缴出资额。根据《公司法》第3条第2款"有限责任公司的股东以其认缴的出资额为限对公司承担责任;股份有限公司的股东以其认购的股份为限对公司承担责任"规定,股东应以其认缴出资额为限对公司承担责任,不论是实缴出资还是应缴出资。[1] 江苏省南京市雨花台区人民法院在南京江东房地产开发有限公司与江苏麦瑞克科技产业有限公司、南京麦瑞克科技发展有限公司、张所海、黄剑虹借款合同纠纷一案中认为,股东在公司对第三人借款债务形成后,修改公司章程,推迟认缴出资的时间,并不能免除其对公司的出资义务,第三人有权要求公司股东对在未出资范围内对公司不能清偿的部分承担补充赔偿责任。[2]

另一种观点认为,股东就其出资义务的履行享有期限利益,除非公司清算,否则股东不承担出资加速到期义务。[3]《山东省高级人民法院关于审理公司纠纷案件若干问题的意见(试行)》第15条规定:"股东瑕疵出资的,公司不能清偿债务时,公司债权人有权要求该股东在瑕疵出资范围内对公司债务承担补充赔偿责任。前款所称'不能清偿'是指对公司的存款、现金、有价证券、成品、半成品、原材料、交通工具、房屋、土地使用权等可以方便执行的财产执行完毕后,债务仍未得到清偿的状态。"第20条规定:"公司章程规定股东分期缴纳出资的,出资期限届满前,公司或者公司债权人向该股东主张权利的,人民法院不予支持。公司进入破产或清算程序的,股东未到期的出资义务视为到期。"据此,股东出资加速到期必须满足法定条件——公司进入破产或者清算程序。山东省济南市中级人民法院在文斌与济南邦容经贸有限公司等买卖合同纠纷一案中进一步指出,股东对公司的出资义务源于股东间出资协议或章程约定,并通过在工商行政管理部门备案登记向社会公示,已向包括债权人在内的不特定第三人宣告了出资期限,债权人也是在此预期下与公司进行交易,债权人仅以自己对公司债权尚未获得清偿为由,要求股东提前履行出资义务,并不具备相应正当性和合理性。广东省中山市中级人民法院在郑骏霖、余世有股东损害公司债权人利益责任纠纷一案中认为,认缴制是《公司法》的明文规定,而加速到期无疑是对认缴制的突破,这种突破实质上是加重了股

---

〔1〕 参见海南省第二中级人民法院(2016)琼97民终1102号民事判决书。
〔2〕 参见江苏省南京市中级人民法院(2016)苏01民终9403号民事判决书。
〔3〕 参见山东省济南市中级人民法院(2016)鲁01民终5731号民事判决书。

东个人的责任，这种对个人责任的科处，在法无明确规定的情况下，不宜对相关条款作扩大解释。[1]

那么究竟如何理解《公司法司法解释三》第13条第2款呢？核心问题就是对"未履行或者未全面履行出资义务"的理解。对此，我们可以从文义解释、目的解释、体系解释进行分析。

从文义解释角度观察，所谓"未履行或者未全面履行出资义务"是指没有履行或者没有全面履行发起人协议或者公司章程规定的出资义务。如果发起人协议或者公司章程关于出资义务的约定存在期限，则该出资义务属于附期限的民事法律行为，在期限到来之前，股东出资义务虽然已经成立，但其效力处于暂时停止状态，股东当然没有履行之义务，也就谈不上所谓的"未履行或者未全面履行出资义务"。

从目的解释角度观察，《公司法司法解释三》的立法宗旨有三：一是具体落实公司不同参与者的义务和责任，制约公司参与者的不诚信行为，促进公司依法规范设立及运营；二是促使公司资本的稳定与维持，为与公司交易的第三人的利益提供保障；三是引导各级法院树立商法意识，强化商法理念，妥善审理公司诉讼案件。[2]《公司法司法解释三》的上述三个目的的达成不是孤立的，而是相互依存的。因此，保护公司债权人利益，不能以牺牲股东的正当利益为代价，只有当股东存在不诚信行为时，才能要求股东就其不诚信行为对公司债权人直接承担责任。因此，从立法宗旨出发，"未履行或者未全面履行出资义务"应解释为违反发起人协议或者公司章程约定的出资义务履行期限而导致的未履行或者未全面履行出资义务。

从体系解释角度观察，应将《公司法司法解释三》第13条第2款，置于《公司法司法解释三》乃至《公司法》中予以审视。首先，《公司法司法解释三》以11个条文对未履行或未全面履行出资义务的认定、诉讼救济的方式以及民事责任作出了较为全面的规定。从第8条至第11条关于现物出资未履行或未全面履行出资义务的认定可以发现，这里的"未履行或未全面履行出资义务"，是指违反发起人协议或者公司章程约定的出资义务履行期限和法律规定的履行方式。其次，《公司法》明确规定实行注

---

〔1〕 参见广东省中山市中级人民法院（2017）粤20民终2304号民事判决书。
〔2〕 《最高人民法院民二庭负责人就〈关于适用〈中华人民共和国公司法〉若干问题的规定（三）〉答记者问》，http：//www.court.gov.cn/shenpan - xiangqing - 2501.html，访问时间2018年1月20日。

册资本认缴制，允许股东出资分期到位，没有强有力的理由，司法解释无权否定公司资本的基本制度。《公司法》第 3 条规定："公司是企业法人，有独立的法人财产，享有法人财产权。公司以其全部财产对公司的债务承担责任。有限责任公司的股东以其认缴的出资额为限对公司承担责任；股份有限公司的股东以其认购的股份为限对公司承担责任。"该条款确立了公司人格独立，也是对区分原则的立法确认，公司与其债权人的关系与股东无关，股东出资与公司和其他股东有关而与公司债权人无关，除非股东存在不诚信行为间接危及公司债权人利益。因此对《公司法司法解释三》第 13 条第 2 款之"未履行或者未全面履行出资义务"作限缩解释。

综上所述，《公司法司法解释三》第 13 条第 2 款适用于股东发起人协议或者公司章程约定的出资义务履行期限之情形，并不存在公司存续中的股东出资义务加速到期制度。

三、公司资本原则

（一）公司资本原则概述

公司资本原则，是指在公司设立、营运以及管理过程中，为确保公司资本真实、安全而必须遵循的基本的法律准则。传统公司法所认为的最重要的公司资本原则有三项，即资本确定原则、资本维持原则和资本不变原则，简称"资本三原则"。资本三原则是公司有限责任的产物，目的在于维护交易安全和保护债权人利益。其中，以资本维持原则为核心，资本确定原则为前提，资本不变原则服务于资本维持原则。[1]

资本三原则为大陆法系国家公司法所首创，但其影响早已波及英美法系。我国公司立法严格遵循了资本三原则。在此，我们仅就有限责任公司资本制度中所体现的资本三原则进行论述。

（二）资本确定原则

资本确定原则，是指公司在设立时，必须在公司章程中明确记载公司资注册本总额，并由股东（发起人）全部认缴，否则公司不得成立。资本确定原则是关于公司资本形成的原则，旨在保证公司成立时有足够的资本。按照这一原则，公司注册资本不仅必须确定，而且必须认足。所谓确定，一般而言，主要体现在公司注册资本必须在公司章程中明确规定且出

---

〔1〕 周友苏：《新公司法论》，法律出版社 2006 年版，第 176 页。

资方式也应当确定。

根据《公司法》的规定，有限责任公司的注册资本为公司章程的绝对必要记载事项。股东可以用货币出资，也可以用实物、知识产权、土地使用权等可以用货币估价并可以依法转让的非货币财产作价出资。全体股东足额认缴后，有限责任公司才可能成立。资本确定原则能够保证有限责任公司注册资本的真实性，确立公司信誉的物质基础，防止公司设立中的欺诈行为。

（三）资本维持原则

资本维持原则，是指公司在存续过程中，应当维持与其资本额相当的资产。资本确定原则仅能保证公司设立时资本真实，而公司存续期间公司资产必然处于不断的变动之中，或高于公司资本价值，或低于公司资本价值，危及公司债权人利益。为了弥补这一不足，资本维持原则要求公司资产与公司资本相当，防止公司经营中的欺诈行为。

从我国公司立法来看，资本维持原则在有限责任公司制度中主要表现为：

1. 不得抽回出资

股东向公司出资后，该出资就转化为公司的财产。抽逃出资是指股东出资后暗中撤回所缴出资，却仍保留原实缴出资数额和股东身份的欺诈性违法行为。常见的抽逃出资行为包括：（1）制作虚假财务会计报表虚增利润进行分配；（2）通过虚构债权债务关系将其出资转出；（3）利用关联交易将出资转出，以及其他未经法定程序将出资抽回的行为。公司成立之时，股东的出资总额和注册资本是相一致的。股东抽逃出资，不仅违反法律规定，而且直接导致公司资本的实质减少，损害公司信用基础。《公司法》第35条规定："公司成立后，股东不得抽逃出资。"根据现行立法，抽逃出资的股东应当承担返还出资本息、在抽逃出资本息范围内向公司债权人承担补充赔偿责任等民事责任，协助其抽逃出资的行为人承担连带责任。同时，抽逃出资的股东还应承担罚款等行政责任。《公司法》第200条规定："公司的发起人、股东在公司成立后，抽逃其出资的，由公司登记机关责令改正，处以所抽逃出资金额百分之五以上百分之十五以下的罚款。"此外，如前所述，抽逃出资的股东还可能承担刑事责任。

2. 亏损先行弥补

亏损导致公司资产的减少，若不及时弥补，将造成公司资产少于公司资本。因此,《公司法》第 166 条第 2 款规定:"公司的法定公积金不足以弥补以前年度亏损的,在依照前款规定提取法定公积金之前,应当先用当年利润弥补亏损。"《企业财务通则》第 49 条规定:"企业发生的年度经营亏损,依照税法的规定弥补。税法规定年限内的税前利润不足弥补的,用以后年度的税后利润弥补,或者经投资者审议后用盈余公积弥补。"

3. 无利润不得分配股利

股东向公司投资的目的在于获取利润,但股利的分配必须遵循法律的规定。"多盈多分,少盈少分,不盈不分"是公司利润分配的一般原则。《公司法》第 166 条规定:"……公司弥补亏损和提取公积金后所余税后利润,有限责任公司依照本法第三十四条的规定分配;股份有限公司按照股东持有的股份比例分配,但股份有限公司章程规定不按持股比例分配的除外。股东会、股东大会或者董事会违反前款规定,在公司弥补亏损和提取法定公积金之前向股东分配利润的,股东必须将违反规定分配的利润退还公司。公司持有的本公司股份不得分配利润。"

4. 依法提取和使用法定公积金

法定公积金是公司依法定比例从税后利润中提取的部分资金,可视为公司资本储备。《公司法》第 166 条第 1 款规定:"公司分配当年税后利润时,应当提取利润的百分之十列入公司法定公积金。公司法定公积金累计额为公司注册资本的百分之五十以上的,可以不再提取。"公司不依照法律规定提取法定公积金的,县级以上人民政府财政部门有权责令如数补足应当提取的金额,并可以对公司处以人民币 20 万元以下的罚款。当然在法定公积金之外,公司可以根据自身情况提取任意公积金以备不时之需。《公司法》对法定公积金的使用作出了明确的规定,该法第 168 条规定:"公司的公积金用于弥补公司的亏损、扩大公司生产经营或者转为增加公司资本。但是,资本公积金[1]不得用于弥补公司的亏损。法定公积金转为资本时,所留存的该项公积金不得少于转增前公司注册资本的百分之二十五。"

5. 股东出资不实的连带填补责任

《公司法》第 30 条规定:"有限责任公司成立后,发现作为设立公司出资的非货币财产的实际价额显著低于公司章程所定价额的,应当由交付

---

〔1〕 资本公积金是在公司的生产经营之外,由资本、资产本身及其他原因形成的股东权益收入,主要来源于股本溢价、接受赠与、资产增值、因合并而接受其他公司资产净额等。

该出资的股东补足其差额；公司设立时的其他股东承担连带责任。"

6. 公司不得收购本公司的股权，不得接受本公司的股权作为质物

有限责任公司收购本公司的股权将直接导致公司资本的减少，危及公司债权人利益，为此法律禁止公司收购本公司的股权。公司接受本公司的股权作为质物，当质权实现时，难免出现公司取得本公司股权的情形，从而危及公司债权人利益，因而法律也禁止公司接受本公司的股权作质物。但是，在特殊情况下，出于保护股东利益的考虑，法律例外地允许有限责任公司收购其股权。《公司法》第74条规定："有下列情形之一的，对股东会该项决议投反对票的股东可以请求公司按照合理的价格收购其股权：（一）公司连续五年不向股东分配利润，而公司该五年连续盈利，并且符合本法规定的分配利润条件的；（二）公司合并、分立、转让主要财产的；（三）公司章程规定的营业期限届满或者章程规定的其他解散事由出现，股东会会议通过决议修改章程使公司存续的。自股东会会议决议通过之日起六十日内，股东与公司不能达成股权收购协议的，股东可以自股东会会议决议通过之日起九十日内向人民法院提起诉讼。"

（四）资本不变原则

资本不变原则，公司资本一经确定，非依法定程序，不得任意变动。资本不变原则与资本维持原则有着密切的联系，它是资本维持原则的细化和延伸，也是资本维持原则的必然要求。离开资本不变原则，公司资本可以随意变动，少数具有恶意的股东就可以通过减少公司资本，缩减公司资产，从而满足其私欲而又不违反资本维持原则的要求。

资本不变原则主要体现在法律上对公司资本的增减都规定了严格的程序，尤其是减资行为。《公司法》也不例外。

第二节　有限责任公司的资本构成

资本构成，就是通常所说的出资方式或者出资财产种类。有限责任公司的资本构成，是指有限责任公司股东的出资标的，即股东能够以何种财产作为出资。《公司法》第27条规定："股东可以用货币出资，也可以用实物、知识产权、土地使用权等可以用货币估价并可以依法转让的非货币财产作价出资；但是，法律、行政法规规定不得作为出资的财产除外。对作为出资的非货币财产应当评估作价，核实财产，不得高估或者低估作

价。法律、行政法规对评估作价有规定的，从其规定。"2016 年《公司登记管理条例》第 14 条规定："股东的出资方式应当符合《公司法》第二十七条的规定，但是，股东不得以劳务、信用、自然人姓名、商誉、特许经营权或者设定担保的财产等作价出资。"由此可见，我国有限责任公司的出资方式分为两大类：一类是货币出资；另一类是现物[1]出资，即股东以实物、知识产权、土地使用权等可以用货币估价并可以依法转让的非货币财产出资。

一、货币出资

货币是有限责任公司基本的资本构成。有限责任公司进行生产经营必然需要一定的货币。股东以货币出资，不仅可以直接为公司所用，而且无须作价，便于确定股东出资义务履行与否。《公司法》第 28 条规定，股东以货币出资的，应当将货币出资足额存入准备设立的有限责任公司在银行开设的账户。

股东以货币向有限责任公司出资，必须保证货币来源合法。《公司法》对此虽未明确规定，但违法犯罪获得的货币会导致其他法律责任，往往会引起出资行为被否认。设立公司系团体法律行为，一方面围绕公司资本会形成股东之间、股东与公司之间的财产关系，另一方面公司成立后开展经营活动将会形成公司与第三人的财产关系，而在这两个方面关系中除通过违法犯罪获得的货币出资的股东外，其他股东以及与公司交易的第三人都是无辜的，将用于出资的违法犯罪获得的货币直接从公司抽出将直接损害其他股东以及与公司交易的第三人的利益。为了保障公司资本之维持、维护公司债权人利益和违法犯罪的受害人的利益，将用违法犯罪获得的货币出资所形成的股权折价补偿受害人损失则较为妥当。为此，《公司法司法解释三》第 7 条第 2 款规定："以贪污、受贿、侵占、挪用等违法犯罪所得的货币出资后取得股权的，对违法犯罪行为予以追究、处罚时，应当采取拍卖或者变卖的方式处置其股权。"当然这里的违法犯罪应当狭义解释，违反民商事法律规定而仅应承担民事责任的行为不应包括在内。以违反民商事法律规定所得货币投入公司将会形成合法的公司法人财产权，因为货币为特殊的动产，一经交付即行转移所有权，即使取得该货

---

[1]　公司法意义上的"现物"一词来源于日本，后为我国学者所普遍接受，其含义比"实物"一词更为宽泛，是指非货币资产。

币的当事人并不符合民商事法律规定或者当事人的约定，也只是在当事人之间形成债权债务关系。也就是说，当事人取得货币的所有权类似于德国法上的物权行为，就私法而言不需要考虑其基础关系即可认定其取得是合法的。既然当事人合法取得该货币的所有权，再以之出资，当然具有合法性。

此外，实践中通常要求用于出资的货币为自有资金。其主要理由就是我国原则上禁止信贷资金股权投资。《贷款通则》似乎支持了这种看法，其第 71 条第 2 项规定：借款人"用贷款进行股本权益性投资的"，由贷款人对其部分或全部加收利息；情节特别严重的，由贷款人停止支付借款人尚未使用的贷款，并提前收回部分或全部贷款。其实从立法目的出发考量，该条款的目的在于中国人民银行要求金融机构加强对贷款的管理，降低金融机构的贷款风险，并非要否定借款出资的合法性。况且从该条款的规定来看，借款人以信贷资金出资，并不会导致借款合同无效，只是要承担违约责任而已。既然借款合同有效，借款人当然有权取得该借款的所有权，可以处分该借款。

二、现物出资

（一）现物出资的构成条件

与货币出资相比，现物种类繁多，现物出资更为复杂。为此，需要探讨现物出资的构成要件。国内外学术界对关于现物出资的构成条件进行了长期争论，形成了基本的共识。[1] 一般而言，现物出资的构成要件包括以下几个方面：

1. 确定性

所谓确定性是指股东用以出资的现物必须特定化，即客观明确，不能随意变动。现物出资的确定需要一个过程，通常包括两个步骤：其一，股东就某物能否出资协商一致，通过股东的主观意志将该现物"特定化"；其二，将用于出资的现物记载于发起人协议或者其他法律文件上，将"主观性的特定化"予以"客观化"。[2]

2. 现存性

"现存性"，顾名思义，用于出资的标的应是事实上已经存在的物，不

---

〔1〕 冯果：《股东现物出资若干问题研究》，《中国法学》1999 年第 6 期，第 76—77 页。
〔2〕 蒋大兴：《公司法的展开与评判——方法·判例·制度》，法律出版社 2001 年版，第 44 页。

能是将来生产出来的物。而且，该物必须为股东所有或者享有支配权。故附条件或者附期限的现物出资不应予以认可。[1] 现存的具体时间，理论上存在不同观点。通说认为，只要在现物交付日期到来前现实存在即可，并不要求在确定章程条款时即客观存在。笔者认为，从资本确定原则出发，应当依据现物的种类对其现存性提出不同的要求。对于实物，如系不可替代物，则应要求在签署出资协议或者公司章程时即已存在；如系可替代物，只要在现物交付日期到来前现实存在即可。至于实物以外的其他现物，则原则上要求在签署出资协议或者公司章程时即已存在。

3. 可独立转让性

股东以现物出资时，必须对该物拥有独立的支配权，可以依法处分该物。这是由股东出资必须履行交付义务决定的。对于没有处分权或者处分权受到限制的现物能否出资是一个值得研究的问题。

（1）他人之物的出资

无处分权的人处分他人之物，只有该当事人事后取得了有处分权人的授权或成为有处分权人，民事法律行为方可生效。这一规则存在例外，即在当事人之间的无权处分行为符合了善意取得制度构成要件的情况下，该无权处分行为也得成为生效的民事法律行为。据此，出资人以不享有处分权的财产出资属于效力待定的民事法律行为，所有权人有权追回该财产，其他出资人和公司有权主张撤销该出资行为。所有权人拒绝追认、其他出资人和公司主张撤销权，该出资行为确定地自始不发生法律效力；所有权人追认或者该出资行为符合善意取得的构成要件，该出资行为才能发生法律效力。

（2）共有财产之出资

出资人以共有财产出资，其并不享有独立的处分权，但只要取得其他共有人的同意，该共有财产即满足了可独立转让性的要求。

（3）设定权利负担的现物之出资

设定权利负担的现物（特别是抵押物）能否出资，理论界向来争议颇多，实务界一直持否定态度。

实务界采取否定态度的重要法律依据就是《关于贯彻执行〈中华人民共和国民法通则〉若干问题的意见（试行）》（以下简称《民通意见》）第115条第1款，即："……在抵押期间，非经债权人同意，抵押人将同一抵押物转让他人，或者就抵押物价值已设置抵押部分再作抵押的，其行为

〔1〕 〔日〕志村治美：《现物出资研究》，于敏译，法律出版社2001年版，第134页。

第五章 有限责任公司的资本制度

无效。"该条款确认了抵押物转让的"债权人同意原则",使得抵押物能否转让取决于所有人以外的其他人的意思,限制了抵押人对抵押物的独立处分权。既然如此,抵押人当然不得用抵押物出资。

对设定权利负担的现物出资持肯定意见的学者,针对抵押物出资进行了深入分析。他们认为设定抵押权后,抵押人依然享有处分权,因此,完全禁止负有抵押权的现物进入公司资产领域是没有必要的。[1] 其法律依据为《中华人民共和国担保法》第 49 条和《最高人民法院关于适用〈中华人民共和国担保法〉若干问题的解释》第 67 条。前者规定:"抵押期间,抵押人转让已办理登记的抵押物的,应当通知抵押权人并告知受让人转让物已经抵押的情况;抵押人未通知抵押权人或者未告知受让人的,转让行为无效。转让抵押物的价款明显低于其价值的,抵押权人可以要求抵押人提供相应的担保;抵押人不提供的,不得转让抵押物。抵押人转让抵押物所得的价款,应当向抵押权人提前清偿所担保的债权或者向与抵押权人约定的第三人提存。超过债权数额的部分,归抵押人所有,不足部分由债务人清偿。"后者规定:"抵押权存续期间,抵押人转让抵押物未通知抵押权人或者未告知受让人的,如果抵押物已经登记的,抵押权人仍可以行使抵押权;取得抵押物所有权的受让人,可以代替债务人清偿其全部债务,使抵押权消灭。受让人清偿债务后可以向抵押人追偿。如果抵押物未经登记的,抵押权不得对抗受让人,因此给抵押权人造成损失的,由抵押人承担赔偿责任。"该等规定确立了不同于《民通意见》第 115 条的抵押物转让规则——"通知抵押权人"。既然抵押人只要通知抵押权人就可以转让抵押物,那么抵押人对抵押物拥有完整的独立的处分权,当然可以用抵押物出资。不过公司接受抵押物出资,可能面临抵押权人行使抵押权的风险,公司资产难免处于不确定状态。而这恰恰也是对设定权利负担的现物出资持否定意见学者的主要理由。

对设定权利负担的现物出资持否定意见的学者甚多。[2] 他们认为以设

---

〔1〕 蒋大兴:《公司法的展开与评判——方法·判例·制度》,法律出版社 2001 年版,第62—70页;毕金平:《试论在公司现物出资中风险负担与瑕疵担保责任》,《宿州教育学院学报》2003 年第 1 期,第 91 页;周荃:《对现物出资范围若干限制的理论检讨》,《辽宁行政学院学报》2007 年第 5 期,第 32 页。

〔2〕 范健、蒋大兴:《公司法论(上卷)》,南京大学出版社 1997 年版,第 545 页;张开平:《公司权利解构》,中国社会科学出版社 1999 年版,第 281 页;周友苏:《新公司法论》,法律出版社 2006 年版,第 136—137 页;范健主编:《商法(第三版)》,高等教育出版社 2007 年版,第 142 页。

有担保物权的财产作为出资，将使得公司自从成立一开始其资本总额就处于不确定状态，担保物权的行使势必危及公司财产的完整性，从而有违公司资本确定原则。毋庸讳言，持肯定意见的学者也并非全无道理，立法变迁给予了他们足够的支持。2005 年《公司法》颁布后，立法机关对抵押物出资直接采纳否定意见进行立法。2007 年颁行的《中华人民共和国物权法》（以下简称《物权法》）第 191 条改变了抵押物转让规则。该条规定："抵押期间，抵押人经抵押权人同意转让抵押财产的，应当将转让所得的价款向抵押权人提前清偿债务或者提存。转让的价款超过债权数额的部分归抵押人所有，不足部分由债务人清偿。抵押期间，抵押人未经抵押权人同意，不得转让抵押财产，但受让人代为清偿债务消灭抵押权的除外。"由此可见，我国抵押物转让规则经历了"债权人同意"——"通知抵押权人"——"抵押权人同意"的变迁，实现了一次否定之否定的发展。进一步而言，《物权法》限制了抵押人的处分权，抵押人就抵押物并无独立的处分权。这从根本上动摇了对设定权利负担的现物出资持肯定意见的法律基础。

4. 可评价性

股东用以出资的现物必须能以某种公平的方法评估折价，换算为现金。否则，将无法确定该现物的交换价值，进而无法确定公司实收资本的数额。因而，无法评估作价的现物不得用以出资。有鉴于此，各国一般不承认信用出资。《公司法》第 27 条亦强调，可以用货币估价的非货币财产才能出资，而且必须评估。现物出资的评估应当由具有评估资格的资产评估机构按照有关规定进行。《公司法司法解释三》第 9 条规定："出资人以非货币财产出资，未依法评估作价，公司、其他股东或者公司债权人请求认定出资人未履行出资义务的，人民法院应当委托具有合法资格的评估机构对该财产评估作价。评估确定的价额显著低于公司章程所定价额的，人民法院应当认定出资人未依法全面履行出资义务。"

5. 有益性

所谓有益性，又称公司目的框架内的收益能力，是指股东用以出资的现物应当满足有限责任公司从事生产经营的需要，而不是该现物具有使用价值。因此，与公司营业无关的现物一般不能用于出资。国内学者已有对此持反对意见者，认为股东出资的实物可以是公司经营所需，也可以与公司的经营使用无关，其允许用于股东出资在于公司可以对其变现支配并实现其财产价值。此种实物是否可以作为出资，应由股东协商确定。[1] 本书赞成否定说，只要现物符合上述四项构成要件，可以作为出资交由股东协商解决。

（二）现物出资的履行

对于现物出资，出资人应当全面履行出资义务，保障公司可以实际占有使用现物。因此，对于不需要办理权属变更的现物（如动产）而言，交付现物以及相关资料（如非专利技术的技术资料）则意味着全面履行出资义务；对于需要办理权属变更的现物而言，除了办理权属变更外，还需要交付公司实际占有方能认为全面履行出资义务。《公司法司法解释三》第10条规定："出资人以房屋、土地使用权或者需要办理权属登记的知识产权等财产出资，已经交付公司使用但未办理权属变更手续，公司、其他股东或者公司债权人主张认定出资人未履行出资义务的，人民法院应当责令当事人在指定的合理期间内办理权属变更手续；在前述期间内办理了权属变更手续的，人民法院应当认定其已经履行了出资义务；出资人主张自其实际交付财产给公司使用时享有相应股东权利的，人民法院应予支持。出资人以前款规定的财产出资，已经办理权属变更手续但未交付给公司使用，公司或者其他股东主张其向公司交付、并在实际交付之前不享有相应股东权利的，人民法院应予支持。"

（三）现物出资的种类

根据《公司法》第27条的规定，现物出资的种类包括实物、知识产权、土地使用权等可以用货币估价并可以依法转让的非货币财产。由此可见，《公司法》关于现物出资采取了列举和概括相结合的立法模式，具体列举的可以出资的现物包括实物、知识产权、土地使用权，同时概括规定可以用货币估价并可以依法转让的其他非货币财产亦可以用来出资。

1. 实物

实物即民法上的物，是指存在于人体之外，占有一定空间，能够为人力所支配并且能满足人类某种需要，具有稀缺性的物质对象。民法上的物具有以下特征：（1）物须存在于人体之外；（2）物主要限于有体物；（3）物能满足人的需要；（4）物必须具有稀缺性；（5）物必须能为人支配；（6）物

---

[1] 赵旭东主编：《公司法学》，高等教育出版社2003年版，第249页。

须独立成为一体。[1] 股东可用于出资的实物范围很广，包括厂房、设备、原材料、运输工具等。

2. 知识产权

《公司法》将可以用于出资的知识产权，从工业产权和非专利技术扩展至所有的知识产权。那么，如何把握知识产权的外延呢？我国系 WTO 成员国，应执行 WTO 相关规则。根据 WTO《与贸易有关的知识产权协议》（TRIPs）规定，知识产权包括以下八个方面：著作权及其相关权利、商标、地理标记、工业品外观设计、专利、集成电路布图设计、未披露信息和对许可合同中限制竞争行为的控制。未披露信息主要指商业秘密。从实践来看，用于出资的知识产权主要为著作权、商标权、专利权和商业秘密（尤其是其中的非专利技术）。值得注意的是，知识产权出资也必须遵循现物出资构成要件的审查，对于那些无法或者暂时无法用货币估价并可以依法转让的知识产权不能作为出资标的。此外，以专利权、商标权出资，还必须履行法定的登记和公告程序。

3. 土地使用权

在我国，土地属于国家和集体所有，自然人、法人或非法人组织则只有通过出让或者转让的方式取得土地使用权。作为重要的生产资料，土地往往是有限责任公司不可缺少的资产。股东可以用其依法取得的土地使用权向有限责任公司出资。

实践中，土地使用权出资主要存在两个问题：

一是划拨土地使用权和设定权力负担的土地使用权的出资问题。鉴于划拨土地使用权系土地使用权人依法无偿取得，《中华人民共和国城镇国有土地使用权出让和转让暂行条例》第44条规定，划拨土地使用权原则上不得转让、出租和抵押。因此，划拨土地使用权人一般无权对划拨土地使用权进行处分。土地使用权人在其土地使用权上设定抵押权、地役权、租赁权等他人权利后，该等他人权利成为土地使用权的负担，直接影响土地使用权人的处分权。《公司法司法解释三》第8条确立了划拨土地使用权和设定权力负担的土地使用权出资的救济措施，"出资人以划拨土地使用权出资，或者以设定权利负担的土地使用权出资，公司、其他股东或者公司债权人主张认定出资人未履行出资义务的，人民法院应当责令当事人在指定的合理期间内办理土地变更手续或者解除权利负担；逾期未办理或

---

〔1〕　王利明主编：《民法（第三版）》，中国人民大学出版社 2007 年版，第 132—133 页。

者未解除的，人民法院应当认定出资人未依法全面履行出资义务"。

二是农村土地承包经营权的出资问题。土地承包经营权系用益物权，基于物尽所用的原理，土地承包经营权作为一种出资方式，已经得到了法律的认可。首先，《公司法》确认土地使用权可以作为出资方式，并未限定为国有土地使用权，显然包含土地承包经营权。《物权法》第128条规定："土地承包经营权人依照农村土地承包法的规定，有权将土地承包经营权采取转包、互换、转让等方式流转。流转的期限不得超过承包期的剩余期限。未经依法批准，不得将承包地用于非农建设。"第133条规定："通过招标、拍卖、公开协商等方式承包荒地等农村土地，依照农村土地承包法等法律和国务院的有关规定，其土地承包经营权可以转让、入股、抵押或者以其他方式流转。"2007年开始，全国不少地方开展了土地承包经营权出资入股的试点工作。2014年11月中共中央办公厅、国务院办公厅《关于引导农村土地经营权有序流转发展农业适度规模经营的意见》指出，鼓励承包农户依法采取转包、出租、互换、转让及入股等方式流转承包地，引导农民以承包地入股组建土地股份合作组织，允许农民以承包经营权入股发展农业产业化经营，探索建立农户入股土地生产性能评价制度。2016年10月中共中央办公厅、国务院办公厅《关于完善农村土地所有权承包权经营权分置办法的意见》指出，完善农村土地所有权、承包权、经营权分置，承包农户有权通过转让、互换、出租（转包）、入股或其他方式流转承包地并获得收益，积极开展土地经营权入股农业产业化经营等试点。

4. 债权

债权出资在我国系国有企业改革的产物，即众所周知的"债转股"。一般而言，债权出资是指投资人以其对公司或者第三人的债权向公司出资，抵缴股款。由此可见，债权出资不仅包括债转股，即投资人以其对公司债权向公司出资；还包括债换股，即投资人以其对第三人的债权向公司出资。不过，债权并非《公司法》明文列举的出资方式，因此对其能否作为出资标的应当依据现物出资的构成要件进行分析。一般而言，债权可以满足现物出资的构成要件，特别是可独立转让性和可评价性的要求，所以依据《公司法》第27条原则性规定，债权作为出资标的并不存在法律上的障碍。

债权出资，实质上是债权转让，只是转让的对价表现为股权。因此，债权出资应当满足债权转让的一般条件。除此之外，债权出资可能因债务人的原因而不能实现或不能全部实现，也可能因出资的债权人与债务人之间发生的争议或存在的其他法律关系而影响公司债权的实现。为了消除债权出资的特殊风险，必须保障债权真实可靠。可以用于出资的债权应当满足以下要件：

（1）债权内容确定

这是确定性的要求。用于出资的债权，其数额必须确定，当事人之间不存在争议。对此《公司注册资本登记管理规定》[1]第7条第2款和第3款规定："转为公司股权的债权应当符合下列情形之一：（一）债权人已经履行债权所对应的合同义务，且不违反法律、行政法规、国务院决定或者公司章程的禁止性规定；（二）经人民法院生效裁判或者仲裁机构裁决确认；（三）公司破产重整或者和解期间，列入经人民法院批准的重整计划或者裁定认可的和解协议。用以转为公司股权的债权有两个以上债权人的，债权人对债权应当已经作出分割。"

（2）原则上为财产性债权

这是可评价性的要求。在债权的关系中，依据给付是否具有财产性的内容，可以将给付分为财产性给付与非财产性给付。财产性给付是指给付具有财产性内容，其给付的结果可以以财产的价格计算。例如交付某项财产、支付一定款项、移转财产性权利等。这些以财产性给付为标的的债权可以称为财产性债权。非财产性给付是指对于给付不具有财产性内容，且其给付不能以金钱价格计算。例如，《民法总则》第179条规定的消除影响、恢复名誉以及赔礼道歉。那些以非财产性给付为标的的债权则为非财产性债权。依据现物出资可评价性这一构成要件，用作出资的债权应当是财产性债权。如果该债权属于非财产性债权，则债权不具备交换价值，那么就无法实现其充当公司资本的功能。有学者指出，经债务人书面同意转

---

〔1〕 随着公司法律制度的演进，我国公司注册资本登记管理制度也随之改变。登记机关以新法取代旧法的方式先后颁行了多个部门规章，1995 年 12 月 18 日国家工商行政管理局发布《公司注册资本登记管理暂行规定》（废止），2004 年 6 月 14 日国家工商行政管理总局发布《公司注册资本登记管理规定》（废止），2005 年 12 月 27 日国家工商行政管理总局公布《公司注册资本登记管理规定》（废止），2014 年 2 月 20 日国家工商行政管理总局令第 64 号公布《公司注册资本登记管理规定》（有效）。现行的公司注册资本管理部门规章为 2014 年颁行的《公司注册资本登记管理规定》。如无特别说明，本文中引用的《公司注册资本登记管理规定》均为 2014 年 2 月 20 日国家工商行政管理总局令第 64 号公布《公司注册资本登记管理规定》。

化为货币债权的其他债权也可以作为出资标的。[1]

（3）具有可转让性

用于出资的债权必须是依法或者依约定可以转让的债权，否则，不可以出资。

（4）现存性

用于出资的债权必须是可以实现的债权。这一要求主要体现在两个方面：一是具有时效性。债权必须在诉讼时效内，诉讼时效届满后的债权不能出资。二是抗辩权和抵销权的排除性。根据债务人抗辩权延续的理论和立法，债务人对于原债权人的抗辩事由可以对抗债权受让人；根据债权债务抵销的理论和立法，债务人对让与人享有债权，并且债务人的债权不迟于该转让的债权到期的，债务人接到转让通知时可以向受让人主张抵销权。因此，用于出资的债权上不应存在抗辩权和抵销权。

鉴于债权出资实质为债权转让，因此债权出资的缴纳为以债权出资的股东通知债务人债权转让。

5. 股权出资

所谓股权出资是指投资人以其对另一公司享有的股权向公司出资，抵缴股款。公司接受股权出资的结果就是公司作为股东取得另一公司的股权。就其实质而言，股权出资其实是公司吸收股东的投资和增加对外股权投资两个法律行为复合的结果。虽然从现物出资构成要件分析，股权符合出资条件。不过股权难以评估成为反对股权出资的一个重要理由。即使承认股权出资的学者，也担心股权价值的不稳定性可能形成对资本确定原则的冲击。[2] 一般而言，股权价值的变动是由两个方面因素造成的：一是股权的价值需要参照公司净资产或者证券市场的行情来确定；二是持股比例影响股权价值，根据资本多数决原则，持股比例高，对公司的影响力大，其股权价值高；反之亦然。笔者认为，这种担心不足为虑。第一，所有的现物出资均面临价值评估问题，其价值均会受到市场因素的影响。第二，所有现物出资的评估均是在特定时点进行，就该特定时点而言，现物的价值是确定的，股权也不例外。一旦在一段时间内考察，实物这种最容易评估价值的现物的价值也会随着市场供求等因素而波动，就是不需要评估的货币也会出现价值波动。但并没有学者因此认为实物出资可能冲击资本确

---

〔1〕 赵芬萍、王欣新：《论债权出资》，《法学杂志》2006 年第 5 期，第 29—30 页。

〔2〕 张婷、李莉：《股权出资的可行性与弊端分析》，《南方论刊》2007 年第 8 期，第 18 页。

定原则。

实践中，工商部门积极推动股权出资工作。2007年12月2日，江苏省、浙江省、上海市工商部门联合发布了《公司股权出资登记试行办法》，对辖区内以有限责任公司股权出资改制、重组有限责任公司、股份有限公司的行为进行规范。2009年1月14日国家工商行政管理总局公布了《股权出资登记管理办法》，2011年11月23日国家工商行政管理总局公布了《公司债权转股权登记管理办法》。2014年2月20日国家工商行政管理总局发布的《公司注册资本登记管理规定》第6条第2款规定："股东或者发起人可以以其持有的在中国境内设立的公司（以下称股权所在公司）股权出资。以股权出资的，该股权应当权属清楚、权能完整、依法可以转让。"据此，用于出资的股权应当满足以下条件：

（1）权属明确

这是现存性的要求，股权由出资人合法持有。

（2）权能完整

这是转让性的要求。股权无权利瑕疵或者权利负担（权利上存在法定或者约定的限制），即取得该股权所对应的出资义务履行完毕，且该股权未设定担保。因而，依照法律规定或者公司章程可以转让，如果是限制转让的股权，在被限制期间不得用于出资。对此，《公司注册资本登记管理规定》第6条第3款规定："具有下列情形的股权不得用作出资：（一）已被设立质权；（二）股权所在公司章程约定不得转让；（三）法律、行政法规或者国务院决定规定，股权所在公司股东转让股权应当报经批准而未经批准；（四）法律、行政法规或者国务院决定规定不得转让的其他情形。"对于股权权能不完整的情形，出资人应当采取补救措施，否则应当认定为出资人未依法全面履行出资义务。

（3）具有价值的确定性

这是可评价性的要求，用于出资的股权可以通过评估确定其价值。用于出资的股权未依法评估作价的，公司、其他股东或者公司债权人请求认定出资人未履行出资义务的，人民法院应当委托具有合法资格的评估机构对该股权评估作价。评估确定的价额显著低于公司章程所定价额的，人民法院应当认定出资人未依法全面履行出资义务。

三、人力资本出资

传统公司法将资本仅仅视为物质资本。随着知识经济时代的到来，人们日益意识到人力资本的重要性；随着信息时代的到来，人力资本成为人工智能企业的核心竞争力。因此，人力资本出资逐渐得到认可。自20世纪90年代以来，我国地方立法即允许人力资本出资。

（一）人力资本的概念

一般而言，所谓人力资本是凝聚在人身上的知识、体力和技能的总和。这一概念较为抽象，而《中国（广东）自由贸易试验区珠海横琴新区片区人力资本出资管理办法（试行）》关于人力资本的界定则更有利于把握其内涵、特性，该办法第2条规定："本办法所称人力资本，是指依附于公司股东人身，在一定期限内以劳动、服务等形式提供给公司，能够为公司带来一定预期经济效益的人力资源，通过法定形式转化而成的资本，表现为技术人才、管理人才、营销人才的研发技能、管理才能等。"

1. 专属性

人力资本依附于特定的人身，人始终携带着自己的人力资本，我们无法把人与其拥有的人力资本分开。可以说，人力资本就是人本身不可分离的组成部分。因此出资义务的履行具有特殊性，在一定期限内以劳动、服务等形式持续提供给公司，实现资本的逐渐转移。可以说，专属性并不会阻碍人力资本的可转让性。为了保障人力资本出资的安全，要求人力资本出资人购买人身保险是一条可行的替代救济路径。

2. 专业性

技术人才、管理人才、营销人才作为专门人才，其专业性自不待言。这些人才专业性越强，其对企业的发展越重要。另外，专业性意味着人力资本的用途单一化，甚至可以说除了专业特长，毫无用处。这其实是社会分工不断细化的结果，可以较好地解释为什么应向专业人才支付高额的竞业禁止补偿金。

3. 动态性

人力资本始终处于动态发展变化过程中，且出资义务的履行过程也深受主观因素影响。这使得人力资本的价值不稳定，随时可能产生波动，人力资本所产生的效益也随之波动。进而增加人力资本评估的难度。

4. 无形性

人力资本凝聚在人身上，其本身主要表现为无形的知识、技能、体力、品行、信用等。这也增加了人力资本评估的难度。但正如知识产权等无形资产可以评估一样，人力资本出资同样可以找到合适的评估方法。

综上所述，人力资本具有可转让性和可评价性，满足资本的功能要求，应可以用于出资。由于人力资本出资义务的履行通常依赖出资人提供劳动或者服务，因此人力资本出资在实践中的表现形式之一就是劳务出资。即使直接承认人力资本出资，其出资义务的履行亦依赖于劳务的提供。从这种意义上说，劳务出资就是人力资本出资。

（二）国内外有关人力资本出资的立法现状

总体而言，各国对人力资本出资持谨慎态度，通常只允许合伙、无限责任公司等成员对企业债务承担无限责任的企业接纳劳务或者人力资本出资。法国对人力资本出资管制最为宽松。其民法典允许以技艺出资设立公司。但是，《法国商事公司法》第38条原则上否定了人力资本出资入股，除非公司宗旨要求以技艺出资。因为技艺出资具有将来性和连续性的特征。出资人是否兑现其承诺并没有任何保证。为此，技艺出资是一种独特的制度：（1）技艺出资人应当提供承诺的服务，同时还负有不与本公司开展竞争的消极义务，不得继续为其本人利益从事应由公司享有利益的相关活动。（2）技艺出资人与出资最少的物质资本出资人拥有相同的分红权，除非公司章程另有规定。（3）技艺出资并不构成公司的注册资本。因为这种出资不能成为公司债权人的担保。[1]在德国无限责任公司股东可以人力资本出资入股；股份有限公司和有限责任公司均不得以人力资本作为出资。

《公司法》及《公司登记管理条例》明确禁止人力资本和信用出资，地方立法有所突破。1999年江苏省科学技术委员会、江苏省经济体制改革委员会《关于推进技术股份化的若干意见》中规定："……关系企业生存发展的核心科技人员，可以采用人力资本作价入股的形式。人力资本作价入股，必须由具备相应资质的评估机构采用国际上成熟的人力资本评估方法进行评估，且作价入股的比例不得超过总股本的35%。"此后，2001年上海市工商行政管理局、2003年南京市工商行政管理局均出台了类似的简单规定。2005年上海市工商行政管理局、浦东新区人民政府发布了《浦东新区人力资本出资试行办法》，这是国内第一部专门的人力资本出资规范性文件。该办法第4条规定："以人力资本出资登记的，股东应当将人力资本的出资方式、作价方式以及其他股东对人力资本出资部分承担连带责

──────────
〔1〕 〔法〕伊夫·居荣：《法国商法（第1卷）》，罗结珍、赵海峰译，法律出版社2004年版，第105—107页。

任等事项在公司章程中予以载明。"该规定在一定程度上否定了人力资本的资本属性。2006 年中共温州市委办公室、温州市人民政府办公室发布了《温州市人力资本出资登记办法（试行）》《温州市人力资本出资入股认定办法（试行）》，该等办法同样规定了非人力资本出资人的连带责任，其较之《浦东新区人力资本出资试行办法》增加了关于人力资本出资人竞业禁止义务的规定，值得肯定。2016 年 12 月 29 日珠海横琴新区发布《中国（广东）自由贸易试验区珠海横琴新区片区人力资本出资管理办法（试行）》，该办法被称为我国第一份真正的人力资本出资办法。[1] 该办法承认了人力资本的资本性，明确了人力资本出资人应与公司签订劳动合同或者服务合同、人力资本出资分期到位、人力资本出资的转让等问题，使得人力资本出资更具有可操作性。[2] 令人遗憾的是，该办法并未明确规定人力资本出资人的竞业禁止义务。当然该义务可以交由劳务合同或者服务合同约定。

综上所述，关于人力资本出资方案的设计应注意以下几点：首先，应当承认人力资本的资本性，所有出资人均以其出资额为限对公司承担责任。其次，由于人力资本出资分期到位的特点，人力资本出资人应与公司签订劳动合同或者服务合同，且合同期限不短于人力资本出资期限。借助出资期限以更为准确地评估其价值，更为方便稳妥地判断出资实际到位情况。出资期限届满，其承诺的人力资本已经全部投入公司，成为公司资产的一部分。出资期限届满前，人力资本出资人因故离职，事实上构成"出资不实"，依法承担填补义务，其他股东对此承担连带责任；当然因人力资本出资人的自身原因离职的，还可能对其他股东承担违约责任。再次，鉴于人力资本的专业性，人力资本出资人应当承担竞业禁止义务。最后，考虑到人力资本的专属性，还可以要求人力资本出资人购买人身保险以保障其他股东和公司债权人的利益。

---

[1] 吴取彬：《人力资本可以出资？全国首份真正的人力资本出资办法已实施（附：浦东、温州、珠海人力资本出资办法）》，http：//www.sohu.com/a/139903162_ 618578，访问时间 2018 年 4 月 3 日。

[2] 参见《中国（广东）自由贸易试验区珠海横琴新区片区人力资本出资管理办法（试行）》第 5 条、第 8 条、第 9 条、第 13 条。

第三节　有限责任公司股东的出资

一、股东出资

有限责任公司股东的出资是指股东在公司设立或者增加注册资本时，为取得股权，根据出资协议和公司章程规定向公司缴纳货币或者现物的行为。股东出资与公司资本紧密相连，关乎公司利益、股东利益和公司债权人利益，因此股东出资具有重要的法律意义，这可以从两个方面分析。（1）对公司而言，出资是股东对公司的重要义务。股东履行出资义务，公司才能够获得据以对外经营和承担责任的注册资本。（2）对股东而言，出资才能获得股权[1]，才能获得有限责任的庇护。在注册资本认缴制下，承诺出资即可以获得股东身份，履行出资方能获得与其实缴出资数额相当的股东权利；未履行或者未完全履行出资义务，除了依法履行出资义务外，公司债权人有权要求其在未履行或者未全面履行出资义务的本息范围内承担补充赔偿责任，从而打破有限责任对股东的保护。

为此，股东应当切实履行出资义务。各国公司立法均设置了股东出资确认制度，在我国主要体现为验资制度。我国实行注册资本认缴制，出资验资并非有限责任公司设立的必要条件，但公司应当在年度报告中及时披露股东履行出资义务的情况。当然，对于按照法律规定实行注册资本实缴制的有限责任公司应当事先委托法定验资机构验资，方能申请公司设立登记。有限责任公司成立后，还应当签发出资证明书和置备股东名册。

---

[1]　关于股权，有学者认为股权即股东权利，亦有学者认为股权主要指股东基于出资而享有的、以公司为相对人的财产性权利。在后一种意义上，股权与股东权利不同。参见叶林：《股东权利及其实现机制》，《扬州大学学报（人文社会科学版）》2013 年第 5 期，第 17 页。关于股权的性质，国内学者存在不同的认识，主要有所有权说、债权说、社员权说、股东地位说、独立权利说等观点。参见范健、蒋大兴：《公司法论（上卷）》，南京大学出版社 1997 年版，第 366—377 页；孔祥俊：《公司法要论》，人民法院出版社 1997 年版，第 255—259 页。上述各种观点均有合理之处，笔者赞同独立权利说。随着我国公司制度的不断完善，关于股权性质的争议虽在学理上有助于解释股东权利，不过对司法实践并无多大指导作用，故本书不再赘述。

二、出资证明书

出资证明书，在公司法理上又称股单，是有限责任公司向股东签发的出资凭证。出资证明书只是证明股东出资事实的文件，作为权利证书，不同于作为有价证券的股票，不能单独转让，也不能背书转让，只能因股东出资的转让而变更相应的记载事项。

（一）记载事项

《公司法》第31条规定："有限责任公司成立后，应当向股东签发出资证明书。出资证明书应当载明下列事项：（一）公司名称；（二）公司成立日期；（三）公司注册资本；（四）股东的姓名或者名称、缴纳的出资额和出资日期；（五）出资证明书的编号和核发日期。出资证明书由公司盖章。"

1. 公司名称

公司名称不仅是有限责任公司章程的绝对必要记载事项，也是出资证明书必须载明的事项。缺少公司名称，难以表明该出资证明书是股东持有哪家公司的出资证明。

2. 公司登记日期

公司登记日期即有限责任公司的成立日期。从公司成立之日起，股东就可以对公司行使权利和承担义务。

3. 公司注册资本

公司的注册资本为由公司章程载明并经过公司登记机关登记注册的，有限责任公司有权筹集的全部资本。出资证明书载明公司注册资本，股东便可清楚其出资额所占公司注册资本比例，便于掌握其在公司权益分配中所应享有的份额，以便于行使自己的股权。现行《公司法》实行注册资本认缴制，出资证明书似乎还应当载明签发出资证明书之日公司的实收资本。

4. 股东的姓名或者名称、缴纳的出资额和出资日期

有限责任公司的出资证明书不同于股份有限公司的股票。股票可分为记名股票和无记名股票。记名股票须将股东的姓名记载于股票之上，而无记名股票则无须将股东的姓名记载于股票之上。而出资证明书则必须将股东的姓名或者名称记载于出资证明书之上。出资证明书主要作用就在于表明股权的大小，因而股东的出资额和出资日期则为出资证明书的最主要的

内容。现行《公司法》实行注册资本认缴制，出资证明书应当记载股东认缴的出资额和实缴的出资额及实缴出资日期。

5. 出资证明书的编号和核发日期

出资证明书的核发日期是一个极为重要的法律事实，从出资证明书的核发之日起股东便可对公司行使股东权。

此外，有限责任公司的出资证明书必须加盖公司印章。公司向股东签发出资证明书，则表明股东已经向公司缴纳了出资，公司收到了股东所缴纳的财产。因此，有限责任公司成立前不得向股东签发出资证明书，只有公司成立后始能签发。值得注意的是，如果采取分期缴纳出资的方式设立，除了有限责任公司成立后向股东签发出资证明书外，此后股东每次按期缴纳出资后，公司要么在出资证明书上加注，说明股东实缴出资额的变化；要么收回原出资证明书，换发新的出资证明书。

（二）出资证明书的效力

出资证明书一经签发，即具有法律效力。如无相反的证据，出资证明书具有以下效力：

1. 出资事实证明

出资证明书是有限责任公司成立后向股东签发的出资凭证，证明股东已经向公司履行出资义务。而向公司出资的投资者在公司成立后即成为公司股东。因而，出资证明书可以作为股东身份的证明，但并不充分，股东名册才是股东身份的充分证据。而且股权转让并不伴随出资证明书的交付。股东转让其持有的有限责任公司股权，应当向公司交回出资证明书，由公司向新股东换发新的出资证明书。

2. 证明股东权利义务范围

一般而言，有限责任公司股东的权利义务是按照其出资比例确定的。谁出资比例高，谁就对公司拥有更多的经营管理权，相应地也就承担更多的义务。出资证明书载明了公司注册资本和股东的出资额，可以方便地确定股东的出资比例，从而划定股东权利义务的范围。

三、股东名册

股东名册是记载有限责任公司股东情况及其所缴纳出资额等事项的名册。股东名册置备于公司，股东或者其出资额发生变更的，应当及时变更股东名册和公司登记。

（一）记载事项

《公司法》第32条第1款规定："有限责任公司应当置备股东名册，记载下列事项：（一）股东的姓名或者名称及住所；（二）股东的出资额；（三）出资证明书编号。"股东名册记载股东的姓名或者名称及住所，方便股东行使权利，也方便公司向股东发出通知。因此股东的姓名或者名称及住所发生变化的，应当及时通知公司予以变更。否则公司按照股东名册记载的股东的姓名或者名称及住所发出通知，即使股东实际未收到通知，已发生通知已经送达的效果，股东可能因此承担不利的法律后果。

（二）股东名册的法律效力

1. 股东身份证明

《公司法》第32条第2款规定："记载于股东名册的股东，可以依股东名册主张行使股东权利。"据此股东名册具有权利推定效力，在册股东即为股东，这是股东名册最重要的法律效力。详言之，在册股东无须提供任何其他证明，如出资证明书等，仅凭股东名册记载本身就可主张自己为股东；公司也没有义务查证股权的实际持有人，仅向在册股东履行各种义务即可。

2. 公司内部证明

股东名册属于公司内部法律文件，仅对公司内部发生法律效力，对公司以外的第三人不发生效力。[1]《公司法》第32条第3款规定："公司应当将股东的姓名或者名称向公司登记机关登记；登记事项发生变更的，应当办理变更登记。未经登记或者变更登记的，不得对抗第三人。"股东名册具有股东身份证明的效力，股东名册相关事项的变更即在公司内部发生法律效力，但依法仍应进行变更登记，方能产生公示公信之效力。进一步而言，就股东身份事宜，股东名册记载与公司登记之间不一致时，在公司内部即公司与股东之间，以股东名册为准；在公司外部即公司、股东与第三人之间，以公司登记为准。以股权转让为例，股权变动效果发生于股东名册变更，此时受让人取得股东身份，但其效力仅限于公司内部；受让人之股东身份欲取得社会认可，应办理公司登记。

---

[1] 王东敏：《股东名册与公司登记机关的登记对股权确认的意义——对公司法第三十三条的理解与适用》，《人民司法》2006年第8期，第76页。

第四节　有限责任公司的增资与减资

资本三原则要求有限责任公司的资本保持确定、真实、不变。但有限责任公司的产生经营状况始终处于发展变化之中，客观上要求公司资本在必要时予以调整，应当允许有限责任公司的增资和减资行为。

一、有限责任公司的增资

有限责任公司的增资，是指有限责任公司成立后为公司发展需要依法增加公司注册资本数额。

（一）有限责任公司的增资程序

公司增加资本能够提高公司的信用水平和偿债能力，不会对公司债权人造成不良影响，因此，各国立法对有限责任公司增资的条件通常不作强制性规定，《公司法》也不例外。有限责任公司增资应当遵循以下程序：

1. 董事会制订公司增加注册资本的方案

董事会根据股东事先协商的情况，制订增资方案。

2. 股东会对增资方案进行审议并表决

公司增资往往会导致公司股权结构调整和部分股东的股权稀释，直接影响股东利益甚至可能引发严重的利益冲突。为此，公司增资必须经股东会决议，修改公司章程。根据《公司法》规定，有限责任公司股东增资必须经股东会审议，增资决议必须经代表三分之二以上表决权的股东通过；一人有限责任公司增资由股东以书面形式作出决定；国有独资公司增资由国有资产监督管理机构决定。

3. 认缴新增资本的出资

股东按照《公司法》出资的有关规定，认缴新增资本的出资。

4. 依法向工商部门办理变更登记

增加注册资本属于公司主要登记事项的变更，必须办理变更登记。

（二）有限责任公司的增资方式

有限责任公司的增资方式主要有以下三种：

1. 增加新股东

通过增加有限责任公司的股东增加公司注册资本。但增加后股东人数不得超过《公司法》规定的股东人数上限（即50人）。这种增资方式，不仅增加了公司的注册资本，而且改变了公司的股东结构，各股东的出资比例也相应地发生变化。

2. 股东追加出资

有限责任公司的股东通过增加各自的出资额增加公司的注册资本。股东既可以按照原出资比例相应增加各自的出资，也可以按照股东的意愿由部分股东增加出资。这种增资方式在不改变股东结构的前提下，完成了公司增资，有利于保持公司的稳定。如果只有部分股东增加出资，还会改变股东的出资比例，导致未增资股东的股权被"稀释"。

3. 增加新股东和股东追加出资并用

第三种增资方式即同时采用第一种和第二种方法增资。

（三）有限责任公司股东的优先认缴权

从实践来看，增资除了增强公司实力外，还成为公司或者股东达到其他目的的手段。增资已成为不少有限责任公司调整公司股权结构的重要手段。在有限责任公司经营过程中，股东可能基于对公司发展前景的不同判断而对公司的经营形成不同的看法，有的股东希望增加对公司投资，有的股东对增资并无兴趣，甚至有新的投资者意欲加入公司。这样一来，通过增资，可以调整公司股权结构，继而实现公司管理层的更迭。为了减少股东在增资中的利益冲突，不少国家的公司立法给予有限责任公司股东以优先认缴权。

所谓优先认缴权是指有限责任公司增加资本时，股东可以按照现有持股比例优先认缴出资的权利。一般而言，优先认缴权的法理依据主要在于股东的比例性利益，即公司成立之初股东都按一定比例认购公司的出资，股东的权利义务均按此比例享有或者承担，维持原有的股比可使公司的利益格局保持均衡。这种比例性利益可以分为两类：一是现实的比例性利益，在公司的重大事项决策中，在选择公司高级管理人员时，股东可以按其在公司中所拥有的股权行使表决权。在公司分配红利、分割剩余财产时按其股权的比例领取。二是期待性的比例性利益，即在公司增加资本时，为使股东原有的比例性利益不受损害，公司应按股份的原有比例由股东优先认购。[1] 借助优先认缴权能够维护股东之间的利益平衡，有助于减少股权被稀释的可能性。特别是有限责任公司具有人合性，比例性利益的打破

〔1〕 朱樟坤：《论优先认股权》，《兰州学刊》2003 年第 5 期，第 93 页。

难以影响股东之间的信任，赋予有限责任公司股东在公司增资时以优先认缴权，有利于维系股东之间的信任；也是对股东为公司发展付出努力的认可和回报。

《公司法》第34条赋予了有限责任公司股东以优先认缴权，即："股东按照实缴的出资比例分取红利；公司新增资本时，股东有权优先按照实缴的出资比例认缴出资。但是，全体股东约定不按照出资比例分取红利或者不按照出资比例优先认缴出资的除外。"由此可见，股东的优先认缴权系法定权利，非经全体股东一致同意不得予以限制或者剥夺。

（四）估值调整协议

估值调整协议（Value Adjustment Mechanism）发端于欧美资本市场，伴随着股权投资特别是私募股权的蓬勃发展进入中国。顾名思义，估值调整是该协议的核心内容，即如果企业未来的获利能力达到业绩增长指标，由融资方行使估值调整的权利，以弥补其因企业价值被低估而遭受的损失；否则，由投资方行使估值调整的权利，以补偿其因企业价值被高估而遭受的损失。由此可见，估值调整协议对投融资双方的权益影响巨大，因此国内通常将其称为"对赌协议"。但估值调整协议并不是类似赌博，而是在投融资双方谨慎考量基础上形成的估值调整契约，是意思自治的体现。

实践中以估值调整协议方式对有限责任公司进行增资的情况并不少见，围绕估值调整协议效力发生争议诉至法院的亦不少见。估值调整协议第一案"苏州工业园区海富投资有限公司与甘肃世恒有色资源再利用有限公司、香港迪亚有限公司、陆波公司增资纠纷案"值得关注。2007年11月1日前，苏州工业园区海富投资有限公司（以下简称"海富公司"）、甘肃世恒有色资源再利用有限公司（以下简称"世恒公司"）、香港迪亚有限公司（以下简称"迪亚公司"）、陆波在增资协议中约定，海富公司以人民币2000万元对世恒公司进行溢价增资，其中15.38万美元为注册资本；世恒公司保证2008年净利润不低于人民币3000万元，否则海富公司有权要求世恒公司补偿，如果世恒公司未能履行补偿义务，海富公司有权要求世恒公司的股东迪亚公司履行补偿义务。最高人民法院认为，海富公司与世恒公司之间的估值调整约定使得海富公司的投资可以取得相对固定的收益，该收益脱离了世恒公司的经营业绩，损害了公司利益和公司债权人利益，根据《公司法》第20条和《中华人民共和国中外合资经营企业法》（以下简称《中外合资经营企业法》）第8条的规定认定无效。而迪亚公司对于海富公司的补偿承诺并不损害公司及公司债权人的利益，不违反法律法规的禁止性规定，是当事人的真实意思表示，认定有效。[1] 地方法院受最高人民法院裁判影响，倾向于投资人和目标公司股东签订的估值调整协议原则有效，投资人和目标公司签订的估值调整协议无效。[2] 而仲裁机构对估值调整协议持更加开放的态度，投资人与目标公司签订的估值调整协议亦有效。[3] 这些案例表明估值调整协议并不为法律所禁止，其法律效力应依据合同生效要件加以判断。

那么，投资人与目标公司之间的估值调整协议是否有效呢？不妨遵循法院在估值调整协议第一案中的裁判思路进行分析。首先，估值调整协议属于合同，因而应依据《合同法》判定其效力，当事人自愿订立的合同原则上有效，除非违反《合同法》第 52 条的规定。该案中判定增资协议中估值调整条款的无效的依据就是《合同法》第 52 条第 5 项"违反法律、行政法规的强制性规定"。这里所谓的强制性规定是指影响交易行为效力的禁止性规范。而公司增资属于公司法范畴，因此估值调整协议违反的强制性规范应从公司立法中寻找，即法院在判决中提及的《公司法》第 20 条第 1 款，"公司股东应当遵守法律、行政法规和公司章程，依法行使股东权利，不得滥用股东权利损害公司或者其他股东的利益；不得滥用公司法人独立地位和股东有限责任损害公司债权人的利益。"[4] 显然，该案的关键问题就转化为《公司法》第 20 条第 1 款的性质判断。如果该条款属于影响交易行为效力的禁止性规范，则法院的裁判有可能正确。而《公司法》第 20 条第 2 款和第 3 款并不支持第 1 款为影响交易行为效力的禁止性规范，因为后两款已经就违反第 1 款的法律后果作出了明确规定，不是直

---

〔1〕 参见中华人民共和国最高人民法院（2012）民提字第 11 号民事判决书。

〔2〕 参见北京市第一中级人民法院（2013）京一中民初字第 6951 号民事判决书、江苏省高级人民法院（2014）苏商终字第 255 号民事判决书、上海市第一中级人民法院（2014）沪一中民四（商）终字第 574 号民事判决书。而山东省高级人民法院民二庭则以解答的形式直接确认："关于'对赌协议'的效力，因合同相对方的不同而有所区别：目标公司直接与投资方签订的'对赌协议'，因协议内容会降低公司责任能力，违背资本维持原则，进而损害公司债权人利益，故应认定无效；公司股东与投资方签订的'对赌协议'，如果系双方当事人之间的真实意思表示，且不违反法律、行政法规的效力性强制性规定，应贯彻意思自治原则，认定为有效。"参见山东高院：《重磅 ｜ 山东高院民二庭：关于审理公司纠纷案件若干问题的解答》，http://www.sohu.com/a/241687909_355187，访问时间 2018 年 7 月 18 日。

〔3〕 参见中国国际经济贸易仲裁委员会〔2014〕中国贸仲京裁字第 0056 号仲裁裁决书。

〔4〕 法院在该案的审理中还将《中外合资经营企业法》第 8 条确认为《合同法》第 52 条第 5 项之"违反法律、行政法规的强制性规定"，笔者对此亦持不同看法。利润分配规范通常为任意性规范，况且该案中的估值调整约定并非利润分配。

接否认违反第 1 款行为的效力，而是要求违法股东承担赔偿责任，"公司股东滥用股东权利给公司或者其他股东造成损失的，应当依法承担赔偿责任。公司股东滥用公司法人独立地位和股东有限责任，逃避债务，严重损害公司债权人利益的，应当对公司债务承担连带责任"。股东违反《公司法》第 20 条第 1 款与第三人进行民事法律行为的场合下，第三人善意无过失的情形并不少见。因此，《公司法》第 20 条第 1 款并非影响交易行为效力的禁止性规范。退一步而言，即使《公司法》第 20 条第 1 款属于《合同法》第 52 条第 5 项规定的情形，也无法适用于海富公司与世恒公司之间的估值调整约定。《公司法》第 20 条第 1 款适用于股东违法的情形，而海富公司在与世恒公司等签订包含估值调整约定的增资协议时，还不是后者的股东。

综上所述，估值调整协议无效应依照《合同法》第 52 条予以认定。司法实践中应审慎识别法律规范的类型，只有影响交易行为效力的禁止性规范才影响合同效力。

二、有限责任公司的减资

有限责任公司的减资，是指有限责任公司在存续期间，因资本过剩或者经营亏损而依法减少注册资本数额。公司资本减少意味着公司信用状况和偿债能力的下降，危及公司债权人利益。因此，一般情况下，有限责任公司不得减少注册资本，确有减少的必要时，应当严格遵循《公司法》的相关规定。

（一）有限责任公司的减资程序

有限责任公司的减资程序较之增资程序复杂，具体包括以下步骤：

1. 编制资产负债表及财产清单

有限责任公司减资前，首先应当清理资产，明确公司的资产、负债和所有者权益情况，为制订减资方案提供依据。

2. 董事会制订公司减少注册资本的方案

董事会根据股东事先协商的情况，制订减资方案。必须注意的是，有限责任公司减少资本后的注册资本不得低于法定的最低限额。

3. 股东会对减资方案进行审议并表决

有限责任公司减资涉及股东利益，为此，公司减资必须经股东会决议，修改公司章程。根据《公司法》规定，有限责任公司减资由股东会对减资方案进行审议并表决，减资决议必须经代表三分之二以上表决权的股东通过；一人有限责任公司减资由股东以书面形式作出决定；国有独资公司由国有资产监督管理机构决定是否减资。

4. 通知及公告债权人

公司减资可能危及公司债权人利益，为此必须告知公司债权人，以保护其合法权益。公司应当自作出减少注册资本决议之日起 10 日内通知债权人，并于 30 日内在报纸上公告。质言之，对于已知债权人，公司必须用直接通知的方式告知公司减资的决议，除非无法联系。[1] 如果公司不依法通知及公告债权人，工商部门有权责令改正，并对其处以人民币 1 万元以上10 万元以下的罚款。

根据司法实践，公司未履行或者未正确履行通知义务导致公司债权人利益受损的，参与减资的股东在各自减资数额范围内承担补充赔偿责任。"尽管公司法规定公司减资时的通知义务在于公司，但公司是否减资系股东会决议的结果，是否减资以及如何进行减资完全取决于股东的意志，股东对公司减资的法定程序及后果亦属明知，同时，公司办理减资手续须股东配合，对于公司通知义务的履行，股东亦应当尽到合理注意义务……公司未对已知债权人进行减资通知时，该情形与股东违法抽逃出资的实质以及对债权人利益受损的影响，在本质上并无不同。因此，尽管我国法律未具体规定公司不履行减资法定程序导致债权人利益受损时股东的责任，但可比照公司法相关原则和规定来加以认定。"因此，未履行通知义务的公司减资行为存在瑕疵，致使减资前形成的公司债权在减资之后清偿不能的，公司股东应在各自减资数额范围内对公司债务不能清偿部分承担补充赔偿责任。[2]

5. 处理公司债务

债权人自接到公司减资决定通知书之日起 30 日内，未接到该通知书的自公告之日起45 日内，有权要求公司清偿债务或者提供相应的担保。如果公司对于债权人在法定期间内提出的要求不予满足，则不得减少注册

---

〔1〕 上海市第二中级人民法院（2016）沪 02 民终 10330 号民事判决书指出：原告系被告能够有效联系的已知债权人。虽然被告在报纸上发布了减资公告，但并未就减资事项直接通知原告，故该通知方式不符合减资的法定程序，也使得原告丧失了在被告减资前要求其清偿债务或提供担保的权利。

〔2〕 湖北省武汉市中级人民法院（2018）鄂 01 民终 134 号民事判决书。法院类似判决并非个例，如北京市第一中级人民法院（2011）一中民终字第 10849 号民事判决书、上海市第二中级人民法院（2016）沪 02 民终 10330 号民事判决书亦持该种观点。

资本。

6. 依法向工商部门办理变更登记

减少注册资本属于公司主要登记事项的变更，必须办理变更登记。

（二）有限责任公司的减资方式

有限责任公司的减资方式主要有以下三种：

1. 股东减少出资

有限责任公司的股东通过减少各自的出资额减少公司的注册资本。股东既可以按照原出资比例相应减少各自的出资，也可以按照股东的意愿由部分股东减少出资。这种减资方式在不改变股东结构的前提下，完成了公司减资，有利于保持公司的稳定。如果只有部分股东减少出资，还会改变股东的出资比例。

2. 减少股东

通过减少有限责任公司的股东减少公司注册资本。一般的有限责任公司股东减少至一人时，应当变更为一人有限责任公司或者国有独资公司，或者依法解散。这种减资方式，不仅减少了公司的注册资本，而且改变了公司的股东结构，其他股东的出资比例也相应地发生变化。

3. 股东减少出资和减少股东并用

第三种减资方式即同时采用第一种和第二种方法减资。

第六章　有限责任公司股东权利

第一节　有限责任公司股东资格与股东地位

一、有限责任公司的股东

（一）有限责任公司股东的界定

近年来，国内学者关于对于股东的界定基本形成一致认识。股东即股权所有人。[1] 或者认为，股东，顾名思义即股份的主人，股份的"东家"，是指取得公司股份，作为公司组成成员并对公司享有股权的人。[2] 或者认为，凡是对公司的投资或者基于其他的合法原因而持有公司资本的一定份额并享有股东权利的主体均是公司股东。一般而言，有限责任公司的股东是指因在公司成立时向公司投入资金或在公司存续期间依法继受取得出资而对公司享有权利和承担义务的人。[3] 再或者认为，从一般意义上说，股东是指向公司出资并就出资享有权利和承担义务的人。有限责任公司的股东是指在公司成立时向公司投入资金或在公司存续期间依法继受取得股权而享有权利和承担义务的人。[4]

从上述界定可以看出，学者们对股东的界定主要关注两点：一是股东是拥有公司股权的人；二是股东是对公司享有权利和承担义务的人。对此，本书表示赞同。所谓有限责任公司的股东就是拥有有限责任公司股权而对公司享有权利和承担义务的人。

（二）有限责任公司股东的分类

1. 原始股东和继受股东

依据取得股东身份的原因和时间，有限责任公司的股东可以分为原始

---

[1] 虞政平：《股东资格的法律确认》，《法律适用》2003 年第 8 期，第 69 页。
[2] 周友苏：《新公司法论》，法律出版社 2006 年版，第 216 页。
[3] 赵旭东主编：《公司法学》，高等教育出版社 2003 年版，第 272 页。
[4] 范健主编：《商法（第三版）》，高等教育出版社 2007 年版，第 156 页。

股东和继受股东。

原始股东是指有限责任公司成立时取得股东身份的人。因有限责任公司只能采取发起设立方式设立，公司成立时，全体发起人成为公司股东，而且也只有他们才能在公司成立时取得股东身份，因此有限责任公司的原始股东均为公司的发起人，反之亦然。继受股东是指因设立以外的原因取得有限责任公司股东身份的人。

2. 大股东和小股东

依据股东对公司的影响程度，有限责任公司的股东可以分为大股东和小股东。

如果不假思索，任何人都可以将有限责任公司的股东分为大股东和小股东两类。理论上，只有持有一家有限责任公司50%的出资才能够成为真正的大股东。不过，实践中股东的出资比例低于50%也可以成为大股东。他们之所以成为大股东，除了其出资比例相对高于其他股东外，关键在于其能够对公司的经营管理施加有效影响。在对公司事务进行投票表决时，基于资本多数决原则，出资比例相对较高的股东，一人或者数人联合，能够将其自身意思转化为公司意思，从而对公司产生重大影响或者控制公司。理论上，持股比例50%以上的情形称之为绝对控股，持股比例虽未达到50%但依然对公司产生重大影响或者控制的情形称之为相对控股。《公司法》第216条中对控股股东、实际控制人作出了界定。"（二）控股股东，是指其出资额占有限责任公司资本总额百分之五十以上或者其持有的股份占股份有限公司股本总额百分之五十以上的股东；出资额或者持有股份的比例虽然不足百分之五十，但依其出资额或者持有的股份所享有的表决权已足以对股东会、股东大会的决议产生重大影响的股东。""（三）实际控制人，是指虽不是公司的股东，但通过投资关系、协议或者其他安排，能够实际支配公司行为的人。"

因此，所谓小股东，是指出资比例相对较低，无法决定公司董事会的部分或者全部人选，也无法决定公司的经营管理或者对公司的经营管理施加重大影响的股东。从小股东的定义可以看出，小股东是一个相对的概念。在绝对控股的情况下，只有控股股东是大股东，其他股东才是小股东。在相对控股的情况下，又可以分为两种情形：一是除了相对控股股东外，还有其他股东出资比例较高，能够对公司决策产生足够的影响，那么他们均为大股东，其余的股东为小股东；二是除了相对控股股东外，出资比例高度分散，其他股东根本无法对公司决策产生影响，这种情形与绝对控股十分相似，相对控股股东为大股东，其他股东都是小股东。

3. 投资股东和经营股东

依据投资目的，有限责任公司的股东可以分为投资股东和经营股东。

投资股东是指投资于有限责任公司的主要目的在于获取股息和红利等收益的股东。经营股东是指投资于有限责任公司的主要目的在于获取公司的经营管理权的股东。当然并不排除经营股东获利的目的。以投资目的为标准进行的有限责任公司股东分类，对理解公司运营具有重要意义。通常，高科技公司的股东差别明显：一部分股东具有雄厚的资金，希望获得高额回报，而又不愿参与公司的经营管理，实践中他们被称为战略投资者，其实他们就是投资股东；另一部分股东具有良好的经营管理才能，持有发展前景良好的投资项目，但缺乏足够的资金，他们就是经营股东。借助股权众筹融资[1]的项目公司中，一方为代表众多小投资者的投资方，其基本不参与项目公司的经营管理，属于投资股东；另一方为拥有发展潜力经营项目的项目公司股东，其全面负责项目公司的运营，属于经营股东。从公司运营角度观察，区分投资股东和经营股东，有利于较好地解决他们围绕公司经营管理的权限划分，发挥各自的优势，实现公司的良性发展。

二、有限责任公司的股东资格

法律上所谓资格是从事某种活动必须具备的条件或身份。法律上的资格由于与法律规定密切相关，故具有不可转让性。[2] 而股东资格是成为公司股东必备的条件。这些条件是法律主体成为股东的必要但非充分条件。详言之，具备法律上规定条件者，未必能够成为股东；不具备法律上规定条件者，必然不能成为公司股东。国内学者通常对股东资格的界定亦是如

---

[1] 《中国人民银行、工业和信息化部、公安部、财政部、工商总局、法制办、银监会、证监会、保监会、国家互联网信息办公室关于促进互联网金融健康发展的指导意见》中指出："……股权众筹融资主要是指通过互联网形式进行公开小额股权融资的活动。股权众筹融资必须通过股权众筹融资中介机构平台（互联网网站或其他类似的电子媒介）进行。股权众筹融资中介机构可以在符合法律法规规定前提下，对业务模式进行创新探索，发挥股权众筹融资作为多层次资本市场有机组成部分的作用，更好服务创新创业企业。股权众筹融资方应为小微企业，应通过股权众筹融资中介机构向投资人如实披露企业的商业模式、经营管理、财务、资金使用等关键信息，不得误导或欺诈投资者。投资者应当充分了解股权众筹融资活动风险，具备相应风险承受能力，进行小额投资。……"

[2] 罗晋京：《试论公司股东资格、股权和股东》，《特区经济》2008年第2期，第99页。

此。股东资格，又称股东地位，是取得和行使股东权利与承担股东义务的基础。不过仔细品味国内学者关于股东资格的论述，不难发现，学者关于股东资格的具体把握存在巨大分歧。一部分学者认为，股东资格解决的是什么人能够成为股东的问题，主要是法律上对于公司的投资人是否存在限制；另一部分学者则抛开什么人能够成为股东的问题，研究如何成为股东的问题，主要集中于所谓股东资格的认定。笔者认为，前者对于股东资格把握值得赞同，后者混淆了股东资格与股东的问题。而我国司法机关和立法机关明显受到后者影响。不少地方高级人民法院发布的审理公司纠纷的指导性文件中使用的"股东资格"事实上均是股东身份的含义。这一做法也延续到了公司立法当中，《公司法》第75条规定："自然人股东死亡后，其合法继承人可以继承股东资格；但是，公司章程另有规定的除外。"如前所述，法律上的资格具有不可转让性，而该规定则明显有违法理，将"股东资格"修改为"股东身份"似乎更为妥当。[1]

股东资格是公司法的一个重要问题。一般而言，股东资格分为积极资格和消极资格两个方面。

所谓积极资格就是法律对什么人可以成为有限责任公司股东的肯定性条件要求。鉴于鼓励投资的考虑，《公司法》对股东的积极资格未作专门规定。一般认为，自然人和法人均可以成为有限责任公司的股东。笔者认为，既然《合同法》《民法总则》承认了非法人组织的民事主体地位，[2]当然应当认可非法人组织成为有限责任公司股东的资格。究其原因，有限责任公司股东并不因为其成为股东而取得商人身份，因此法律上对加入有限责任公司并不要求具备特别的能力。[3] 这就意味着，只要是民事主体，皆可能成为有限责任公司的股东。

所谓消极资格就是法律对什么人可以成为有限责任公司股东的否定性要求，也就是法律对股东资格的限制。具体来说，有限责任公司股东消极资格主要包括以下几种情形：

其一，自然人股东之消极资格。

---

[1] 笔者认为，股东资格讨论的仅仅是投资人成为股东的可能性，股东身份讨论是投资人具备股东资格的前提下能否成为股东的问题，并将在这种意义上使用"股东资格"和"股东身份"。因此，在引用相关文献时，如相关文献是在本书所谓"股东身份"的意义上使用"股东资格"一词，除非直接引用，本书将一律调整为"股东身份"，恳请广大学者理解。

[2] 参见《合同法》第2条和《民法总则》第2条。

[3] [法] 伊夫·居荣：《法国商法（第1卷）》，罗结珍、赵海峰译，法律出版社2004年版，第536页。

1. 自然人作为有限责任公司发起人，必须具有完全民事行为能力，无民事行为能力和限制民事行为能力的未成年人和精神病人均不能担任有限责任公司发起人。虽然《公司法》并未对自然人作为发起人的消极资格作出规定，但公司设立行为属于民事法律行为，为保证设立行为有效，必然应当遵循《民法总则》第143条的规定，要求发起人具有相应的民事行为能力。对于设立公司这种行为，显然不是无民事行为能力人和限制民事行为能力人可以进行的民事法律行为，要求发起人具有完全民事行为能力可谓妥当。当然，作为非发起人股东，法律对其行为能力则无特殊要求，原则上只要是自然人即可，《公司法》关于有限责任公司股权继承的规定印证了这一点。

2. 具有特定身份的自然人在特定时期不得成为有限责任公司股东。这类限制主要针对国家工作人员，即公务员、法官、检察官，限制措施分为两个方面——在职兼职限制和离职从业限制。现以立法对公务员投资行为的限制为例进行说明。一是在职兼职限制。为了保证公务员能够更好地履行自己的职责，做好本职工作，同时防止企事业单位利用国家权力从事各种营利活动，防止公务员利用职务之便获取非法收入，从而保持公务员的廉洁，《公务员法》第53条第14项规定：公务员不得"从事或者参与营利性活动，在企业或者其他营利性组织中兼任职务"。二是离职从业限制。公务员在职期间掌握一定的公权力，对隶属的单位具有一定的影响。这种权力的惯性和影响力一经形成就具有相对的稳定性和渗透性，即便在公务员本人离开公务员机关后的一段时间内仍具有不可低估的影响作用。为此，《公务员法》第102条规定："公务员辞去公职或者退休的，原系领导成员的公务员在离职三年内，其他公务员在离职两年内，不得到与原工作业务直接相关的企业或者其他营利性组织任职，不得从事与原工作业务直接相关的营利性活动。公务员辞去公职或者退休后有违反前款规定行为的，由其原所在机关的同级公务员主管部门责令限期改正；逾期不改正的，由县级以上工商行政管理部门没收该人员从业期间的违法所得，责令接收单位将该人员予以清退，并根据情节轻重，对接收单位处以被处罚人员违法所得一倍以上五倍以下的罚款。"值得注意的是，公务员违反限制投资的规定进行投资的，并不会导致设立公司或者公司增资行为当然无效，不过公务员将因其违法行为受到纪律处分，构成犯罪的，还应依法追究刑事责任。

3. 根据有关法律规定，中外合资经营企业和中外合作经营企业的中方不得为自然人。[1] 不过，根据《商务部关于外国投资者并购境内企业的规定》第 54 条的规定，当外国投资者依法并购境内企业股权，将该企业变更为中外合资企业的，该中外合资企业的中方股东可以为自然人。[2] 它构成了有限责任公司股东资格方面的例外规定。

其二，法人股东之消极资格。

1. 原则上公法人不能成为有限责任公司股东。按照党中央和国务院有关规定，各级党委机关和国家权力机关、行政机关、审判机关、检察机关以及隶属这些机关编制序列的事业单位，以及工会、共青团、妇联、文联、科协和各种协会、学会等群众组织，一律不准经商、办企业。

2. 公司不能成为自己的股东。允许公司持有自己的股权，则会破坏资本确定原则，导致资本虚假。与此同时，允许公司成为自己的股东，其股东权利必然由公司管理层行使，将有公司管理层操纵公司之虞。因此，各国公司立法通常禁止公司持有自己的股权。

三、有限责任公司股东的法律地位

有限责任公司股东的法律地位既表现在股东与有限责任公司之间的法律关系中，又表现在股东与股东之间的法律关系中。离开对具体的公司法律关系的分析，无法清楚地认识股东的法律地位。股东的法律地位主要表现为：

（一）股东享有股东权

股东享有股东权，是股东法律地位的一个重要方面，也是股东和有限责任公司之间法律关系的集中表现。投资者向有限责任公司出资后转变为股东，并因此而享有一定的权利和承担一定的义务。这些权利和义务统称为股东权。股东权既是股东法律地位的具体化，又是对股东具体权利义务

---

[1] 《中华人民共和国中外合资经营企业法》第 1 条规定："中华人民共和国为了扩大国际经济合作和技术交流，允许外国公司、企业和其它经济组织或个人（以下简称外国合营者），按照平等互利的原则，经中国政府批准，在中华人民共和国境内，同中国的公司、企业或其它经济组织（以下简称中国合营者）共同举办合营企业。"《中华人民共和国中外合作经营企业法》第 1 条规定："为了扩大对外经济合作和技术交流，促进外国的企业和其他经济组织或者个人（以下简称外国合作者）按照平等互利的原则，同中华人民共和国的企业或者其他经济组织（以下简称中国合作者）在中国境内共同举办中外合作经营企业（以下简称合作企业），特制定本法。"

[2] 《商务部关于外国投资者并购境内企业的规定》第 54 条规定："被股权并购境内公司的中国自然人股东，经批准，可继续作为变更后所设外商投资企业的中方投资者。"

的抽象概括。通过依法行使股东权利履行股东义务，股东能够合法合理地处理其与有限责任公司之间的法律关系，达到维护自身利益和保持公司独立人格的平衡。

（二）股东平等

股东平等，是股东法律地位的另一重要方面，也是公司与有限责任公司之间和股东与股东之间法律关系的集中表现。股东平等原则是现代公司法的一项重要原则，为世界各国公司法所采纳。加拿大著名公司法学者柴芬斯指出："股东应当得到平等的待遇的观念渗透于公司法原则之中""立法者通过使用促进平等的规范可以获得理想的政策结果"。[1] 股东平等原则是指有限责任公司基于股东地位而与股东发生关系时，应给予所有股东平等待遇。具体来说，股东平等具有两层含义：

1. 股东权利义务平等

股东权利义务平等，一方面要求有限责任公司股东的权利义务内容应当相同，不因股东身份（主要指大股东或者小股东）的差异而有所不同，另一方面要求有限责任公司股东在公司事务表决过程中按照出资比例进行投票，同样不因股东身份的差异而有所不同。股东权利义务平等的两个方面内容相辅相成，密不可分，其中前者是后者的基础，后者是股东权利义务平等的关键。

2. 股东实质平等

股东实质平等，即实现股东间实质性的、相对性的公平待遇。对于股东平等的理解不应只停留在形式意义上的权利义务平等这个层面上，股东平等是一种实质性的平等。大股东因持有有限责任公司更多的出资而获得公司控制权，他们可以"合法"地剥夺小股东的权利。作为一种实质性的平等，股东平等原则禁止那些客观上缺乏合理性的不平等待遇，这其实是公平正义的法律理念的体现。

公司法作为市场主体的基本规则设计，赋予公司股东平等地位应是其遵循民事主体地位平等原则的当然之意。有限责任公司股东以出资额为限承担风险，实行按比例的平等，而不是"人人"平等。因而，股东平等原则便简单地异化为资本平等原则。客观地说，资本平等原则具有十分重要

---

[1] [加] 布莱恩·R. 柴芬斯：《公司法：理论、结构和运作》，法律出版社 2001 年版，第 505 页。

的积极作用，舍此有限责任公司便无法有效治理。但股东的平等绝不是形式上的、表层的平等，而应当是实质上的、深层次的平等，其内涵之丰富远非资本平等所能取代。实质性平等原则高于资本平等原则，并对后者具有补充和纠正的作用。其目的就是维护所有股东的利益，防止大股东对公司的垄断，满足股东对公平的追求。

四、股东名册

股东名册是指公司依法设置的记载公司股东信息和股权信息的簿册。所谓有限责任公司股东名册，是指有限责任公司依法设置的记载股东及其出资有关事项的簿册。

股东名册是有限责任公司必须置备的法定文件。不过实践中，多数有限责任公司并未置备股东名册。虽然有限责任公司股东彼此熟悉，相互信任，似乎不必置备股东名册，但如此一来不仅违法，而且可能对股东权利的行使带来诸多不便。

（一）股东名册的置备

1. 置备主体

世界各国公司立法通常将置备股东名册作为公司董事或者董事会的法定义务，《公司法》有所不同，规定"有限责任公司应当置备股东名册"。由此可见，公司为置备股东名册的义务主体。义务不履行必然转化为相应的法律责任。不过令人遗憾的是，实践中我国有限责任公司多数未置备股东名册，2013 年修改公司立法也未能增加关于法律责任的规定。

2. 股东名册的内容

各国公司立法关于股东名册内容的规定不尽相同。《日本公司法》第121 条规定："股份公司必须制作股东名册，并记载或记录下列事项（以下简称股东名册记载事项）：一、股东的姓名或名称及住所；二、前项股东持有的股份数（类别股份发行公司，为股份类别及各类别数）；三、第一项的股东取得股份之日；四、股份公司是股票发行公司时，第二项的股份（限股票已发行者）相关的股票号码。"《公司法》第 32 条第 1 款规定："有限责任公司应当置备股东名册，记载下列事项：（一）股东的姓名或者名称及住所；（二）股东的出资额；（三）出资证明书编号。"

（二）股东名册的效力

一般而言，股东名册作为法定文件具有以下三个方面的效力：

1. 推定效力

所谓推定效力，是指就公司内部关系而言，凡在股东名册上记载为股东的，推定为公司股东。详言之，记载于股东名册的股东，仅凭股东名册记载本身就可主张自己为股东，并可以据此行使股东权利，而没有必要证明自己实际上是否具有股东身份。同理，公司也没有义务查证股东名册上记载之人是否真正为公司股东，只要向股东名册上记载的股东履行各种义务即可。股东名册的权利推定效力，是股东名册最重要的法律效力。《公司法》第 32 条第 2 款规定："记载于股东名册的股东，可以依股东名册主张行使股东权利。"不过，股东名册只是一种证明文件，不具有创设权利的效果。"股东名册并不是以其记载来确定股东权本身，即股东名册不是确定谁为真正股东的'权利所在的根据'，而不过是确定可以无举证地主张股东权的'形式上资格的根据'。[1]"所以，只要对股东名册上记载的股东持有异议者，能够证明股东名册上记载的某股东不具有股东身份，其股东身份就会被否定。

2. 对抗效力

股东名册既然具有推定股东身份的效力，那么没有记载于股东名册上的人，则不应推定为公司股东。一个合理的推论就是：当股东将其持有的公司股权转让给受让人时，如果没有进行股东名册的变更登记，则股东名册上记载的股东仍应被视为股东，即使受让人实质上已经具备了股东的身份。受让人不得以股东转让的事实而非股东名册的变更证明自己已经成为公司股东而对抗公司和善意第三人。各国公司法一般都明确规定股东名册的对抗效力。例如，《日本公司法》第 129 条第 2 款规定："股份的转让，未将其股份取得者的姓名或名称及住所记载或记录在股东名册上，不得对抗股份公司及其他第三人。"《公司法》第 32 条实际上也有这一含义。不过，我国有限责任公司股东名册仅具有内部效力，并不当然具有外部效力。股东名册是否具有外部效力，并不由股东名册本身决定，而是由股东登记决定的。[2]《公司法》第 32 条第 3 款指出："公司应当将股东的姓名或者名称向公司登记机关登记；登记事项发生变更的，应当办理变更登记。未经登记或者变更登记的，不得对抗第三人。"因此，股权受让人如欲取得对抗第三人的效力，必须进行股东变更登记。如果股权受让人仅仅

---

〔1〕 ［韩］李哲松：《韩国公司法》，吴日焕译，中国政法大学出版社 2000 年版，第 242 页。
〔2〕 施天涛：《公司法论（第二版）》，法律出版社 2006 年版，第 233 页。

办理了股东名册变更，则受让人仅能依据股东名册对抗公司，但不能对抗善意第三人。这就意味着，一旦发生股权转让事宜，转让人和受让人应及时通知并要求公司修改股东名册。

3. 免责效力

就公司内部关系而言，由于股东名册具有推定效力，公司应当将股东名册上记载的股东视为公司股东；由于股东名册具有对抗效力，公司只能将股东名册上记载的股东视为公司股东。所以，公司如果仅就公司与股东的内部关系作出某种行为，如依据股东名册向股东发出会议通知、分配红利、分配剩余财产、确认表决权、确认新股认购权，即使股东名册上记载的某些股东并非实质上的股东，公司可以免责。但是如果公司已经知晓股东名册记载不真实，则不能免除其责任。此外，股东名册的免责效力一般也及于股东住所等记载事项。例如，《日本公司法》第126条第1款规定："股份公司向股东进行的通知或催告，向股东名册记载或记录的该股东的住所（该股东另外向该股份公司通知其接受通知或催告场所或联系地点的，为该场所或联系地点）发出即可。"只要有限责任公司按照股东名册记载的股东住所发出通知，即使股东没有收到通知，公司也不以此承担责任。这就意味着，一旦股东姓名或者名称及住所发生变更，应当及时通知公司修改股东名册的相关事项。

五、股东登记

有限责任公司股东登记是指登记机关对有限责任公司股东姓名或者名称、出资等事项所作的记载。根据《公司法》第32条第3款的规定，股东登记事项包括股东的姓名或者名称及其出资额。《公司登记管理条例》第9条则据此作出了股东登记的相应规定。同时，依据《公司登记管理条例》第34条的规定，股东登记事项发生变动的还应当履行变更登记手续，即："有限责任公司变更股东的，应当自变更之日起30日内申请变更登记，并应当提交新股东的主体资格证明或者自然人身份证明。有限责任公司的自然人股东死亡后，其合法继承人继承股东资格的，公司应当依照前款规定申请变更登记。有限责任公司的股东或者股份有限公司的发起人改变姓名或者名称的，应当自改变姓名或者名称之日起30日内申请变更登记。"股东登记是公司登记的重要事项，一经登记即具有对抗第三人的法律效力。除非具有充分的证据并将法定程序确认，任何人不得否定股东登记的效力，即不得否定经工商登记的股东的公司股东身份。《公司法》第

32 条第 3 款的规定清晰地表明了这一点。

第二节　有限责任公司股东身份的认定

有限责任公司股东身份的认定是审判实践中经常遇到的问题。有限责任公司股东身份的认定涉及股东、公司和公司债权人等多方主体的利益，妥善解决该问题无疑具有重要意义。不过时至今日，无论是学术界还是实务界对股东身份的认定均未形成一致认识。

一、股东身份认定的标准

一般而言，引发有限责任公司股东身份认定纠纷的主要原因是有限责任公司的设立和股权转让操作不规范。例如，有的投资人签署了公司章程亦办理了股东登记，但并未实际出资；有的投资人签署了出资协议而未签署公司章程，但实际出资了；如此等等，不一而足。究其实质，这些不规范行为主要涉及这样几个问题：投资人是否具有成为有限责任公司股东的意思表示？投资人是否履行了股东义务？投资人是否具有名义上的股东身份？围绕这些问题，学术界和实务界形成了不尽相同的股东身份的认定标准。

（一）合同认定标准

股东身份的合同认定标准从公司契约理论出发，指出：既然有限责任公司是合同的链接，股东作为有限责任公司合同的一方，具备合同当事人身份，相应地就具备股东身份。在公司的设立、成立及日后的运作当中，合同的脉络贯穿始终。在公司设立过程中，只要投资人出资设立公司时形成了交互一致的意思表示，各投资人在公司成立后就取得了股东身份，至于出资与否并不影响其股东身份。[1] 上海市法院系统、北京市法院系统在审理股东身份认定纠纷中采纳了这一观点。2003 年 12 月 18 日印发的《上海市高级人民法院关于审理涉及公司诉讼案件若干问题的处理意见（二）》第二部分"处理股权确认纠纷的相关问题"第 1 条规定："有限责任公司出资人履行出资义务或者股权转让的受让人支付受让资金后，公司未向其签发出资证明书、未将其记载于公司股东名册或者未将其作为公司股东向

---

[1] 翁孙哲：《有限责任公司股东资格认定的合同进路》，《中国集体经济》2008 年第 1 期，第 114—115 页。

公司登记机关申请登记的，出资人或者受让人提起诉讼，请求判令公司履行签发、记载或申请登记义务的，人民法院应予支持。"第2条规定："双方约定一方实际出资，另一方以股东名义参加公司，且约定实际出资人为股东或者承担投资风险的，如实际出资人主张名义出资人转交股份财产利益，人民法院应予支持；但违背法律强制性规定的除外。一方实际出资，另一方以股东名义参加公司，但双方未约定实际出资人为股东或者承担投资风险，且实际出资人亦未以股东身份参与公司管理或者未实际享受股东权利的，双方之间不应认定为隐名投资关系，可按债权债务关系处理。……"由此可见，无论是股东身份的原始取得还是继受取得，均强调投资人成为股东的真实意愿。如果说上海市高级人民法院的规范性文件关于合同认定标准表达得还不够明确，那么2004年2月9日通过的《北京市高级人民法院关于审理公司纠纷案件若干问题的指导意见（试行）》则直截了当地采纳了合同认定标准。该指导意见第11条"如何确认有限责任公司股东资格？"规定："股东资格是投资人取得和行使股东权利并承担股东义务的基础，依据《公司法》的相关规定，有限责任公司股东资格的确认，涉及实际出资数额、股权转让合同、公司章程、股东名册、出资证明书、工商登记等。确认股东资格应当综合考虑多种因素，在具体案件中对事实证据的审查认定，应当根据当事人具体实施民事行为的真实意思表示，选择确认股东资格的标准。"

（二）形式条件标准

一般而言，股东身份的取得需要满足两个方面的条件：一是实质条件，即股东出资；二是形式条件，即股东姓名或者名称记载于公司章程、工商登记、股东名册、出资证明书。通常只有同时满足两个方面条件，才能取得股东身份。采形式条件标准的学者认为，股东出资并不是取得股东身份的必要条件，特别是在《公司法》允许股东分期缴纳出资的情况下，法律允许股东出资和取得股东身份相分离，形式条件对股东身份的取得才具有决定性的作用。[1] 江苏省法院系统采纳这一观点审理股东身份确认纠纷。2003年6月3日发布的《江苏省高级人民法院关于审理适用公司法案件若干问题（试行）》第三部分"关于有限责任公司股东的认定"共用8

---

〔1〕 周友苏：《新公司法论》，法律出版社2006年版，第223—225页。

个条文即第 26 条至第 33 条详细规范了有限责任公司的股东身份认定问题[1] 一般而言，应当采用形式条件认定有限责任公司股东身份，无论该种纠纷发生在公司内部还是公司外部。进而区分不同情况，采用不同的形式条件。其中，公司或其股东（包括挂名股东、隐名股东和实际股东）与公司以外的第三人以及股东之间就股东身份发生争议的，应根据工商登记文件的记载作出认定；股东与公司之间就股东身份发生争议的，应根据公司章程、股东名册的记载作出认定；股权转让人、受让人以及公司之间因股东身份发生争议的，应根据股东名册的变更登记认定股东资格。当然，在例外情况下将依据当事人的意思表示或者出资确定股东身份。

（三）实质要件标准

与形式要件标准相对应，实质要件标准在股东身份认定方面认为股东出资更为重要，即意欲取得股东身份必须向公司出资。实践中，亦有部分法院因有限责任公司投资人未出资而否定其股东身份的案例。不过严格坚持实质要件标准的学者甚少，毕竟实质要件标准存在明显的缺陷，正如上

---

[1] 《江苏省高级人民法院关于审理适用公司法案件若干问题（试行）》第三部分的详细内容为："三、关于有限责任公司股东的认定 26. 公司或其股东（包括挂名股东、隐名股东和实际股东）与公司以外的第三人就股东资格发生争议的，应根据工商登记文件的记载确定有关当事人的股东资格，但被冒名登记的除外。27. 股东（包括挂名股东、隐名股东和实际股东）之间就股东资格发生争议时，除存在以下两种情形外，应根据工商登记文件的记载确定有关当事人的股东资格：（1）当事人对股东资格有明确约定，且其他股东对隐名者的股东资格予以认可的；（2）根据公司章程的签署、实际出资。出资证明书的持有以及股东权利的实际行使等事实可以作出相反认定的。实际出资并持有出资证明书，且能证明是由于办理注册登记的人的过错而使错误登记或者漏登的，应当认定该出资人有股东资格。28. 股东（包括挂名股东、隐名股东和实际股东）与公司之间就股东资格发生争议，应根据公司章程、股东名册的记载作出认定，章程、名册未记载但已依约定实际出资并实际以股东身份行使股东权利的，应认定其具有股东资格，并责令当事人依法办理有关登记手续。29. 认定工商登记文件记载的股东以外的人为股东的，不得违反法律和行政法规有关股东身份的禁止或限制性规定。30. 股权转让人、受让人以及公司之间因股东资格发生争议的，应根据股东名册的变更登记认定股东资格。公司未办理股东名册变更登记前，受让人实际已参与公司经营管理，行使股东权利的，应认定受让人具有股东资格，并责令公司将受让人记载于股东名册。股权转让合同约定办理完毕工商和（或）股东名册变更登记手续股权方发生转移的，未办理完毕工商和（或）股东名册变更登记手续之前，仍应认定转让人为公司股东。31. 股东之间约定公司全部出资由一名股东投入，其他股东不出资，也不享有股东权利的，应认定该公司实为个人独资企业。公司内部的权利义务关系按股东之间的约定处理；公司对外债务应由出资人承担无限责任，其他挂名的股东在其认缴出资的范围内承担补充清偿责任。32. 以根本不存在的人的名义或盗用他人的名义出资并登记为股东设立公司的，应认定实际出资人为股东；因此导致出现一人公司的，应当由冒名人对公司债务承担无限责任。33. 公司实有资本未达到法定最低限额的，不具有法人资格，各出资人均不具有合法的股东资格，出资人之间为合伙关系。"

述支持形式要件标准学者所言。

综上所述，实质要件标准弊端明显不足采信，那么究竟应当采取当前多数学者支持的形式要件标准，还是新近兴起的合同认定标准呢？笔者认为，两者并非彼此对立、非此即彼的关系。

合同认定标准的关键在于探求当事人意思表示的真意，而我国关于当事人意思表示的解释采取的就是折中主义理论，以表示主义为主，意思主义为辅。[1] 表示主义理论认为，意思表示的解释，重在解释行为人所表示出来的意思。在股东身份认定场合，对当事人意思表示的解释采取表示主义，就是要通过反映当事人意思表示的行为来判断当事人的意思。这些行为不外乎出资协议、公司章程、股东登记、股东名册、出资证明书以及出资，通过对这些行为的综合分析判断当事人的真实意思表示，并以此作为认定股东身份的标准显然符合意思自治的基本原则。而且表示主义也恰恰是团体法内部规范团体行为的立法理念，[2] 采取表示主义亦符合公司法的团体法性质。同时，合同认定标准又不排除在特定情形之下（如欺诈等）探求当事人的内心意思，以维护法律的尊严，防范当事人规避法律的行为。

上述关于形式要件标准的阐述表明，形式要件标准强调在一般情况下股东身份的认定应当采取形式标准，但并不排除特殊情况下采取实质标准。那么，形式要件标准实质上也是综合考虑多种因素。按照这一思路，在多数情况下，采取形式要件标准与采取合同认定标准对股东身份的认定结果应当是一致的。不过，由于我国立法并不要求有限责任公司设立过程中股东必须签署出资协议，那么在形式要件标准看来，出资协议不应纳入股东身份认定的形式要件。[3] 而从实践来看，不少有限责任公司出资协议中关于股东权利义务的约定与公司章程并不一致，而且这并非都是出于规避法律的目的。最为常见的现象就是干股股东，即某些股东虽然不出资，但在公司章程上却记载其实际出资。一般而言，干股股东通常是有限责任公司经营管理所必需的专门人才，但他们因种种原因不出资。为了这些专

〔1〕 梁慧星：《民法总论》，法律出版社 2001 年版，第 149 页；王利明主编：《民法（第三版）》，中国人民大学出版社 2007 年版，第 153 页。
〔2〕 张钢成、赵维华：《有限责任公司股东资格确认问题研究》，《广西梧州师范高等专科学校学报》2005 年第 3 期，第 12 页。
〔3〕 需要说明的是，采取形式要件标准的学者并没有直接表明其对出资协议作为股东身份形式要件的排除。不过，从他们关于形式要件的诸多讨论中可以发现，唯独少了出资协议。这应当不是一个偶然的巧合。

门人才，其他实际出资的股东往往会向他们赠送股份即干股，这一出资模式在出资协议中通常详细记载，而在公司章程中则没有反映。从这种意义上说，出资协议较之公司章程往往更能反映发起人的真实意思。签署出资协议的发起人，除非在公司登记前经其他发起人同意而退出，公司成立后自然而然具有公司股东身份。因此，合同认定标准较之形式要件标准能够更好地保护有限责任公司股东的利益，笔者赞同合同认定标准。

二、出资瑕疵股东身份的认定

由于《公司法》实行注册资本认缴制，允许股东出资分期到位，必然出现若干股东先出资若干股东后出资的情形，只要股东的出资义务未届履行期，股东当然不必履行，此时其股东身份不应受到质疑。在此探讨的出资瑕疵主要是指有限责任公司设立过程中，发起人没有按照约定履行出资义务，以及抽逃出资的情形。发起人设立公司的行为属于民事法律行为。《民法总则》第143条规定："具备下列条件的民事法律行为有效：（一）行为人具有相应的民事行为能力；（二）意思表示真实；（三）不违反法律、行政法规的强制性规定，不违背公序良俗。"据此只要发起人设立公司的意思表示不违反法律或者社会公共利益，就应当认定该设立行为的效力，即使出资瑕疵，股东身份也不应当被否认。根据《公司法》的相关规定，结合合同认定标准区分不同情形进行分析。

（一）否定股东身份的情形

根据《公司法》第198条的规定，虚报注册资本取得公司登记情节严重的，撤销公司登记或者吊销营业执照。撤销公司登记，否定了有限责任公司的成立，发起人的股东身份当然被否定。吊销营业执照，有限责任公司应当解散、清算，经注销登记其法人资格将归于消灭，股东身份也丧失了其存在的前提。

（二）肯定股东身份的情形

《公司法》第26条规定："有限责任公司的注册资本为在公司登记机关登记的全体股东认缴的出资额。法律、行政法规以及国务院决定对有限责任公司注册资本实缴、注册资本最低限额另有规定的，从其规定。"据此，如果发起人出资瑕疵，但不存在其他严重违法情形，那么其设立公司的意思表示就会为法律所认可，其股东身份当然应当得到确认。在承认出资瑕疵的发起人股东身份的同时，其还应当承担相应的法律责任。

1. 未出资股东是否享有完整的股东权利

股东有出资义务，出资是股东获得股权的最基本的依据，股东之所以成为股东，是因为他有出资义务。现实当中违反出资义务的情况相当普遍，在公司内部，未出资的股东处于什么样的地位？其权利、义务和责任是什么样的状态？进一步而言，没有出资股东到底享有不享有完整的股东权利？承担不承担股东义务？

首先，从法理上说，未出资的股东应不应当享有股东权利？民商法的基本原则之一就是权利义务相一致。有权利必有义务，有义务必有权利，权利和义务总是相辅相成的。依据该原则，股东应该履行而未履行义务，当然不应该享有相应的股东权利。

其次，从法律上说，未出资的股东是否享有股东权利？《公司法》第34条规定："股东按照实缴的出资比例分取红利；公司新增资本时，股东有权优先按照实缴的出资比例认缴出资。但是，全体股东约定不按照出资比例分取红利或者不按照出资比例优先认缴出资的除外。"这就意味着没有缴纳出资的股东没有分取红利的权利。问题是没有履行出资义务的股东是否没有任何股东权利呢？《公司法》第4条规定："公司股东依法享有资产收益、参与重大决策和选择管理者等权利。"第42条规定："股东会会议由股东按照出资比例行使表决权；但是，公司章程另有规定的除外。"结合第34条的规定，我们能否把第42条的"出资比例"理解为"实缴的出资比例"？不能一概而论，对于尚未届履行期的出资义务，只要公司章程未约定该部分出资无表决权，则应当承认该部分出资对应的表决权；对于已届履行期而未履行的出资义务，只要公司章程未约定该部分出资有表决权，则应当否认该部分出资对应的表决权。当然，不能认为一个股东不履行出资义务，他就任何股东权利都没有了。例如，股东大会就公司的合并、分立、增资、减资这样的重大事项进行审议，未依约定履行出资义务的股东应当有出席股东大会的权利等。为了减少争议，《公司法司法解释三》第16条允许公司可以通过公司章程或者股东会决议对未履行出资义务的股东的利润分配请求权、新股优先认购权、剩余财产分配请求权等进行相应合理限制。当然司法实践承认的限制基本上局限于股东自益权，这种限制是必要的，同时也是不够的，笔者认为可以扩展至共益权，对于重大决策和选择管理者的权利也可以进行合理限制，比如给予知情权而剥夺表决权。而《公司法司法解释三》第10条规定："出资人以房屋、土地使用权或者需要办理权属登记的知识产权等财产出资，已经交付公司使用但未办理权属变更手续，公司、其他股东或者公司债权人主张认定出资人未履行出资义务的，人民法院应当责令当事人在指定的合理期间内办理权属变更手续；在前述期间内办理了权属变更手续的，人民法院应当认定其已经履行了出资义务；出资人主张自其实际交付财产给公司使用时享有相应股东权利的，人民法院应予支持。出资人以前款规定的财产出资，已经办理权属变更手续但未交付给公司使用，公司或者其他股东主张其向公司交付、并在实际交付之前不享有相应股东权利的，人民法院应予支持。"

2. 未履行出资义务的责任

（1）民事责任

①继续履行出资义务

按照《公司法》第 28 条的规定，未按照约定履行出资义务的股东，除应当向公司足额缴纳出资外，还应当向已按期足额缴纳出资的股东承担违约责任；按照《公司法》第 30 条的规定，有限责任公司成立后，发现作为设立公司出资的非货币财产的实际价额显著低于公司章程所定价额的，应当由交付该出资的股东补足其差额；公司设立时的其他股东承担连带责任。如果出资瑕疵的股东在特定时间内仍不按照约定履行出资义务，应当如何处理？实践中最为常见的做法就是，由其他股东或者公司提起诉讼，要求出资瑕疵的股东继续履行出资义务。

②未履行出资义务的股东对公司债权人承担补充赔偿责任

按照《公司法司法解释三》的规定，未履行出资义务的股东对公司债权人在未出资本息范围内对公司债务不能清偿的部分承担补充赔偿责任。详言之，当公司资产不足以清偿公司债务时，公司债权人有权要求未履行出资义务的股东承担补充赔偿责任，该责任的限额为股东未出资的本息。股东承担补充赔偿责任后，取得公司债权人的债权，而公司基于投资关系对股东具有以股东出资义务为内容的债权，该两项债权相互抵销。从结果观察，未履行出资义务的股东因承担补充赔偿责任而部分或者完全履行了出资义务。试举一例。

2012 年 2 月 3 日甲有限公司（以下简称"甲公司"）向乙有限公司（以下简称"乙公司"）借款 200 万元，约定一个月归还，结果逾期未还。乙公司经调查发现：甲公司成立于 2009 年 8 月 12 日，注册资本 1000 万元，股东人为自然人 A、自然人 B，其中 A 出资 200 万元，已经出资到位；B 出资 800 万元，采取分期缴纳方式，已经按照约定时间出资 400 万元，其余 400 万元按照约定应于 2010 年 8 月 11 日前出资，但至今没有出资到位。而且 B 于 2011 年 12 月将其持有的乙公司股权以 800 万元的价格全部转让给了自然人 C。现乙公司将甲公司、自然人 A、自然人 B、自然人 C 全部诉至法院，要求其就偿还借款承担连带责任。乙公司的要求能否得到法律支持呢？

本案中 A 全面履行了出资义务，是否对公司债权人承担责任呢？B 确实未全面履行出资义务，不过其股权已经转让给 C，B 已经不是公司股东，是否对公司债权人承担责任呢？C 作为甲公司股东，已经支付了全部转让价格，是否应当对公司债权人承担责任呢？《公司法司法解释三》第 13 条第 2 款、第 3 款规定："公司债权人请求未履行或者未全面履行出资义务的股东在未出资本息范围内对公司债务不能清偿的部分承担补充赔偿责任的，人民法院应予支持；未履行或者未全面履行出资义务的股东已经承担上述责任，其他债权人提出相同请求的，人民法院不予支持。股东在公司设立时未履行或者未全面履行出资义务，依照本条第一款或者第二款提起诉讼的原告，请求公司的发起人与被告股东承担连带责任的，人民法院应予支持；公司的发起人承担责任后，可以向被告股东追偿。"第 19 条规定："有限责任公司的股东未履行或者未全面履行出资义务即转让股权，受让人对此知道或者应当知道，公司请求该股东履行出资义务、受让人对此承担连带责任的，人民法院应予支持；公司债权人依照本规定第十三条第二款向该股东提起诉讼，同时请求前述受让人对此承担连带责任的，人民法院应予支持。"据此，乙公司有权要求 B 就公司债权承担补充赔偿责任，A、C 对该补充赔偿责任承担连带责任。

③除名

有限责任公司的股东未履行出资义务或者抽逃全部出资，经公司催告缴纳或者返还，其在合理期间内仍未缴纳或者返还出资，公司可以股东会决议解除该股东的股东资格。公司应当及时办理法定减资程序或者由其他股东或者第三人缴纳相应的出资。

在办理法定减资程序或者其他股东或者第三人缴纳相应的出资之前，公司债权人请求未履行或者未全面履行出资义务的股东在未出资本息范围内对公司债务不能清偿的部分承担补充赔偿责任。其他股东、董事、高级管理人员或者实际控制人对股东未履行出资义务有责任的，公司债权人请求其承担连带责任。

（2）行政责任

按照《公司法》相关规定，股东虚报注册资本或者出资后又抽逃的，由公司登记机关责令改正，处以虚报注册资本或者所抽逃出资金额 5% 以上 15% 以下的罚款。

三、隐名股东身份的认定

在现实生活中，隐名出资的现象较为常见。有规避法律对投资领域、投资主体、投资比例等方面限制者，有不愿意公开自身经济状况者，亦有为了便于有限责任公司经营管理者，凡此种种，不一而足。因隐名出资引发的股东身份认定纠纷也很多。而妥善解决该等纠纷的前提，就是准确界定隐名股东。

（一）隐名股东的概念

对于隐名股东的本质，学者观点不尽一致。有学者认为，隐名股东是指依据书面或口头协议委托他人代其持有股权者。[1] 也有学者认为，隐名出资人在实践中又称隐名股东，是指在公司中不具备股东资格的形式要件的出资人。[2] 还有学者认为，隐名股东是指虽然实际出资认购公司股份，但在公司章程、股东名册和工商登记中却记载为他人的投资者。隐名股东主要为规避法律型。[3] 上述观点从不同角度展示了隐名股东的本质——名实不符。因此，笔者认为，隐名股东是指实际认缴公司资本但不具备股东身份形式要件的出资人。与之相对应，隐名股东必然伴生显名股东（又称挂名股东、名义股东、借名股东），即未认缴公司资本却具备股东身份形式要件的人。

一般而言，隐名股东具有以下法律特征：

1. 隐名股东实际认缴公司资本，但其姓名或名称未记录在公司章程、股东名册、出资证明书、股东登记中。

2. 名义股东同意隐名股东使用自己的名称或姓名。这是隐名股东与冒名股东的区别。因为在冒名投资中，实际出资人系盗用他人名义出资，并未取得冒名股东的同意。

3. 隐名股东承担公司的盈亏风险。这是隐名投资与借贷的区别。如果一方实际出资，另一方以股东名义参加公司，但实际出资人不承担投资风

---

[1] 虞政平：《股东资格的法律确认》，载《法律适用》2003 年第 8 期，第 72 页。

[2] 周友苏：《新公司法论》，法律出版社 2006 年版，第 229 页。

[3] 刘敏：《股东资格认定中的三个问题》，http：//www. civillaw. com. cn/Article/default. asp? id = 15046，访问时间 2008 年 8 月 6 日。

险的，双方之间不应认定为隐名投资关系，可按债权债务关系处理。

（二）隐名股东的身份认定

关于隐名股东的资格认定的学说众说纷纭，主要有四种观点：实质要件说、形式要件说、区别对待说和法律规则说。

实质要件说认为，应当以是否履行出资义务作为确定股东身份的标准。无论名义上的股东是谁，隐名股东的股东身份都应当得到确认。其主要理论依据是法律应当尊重当事人的意思。在名义股东与隐名股东之间存在着一个隐名出资协议，只要这个协议不违反法律的强制性规定，就应当尊重当事人的意思自治。进而，确认隐名股东的股东身份有利于名实相符。

形式要件说认为，以股东是否被记载于公司章程、股东登记、股东名册、出资证明书等形式作为确定股东身份的标准。法律上应当将名义股东视为股东，从而否定隐名股东的股东身份。其主要理论依据有公司法系团体法，设立行为系团体行为。如果否认名义股东的股东身份，则很可能导致公司行为（如股东会决议）无效，从而影响交易安全。值得注意的是，形式要件说有个例外。如果公司明知隐名股东的存在，并且认可隐名股东以股东身份行使股东权利的，只要不违反强行法规则，就应当认定隐名股东的股东身份。[1]

区别对待说认为，应当区分公司内部关系和外部关系适用不同的标准认定隐名股东的股东身份。取得股东身份是一种民事法律行为，如果在隐名股东和名义股东之间发生股东身份确认争议，不涉及善意第三人利益的，与公示登记无关，应根据当事人的约定探求其真实意思，并据实对股东身份作出认定。如果涉及善意第三人的利益时，认定股东身份应充分体现商法的公示主义，优先保护善意第三人，无须探求股东之间的真实意思表示，可直接依公示登记的内容认定名义股东的身份。[2]

法律规则说认为，依据《公司法》关于"实际控制人"的界定，隐名股东应当纳入实际控制人范畴进行规范，那么隐名股东便不具有公司股东身份。隐名股东和名义股东之间属于合同关系，除了适用《合同法》的规定外，更多还需要适用《公司法》的相关规定。该学说区分了隐名股东与

---

〔1〕 施天涛：《公司法论（第二版）》，法律出版社 2006 年版，第 230 页。

〔2〕 参见王兰：《论公司法对若干有限公司股东资格的认定》，《太平洋学报》2007 年第 4 期，第 54—55 页；彭娟：《试论隐名股东的资格认定》，《湖南行政学院学报》2008 年第 2 期，第 93 页。

第六章　有限责任公司股东权利

名义股东之间的关系、隐名股东与除了名义股东以外的公司其他股东关系、隐名股东与公司债权人的关系进行深入分析。[1]

上述四种观点均有合理之处,仔细分析不难发现,它们存在一个共同之处,均承认隐名股东和名义股东之间的合同关系,只是对该合同关系的处理采取了不同态度。既然如此,从合同视角入手解决隐名出资应当是一条可行的路径。首先,应当界定隐名股东和名义股东之间协议的性质。不少学者将该协议称为代持股协议,笔者认为定性准确,隐名股东和名义股东之间存在委托合同关系,隐名股东委托名义股东间接代理其投资某有限责任公司。那么,应当可以运用《合同法》关于委托合同的相关规则解决隐名股东身份问题。

首先,委托合同中存在委托人自动介入规则。《合同法》第 402 条规定:"受托人以自己的名义,在委托人的授权范围内与第三人订立的合同,第三人在订立合同时知道受托人与委托人之间的代理关系的,该合同直接约束委托人和第三人,但有确切证据证明该合同只约束受托人和第三人的除外。"就隐名投资而言,如果公司其他股东知晓并不反对隐名股东和显名股东之间的代持股协议存在的,显名股东和公司其他股东签署出资协议、公司章程等文件应当直接约束隐名股东和公司其他股东,应当确认隐名股东的股东身份;如果公司其他股东并不知晓代持股协议的存在以及知晓后表示不同意代持股协议的,应当否定隐名股东的股东身份而以显名股东为公司股东,至于隐名股东和显名股东之间的权利义务关系通过代持股协议来解决。

其次,委托合同中还存在委托人行使介入权和第三人行使选择权规则。《合同法》第 403 条规定:"受托人以自己的名义与第三人订立合同时,第三人不知道受托人与委托人之间的代理关系的,受托人因第三人的原因对委托人不履行义务,受托人应当向委托人披露第三人,委托人因此可以行使受托人对第三人的权利,但第三人与受托人订立合同时如果知道该委托人就不会订立合同的除外。受托人因委托人的原因对第三人不履行义务,受托人应当向第三人披露委托人,第三人因此可以选择受托人或者委托人作为相对人主张其权利,但第三人不得变更选定的相对人。委托人行使受托人对第三人的权利的,第三人可以向委托人主张其对受托人的抗辩。第三人选定委托人作为其相对人的,委托人可以向第三人主张其对受托人的抗辩以及受托人对第三人的抗辩。"就隐名投资而言,名义股东与

---

[1] 周友苏:《新公司法论》,法律出版社 2006 年版,第 229—231 页。

公司其他股东签署的出资协议、公司章程等文件不仅约束名义股东与公司其他股东，还约束成立后的公司。如果因公司其他股东和公司不履行相关义务，导致名义股东无法对隐名股东履行相关义务的，隐名股东通常事先已经知晓名义股东投资的公司，故无须名义股东披露即可以直接向公司其他股东和公司主张权利，隐名股东的股东身份应当得到确认。当然，倘若公司其他任何一名股东与名义股东在签署出资协议或者公司章程等文件时知道隐名股东存在将不会签署该等文件的，应当否定隐名股东的股东身份。如果因隐名股东不履行相关义务，导致名义股东无法对公司其他股东和公司履行义务的，名义股东应当向公司其他股东和公司披露隐名股东，公司其他股东和公司可以选择名义股东或者隐名股东主张权利，选择前者则否定了隐名股东的股东身份，选择后者则肯定了隐名股东的股东身份。

《公司法司法解释三》也是按照代持股协议的方式处理隐名投资，认为隐名股东和名义股东之间的关系按照代持股协议处理，尊重合同的相对性原则，认可隐名股东的投资权益，名义股东不得以公司股东名册记载、公司登记机关登记为由否认隐名股东的权利；名义股东擅自处分登记于其名下股权的，按照无权处分的相关规则处理。但隐名股东若要求变更股东登记必须取得公司其他股东半数以上同意。这一做法充分尊重了有限责任公司的人合性，实际上否定了隐名股东的股东身份。

至于隐名股东和公司债权人之间的关系，除公司债权人知晓隐名股东的情形外，应根据股东登记的对抗效力，公司债权人应当以名义股东为公司股东。山东省高级人民法院围绕该问题区分为三种情形加以处理，可资赞同。"第一种情形：债权人不知道实际出资人的情况下，只要求名义股东承担补充赔偿责任的，应予支持。……第二种情形：债权人知道实际出资人的情况下，债权人参照《中华人民共和国合同法》第四百零三条第二款规定选择名义股东或者实际出资人主张权利，要求名义股东或者实际出资人承担补充赔偿责任的，应予支持。……第三种情形：债权人知道实际出资人的情况下，债权人将名义股东和实际出资人列为共同被告，要求名义股东和实际出资人承担连带责任的，可以根据具体案情判决双方承担连带责任。如果名义股东和实际出资人通谋不履行或不完全履行出资义务，公司债权人主张双方承担连带责任的，应予支持。……"[1]

---

〔1〕 参见山东高院：《重磅 ｜ 山东高院民二庭：关于审理公司纠纷案件若干问题的解答》，ht-tp：//www. sohu. com/a/241687909_ 355187，访问时间 2018 年 7 月 18 日。

四、干股股东身份的认定

（一）干股股东的界定

何谓干股股东，学术界并未形成一致认识。有学者认为，"干股"股东是指具备股东的形式特征并实际享有股东权利，但未实际出资的股东。[1] 也有学者认为，所谓干股股东，系指由其他股东或公司赠与股权而获取股东资格的人。[2] 还有学者认为，干股股东就是实际上并未出资，由于自身具备的特殊技能或者拥有特殊的资源受到其他股东或公司的青睐，由其他股东或公司赠与股权的股东。[3] 上述概念从不同侧面揭示了干股股东的本质特征：一是干股股东没有实际出资，其股权源于公司其他股东或者公司的赠与；二是干股股东具备股东身份的形式要件。所以，笔者认为，干股股东是指具备股东身份的形式要件并实际享有股东权利，但未实际出资的股东。

（二）干股股东的身份认定

对于干股股东的股东身份实践中争议颇多，不过学者似乎并无太多异议。虽然干股股东通常无须承担出资义务，其却因故为公司其他股东或者公司所青睐而获赠股权。从实践中来看，干股的获得有两种方式：一是在公司设立或者增资过程中通过赠与出资取得的，表现为公司其他股东通过无偿垫付出资的方式赠与干股股东股权；二是通过赠与股权取得的，表现为公司其他股东或者公司无偿转让部分股权给干股股东。无论干股股东基于何种方式取得干股，均源于干股股东与公司其他股东或者公司之间的赠与协议，无论该协议是以口头还是书面形式存在。只要该赠与协议不违反法律的规定，就应当认可其效力，其结果就是干股股东依法取得公司股权，其股东身份不容置疑。围绕干股股东身份发生的纠纷，应当在认定干股股东身份的基础上，要求干股股东依法履行股东义务。

五、冒名股东身份的认定

（一）冒名股东的概念

就总体而言，国内学者对冒名股东的把握主要形成了两种具有代表性

---

[1] 江苏省高级人民法院民二庭：《有限责任公司股东资格的认定》，《法律适用》2002 年第 12 期，第 86 页。

[2] 虞政平：《股东资格的法律确认》，《法律适用》2003 年第 8 期，第 72 页。

[3] 翁孙哲：《有限责任公司股东资格认定的合同进路》，《中国集体经济》2008 年第 1 期，第 116 页。

的界定。[1] 第一种界定，冒名股东是指以根本不存在的人的名义（如死人或者虚构者）出资登记，或者盗用真实人的名义出资登记的投资者。[2] 第二种界定，所谓冒名股东，是指虚构法律主体或盗用他人名义持有股权者。[3] 而"虚构的法律主体"其实也是"根本不存在的人"，因此就实质而言两种关于冒名股东的界定并无实质差异，只不过第一种界定方式强调"根本不存在的人"包括死人和虚构者，显然虚构者是指纯粹凭空捏造根本不曾以法律主体的身份存在，而死人毕竟曾经以法律主体的身份存在。从这种意义上说，第一种关于冒名股东的界定更为严谨，笔者表示赞同。

（二）冒名股东的身份认定

在冒名投资关系中，存在冒名股东和被冒名者，而被冒名者又分为死人或者虚构者和被盗用名义者两种情形。对被冒名者，学者普遍认为不能认定为公司股东。设立公司系民事法律行为。民事法律行为的成立要件之一就是民事主体的存在，而死人或者虚构者根本就不是民事主体，当然不可能成为公司股东。如果认定死人或者虚构者为股东，将会因股东的缺位而导致股东权利义务无人承受，不利于维护公司团体法律关系稳定。民事法律行为的生效要件之一就是意思表示真实，被盗用名义者根本就不存在所谓意思表示，更谈不上什么意思表示真实，因此被盗用名义者不应当成为公司股东。值得注意的是，个别学者认为被盗用名义者有可能成为公司股东。既然盗用他人名义，则表明冒名股东没有成为股东的意思表示，倘若被盗用名义者进行追认，并且得到其他股东的同意，被盗用者也可成为股东，并应进行章程的修改和工商登记的变更。[4] 冒名股东盗用他人名

---

〔1〕 个别学者对冒名股东的界定与这两种界定都不同。冒名股东，是指以根本不存在的人的名义出资的情形；盗名股东，是指盗用真实人的名义出资的情形。张景霞：《论瑕疵股东资格的认定》，《今日南国》2008 年第 5 期，第 80 页。

〔2〕 刘敏：《股东资格认定中的三个问题》，http://www.civillaw.com.cn/Article/default.asp? id=15046，访问时间 2008 年 8 月 6 日；江苏省高级人民法院民二庭：《有限责任公司股东资格的认定》，《法律适用》2002 年第 12 期，第 86 页；刘玉红：《谈有限责任公司股东资格的认定》，《辽宁税务高等专科学校学报》2004 年第 12 期，第 21—22 页；项兴良：《论民营企业股权法律纠纷》，《法治研究》2007 年第 12 期，第 79 页。

〔3〕 虞政平：《股东资格的法律确认》，《法律适用》2003 年第 8 期，第 72 页；施天涛：《公司法论（第二版）》，法律出版社 2006 年版，第 230—231 页；翁孙哲：《有限责任公司股东资格认定的合同进路》，《中国集体经济》2008 年第 1 期，第 114—115 页。

〔4〕 翁孙哲：《有限责任公司股东资格认定的合同进路》，《中国集体经济》2008 年第 1 期，第 114—115 页。

义，并不存在无权处分、无权代理的情形，那么，被盗用名义者追认权从何而来呢？而且承认被盗用名义者的股东身份，还将导致不当得利的法律后果。[1] 所以，应当否定被盗用名义者的股东身份。

至于冒名股东的身份认定，学者们则存在争议。肯定冒名股东公司股东身份的学者认为，冒名股东，作为实施冒名行为的实际法律主体，实际进行了出资并且行使着股东权利，所以应被认定为公司的股东，承担对内对外的民事责任。这样认定能防止因股东缺位导致股东的权利义务无人承受，有利于维护公司团体法律关系的稳定。[2] 否定冒名股东公司股东身份的主要理由为：（1）冒名无非是为了规避法律禁止性规定，如果认定冒名者为公司股东，有违公序良俗原则，是立法者之禁忌。[3]（2）既然盗用他人名义，则表明冒名股东没有成为股东的意思表示。[4] 笔者认为，两种观点皆有合理之处。冒名投资确系违法行为。不过，从实践来看，冒名股东之所以冒名并非不愿意成为公司股东，只是不愿意承担股东义务。既然冒名股东已经获得公司股权，并且实际行使股东权利，则充分表明其有成为公司股东的意思。只有公司其他股东同意，冒名股东才可以成为公司股东。如果公司其他股东不同意，则应当将冒名股东持有的股权转让或者通过公司"减资"实现冒名股东的"退出"，冒名股东应当对由此给公司和公司债权人造成的损失承担赔偿责任。当然，如果公司为一人公司，只要冒名股东具备股东资格，不妨将其认定为公司股东，以保护公司债权人的利益。

综上所述，从保护公司债权人的利益出发也应当承认冒名股东的股份身份。《公司法司法解释三》亦要求冒名股东围绕投资承担相应责任，第29 条规定："冒用他人名义出资并将该他人作为股东在公司登记机关登记的，冒名登记行为人应当承担相应责任；公司、其他股东或者公司债权人

---

[1] 刘敏：《股东资格认定中的三个问题》，http：//www. civillaw. com. cn/Article/default. asp？id = 15046，访问时间 2008 年 8 月 6 日；刘玉红：《谈有限责任公司股东资格的认定》，《辽宁税务高等专科学校学报》2004 年第 12 期，第 21 页。

[2] 江苏省高级人民法院民二庭：《有限责任公司股东资格的认定》，《法律适用》2002 年第 12 期，第 86 页；虞政平：《股东资格的法律确认》，《法律适用》2003 年第 8 期，第 72 页；张景霞：《论瑕疵股东资格的认定》，《今日南国》2008 年第 5 期，第 80 页。

[3] 刘敏：《股东资格认定中的三个问题》，http：//www. civillaw. com. cn/Article/default. asp？id = 15046，访问时间 2008 年 8 月 6 日；刘玉红：《谈有限责任公司股东资格的认定》，《辽宁税务高等专科学校学报》2004 年第 12 期，第 21—22 页。

[4] 翁孙哲：《有限责任公司股东资格认定的合同进路》，《中国集体经济》2008 年第 1 期，第 114—115 页。

以未履行出资义务为由，请求被冒名登记为股东的承担补足出资责任或者对公司债务不能清偿部分的赔偿责任的，人民法院不予支持。"

第三节　有限责任公司股东权利

一、有限责任公司股东权利的概念

股东权利，有广义和狭义两种解释。就广义而言，所谓股东权利是指有限责任公司股东享有的权利和承担的义务的总称。就狭义而言，所谓股东权利是指有限责任公司股东所享有的权利。既然《公司法》分别规定了有限责任公司股东的权利和义务，而不是将其概括为股东权利并统一规定，为了避免逻辑矛盾，我们采用狭义的股东权利概念。

二、有限责任公司股东权利的分类

为了保证及时、有效、合法地行使股东权利，有限责任股东不仅应当了解股东权利的具体内容，还必须掌握股东权利的分类。在此基础上，根据不同种类股东权利的不同性质，采取合理的方式加以行使，从而达到既维护自身利益又促进公司发展的目的。

（一）自益权和共益权

按照股东权利内容的不同，股东权利可分为自益权和共益权。这是股东权利的基本分类。

自益权是股东为自己的利益而行使的股东权利，主要包括公司盈余分配请求权、剩余财产分配请求权、转让出资的权利、优先购买其他股东转让出资的权利、公司增资的优先认缴权等。共益权是股东既为自己的利益又为公司的利益而行使的股东权利，主要包括重大决策权、选择管理者的权利、查阅公司财务会计报告的权利、共同制定公司章程的权利等。

由此可见，自益权主要是财产性权利，共益权主要是参与经营管理的权利。两者相辅相成，共同构成了完整的股东权利。

（二）固有权和非固有权

按照股东权利性质的不同，股东权利可以分为固有权和非固有权。

固有权，又称法定股东权或者不可剥夺权，是指公司法赋予的、不得以公司章程或者股东会决议予以剥夺或者限制的股东权利。非固有权，又称非法定股东权或者可剥夺权，是指可由公司章程或者股东会决议予以剥夺或者限制的股东权利。就权利范围而言，共益权多属于固有权，自益权多属于非固有权。

区分固有权和非固有权的意义在于，明晰哪些股东权利可以依公司章程或者股东会决议予以限制，哪些股东权利不可以依公司章程或者股东会决议予以限制，从而指导股东依法制订公司章程和形成有效的股东会决议。凡限制股东固有权的行为皆为非法，股东有权主张其权利，并采取相应的补救措施。

（三）单独股东权和少数股东权

按照股东权利行使方式的不同，股东权利可分为单独股东权和少数股东权。

单独股东权是指不问出资比例的多少，可以由股东一人单独行使的股东权利。少数股东权是指出资额达到一定比例的股东才可以行使的股东权利。就性质而言，自益权均属于单独股东权。而共益权中既有单独股东权，如参加股东会的权利、表决权；又有少数股东权，如临时股东会召集权。法律创设少数股东权的目的在于防止资本多数决原则的滥用，维护公司和全体股东的利益。

《公司法》关于有限责任公司少数股东权的规定主要包括以下几类：

1. 召开临时股东会提议权

《公司法》第39条第2款规定，代表十分之一以上表决权的有限责任公司股东可以提议召开临时股东会。

2. 临时股东会召集权

《公司法》第40条第3款规定："董事会或者执行董事不能履行或者不履行召集股东会会议职责的，由监事会或者不设监事会的公司的监事召集和主持；监事会或者监事不召集和主持的，代表十分之一以上表决权的股东可以自行召集和主持。"

3. 解散公司请求权

《公司法》第182条规定："公司经营管理发生严重困难，继续存续会使股东利益受到重大损失，通过其他途径不能解决的，持有公司全部股东表决权百分之十以上的股东，可以请求人民法院解散公司。"

三、有限责任公司股东的权利和义务

（一）有限责任公司股东的权利

有限责任公司股东基于其股东身份而享有相应的权利。《公司法》第4条规定："公司股东依法享有资产收益、参与重大决策和选择管理者等权利。"按照《公司法》的有关规定，有限责任公司股东权利包括：

1. 重大决策权

股东享有重大事务决策权。有限责任公司的重大事务应当由股东会决议通过。股东参与公司的重大事务决策，就必须参加股东会。因此，参加股东会是股东的一项基本权利。而重大决策权行使的前提是围绕相关事项形成的议案，因此提案权也是股东的一项重要权利。《公司法》并未规范有限责任公司的提案权，这意味着将提案权交由公司章程规范。实践中，有限责任公司章程多未对提案权作出明确的规定。而股东行使表决权，又是股东决定公司重大事务的保证。因而，股东表决权也是股东的一项基本权利。从这种意义上说，重大决策权包括参加股东会的权利、提案权和表决权。与参加股东会、行使提案权和表决权相联系，股东可以查阅股东会会议记录，以保证全体股东的真实意思被如实反映，进而依法转化为公司的意思。

2. 选择管理者的权利

股东享有选择有限责任公司管理者的权利。一般而言，有限责任公司董事、监事由股东会选举产生。股东有权选举董事、监事，也有权被选举为董事、监事。中外合资经营的有限责任公司的股东通过委派方式产生董事。国有独资公司的非职工董事由国有资产管理机构委派，职工董事由职工民主选举产生。

3. 公司盈余分配请求权

股东享有资产受益权，有权按照实缴的出资比例或者公司章程约定的其他计算方法从有限责任公司分取红利。是否分配和如何分配公司利润，原则上属于商业判断和公司自治的范畴，人民法院一般不应介入。因此，《公司法司法解释四》第14条、第15条明确规定，股东请求公司分配利润的，应当提交载明具体分配方案的股东会决议；未提交的，人民法院原则上应当不予支持。但在公司实务中，大股东滥用股东权利导致公司不分配利润，从而损害小股东利益的现象时有发生，严重违反了股东平等原则，也破坏了公司自治。为此，《公司法司法解释四》第 15 条但书规定，公司股东滥用权利，导致公司不分配利润给其他股东造成损失的，在没有提交载明具体分配方案的股东会决议的情况下，人民法院也可以适当干预，以实现对公司自治失灵的矫正。为了进一步保障股东盈余分配请求权的落实，《最高人民法院关于适用〈中华人民共和国公司法〉若干问题的规定（五）》（以下简称《公司法司法解释五》）第 4 条明确规定了公司利润分配的时限，即：公司应当在股东会利润分配决议载明的时间或者公司章程规定的时间内完成利润分配，最迟应当自股东会作出利润分配决议之日起一年内完成利润分配。

4. 知情权

并非全部股东均参与公司的经营管理，不参与公司经营管理的股东有权了解公司的经营状况，最为简捷有效的途径就是查阅公司相关文件资料。在此基础上，股东可以有效行使监督经营管理的权利。《公司法》第 33 条规定："股东有权查阅、复制公司章程、股东会会议记录、董事会会议决议、监事会会议决议和财务会计报告。股东可以要求查阅公司会计账簿。股东要求查阅公司会计账簿的，应当向公司提出书面请求，说明目的。公司有合理根据认为股东查阅会计账簿有不正当目的，可能损害公司合法利益的，可以拒绝提供查阅，并应当自股东提出书面请求之日起十五日内书面答复股东并说明理由。公司拒绝提供查阅的，股东可以请求人民法院要求公司提供查阅。"

（1）股东查阅权的行使规则

结合司法实践，股东查阅权的行使规则如下：

①申请人系公司股东

申请人应当在申请查阅公司文件资料时具有公司股东身份，究其原因，查阅权是股东知情权的重要内容，且公司文件资料涉及公司商业秘密。因此不具有股东身份的申请人不得查阅公司文件资料，但有初步证据证明在持股期间其合法权益受到损害，请求依法查阅或者复制其持股期间的公司特定文件资料的除外。

②申请人依法提出了查阅、复制请求

对于查阅、复制公司章程、股东会会议记录、董事会会议决议、监事会会议决议和财务会计报告，法律并无特殊形式要求，因此申请人可以口头形式或者书面形式提出请求，但必须说明查阅的特定文件资料。对于查阅公司会计账簿，必须以书面形式提出请求。

③查阅目的正当

《公司法》仅对查阅公司会计账簿设置了说明正当目的的义务。说明目的正当是股东行使查阅权应当承担的义务，以合理的根据说明目的不正当是公司拒绝提供查阅应当承担的义务。显然，"说明"和"以合理的根据说明"是两个不同的标准。在同一个法条中，法律对双方当事人履行义务提出了不同的标准，这其实就是实体法对举证责任的分配规则。在股东查阅权纠纷中，只要股东说明其目的，即应当推定股东行使查阅权的目的正当，除非公司有相反的证据。从这种意义上说，股东查阅权纠纷采取了举证责任倒置。只要股东证明其依法提出行使查阅权的请求，那么公司需要就股东查阅目的不正当承担举证责任。一旦公司无法完成其举证责任，则法院应当判决股东胜诉。当然，关于正当目的与不正当目的的判定需要长期的司法实践经验积累。2017 年 8 月 25 日发布的《公司法司法解释四》第 8 条对"不正当目的"作出了列举规定，"有限责任公司有证据证明股东存在下列情形之一的，人民法院应当认定股东有公司法第三十三条第二款规定的'不正当目的'：（一）股东自营或者为他人经营与公司主营业务有实质性竞争关系业务的，但公司章程另有规定或者全体股东另有约定的除外；（二）股东为了向他人通报有关信息查阅公司会计账簿，可能损害公司合法利益的；（三）股东在向公司提出查阅请求之日前的三年内，曾通过查阅公司会计账簿，向他人通报有关信息损害公司合法利益的；（四）股东有不正当目的的其他情形。"至于何谓正当目的，我国立法尚未明确。在美国，评估股份价值、与其他股东沟通或者判断是否存在非正常交易，通常被认为属于"正当目的"。[1]日本学者认为，为了调查董事的不正当行为、为了调查业务执行适当与否、为了调查合并或减资有无必要性、为了调查有无必要提起代表诉讼、为了解明财务会计的疑问点等，属于合法目的。[2]

（2）股东查阅权的客体

股东依据正当目的可以查阅公司的账簿记录，但是否可以查阅公司的任何账簿记录而不受任何限制呢？因而股东查阅权客体的范围是我们必须

---

[1] ABA, 2005 Model Business Corporations Act, p16 - 9, http：//www. abanet. org/buslaw/committees/CL270000pub/nosearch/mbca/assembled/20051201000001. pdf, 访问时间 2007 年 8 月 8 日。

[2] [日] 末永敏和：《现代日本公司法》，金洪玉译，人民法院出版社 2000 年版，第 197—198 页。

解决的问题。

①查阅权客体范围的一般规定

查阅权客体的范围在很大程度上决定了股东知情权。《公司法》采取了单纯列举式规定，即将股东有权查阅的文件资料种类全部列明。根据《公司法》第33条的规定，有限责任公司股东可以查阅的公司账簿记录包括：公司章程、股东会会议记录、董事会会议决议、监事会会议决议、财务会计报告和会计账簿。《公司法司法解释四》第7条所谓"公司特定文件材料"不过是对《公司法》第33条关于有限责任公司股东、第97条关于股份有限公司股东查阅权客体的另一种称呼。[1] 上述立法似乎传递着这样一个信息，除此之外的文件资料股东均无权查阅。进而，股东能否查阅除了《公司法》第33条规定之外的其他文件资料？司法实践中股东要求查阅股东会决议、董事会会议记录等的情形并不少见，往往这些文件与法律规定查阅文件有明显的相关性，但并不在法律规定范围之内。从保护股东知情权的角度而言，应当对股东查阅权课题范围作出合乎立法目的的扩张性解释。学者的实证研究表明：对于公司法规定之外的文件，法院原则上采取禁止的态度。[2] 而美国各州公司立法并未采取单纯列举式而是"列举＋概括规定"的方式，即在列举股东可以查阅的账簿记录种类的同时，概括规定股东有查阅账簿记录的权利。如《特拉华州普通公司法》第220条规定，股东有权复制或者摘录公司的股东分类账、股东名册、其他账簿记录以及公司已经获得或者能够获得子公司的相关账簿记录。美国法院审判实践表明，股东查阅权的范围十分广泛，包括股东名册、董事会会议记录、财务记录、销售分类账、发票、合同、信件、销售策划和经营计划。[3] 与美国立法相比，我国在股东查阅权客体的规定上亦有值得改进之处。

②查阅权客体范围的限制

股东享有查阅权，但并非目的正当就可以查阅公司的任何账簿记录。为了保护公司的利益，股东的查阅权应当受到一定限制。

一般而言，正当目的在保证股东能够实际行使查阅权的同时，已经为股东查阅划定了客体范围。美国特拉华州最高法院认为，依据第220条的

---

〔1〕 李建伟：《股东知情权研究：理论体系与裁判经验》，法律出版社2018年版，第129页。

〔2〕 李建伟：《股东知情权研究：理论体系与裁判经验》，法律出版社2018年版，第329—340页。

〔3〕 Hanno F. Kaiser, "Debt Investments In Competitors Under The Federal Antitrust Laws", 9 Fordham J. Corp. & Fin. L. 2004, p609.

账簿查阅权必须为其目的所限制并准确划定范围，只能查阅对股东达到其正当目的所必需的账簿。[1] 这就意味着股东查阅的范围是具体的，目的不同，查阅的范围就不同，甚至目的相同，因为提出的时间不同，查阅的范围也就不同。当然，股东可以基于不同的正当目的查阅公司不同的账簿和记录，并且这种权利行使不受次数限制。上述立法表明，美国股东查阅权客体制度的立法已经相当成熟，一方面赋予股东较为充分的查阅权，几乎可以查阅公司的任何账簿记录，另一方面对股东每次行使查阅权依据其目的不同进行合理限制，从而较好地实现了股东利益和公司利益的平衡。我国司法实践中也承认查阅权可以多次行使，[2] 股东查阅的文件资料受到查阅目的的限制，只能查阅与其知情目的相关联的事项。《公司法司法解释四》第10条第1款则印证了这一点："人民法院审理股东请求查阅或者复制公司特定文件材料的案件，对原告诉讼请求予以支持的，应当在判决中明确查阅或者复制公司特定文件材料的时间、地点和特定文件材料的名录。"

（3）股东查阅权的行使方式

股东可以自己行使查阅权，也可以聘请会计师、律师等负有保密义务的中介机构执业人员辅助进行。

（4）股东的保密义务

因行使查阅权知悉公司商业秘密的股东，负有保密义务，辅助其行使查阅权的中介机构执业人员同样承担保密义务。一旦泄露公司商业秘密，导致公司利益受损的，应当赔偿由此给公司造成的损失。

5. 剩余财产分配请求权

有限责任公司终止后，经法定清算程序后仍有剩余财产的，应当按照出资比例分配于各股东。

6. 共同制定公司章程的权利

公司章程是有限责任公司的基本规则，不仅对公司、股东、董事、监事、经理具有约束力，更涉及股东权利的保护。有鉴于此，法律赋予有限责任公司的股东共同制定公司章程的权利。

---

[1] Stephen A. Radin, "the New Stage Of Corporate Governance Litigation：Section 220 Demands", 26 Cardozo L. Rev. 2005, p1617.

[2] 参见江苏省高级人民法院（2003）苏民三终字第029号民事判决书。

7. 转让股权的权利

有限责任公司股东依照法律和公司章程的规定转让股权的权利，是《公司法》确认的重要股东权利之一。关于股权转让权的行使参见本章第五节。

8. 优先购买其他股东转让出资的权利

有限责任公司股东经全体股东同意向股东以外的人转让其出资，在同等条件下，其他股东对该出资有优先购买权。

9. 公司增资的优先认缴权

有限责任公司增加注册资本时，股东享有按照实缴的出资比例优先认缴的权利。关于优先认缴权的详细论述参见本书第五章第四节。

10. 诉讼权

诉讼权是指有限责任公司股东针对损害自身利益和公司利益的行为享有的提起诉讼的权利。股东诉讼权分为股东直接诉讼权和股东代表诉讼权。前者是针对损害股东个人利益的行为，后者是针对损害公司利益的行为。关于股东代表诉讼参见本书第七章第九节，在此我们分析《公司法》关于有限责任公司股东直接诉讼的规定。关于决议成立与生效，参见本书第七章第三节，在此仅简单介绍与之相关的几种直接诉讼类型。

（1）决议不成立之诉

《公司法司法解释四》根据实践需求，创设了决议不成立之诉。该解释第5条规定："股东会或者股东大会、董事会决议存在下列情形之一，当事人主张决议不成立的，人民法院应当予以支持：（一）公司未召开会议的，但依据公司法第三十七条第二款或者公司章程规定可以不召开股东会或者股东大会而直接作出决定，并由全体股东在决定文件上签名、盖章的除外；（二）会议未对决议事项进行表决的；（三）出席会议的人数或者股东所持表决权不符合公司法或者公司章程规定的；（四）会议的表决结果未达到公司法或者公司章程规定的通过比例的；（五）导致决议不成立的其他情形。"

（2）决议无效之诉

《公司法》第22条第1款规定，公司股东会或者股东大会、董事会的决议内容违反法律、行政法规的无效。据此股东可以提起决议无效之诉。公司根据股东会、董事会决议已办理变更登记的，一旦股东会、董事会决议被人民法院认定为无效，公司应当向公司登记机关申请撤销变更登记。

（3）决议撤销之诉

《公司法》第22条第2款规定，股东会或者股东大会、董事会的会议召集程序、表决方式违反法律、行政法规或者公司章程，或者决议内容违反公司章程的，股东可以自决议作出之日起六十日内，请求人民法院撤销。必须注意的是，决议撤销之诉的对象是程序违反法律、行政法规或者公司章程以及内容违反公司章程的决议，如果决议内容违反法律、行政法规，则应当按照决议无效的规定进行处理。为了防止股东滥用诉权，人民法院可以应公司的请求，要求提起撤销决议诉讼的股东提供相应担保。一般而言，只有在有证据证明股东可能滥用诉权的情况下，人民法院才会裁定股东提供必要的担保。法律将提供担保的决定权交给人民法院，一方面可以避免股东滥诉损害公司利益；另一方面可以保障股东诉权，以维护其对公司的监督。

（4）损害赔偿之诉

《公司法》第152条规定："董事、高级管理人员违反法律、行政法规或者公司章程的规定，损害股东利益的，股东可以向人民法院提起诉讼。"根据《公司法》第216条的解释，"（一）高级管理人员，是指公司的经理、副经理、财务负责人，上市公司董事会秘书和公司章程规定的其他人员"。因此，损害赔偿之诉的被告为公司董事、高级管理人员，但不包括监事。

（5）查阅权行使之诉

《公司法》第33条规定，股东可以要求查阅公司会计账簿，公司拒绝提供查阅的，股东可以请求人民法院要求公司提供查阅。

（6）异议股东股权购买请求权之诉

《公司法》第74条规定："有下列情形之一的，对股东会该项决议投反对票的股东可以请求公司按照合理的价格收购其股权：（一）公司连续五年不向股东分配利润，而公司该五年连续盈利，并且符合本法规定的分配利润条件的；（二）公司合并、分立、转让主要财产的；（三）公司章程规定的营业期限届满或者章程规定的其他解散事由出现，股东会会议通过决议修改章程使公司存续的。自股东会会议决议通过之日起六十日内，股东与公司不能达成股权收购协议的，股东可以自股东会会议决议通过之日起九十日内向人民法院提起诉讼。"详细论述参见本章第五节。

（7）解散公司之诉

《公司法》第182条规定："公司经营管理发生严重困难，继续存续会使股东利益受到重大损失，通过其他途径不能解决的，持有公司全部股东表决权百分之十以上的股东，可以请求人民法院解散公司。"详细论述参见本书第九章第一节。

11. 公司章程规定的其他权利

除上述法定权利之外，有限责任公司章程还可以规定股东享有的其他权利。不过，该授权条款不得同法律法规的强制性规定相抵触。否则，该授权条款自始无效、当然无效、绝对无效。

（二）有限责任公司股东的义务

有限责任公司股东在享有权利的同时，也承担一定义务。按照《公司法》的有关规定，有限责任公司股东义务包括：

1. 缴纳出资的义务

一般而言，缴纳出资是有限责任公司股东的基本义务。有限责任公司股东应当按照公司章程规定按期足额缴纳所认缴的出资，否则，应当向已按期足额缴纳出资的股东承担违约责任。

《公司法》第 28 条规定："股东应当按期足额缴纳公司章程中规定的各自所认缴的出资额。……股东不按照前款规定缴纳出资的，除应当向公司足额缴纳外，还应当向已按期足额缴纳出资的股东承担违约责任。"究其原因，缴纳出资的义务源于股东之间协商一致的结果。通常，股东之间协商一致的结果体现在两个文本之中：在公司成立之前，体现在出资协议或者股东协议之中，作为协议当事人的股东当然应当履行协议中约定的出资义务，否则应当对其他股东承担违约责任；在公司成立之后，出资义务体现在公司章程之中，出资义务由约定义务转化为章程义务，股东应当向公司出资，公司当然有权请求股东履行出资义务。

2. 以出资额为限对公司承担责任

《公司法》第 3 条第 2 款规定："有限责任公司的股东以其认缴的出资额为限对公司承担责任；……"

3. 不得抽逃出资

有限责任公司成立后，股东的出资就转化为公司的财产，完全独立于股东的个人财产。股东抽逃出资就是对有限责任公司财产的侵害，因此为法律所禁止。

4. 组织清算的义务

除破产清算外，其他情形之下的公司清算，股东均负有组织清算的义务，违反该等义务造成公司债权人损失的应当承担民事责任。

5. 遵守公司章程的义务

公司章程是有限责任公司的基本规则，对股东具有约束力，遵守公司章程就成为股东理所当然的义务。除法律规定的股东义务外，公司章程可以规定股东应承担的其他义务。只要该其他义务不违反法律法规的强制性规定，股东也应当完全履行。

第四节　有限责任公司股东协议

股东的权利义务通常由公司法和公司章程予以规范。对于资合性的股份有限公司而言，这一做法似乎并无不妥，对于具有较多人合性色彩的有限责任公司而言，这一做法似乎并不能完全满足股东参与公司经营管理的需求。实践中，不少有限责任公司股东通过订立股东协议的形式调整彼此间公司法上既定的权利义务关系，进而影响有限责任公司的治理结构。可以说，股东协议已经成为公司章程和股东会制度之外的公司自治的重要手段。其实，《公司法》对股东协议已有所涉及[1]，该法第34条规定，有限责任公司经"全体股东约定"即可以不按照出资比例分取红利或者不按照出资比例优先认缴出资；该法第41条指出，有限责任公司"全体股东另有约定的"则召开股东会会议不必遵守会议召开十五日前发出通知的规定。根据上述规定，至少在涉及股利分配、增资扩股和股东会会议通知方面，有限责任公司的股东可以通过协议的形式作出适合公司实际情况的约定。除了上述三个方面外，实践中的股东协议往往还包含股东会职权、董事会职权乃至董事、经理人选等涉及公司治理的关键问题，时常引发股东协议与公司法、公司章程规定的冲突。妥善解决这一冲突，则依赖于对股东协议制度的正确理解与把握。

一、股东协议的概念

何谓股东协议，国内学者的观点不尽一致，仍有进一步探讨的必要。关于股东协议，主要有三种观点。

---

[1] 关于我国现行《公司法》是否已经存在关于股东协议的规定，学者们意见并不一致。部分学者认为，股东协议制度在《公司法》中并未体现，提出了构建股东协议制度的建议。参见张学文：《股东协议制度初论》，《法商研究》2010年第6期。

一是狭义说。该观点认为，股东协议即公司设立协议、发起人协议，是设立公司的股东之间约定投资项目、投资方式、收益分配、公司人事任命、商业风险及亏损负担、经营管理方式、清算和终止公司等项股东权利义务关系的协议。[1] 该观点属于对我国公司立法的解读。股东协议这一概念并未直接出现在我国现行公司立法之中，但与之含义相当的概念早已为立法所采纳。我国公司制度的立法变迁过程中，长期将股东协议定义为发起人协议。1979 年颁行的中外合资经营企业法将合资各方达成的协议称之为"合同"，1988 年颁行的中外合作经营企业法将合作各方达成的协议称之为"合作企业合同"，2005 年修订的《公司法》第 80 条第 2 款[2]明确要求"发起人应当签订发起人协议，明确各自在公司设立过程中的权利和义务。"狭义说将股东协议的当事人局限于发起人，而股东当然可以在公司成立后围绕股东权利义务订立协议。从这种意义上说，将股东协议等同于发起人协议则大大限制了股东协议的主体范围。

二是广义说。该观点认为，股东协议即股东之间的协议。有学者进一步指出，股东协议所涉事项范围具有模糊性。正是由于模糊性，股东协议成为灵活的治理工具。其实，这种模糊性是相对的，该学者指出，股东协议所涉事项范围主要包括：股利分配、表决权安排、董事选任制度、管理层的选任与监督等。[3] 广义说从实践出发，指出股东协议主要存在于有限责任公司股东之间，协议所涉事项主要与公司治理有关。虽然广义说没有强调股东协议的主体为股东，但股东间协议本身已经旗帜鲜明地表达了这一点。由于该观点不区分股东协议的成立时间，因此公司成立后订立的股东协议当然在其研究范围内。这样一来，从当事人角度观察，广义说的主体范围除了发起人外，还包括公司成立后的股东，其主体范围较之狭义说更为广泛、更为妥当。

三是最广义说。该观点认为，股东协议通常是指有限责任公司的股东之间或股东与公司之间，就公司内部权力的分配和行使、公司事务的管理方式、股东之间的关系等事项所订立的协议。它通过自行创设股东的权利与义务，以达到排除公司法或公司章程规定适用的目的，从而成为有限责

---

[1] 刘天君、张震西：《论股东协议对中小股东权益的保护——兼谈完善〈公司法〉》，《新东方》2004 年第 5 期，第 35 页。

[2] 该条款为 2005 年修订《公司法》时增加的内容，为现行《公司法》（2018 年修正）第 79 条第 2 款。

[3] 章六红：《为股东协议正名》，《董事会》2011 年第 3 期，第 86—87 页。

任公司治理的重要手段。[1] 与广义说相比，该观点将股东协议的主体范围进一步扩展，不仅包括股东，还包括公司。将公司纳入股东协议的主体是否妥当是一个值得思考的问题。有学者从现实需求角度阐明股东与公司订立股东协议的合理性。由于合同相对性原则的存在，为了更好地实现股东协议的目的，实践中不乏股东以外的其他主体加入股东协议的情况出现。[2] 还有学者从学理上阐明了将股东与公司之间协议纳入股东协议范畴的合理性，因为可以将股东同公司签订的协议看作该股东同公司的其他所有股东签订的协议。[3] 如果说从现实需求角度阐明公司加入股东协议的合理性还可以商榷，但从学理角度的阐述则难以成立。毕竟公司和股东拥有各自的人格，在订立股东协议的场合公司代表不了其他股东。如果将股东同公司签订的协议等同于股东同公司其他股东签订的协议，那么控股股东似乎随时可以与公司签订损害其他股东利益的协议，而该协议又可以看作控股股东与其他股东签订的协议，那么其他股东的利益如何保障呢？因而，将股东协议的主体扩展至股东以外的其他人并不妥当。

上述三种观点均将股东协议的内容界定于如何安排股东间的权利义务关系，其实质就是要排除公司法或者公司章程相关规定的适用，这一点最广义说表达得最为清晰，反映了股东签订股东协议的目的。就股东协议的当事人而言，局限于发起人则过于狭窄，扩展至公司则过于宽泛，将之界定为股东更为妥当。这里的股东应作扩张解释，包括发起人乃至公司成立后通过增资或者受让股权即将成为公司股东的人，后者不妨称之为准股东。[4]综上所述，股东协议是指有限责任公司股东（包括准股东）创设或者变更既定的股东权利义务关系，排除公司法或者公司章程相关规定适用的协议。

二、股东协议的性质

关于股东协议的性质，国内学者所持观点也并不相同。设立社团的行为系共同行为乃学界通说。[5] 而设立行为的核心之一就是所有发起人达成

---

[1] 张学文：《股东协议制度初论》，《法商研究》2010 年第 6 期，第 111 页。

[2] 罗芳：《股东协议制度研究》，中国政法大学出版社 2014 年版，第 37 页。

[3] 谭海：《法国法上的股东协议制度之研究》，复旦大学硕士学位论文（2009），第 8 页。

[4] "准股东"并非法律概念，仅为指称方便。

[5] 王泽鉴：《民法总则》，中国政法大学出版社 2001 年版，第 260—261 页（我国台湾地区学界把共同行为称为合同行为或者协同行为）；梁慧星：《民法总论（第四版）》，法律出版社 2011 年版，第 163 页。

一致，因而股东协议系共同行为。因为"股东书面协议主要在约定公司内部经营方式与股东间之经济利益、控制权分配等事项，在理论上而言，系属多数相同方向（平行）的意思表示趋于一致，而属利益之共同促进，应为'共同行为'。"[1] 另有学者认为股东协议是合同[2]。

那么，股东协议究竟是共同行为还是合同行为呢？这就涉及民事法律行为的类型。国内民法学者通常将法律行为分为单方法律行为、双方法律行为、多方法律行为（共同行为）和决议[3]。合同行为是典型的双方法律行为，是指两个内容互异的意思表示一致而成立的法律行为；而共同行为是指两个以上并行的意思表示一致而成立的法律行为，如设立合伙或者社团的行为。而双方法律行为和共同行为的主要区别就在于对立意思表示及对立利益的有无[4]。不过，有学者对共同行为展开了较为深入的研究，指出共同行为的特点为：意思表示的同向性、身份的一致性、效力的整体性、关系的团体性、合作的长期性和目标的涉他性。同时，该观点明确指出，上述特征未必同时符合共同行为的全部个体类别[5]。因为该观点关于共同行为特征的研究建立在"决议属于共同行为的一种特殊类型"的认识基础之上，笔者不揣浅陋地推断这或许就是上述共同行为的特征无法涵盖全部共同行为的原因。因而，本文认为共同行为与其他民事法律行为的本质区别就在于意思表示的同向性。这样一来，按照传统民法对民事法律行为的分类，股东协议似乎应当归入共同行为。值得注意的是，德国著名民法学家拉伦茨教授关于民事法律行为的分类为单方法律行为、合同和决议，并未包括共同行为。其合同行为是相互一致的意思表示的产物，包括债务合同、物权合同和结婚，显然这里采取的是广义的合同概念。而决议则是人合组织、合伙、法人或者法人的机构通过表决方式表达出来的意思形成的结果，决议对应参与决议但未参与决议的人亦有约束力[6]。根据拉伦茨教授所界定的合同和决议，二者均未明确包括共同行为。既然合同是

---

〔1〕 王文宇：《闭锁性公司之立法政策与建议》，《法令月刊》2003年第6期，第63页。

〔2〕 张学文：《股东协议制度初论》，《法商研究》2010年第6期，第113—114页。

〔3〕 王利明主编：《民法（第五版）》，中国人民大学出版社2010年版，第103—104页；梁慧星：《民法总论（第四版）》，法律出版社2011年版，第162—164页。

〔4〕 梁慧星：《民法总论（第四版）》，法律出版社2011年版，第163页。

〔5〕 韩长印：《共同法律行为理论的初步构建——以公司设立为分析对象》，《中国法学》2009年第3期，第73—90页。

〔6〕 ［德］卡尔·拉伦茨：《德国民法通论（下册）》，王晓晔等译，法律出版社2004年版，第434—435页。

相互一致的意思表示，而共同行为也是相互一致的意思表示，股东协议似乎只能纳入合同的范畴。无独有偶，我国台湾地区学者陈自强教授亦间接对股东协议的共同行为属性持有异议。以意思表示的方向性或内容是否同一，来决定法律行为属于合同或者共同行为，均有待商榷，社团的设立行为与民法上社团法人总会或公司股东会决议也非典型的共同行为。真正的共同行为当事人意思表示完全一致。但民法上社团法人总会或公司股东会决议适用多数决原则，并非完全一致。从拘束力角度观察，社团的设立行为仅对设立行为内容表示同意的人才受到拘束，与合同并无重大差别。[1]质言之，学者关于股东协议性质存在争议，将股东协议定性为共同行为并非毫无破绽，将股东协议定性为合同行为亦有理论依据。

如果上述学者之间的争议属于理论层面，那么实践层面是如何认定股东协议性质的呢？

对股东协议性质为合同的判断，还可以从德国的公司法学说和判例中获得印证。在德国，实践中有限责任公司股东还会在公司章程之外签订协议，规定股东权的行使与股东之间的相互关系。该协议是一种具有债权性质的附属协议，且原则上是合法的。[2] 在英国，股东协议属于合同，法官很少将股东协议认定为有名合同，股东协议受合同普通法调整。这与公司章程不同，公司章程系法定合同，受公司法规制。[3] 我国现行民事立法常将共同行为也归为合同行为，[4] 我国司法实践也通常将股东协议界定为合同行为。究其原因，合同的本质是合意，而对立意思表示及对立利益的有无似乎并非判断合同与否的标准。《民法通则》第85条中规定，"合同是当事人之间设立、变更、终止民事关系的协议。依法成立的合同，受法律保护。"《合同法》第2条规定："本法所称合同是平等主体的自然人、法人、其他组织之间设立、变更、终止民事权利义务关系的协议。婚姻、收养、监护等有关身份关系的协议，适用其他法律的规定。"据此，除了身份关系的协议外，其他涉及平等主体之间的民事权利义务关系的协议均属于合同，并未区分协议达成中意思表示的内容和方向。如前所述，股东协议是有限责任公司股东（包括准股东）创设或者变更既定的股东权利义务

---

〔1〕 陈自强：《民法讲义 I：契约之成立与生效》，法律出版社2002年版，第35—36页。

〔2〕 ［德］托马斯·莱塞尔、［德］吕迪格·法伊尔：《德国资合公司法（第3版）》，高旭军等译，法律出版社2005年版，第409—410页。

〔3〕 林少伟：《英国现代公司法》，中国法制出版社2015年版，第126—127页。

〔4〕 王利明主编：《民法（第五版）》，中国人民大学出版社2010年版，第104页。

关系，排除公司法或者公司章程相关规定适用的协议。该协议当事人之间的股东权利义务关系属于平等主体之间的财产关系，当然属于民事权利义务关系。因而将股东协议认定为合同并不违反我国合同立法的本意。

当然，股东协议与普通合同亦有所区别。第一，当事人之间是否存在利益共同体。通常，股东签订协议的目的旨在促进公司良好经营，在这种长期合作关系中，股东之间的利益是共同的，他们很容易将彼此视为一个整体。而在普通合同中，当事人之间的利益是相对的，一方得到的就是另一方失去的，不存在所谓利益共同体。第二，适用法律的差异。股东协议虽然是合同，但不能简单地直接适用合同法，因为股东协议调整的股东权利义务关系恰恰是公司法调整的范围。与合同法相比，公司法属于特别法。因此，股东协议首先应当适用公司法，公司法没有规定的才适用合同法。德国学者认为，有限责任公司股东在私法上享有充分地签订股东协议的权利，这一权利仅仅受到具有强制性的有限责任公司组织法的限制。[1]而普通合同当然适用合同法。正如学者所言，《合伙企业法》选择"合伙协议"这一术语，而非合伙合同或契约，绝不是在两个表示相同意义的法律术语中任意选择一个使用，而是在注意到合伙关系与一般合同关系的差异后有所取舍，从而体现合伙协议的特殊性。[2]这一原理同样适用于阐明股东协议的特殊性。总之，股东协议应认定为具有特殊性的合同。

三、股东协议效力的判断标准

既然股东协议属于合同，则其成立与生效当然应当适用合同法的一般规则；同时鉴于其特殊性，应适用《公司法》。据此，股东协议成立要件包括当事人和合意，而生效要件则包括当事人具有相应的行为能力、意思表示真实自愿和不违反法律和社会公共利益。就股东协议而言，当事人具有相应的行为能力之生效要件则意味着若当事人为自然人则应具备完全民事行为能力；意思表示真实自愿的生效要件则与一般合同无二；不违反法律和社会公共利益要件则具体化为不违反《公司法》《合同法》的强制性规定或者社会公共利益。因而，关于股东协议效力的判断本文重要讨论不违反法律或者社会公共利益这一要件。

---

[1] ［德］托马斯·莱塞尔、［德］吕迪格·法伊尔：《德国资合公司法（第3版）》，高旭军等译，法律出版社2005年版，第410页。

[2] 高富平、苏号朋、刘智慧：《合伙企业法原理与实务》，中国法制出版社1997年版，第140页。

（一）不违反公司法的强制性规定

鉴于《公司法》对股东协议效力并无明文规定，只能从《公司法》中寻求其与股东权利义务有关的强制性规定，主要涉及股东固有权利、公司治理结构方面。

1. 限制股东固有权条款的效力

一般而言，固有权是股东依法享有，未经其同意，不能以公司章程或者股东会决议加以限制或者剥夺的权利。实践中股东协议涉及的股东固有权，主要包括转让股权的权利、优先认缴出资的权利、表决权等。

（1）限制股权转让

囿于人合性，股东的信任与合作关系对有限责任公司的存续发展发挥重要作用，一旦股东发生变动，往往对公司产生重大影响。因此，股权转让的限制就成为股东协议的重要内容。这种限制主要表现在两个方面：一是对股权转让的时间限制，约定在特定时间内不得转让股权；二是对股权转让的条件限制，约定股东转让必须满足相当严格的条件，比如公司净资产或者资产规模、股权受让人的资格等，甚至约定部分股东的退出机制。如何评价股权转让限制条款的效力？《公司法》第71条规定，公司章程可以对有限责任公司的股权转让作出不同于该条的特殊规定。参考公司法司法解释中关于未出资股东权利合理限制的规定，[1] 可以认定公司法允许对股权转让作出限制，但该限制的效力则应考察其合理性。关于合理性的判断标准，我国司法实践似乎并未给出明确标准。我国台湾地区关于股权转让限制的立法可资借鉴。我国台湾地区"企业并购法"第11条规定："公司进行并购时，得以股东间书面契约或公司与股东间之书面契约合理限制下列事项：一、股东转让持股时，应优先转让予公司、其他股东或指定之第三人。二、公司、股东或指定之第三人得优先承购其他股东所持有股份。三、股东得请求其他股东一并转让所持有股份。四、股东转让股份或将股票设质予特定人应经公司董事会或股东会之同意。五、股东转让股份或设质股票之对象。六、股东于一定期间内不得将股份转让或股票设质予他人。未公开发行股票之公司得以章程记载前项约定事项。第一项所指合

---

[1] 《公司法司法解释三》第17条规定："股东未履行或者未全面履行出资义务或者抽逃出资，公司根据公司章程或者股东会决议对其利润分配请求权、新股优先认购权、剩余财产分配请求权等股东权利作出相应的合理限制，该股东请求认定该限制无效的，人民法院不予支持。"

理限制，应符合下列原则：一、为符合证券交易法、税法或其他法令规定所为之限制。二、其他因股东身份、公司业务竞争或整体业务发展之目的所为必要之限制。……"因而，在不违反法律强制性规定的前提下，股权转让限制的合理性主要考察限制的目的。实践中，不少公司存在这样的情形：其他股东由于信赖某一特定股东而投资该公司，股东协议中通常约定该特定股东在特定时间内不能转让股权或者股东同比例转让股权。这一约定从其目的考量应认定为合理。

优先认缴出资与股权转让在性质上相同，判断股权转让限制的合理性标准也适用于优先认缴出资的限制。

（2）限制表决权

一般而言，股东表决权属于固有权，但该固有权允许以法律或者公司章程的规定予以限制甚至排除。《公司法》第42条规定，"股东会会议由股东按照出资比例行使表决权；但是，公司章程另有规定的除外。"据此，有限责任公司可以通过公司章程的形式对股东表决权作出特殊的规定。既然股东协议与公司章程均为公司自治的空间，公司章程可以剥夺或限制表决权，股东协议似乎当然可以作出特别约定。无独有偶，《公司法》第131条规定："国务院可以对公司发行本法规定以外的其他种类的股份，另行作出规定。"据此，股份有限公司只要遵循同股同权、同股同价的原则就可以发行无表决权的特别股。因此，作为管理权意义上的表决权与作为财产权意义上的股权完全可以分离，应当允许股东协议对表决权作出特别约定。

2. 改变公司治理结构条款的效力

一般而言，治理结构是公司有别于其他企业的优势所在。《公司法》关于公司机关的设置、各公司机关权限的划分，通常被认为是强制性规定，不能以公司章程、股东会决议等形式予以改变。实践中，有限责任公司股东协议的常见内容之一就是改变股东会和董事会的职权范围。这一约定是否有效呢？近年来，随着对有限责任公司人合性认识的不断深化，很多国家和地区开展了有限责任公司制度改革，赋予有限责任公司更多自治空间。如前所述，2003年意大利有限责任公司制度改革给予股东充分的自治空间。从尊重有限责任公司人合性角度出发，应当承认股东协议关于股东会和董事会权限的自由划分。至于董事、经理人选，《公司法》已经赋予有限责任公司充分的选择自由，此处不再赘述。

（二）不违反合同法的强制性规定

《合同法》的强制性规定主要就是关于合同无效的法律规范。《合同法》第 52 条规定："有下列情形之一的，合同无效：（一）一方以欺诈、胁迫的手段订立合同，损害国家利益；（二）恶意串通，损害国家、集体或者第三人利益；（三）以合法形式掩盖非法目的；（四）损害社会公共利益；（五）违反法律、行政法规的强制性规定。"因此，存在《合同法》第 52 条规定情形的股东协议无效。当然，一般合同存在部分无效的情形，股东协议也存在部分无效的情形。

（三）股东协议与公司章程的冲突

股东协议和公司章程均为股东实现公司自治的工具。股东既可以通过公司章程，也可以通过股东协议，作出与公司法不同的股东权利义务约定。如此一来，难免出现股东协议的约定与公司章程的规定冲突的情形，这一冲突是否影响股东协议相关约定的效力？虽然股东协议与公司章程记载的事项存在重合，但其效力范围并不相同。通常，股东协议只能约束缔约股东，而公司章程可以约束全体股东、公司、董事、监事、高级管理人员。因此，股东协议的效力不受公司章程的影响，它们在各自的领域内发生效力。一旦两者发生冲突，股东协议的约定在缔约股东之间依然有效，缔约股东无权以违反公司章程为由主张该约定无效，违反股东协议的缔约股东应当承担违约责任。现在美国法院已经无一例外地执行闭锁公司股东自愿达成的协议。[1]

此外，社会公共利益也是考察股东协议效力的标准之一。如果股东协议的约定并不违反法律的强制性规定，但严重违反社会公德、商业道德，可以借助《公司法》第 5 条的规定否定其效力。

四、简短的结论

现行《公司法》已经关注到有限责任公司的人合性，给予有限责任公司较之股份有限公司更多的自治空间，不过关于股东协议的具体制度设计仍然付之阙如。实践中有限责任公司股东经常采用股东协议对股东权利义务作出与公司法不同的约定，因此引发的纠纷亦时有发生，这充分说明股东协议存在及其规制的必要性。与适用于公众公司的赋权性立法相比，适用于闭锁公司的立法呈现出明显的合同属性，它授权股东缔结不损害第三

第六章 有限责任公司股东权利

---

〔1〕 ［美］弗兰克·伊斯特布鲁克、［美］丹尼尔·费希尔：《公司法的经济结构》，张建伟、罗培新译，北京大学出版社 2005 年版，第 266—267 页。

方利益的任何合同。[1] 从股东协议的合同属性出发，充分考虑其对公司治理结构之影响，以公司法和合同法规制其生效要件，可以为实践中股东协议纠纷的解决提供合理的解决路径。

第五节　有限责任公司股权转让

有限责任公司兼有资合性和人合性的特征，这一特征既是其优势所在，也是其不足之处。资合性特征要求有限责任公司必须维持公司的资本，在股东不愿意或无力拥有股份时，不得退股，只能转让给他人；而人合性特征则对有限责任公司股东构成提出严格要求，必须维系股东之间的信任关系，其股权不能通过证券市场自由流转。不过投资者成为有限责任公司的股东后，可能出于不同原因的考虑希望降低出资比例或者退出公司，为此各国公司立法均允许股东转让其出资，同时施加较为严格的限制。我国公司立法亦是如此。

一、有限责任公司股权转让的一般规定

《公司法》第71条规定："有限责任公司的股东之间可以相互转让其全部或者部分股权。股东向股东以外的人转让股权，应当经其他股东过半数同意。股东应就其股权转让事项书面通知其他股东征求同意，其他股东自接到书面通知之日起满三十日未答复的，视为同意转让。其他股东半数以上不同意转让的，不同意的股东应当购买该转让的股权；不购买的，视为同意转让。经股东同意转让的股权，在同等条件下，其他股东有优先购买权。两个以上股东主张行使优先购买权的，协商确定各自的购买比例；协商不成的，按照转让时各自的出资比例行使优先购买权。公司章程对股权转让另有规定的，从其规定。"据此，股东转让股权可以分为两种情形：股东之间转让股权和股东向股东以外的人（为方便指称，我们将股东以外的人称之为第三人）转让股权。

（一）股东之间转让股权

股东之间可以自由转让其全部股权或者部分股权。究其原因，有限责任公司具有人合性，股东之间转让股权，不会增加新的股东，不会破坏股

---

〔1〕 ［美］弗兰克·伊斯特布鲁克、［美］丹尼尔·费希尔：《公司法的经济结构》，张建伟、罗培新译，北京大学出版社2005年版，第264—265页。

东之间的信任。尽管如此，股东之间转让股权将会改变公司股权结构，可能损害其他股东的比例性利益。为此，《公司法》第71条作出了相应规定：一是股东竞相行使优先购买权的规则——协商确定各自的购买比例；协商不成的，按照转让时各自的出资比例行使优先购买权；二是公司章程可以对有限责任公司的股权转让作出不同于《公司法》的规定。

（二）股东向第三人转让股权

股东向第三人转让股权将导致新股东的加入，有损害股东之间信任关系之虞，基于有限责任公司的人合性，法律对此种股权转让严格限制。

1. 取得其他股东的事先同意

（1）其他股东的同意权

与股东之间自由转让股权不同，股东向第三人转让其股权时，必须经其他股东过半数同意。所谓"其他股东过半数同意"，则意味着排除了转让股权股东的同意权。在股东同意权的归属问题上采用了利害关系股东的回避制度，即股东在审议与某位股东有直接的利害关系的事项时，该股东应当回避表决，以保证决议的公正性。

（2）股权转让的通知

《公司法》第71条规定，股东向股东以外的第三人转让股权时，应就其股权转让事项书面通知其他股东征求同意。从人合性考虑，该等通知事项应当包括受让人情况、拟转让股权的数量、价格、支付方式和期限等股权转让合同的主要内容。实践中，有的股东是以口头的形式通知其他股东并征求其对股权转让的意见，这是否会影响股权转让合同的效力？有学者认为，既然《公司法》第71条规定必须以书面形式通知，这说明书面形式是法定形式，未以书面形式通知，则通知不产生效力。笔者认为，从立法目的出发，《公司法》第71条属于作为纯粹行为规范的倡导性规范，法律提倡和诱导当事人采取书面形式这一特定行为，但并不将书面形式作为裁判规范。其目的在于：第一，保存证据；第二，督促当事人谨慎交易。无论是保存证据，还是督促当事人谨慎交易，都无关公共利益的维护，而仅仅涉及了交易当事人自身利益的维护。[1] 采取书面形式，只是为了保证一旦股东之间就是否已经通知发生争议时有据可查而已。因此，即使采取口头形式通知，只要对方股东认可或有其他证据证明口头通知形式的存

〔1〕 关于作为纯粹行为规范的倡导性规范的详细论述，参见王轶：《民法规范论：类型及其配置》，http：//www.civillaw.com.cn/article/default.asp？id=39862，访问时间2008年7月24日。

在，就应当认定股东通知了其他股东，并发生与书面形式通知同样的效力。

（3）默示同意规则

实践中，不少有限责任公司股东在其他股东转让股权时，既不表示同意，也不表示反对，采取这种模棱两可的方式阻止股权转让。针对此种现象，《公司法》采取了默示同意方式对其进行规制，即两种"视为同意转让"情形。其他股东自接到书面通知之日起满三十日未答复的，视为同意转让。当然，不同意转让的股东并没有完全的否决权，其不同意向第三人转让股权的前提条件是自己同意购买该转让的股权。如果既不同意向第三人转让又不购买该转让的股权，则视为同意转让。借助默示同意规则，《公司法》维护了股权自由转让原则。

2. 其他股东享有优先购买权

所谓优先购买权，是指有限责任公司股东经其他股东同意而转让其股权时，在同等条件下，其他股东对该股权有优先购买的权利。究其原因，有限责任股东之间的合作都建立在彼此互相信任的基础之上，股东间的这种互相信任能创造出良好的合作氛围。很多有限责任公司的股东往往希望将公司的股权限制在公司最初的股东之间，以维持股东之间的相互信任。但是，当某一股东决定将其股权转让出去从而退出公司时，公司股东之间的关系可能会因为股权的转让而发生重大变化。为了维护其他股东的相互信任，尽量减少因第三人加入公司而引起公司运转的摩擦，减少由于信息不对称造成投资风险的发生，但是同时又要考虑到不能损害欲转让股权的股东的利益，于是法律赋予了其他股东以优先购买权。

（1）优先购买权的行使条件

按照《公司法》的规定，其他股东行使优先购买权应当满足两个条件：

①只有当某个股东向第三人转让股权时，其他股东才有优先购买权，如果只是股东之间的股权转让，则其他股东不享有优先购买权。

②只有在同等条件下，其他股东才享有优先购买权。如果第三人获得该转让股权的条件优于其他股东，则其他股东不得主张优先购买权。

同等条件的认定是优先购买权行使中的一个难题。实践中，认定同等条件有绝对同等说和相对同等说两种观点。绝对同等说主张其他股东的购买条件应当与第三人的购买条件绝对相同，相对同等说主张其他股东的购买条件应当与第三人的购买条件大致相同即可。[1] 本书支持绝对同等说。究其原因，法律赋予其他股东优先购买权已经给予了其先买特权，如再允许其以购买条件大致相同而主张行使权利，难免给人以过度保护之嫌，不利于股权转让和第三人利益的保护。当然，在购买条件大致相同的情况下，转让股权的股东认为属于"同等条件"，同意其他股东行使优先购买权的，应当予以支持。毕竟转让股权的股东享有合同自由，在不违反法律规定的前提下，有权决定与谁按照何等条件进行交易。

究竟何谓同等条件呢？"同等条件"的参照物应是转让股东与第三人协商确定的股权转让条件。《公司法司法解释四》第 18 条指出，同等条件，应当考虑转让股权的数量、价格、支付方式及期限等因素。毋庸置疑，转让价格是其中最重要的条件，但同等条件还应当包括支付方式、履行期限等其他一般条件。在股权转让中，一般条件不能作为独立条件加以比较和认定，必须和价格条件综合考虑。其实"同等条件"中暗含着一个前提——转让标的相同。所以，同等条件的主要判断标准应当包括转让标的相同和转让价格相同。

A. 转让标的相同

转让标的相同是指转让股权数量相同。数量是买卖合同的基本条款，直接决定了当事人基本的权利义务。股权转让系典型的买卖合同行为，数量显然也应当是其基本条款。从这种意义上说，其他股东不得就转让股权的一部分而不是全部行使优先购买权。

然而，其他股东能否就转让股权的一部分主张优先购买权，长期以来一直是理论界和实务界存在争议的问题。实践中，其他股东主张行使部分的优先购买权引发的优先购买权纠纷较为常见，如何妥善解决这一问题呢？应当从股东优先购买权的立法宗旨出发，同时兼顾转让股权股东和第三人利益，努力寻求三方当事人的利益平衡。

支持部分行使优先购买权的观点，主要理由为：第一，法律并没有禁止部分行使优先购买权，法无禁止，便为可行；第二，优先购买权的立法目的在于维护公司老股东的利益，以便其获得公司控制权；第三，股权是可分物。[2]

笔者认为，上述观点值得商榷。

第一，优先购买权制度的立法宗旨的确在于维护有限责任公司的人合

[1]　古锡麟、李洪堂：《股权转让若干审判实务问题》，《法律适用》2007 年第 3 期，第 51 页。
[2]　魏玮：《股东优先购买权相关问题研究》，《甘肃农业》2006 年第 6 期，第 232 页。

性和其他股东的既得利益，同时也要尊重转让股权股东的利益。《公司法》对有限责任公司股权转让的限制，只能针对转让对象设定，即仅限制股权的流动方向——受让人，而不是限制股权的流通。股东基于股份享有的财产权利应当得到法律的保护，即使是在法律出于人合性的要求限制股权受让人时，也不影响其得到公正的对价。允许就部分股权行使优先购买权，实质上是对受让对象之外进行的第二次限制，并且这种限制已经超越了转让对象的范围，直接限制了转让的股权，与《公司法》确立的股权转让限制原则不符。[1]"法无禁止，便为可行"的观点随意将股东优先购买权扩大化，对转让股权的股东和第三人形成了不合理的限制。[2]

第二，股权的价值和数量密不可分。除特定事项外，有限责任公司的日常经营采取"资本多数决"原则。这种表决原则就决定了有限责任公司的股权价值除了体现为股权收益外，还体现在对公司的控制权方面，即股权的价值等于股权收益与相应的控制权之和。股权收益对于每股来说都是等同的，因而股权比例的高低不会影响每股股权收益。然而，控制权对每股的价值却是不等同的。[3] 在特定范围内，股权每股的价值随着控制权的增加（股权比例的提高）而增加，呈加速增长的趋势。一般而言，持有多数股权的股东在公司中的权益体现为股权收益和控制利益的总和，而持少数股份的股东则仅仅享有股权收益。考虑到股权结构的因素，任何股权都可能包含控制利益。固然"股权是可分物"，如果允许部分行使优先购买权，则股权中包含的控制利益就可能被分解而丧失殆尽，甚至影响股权转让的实现。

总之，数量相同即转让标的相同是判断同等条件的重要因素。除非取得转让股权的股东同意，否则，其他股东对部分股权行使优先购买权不应得到支持。

B. 转让价格相同

转让价格相同是指优先购买权人支付的价款应等同于第三人在合同中允诺支付的价款。现实生活是复杂的，同等条件的价格的形成是一个复杂

---

〔1〕 张艳、马强：《股权转让的法律问题——公司法第72条适用之探讨》，《上海政法学院学报（法治论丛）》2008年第3期，第39页。

〔2〕 周国君、汤玉枢：《论有限责任公司股东优先购买权的权利界定》，《学术探索》2004年第10期，第61页。

〔3〕 周国君、汤玉枢：《论有限责任公司股东优先购买权的权利界定》，《学术探索》2004年第10期，第61页。

的过程，而且股东在确定价格时，不但要考虑经济利益，有时还要考虑精神利益、人情关系。所以，如果股东基于某种特殊原因给予了第三人一种较优惠的价格，而这些特殊原因能以金钱计算，则应折合金钱加入价格之中。[1]

与转让价格相同相联系，原则上付款期限和付款方式也应相同，即其他股东行使优先购买权的付款期限和付款方式要与第三人的付款期限和付款方式相同。

（2）优先购买权的行使期限

其他股东享有优先购买权应当在公司章程规定的期限内行使，否则难免影响股权转让，危及转让股东的合法权益。为此，《公司法司法解释四》第 19 条规定："有限责任公司的股东主张优先购买转让股权的，应当在收到通知后，在公司章程规定的行使期间内提出购买请求。公司章程没有规定行使期间或者规定不明确的，以通知确定的期间为准，通知确定的期间短于三十日或者未明确行使期间的，行使期间为三十日。"

（3）转让股东的反悔权

所谓转让股东的反悔权，是指转让股东在其他股东主张优先购买权时享有的撤销对外转让股权的意思表示的权利。基于对优先购买权性质的不同理解，关于转让股东的反悔权存在截然相反的两种观点：一是将优先购买权理解为非绝对的形成权，甚至是请求权，肯定转让股东的反悔权；二是将优先购买权理解为绝对的形成权，否定转让股东的反悔权。《公司法》确立股东优先购买权的目的在于保护有限责任公司的人合性，防止未经现有股东同意而外部人成为公司股东的情形发生，并非保障现有股东获得转让股东的股权。从这种意义上说，优先购买权并非形成权。依据形成权法理，权利人一旦行使权利，即发生单方变动法律关系的效果。但多个股东均主张优先购买权的场合，股权转让协议并非当然成立，因为受让人、购买数量等尚须协商确定，与形成权存在明显不同。因而，《公司法司法解释四》第 20 条肯定了转让股东的反悔权，"有限责任公司的转让股东，在其他股东主张优先购买后又不同意转让股权的，对其他股东优先购买的主张，人民法院不予支持，但公司章程另有规定或者全体股东另有约定的除外。其他股东主张转让股东赔偿其损失合理的，人民法院应当予以支持。"据此，转让股东享有反悔权，但公司章程或者全体股东约定不得反悔的除

---

[1] 王利明：《合同法疑难案例研究》，中国人民大学出版社 1997 年版，第 350 页。

外。承认转让股东的反悔权，也应保护其他股东的信赖利益，其他股东为行使优先购买权进行了必要的合理准备，于此场合，转让股东应基于缔约过失赔偿其他股东的合理损失。

（4）侵害优先购买权的法律救济

关于侵害优先购买权的法律后果，《公司法》未作具体规定。因为同意权和优先购买权顺序行使，侵害同意权往往同时侵害优先购买权，而侵害优先购买权之前往往已经侵害同意权。所以国内学者往往将侵害优先购买权与侵害同意权同时探讨，关于侵害优先购买权法律后果的分析原则上也适用于侵害同意权。国内学者关于侵害优先购买权而签署的股权转让合同效力争议颇多，形成了不同的观点，包括无效说、可撤销说、效力待定说、成立即生效说、成立但未生效说。[1] 其中最为主要的观点为无效说和可撤销说。无效说认为，优先购买权是公司法赋予其他股东的法定权利，侵害优先购买权即违反了《合同法》第52条第5项"违反法律、行政法规的强制性规定"的合同无效的规定，应当确定转让股东与公司外部人订立的股权转让合同无效。[2] 可撤销说认为，未经其他股东同意而签订股权转让协议，侵害其他股东的优先购买权的，其他股东对合同享有撤销权，该转让协议属于可撤销的合同。[3] 上述观点均有合理之处，亦有不足之处。无论是无效说还是可撤销说，均从优先购买权的性质出发，赋予股权转让合同以外的特定第三人——其他股东——可以决定合同效力的权利。这难免陷善意公司外部人于不利境地，有过度保护其他股东的嫌疑。为此，《公司法司法解释四》在保护股东优先购买权的同时，亦赋予公司外部人相应的民事救济，实现了其他股东与公司外部人的利益平衡。

①其他股东的法律救济

其他股东因优先购买权受到侵害，满足特定条件可以实现优先购买权，否则只能获得替代赔偿。《公司法司法解释四》列举了侵害优先购买权的两种情形：一是转让股东未就其股权转让事项征求其他股东意见，对于有意购买转让股权的股东构成侵害；二是转让股东以欺诈、恶意串通等

〔1〕 赵万一、吴民许：《论有限公司出资转让的条件》，《法学论坛》2004年第5期，第39—41页；马三喜、于志娜：《法定限制条件对有限责任公司股权转让合同效力的影响》，《发展》2006年第8期，第73—74页；张艳、马强：《股权转让的法律问题——公司法第72条适用之探讨》，《上海政法学院学报（法治论丛）》2008年第3期，第35—37页。

〔2〕 张艳、马强：《股权转让的法律问题——公司法第72条适用之探讨》，《上海政法学院学报（法治论丛）》2008年第3期，第37页。

〔3〕 魏玮：《股东优先购买权相关问题研究》，《甘肃农业》2006年第6期，第232页。

手段，损害其他股东优先购买权。实践中，该等欺诈、恶意串通等主要是围绕同等条件展开的，即告知其他股东虚假的转让股权数量、价格、支付方式及期限等。因优先购买权受到侵害，其他股东意欲实现优先购买权，应当自知道或者应当知道行使优先购买权的同等条件之日起三十日内或者自股权变更登记之日起一年内主张。这里的"三十日"参照了《公司法》第71条第2款规定的"三十日"行使优先购买权期限。至于"一年"则考虑到维系法律关系稳定性的需要，因为股权转让后公司内部和外部形成了新的法律关系，不加限制地推翻不利于公司及其债权人利益的保护。当然在后一种情形下，其他股东可以获得替代赔偿。非因自身原因无法主张优先购买权的其他股东，可以请求损害赔偿。

②公司外部人的法律救济

因其他股东行使优先购买权而不能实现合同目的的公司外部人，可以依法请求转让股东承担相应民事责任。问题的关键是确定公司外部人的请求权基础。除转让股东与公司外部人恶意串通损害其他股东优先购买权而签订的股权转让合同无效外，其他情形之下转让股东与公司外部人签订的股权转让合同有效。如前所述，《公司法》确立股东优先购买权的目的在于保护有限责任公司的人合性，防止未经现有股东同意而外部人成为公司股东的情形发生，因此法律并不必然否定转让股东与公司外部人的股权转让合同的效力，只要能阻止该合同先于其他股东依据优先购买权成立的股权转让合同即可。

在转让股东与公司外部人之间的股权转让合同无效的情形下，公司外部人可以依据缔约过失获得救济。《合同法》第58条规定："合同无效或者被撤销后，因该合同取得的财产，应当予以返还；不能返还或者没有必要返还的，应当折价补偿。有过错的一方应当赔偿对方因此所受到的损失，双方都有过错的，应当各自承担相应的责任。"

在转让股东与公司外部人之间的股权转让合同有效的情形下，公司外部人可以依据违约获得救济。按照《合同法》的基本原理，公司外部人可以获得可得利益的损失。关于可得利益损失的计算，当事人在股权转让合同中有约定的，比较容易处理；没有约定的，则较为复杂。在其他股东知道行使优先购买权的同等条件三十日内行使优先购买权的情形下，可得利益损失的计算比较简单；在其他股东自股权变更登记之日起一年内主张优先购买权的情形下，可得利益损失的计算较为复杂，而且其他股东主张优先购买权的时间越晚，可得利益损失的计算越复杂。因为在后一种情形下，公司外部人可能参与了公司的经营管理，可能为公司投入了新技术，可能为公司引入了新项目。对此，只能根据案件的具体情况作出审慎的判断。

（三）公司章程对股权转让的限制

《公司法》第71条第4款规定："公司章程对股权转让另有规定的，从其规定。"由此可见，《公司法》关于股权转让的规定为任意性规范，只有在公司章程没有特别约定的情况下才适用。

那么，公司章程能否对股权转让作出限制呢？关于这一问题，国内学者主要形成了三种观点：第一种观点认为，公司章程在法律规定之外设定的对股权转让的规定都是无效的，因为股权自由转让是公司法的灵魂，《公司法》对股权转让采取的是"法定限制主义"立法模式；第二种观点认为，公司章程对股权转让设定的限制，只要符合合同自由原则就应当认定有效；第三种观点认为，公司章程的限制不应过于严格，不能造成股权转让难以进行或者根本不能进行，更不能明确禁止股权转让。[1]

笔者认为，公司章程对股权转让限制的效力实际上反映了公司章程和法律规定的关系问题。公司章程是全体股东共同一致的意思表示，公司章程是公司成立的必要条件，也是公司运营的基本准则。公司章程在本质上具有自治规则的属性，兼有契约性质。无论是自治规则还是契约，股东借助公司章程所表现出的意思均不得逾越一定的"边界"，即只有在公司章程的规定不违反法律的强制性规定时，才承认其效力。就有限责任公司股权转让而言，公司章程可以设定合理的限制，一旦公司章程的限制已构成对股权转让的障碍或将导致股权无法转让时，那么该等限制便不具有约束力。当然，亦有学者指出，公司章程对股东之间转让股权的限制不得高于向第三人转让股权的限制。[2]从有限责任公司的人合性出发，该等规制可资赞同。山东省高级人民法院基本秉持该态度，认为："有限责任公司的章程可以限制股权转让但不得禁止股权转让。理由：《中华人民共和国公司法》第七十一条第四款规定'公司章程对股权转让另有规定的，从其规定'。该款规定根据意思自治原则，赋予了公司股东自主决定股权转让事项的权利。公司章程可以约定，排除其他股东的优先购买权或

---

〔1〕 徐衍修：《有限责任公司章程强制或限制股权转让效力的实证分析》，《法治研究》2008年第7期，第68页。

〔2〕 周友苏：《新公司法论》，法律出版社2006年版，第286页。

者规定更为宽松的股权转让条件。关于公司章程对股权转让事项的限制比公司法规定更为严格是否合法的问题，基于有限责任公司的人合性，公司法认可根据公司利益对股东股权转让进行一定限制。但任何财产权皆具有处分权能，公司章程对股权转让的限制不得违反财产权的本质，比如，约定'股权转让应经其他所有股东同意'，则属于无效条款。"[1]

在确认了公司章程对股权转让限制的原则之后，需要考虑如何对违反法律强制性规定的公司章程条款进行规范的问题。公司章程既然是以股东会决议的形式通过的，那么股东可以提起决议无效之诉，请求人民法院确认公司章程对股权转让的限制无效。对于公司章程中因股东重大误解通过的条款、显失公平的条款以及一方股东以欺诈、胁迫手段或乘人之危订立的违背其他股东真实意思的条款，因决议撤销之诉针对的是决议程序违法和决议内容违反公司章程，故《公司法》中似乎没有提出救济手段，学者提出可以借鉴《合同法》第 54 条的相关规定，请求人民法院或仲裁机构予以变更或者撤销。[2] 从公司章程关于股东权利义务部分具有契约性质而言，该种解决对策并无不妥。

（四）股权转让的生效时间

股权转让合同生效，并不当然导致股权转让。按照《公司法》第 32 条的规定，股权变动的效果产生于股东名册的变动。股东名册变动完成，受让人即享有股权。股东依法转让股权后，应当依法办理工商变更等手续。否则，该股权的转让不得对抗善意第三人。

（五）股权转让的法律适用

股权转让系以股权为标的的买卖合同行为，其应当适用《公司法》和《合同法》。就股权转让而言，《公司法》是特别法，应当优先适用；《合同法》是普通法，应当一般适用和补充适用。质言之，《合同法》有关规范原则上适用于股权转让，但必须充分考虑股权转让的特性，不是所有买卖合同相关的法律规范均适用于股权转让。最高人民法院指导案例 67 号"汤长龙诉周士海股权转让纠纷案"指出：从维护交易安全的角度考量，有限责任公司的股权交易涉及诸多方面，如其他股东对受让

〔1〕 山东高院：《重磅 ｜ 山东高院民二庭：关于审理公司纠纷案件若干问题的解答》，http：//www.sohu.com/a/241687909_355187，访问时间 2018 年 7 月 18 日。
〔2〕 王欣新、赵芬萍：《析新公司法中有限责任公司股东向非股东股权转让之规定》，《中国工商管理研究》2006 年第 6 期，第 46 页。

人的接受和信任、受让人记载于股东名册和登记与工商部门、受让人参与公司经营管理等，社会成本和影响已经倾注其中。"有限责任公司的股权分期支付转让款中发生股权受让人延迟或者拒付等违约情形，股权转让人要求解除双方签订的股权转让合同的，不适用《中华人民共和国合同法》第一百六十七条关于分期付款买卖中出卖人在买受人未支付到期价款的金额达到合同全部价款的五分之一时即可解除合同的规定。"[1]

二、有限责任公司股权转让的特殊规定

（一）强制执行股东股权

股权属于有限责任公司股东的财产，股东对外负债时，债权人当然可以依法申请对其股权采取强制执行措施。为了维护有限责任公司的人合性，《公司法》在强制执行股东股权的情形之下，也允许其他股东行使优先购买权。《公司法》第72条规定："人民法院依照法律规定的强制执行程序转让股东的股权时，应当通知公司及全体股东，其他股东在同等条件下有优先购买权。其他股东自人民法院通知之日起满二十日不行使优先购买权的，视为放弃优先购买权。"不过，该规定不够具体明确，在具体适用过程中难免存在问题，其中较为主要的问题有以下两个。

1. 强制执行股权前，是否"应当经其他股东过半数同意"

《公司法》第71条规定，股东向第三人转让股权应当经其他股东过半数同意。强制执行股权是否应当遵循该规定呢？强制执行的目的在于清偿股东债务，其直接后果就是第三人因此而获得公司股权，从这种意义上说，强制执行股权是股东向第三人转让股权的特殊方式。既然如此，强制执行股权应当遵循《公司法》第71条的规定。

2. 强制执行过程中，其他股东如何行使优先购买权

如前所述，其他股东行使优先购买权的前提条件之一就是同等条件。而该同等条件的重要判断标准就是其他股东与第三人受让股权的价格相同。这在通常的股权转让中不会产生法律冲突，但在强制执行中难免产生法律冲突，如何解决值得关注。拍卖是强制执行中最为常见的手段之一，也最容易引发优先购买权行使纠纷。

---

[1] 《指导案例67号：汤长龙诉周士海股权转让纠纷案》，http：//www. court. gov. cn/shen-pan - xiangqing - 27831. html，访问时间2018年1月12日。

《中华人民共和国拍卖法》（以下简称《拍卖法》）第51条规定："竞买人的最高应价经拍卖师落槌或者以其他公开表示买定的方式确认后，拍卖成交。"而以最高应价购得拍卖标的的竞买人就是买受人。拍卖成交后，买受人和拍卖人应当签署成交确认书。就股权拍卖而言，依据《拍卖法》，最高应价的竞买人就是拍卖股权的买受人；依据《公司法》，最高应价的竞买人尚不能确定是否为买受人，因为最高应价就是"同等条件"，其他股东可以据此行使优先购买权。由此而引发《拍卖法》与《公司法》的冲突。就股权拍卖而言，《拍卖法》属于普通法，《公司法》属于特别法。按照特别法优于普通法的适用原则，应当承认《公司法》的规定，从而保护其他股东的优先购买权。为此，《公司法司法解释四》第22条规定："通过拍卖向股东以外的人转让有限责任公司股权的，适用公司法第七十一条第二款、第三款或者第七十二条规定的'书面通知''通知''同等条件'时，根据相关法律、司法解释确定。在依法设立的产权交易场所转让有限责任公司国有股权的，适用公司法第七十一条第二款、第三款或者第七十二条规定的'书面通知''通知''同等条件'时，可以参照产权交易场所的交易规则。"

其实早在2004年《最高人民法院关于人民法院民事执行中拍卖、变卖财产的规定》已围绕司法拍卖提出了应对之策。该规定第14条指出："人民法院应当在拍卖五日前以书面或者其他能够确认收悉的适当方式，通知当事人和已知的担保物权人、优先购买权人或者其他优先权人于拍卖日到场。优先购买权人经通知未到场的，视为放弃优先购买权。"第16条进一步明确："拍卖过程中，有最高应价时，优先购买权人可以表示以该最高价买受，如无更高应价，则拍归优先购买权人；如有更高应价，而优先购买权人不作表示的，则拍归该应价最高的竞买人。顺序相同的多个优先购买权人同时表示买受的，以抽签方式决定买受人。"上述规定，在《拍卖法》和《公司法》相关规定相互冲突的情况下，在尽可能维护相应法律制度立法原意的基础上进行了适当协调，可以作为强制执行股权规则的参考。

根据上述司法解释，结合网络拍卖的特点，2016年出台了《最高人民法院关于人民法院网络司法拍卖若干问题的规定》，其第16条规定："网络司法拍卖的事项应当在拍卖公告发布三日前以书面或者其他能够确认收悉的合理方式，通知当事人、已知优先购买权人。权利人书面明确放弃权利的，可以不通知。无法通知的，应当在网络司法拍卖平台公示并说明无法通知的理由，公示满五日视为已经通知。优先购买权人经通知未参与竞买的，视为放弃优先购买权。"第 21 条规定："优先购买权人参与竞买的，可以与其他竞买人以相同的价格出价，没有更高出价的，拍卖财产由优先购买权人竞得。顺序不同的优先购买权人以相同价格出价的，拍卖财产由顺序在先的优先购买权人竞得。顺序相同的优先购买权人以相同价格出价的，拍卖财产由出价在先的优先购买权人竞得。"

（二）异议股东股权购买请求权

1. 异议股东股权购买请求权的概念

异议股东股权购买请求权，又称少数股东收买请求权、中小股东异议估价权、回购请求权，是指股东会作出对股东利益关系有重大影响的决议时，对该决议表明异议的股东，享有请求公司以公平价格购买其所持有的股份，从而退出公司的权利。异议股东股权购买请求权制度起源于美国，现已被世界各国广泛采用。为何应当赋予异议股东股权购买请求权呢？究其原因，现代公司普遍采取资本多数决原则，多数股东的意志可以合法地转化为公司的意志，这就为大股东侵害小股东的合法权益留下了空间。如果大股东完全从自身利益出发，公司就会变成大股东合法掠夺小股东的工具。众所周知，股东之所以投资公司，其目的在于获得投资收益，当其投资收益因公司或者其他股东行使股东权利的行为而受到重大影响时，应当赋予股东退出的权利。我国 2005 年《公司法》确立了异议股东股权购买请求权。

2. 行使异议股东股权购买请求权的法定事由

《公司法》第 74 条第 1 款规定了异议股东股权购买请求权行使的法定事由，即"有下列情形之一的，对股东会该项决议投反对票的股东可以请求公司按照合理的价格收购其股权：（一）公司连续五年不向股东分配利润，而公司该五年连续盈利，并且符合本法规定的分配利润条件的；（二）公司合并、分立、转让主要财产的；（三）公司章程规定的营业期限届满或者章程规定的其他解散事由出现，股东会会议通过决议修改章程使公司存续的"。由此可见，行使异议股东股权购买请求权的法定事由仅限于以上三种情形。有学者认为，《公司法》规定的异议股东股权购买请求权行使的法定事由过少，至少还应当包括：（1）公司减少资本；（2）公司章程的修改；（3）公司责任形式的变更。主要理由之一就是这三种事由与法定的三种事由一样都属于公司重大决议事项，都必须在股东会上经过三分之二以上多数资本决才能通过的事项；理由之二是这三种事由都将会导致公司发生重大变化，而公司发生重大变化则是行使股权回购请求权的重要判断标准。[1] 笔者认为，异议股东股权购买请求权原本就是保护有限责任公司小股东的一种特殊制度，对其适用范围应当持慎重态度。如有必要，应由立法对其适用范围适当加以扩展。

3. 异议股东股权购买请求权行使的程序

《公司法》第 74 条第 2 款规定："自股东会会议决议通过之日起六十日内，股东与公司不能达成股权收购协议的，股东可以自股东会会议决议通过之日起九十日内向人民法院提起诉讼。"据此，异议股东股权购买请求权的行使程序为：协议回购和诉讼回购，并且协议回购是诉讼回购的前置程序。

（1）协议回购

有限责任公司决议涉及《公司法》第 74 条第 1 款的任何一项内容，对此持异议的股东，有权行使异议股东股权购买请求权。如何表示异议呢？依据《公司法》的规定，股东表示异议的方式应当是对股东会审议事项投反对票，而且最好记载于股东会会议记录之上。在此基础之上，异议股东在股东会决议通过后六十日内与公司协商回购股权。股权回购中价格无疑是最重要的条款，也是实践中最难达成一致的条款。如果异议股东与公司协商成功的，双方签订回购协议，由公司收购异议股东的股权。

（2）诉讼回购

从异议股东股权购买请求权的立法宗旨出发，只要异议股东行使该请求权，公司就有回购其持有股权的义务。因此，如果异议股东就股权回购与公司协商不成的，可以自股东会会议决议通过之日起九十日内向人民法院提起诉讼，要求公司回购股权。有学者认为《公司法》第 74 条关于"九十日"的规定属于诉讼时效。[2] 笔者对此不敢苟同。从该条的立法宗旨分析，"九十日"的规定属于除斥期间，逾期异议股东股权购买请求权归于消灭。

4. 回购股权的处理

《公司法》第 74 条没有对公司回购股权的处理作出明确规定。这并不意味着有限责任公司可以长期持有自己的股权。从公司资本制度角度考量，公司长期持有自己的股权，相当于减少注册资本，但却未能反映在公

〔1〕 戚枝淬：《股权回购：有利还是不利？论有限责任公司异议股东股权回购》，《中国律师》2006 年第 7 期，第 73—74 页。

〔2〕 戚枝淬：《股权回购：有利还是不利？论有限责任公司异议股东股权回购》，《中国律师》2006 年第 7 期，第 74 页。

司注册资本上，有违资本确定原则，可能危及公司债权人利益。从公司经营管理角度考量，股权上附有表决权，公司长期持有自己的股权，一旦以公司名义行使表决权，可能损害公司股东利益。为此，各国公司立法通常规定公司持有自己的股权必须在特定时间内转让或者注销，并且在公司持有期间该股权不享有表决权。《公司法》第 142 条就股份有限公司回购股权的处理作出了明确规定，即"公司不得收购本公司股份。但是，有下列情形之一的除外：（一）减少公司注册资本；（二）与持有本公司股份的其他公司合并；（三）将股份用于员工持股计划或者股权激励；（四）股东因对股东大会作出的公司合并、分立决议持异议，要求公司收购其股份；（五）将股份用于转换上市公司发行的可转换为股票的公司债券；（六）上市公司为维护公司价值及股东权益所必需。公司因前款第（一）项、第（二）项规定的情形收购本公司股份的，应当经股东大会决议；公司因前款第（三）项、第（五）项、第（六）项规定的情形收购本公司股份的，可以依照公司章程的规定或者股东大会的授权，经三分之二以上董事出席的董事会会议决议。公司依照本条第一款规定收购本公司股份后，属于第（一）项情形的，应当自收购之日起十日内注销；属于第（二）项、第（四）项情形的，应当在六个月内转让或者注销；属于第（三）项、第（五）项、第（六）项情形的，公司合计持有的本公司股份数不得超过本公司已发行股份总额的百分之十，并应当在三年内转让或者注销。上市公司收购本公司股份的，应当依照《中华人民共和国证券法》的规定履行信息披露义务。上市公司因本条第一款第（三）项、第（五）项、第（六）项规定的情形收购本公司股份的，应当通过公开的集中交易方式进行。公司不得接受本公司的股票作为质押权的标的。"鉴于有限责任公司回购股权与第 142 条第 1 款第 4 项"股东因对股东大会作出的公司合并、分立决议持异议，要求公司收购其股份"规定的情形基本相同，对适用第 142 条第 1 款第 4 项回购股权处理的规定，即"应当在六个月内转让或者注销"，可以作为有限责任公司回购股权处理的参考。

（三）股权继承

针对实践中不断涌现的股权继承纠纷，《公司法》确立了股权继承制度。该法第 75 条规定："自然人股东死亡后，其合法继承人可以继承股东资格；但是，公司章程另有规定的除外。"然而由于该条文过于粗陋，理论界和实务界关于股权继承的争论并未停止。

1. 继承人股东身份的取得

目前，关于股权继承主要存在三种不同的观点。第一种观点认为，被继承人死亡，继承人自然取得股东身份，无须履行其他程序，至于是否变更股东名册和股东登记则属于权利公示的问题，不妨称之为股权继承自由主义。[1] 第二种观点认为，《公司法》第 75 条只规定了"可以继承股东资格"，并不等于实际取得，还应履行股权转让的程序规定，继承人才能取得股东身份。[2] 第三种观点认为，股权的自益权的内容属于继承客体，自益权是可以被继承的。然而，股权的共益权主要是管理权，不属于继承权的客体。[3]

笔者认为，股权继承涉及继承法和公司法两大领域，对于《公司法》第 75 条的解读应当既符合继承法精神，又遵循公司法原则。依据《中华人民共和国继承法》（以下简称《继承法》）的相关规定，继承人只能继承被继承人死亡时遗留的合法财产即遗产。而股权由于具有财产价值，普遍认为可以作为继承权的客体。虽然股权包含以财产权为内容的自益权和以管理权为内容的共益权，但这两种权利是不能各自独立存在的，缺少任何一项均不能称其为股权。[4] 从这种意义上说，第三种观点存在不妥之处。《继承法》第 2 条规定："继承从被继承人死亡时开始。"《民通意见》第 177 条规定："继承的诉讼时效按继承法的规定执行。但继承开始后，继承人未明确表示放弃继承的，视为接受继承，遗产未分割的，即为共同共有。诉讼时效的中止、中断、延长，均适用民法通则的有关规定。"那么，继承开始后遗产分割前，遗产被视为全体继承人的共同财产，即全体继承人被视为遗产的所有人。就股权继承而言，既然继承人已经取得了股权，当然也就成为了公司股东，哪里还需要履行什么所谓的股权转让程序呢？因此，笔者赞同第一种观点。其实，大陆法系各国立法多采纳股权继承自由主义。《法国商事公司法》第 44 条规定："公司股份通过继承方式或在夫妻之间清算共同财产时自由转移，并在夫妻之间以及直系尊亲属或直系卑亲属间自由转让。但是，章程可规定，配偶、继承人、直系尊亲属、直系卑亲属，只有在章程规定的条件获得同意后，才可成为股东。赋

〔1〕 匡敦校：《有限责任公司股权继承的法理分析与制度完善》，《金融与经济》2008 年第 2 期，第 41—44 页。
〔2〕 周友苏：《新公司法论》，法律出版社 2006 年版，第 290—292 页。
〔3〕 王志平、龙杰：《试议我国有限责任公司的股权继承》，《科技经济市场》2006 年第 12 期，第 102 页。
〔4〕 周友苏：《新公司法论》，法律出版社 2006 年版，第 291 页。

予公司对是否同意作出决定的期限不得超过第 45 条规定的期限；要求达到的多数不得高于该条规定的多数，否则，此种条款无效。在不予认可的情况下，应适用第 45 条（公司股份转让给予公司无关的第三人的相关规定）第 3 款和第 4 款的规定。在规定的期限内，未采取任何上述两款规定的解决办法的，视为已经获得认可。"《德国有限责任公司法》第 15 条（出资额的转让）、《意大利民法典》第 2479 条（股份的转移）、《韩国商法典》第 283 条（有限责任社员的死亡）、《俄罗斯民法典》第 93 条、《瑞士债法典》第 792 条均适用其例。[1]

2. 公司章程对股权继承的限制

虽然我国对股权继承采取的是自由主义，但法律规定公司章程可以对股权继承予以限制，以维护有限责任公司的人合性。公司章程关于股东权利义务的规定具有契约性质，只要不违反法律的强制性规定，股东的意思自治将得到法律的保护。具体到股权继承而言，只要公司章程对股权继承的限制不违反法律的强制性规定，此种限制便合法有效。例如，公司章程可以约定股权继承适用股东向第三人转让股权的规定，也可以约定股东死亡时由其他股东收购其股权。既然公司章程可以对股权继承作出限制，全体股东当然也可以约定股权继承的规则。《公司法司法解释四》第 16 条规定："有限责任公司的自然人股东因继承发生变化时，其他股东主张依据公司法第七十一条第三款规定行使优先购买权的，人民法院不予支持，但公司章程另有规定或者全体股东另有约定的除外。"值得注意的是，《法国商事公司法》第 44 条对股权继承适用股权转让规则的限制，即不得高于股东向第三人转让股权的条件，亦可资借鉴。

三、出资瑕疵的股权转让

（一）以出资瑕疵股权为标的转让合同的效力

所谓出资瑕疵的股权是指股东违反约定没有按照出资协议或者公司章程的规定履行出资义务而拥有的股权。从实践中来看，出资瑕疵的股权主要存在三种情形：一是出资不实的股权，二是虚假出资的股权，三是违反约定未履行出资的股权。拥有出资瑕疵股权的股东可否转让股权，法律并未作出禁止性规定，言外之意就是可以转让。而司法机关关于瑕疵股权转

---

〔1〕 王勇华：《有限责任公司股权自由继承的理论基础》，《法学》2005 年第 10 期，第 74—75 页。

让合同效力的判断也印证了我们对于瑕疵股权转让的推定。司法机关关于瑕疵股权转让合同效力的看法虽然有所不同，不过基本认可了瑕疵股权转让合同的效力。《上海市高级人民法院关于审理涉及公司诉讼案件若干问题的处理意见（二）》第四部分"处理股权转让纠纷的相关问题"第2条规定："有限责任公司股东未足额出资即转让股权，公司或者其他股东请求转让人将转让股权价款用于补足出资的，人民法院应予支持，并且可以追加受让人为第三人参与诉讼。有限责任公司股东未足额出资即转让股权，受让人以转让标的存在瑕疵或者受到欺诈为由主张撤销合同的，人民法院不予支持，有法律规定的特殊情形除外。"江苏省高级人民法院与最高人民法院、上海市高级人民法院的意见有所不同，其在肯定瑕疵股权可以转让的同时，给予受让人以法律救济。《江苏省高级人民法院关于审理适用公司法案件若干问题的意见（试行）》第58条规定："当事人仅以转让方未出资、出资不足或抽逃出资为由请求认定股权转让合同无效的，不予支持。订立合同时转让方隐瞒未足额出资或抽逃出资的事实的，受让方可以请求撤销合同。"《公司法司法解释三》第19条规定："有限责任公司的股东未履行或者未全面履行出资义务即转让股权，受让人对此知道或者应当知道，公司请求该股东履行出资义务、受让人对此承担连带责任的，人民法院应予支持；公司债权人依照本规定第十三条第二款向该股东提起诉讼，同时请求前述受让人对此承担连带责任的，人民法院应予支持。受让人根据前款规定承担责任后，向该未履行或者未全面履行出资义务的股东追偿的，人民法院应予支持。但是，当事人另有约定的除外。"笔者认为，股权转让行为属于合同行为，当然应当尊重《合同法》关于合同效力的规定。一般而言，合同效力分为有效、无效、可撤销和效力待定四种情形。那么，瑕疵股权转让合同的效力也概莫能外。从实践中来看，涉及瑕疵股权转让合同效力的主要因素就是受让人对股权出资瑕疵是否知情。通常股权转让被视为商事行为，应当受到外观主义原则的规制，进而适用严格责任。具体到瑕疵股权转让而言，只要股权存在瑕疵，就足以证明转让股东存在欺诈，从而影响转让合同的效力。因此，瑕疵股权转让合同的效力主要包括有效和可撤销两种情形。从这种意义上说，江苏省高级人民法院的处理意见更为妥当。

（二）瑕疵股权转让后出资责任的承担

在承认瑕疵股权可以转让之后，将面临着转让后的责任承担问题，即出资瑕疵的责任是由转让股东承担还是受让人承担？我们认为对此不能一概而论。既然瑕疵股权转让合同的效力主要分为有效和可撤销两种情形，就应当区分不同情况考察瑕疵股权转让后出资责任的承担。

1. 瑕疵股权转让合同有效，转让股东、受让人就出资承担连带责任

国内不少学者从维护公司资本制度进而保护公司债权人利益角度出发，主张股权转让完成后，转让股东依然应当承担出资责任，甚至要求转让股东和受让人承担连带责任。《公司法司法解释三》第18条亦持此种观点。笔者认为值得商榷。众所周知，股东承担出资义务是一项不容否认的规则。瑕疵股权转让合同有效，股权转让完成后，转让股东不再是股东，而受让人获得了股东身份，受让人当然享有股权权利而承担股东义务。而缴纳出资是股东最为重要的义务。其结果就是受让人既要向转让股东支付股权转让价款，还要向公司履行出资义务。当然受让人履行出资义务后，可以依据瑕疵担保责任向转让股东追偿，除非在股权转让之前受让人已经知晓出资瑕疵的情形。

2. 瑕疵股权转让合同被撤销，转让股东承担出资责任

受让人以转让股东隐瞒股权出资瑕疵为由撤销股权转让合同的主张为法院或者仲裁机构认可后，股权转让合同自成立之时起便不具有法律效力。那么，转让股东依然是公司股东，当然应当承担出资责任；受让人不是公司股东，当然无须承担出资责任，反而可以股权转让合同被撤销要求转让股东赔偿其损失。需要说明的是，可撤销股权转让合同在受让人撤销之前已经发生效力，此时受让人应当承担瑕疵股权所对应之出资责任。

第七章　有限责任公司的治理结构

第一节　公司治理结构概述

一、公司治理结构的含义

基于与其他企业形态不同的产权结构，公司形成了独特的治理结构，这种治理结构是现代企业制度的核心和集中体现。公司治理的目的就在于保障公司管理层忠于职守，从公司利益最大化出发，对公司股东和其他利益相关者负责。完整的公司治理环境包括内部和外部双重结构。内部结构即公司内部的治理环境，是一套用以支配投资者（主要指股东）、管理层、员工之间关系的制度安排，并从这种安排中获取经济利益，这就是狭义的公司治理。外部结构即公司外部治理环境，主要包括产品市场、管理层劳动力市场、贷款人约束、资本市场、敌意收购和代理权争夺。[1] 本书所探讨的就是狭义的公司治理。

一般而言，公司治理结构是指适应公司的产权结构，以出资者（股东）与经营者的分离、分立和整合为基础，连接并规范股东会、董事会、监事会、经理相互之间权利、利益、责任关系的制度安排。[2] 它包括公司的组织机构和运行机制两个方面。所谓组织机构，即股东会、董事会、监事会、经理等组成的公司管理系统。所谓运行机制，即公司运营过程中各组织机构的相互作用。前者是公司治理结构的形式和基础，后者是公司治理结构的灵魂和关键。两者是公司治理结构不可分割的组成部分。

二、公司治理结构的基本模式

由于各国法律传统、社会文化等方方面面的差异，公司治理结构的具体模式不尽相同，大致上可以分为两类，即双层委员会制和单层委员

---

〔1〕 汤欣：《公司治理与上市公司收购》，中国人民大学出版社 2001 年版，第 156—157 页。
〔2〕 范健主编：《商法（第三版）》，高等教育出版社 2007 年版，第 168 页。

会制。

所谓双层委员会制，是指在公司权力机关股东会之下，除了设立作为执行机构的董事会外，还设立专门的监督机构——监事会或者类似机构。大陆法系国家公司治理结构多采纳双层委员会制。依据董事会和监事会关系的不同，双层委员会制又分为两种模式——双层型和并列型。在双层型中，监事会由股东会选举产生，董事会由监事会选举产生，监事会拥有董事任免权，董事会负责公司的经营管理，监事会监督公司的经营管理。这就意味着公司内部形成了股东会——监事会——董事会的科层结构。德国的公司治理结构为双层型。在并列型中，董事会和监事会均由股东会选举产生，二者在公司内部处于并列地位。我国和日本的公司治理结构为并列型。大陆法系国家之所以形成双层委员会制，主要是因为其公司股权的集中程度比较大，一般都集中在少数大股东手里，而且股权的持有通常都具有较高的稳定性。在这样的股权结构下，股东主要通过参与公司的日常管理决策来实现对公司的监督控制。双层委员会制强调组织机制（监事会）在公司治理结构中的作用。

所谓单层委员会制，是指在公司权力机关股东会之下，只设立作为执行机构的董事会，不设立专门的监督机构。英美法系国家公司治理结构多采纳单层委员会制。以美国为例剖析其原因。美国资本市场比较发达，股票流动性大，公司的股权结构相当分散，持股比例很小的小股东人数众多。因此，在美国的上市公司中，其控股股东的持股比例也比较低。由于股权分散，股东严密监督企业经营者所付出的代价比较大，获取的收益却受到持股比例小的限制；同时个别股东的监控行为又使其他没有参与监督的股东赚取了"不劳而获"的额外利润。在这种情况下，股东更多地倾向于"用脚投票"，即通过市场机制，以购入或抛售持有的上市公司股票的行为，来行使自己的监督权和实现自身利益最大化。单层委员会制强调市场机制在公司治理结构中的作用。不过进入20世纪60年代后，这种情况有所变化。因为此时美国公司基本完成了由"股东大会中心主义"向"董事会中心主义"的过渡，董事会可能偏离全体股东的利益行事，内部人控制问题日益突出。由于单个个人股东所占公司股份非常小，对于谁出任公司董事表现出"理性的冷漠"。虽然存在机构投资者，而且其持股比例呈逐年上升趋势。但是美国法律禁止机构投资者干预公司的经营。因此，公司董事就有可能仅仅为部分股东的利益服务，损害其他股东的利益。70年代洛克希德等公司卷入了向官员行贿等丑闻及一些性质恶劣的不当行为成为设立独立董事的导火索。为了防止这一弊病发生，小股东和机构投资者都倾向于独立董事进入董事会。加之机构投资者积极开展院外活动，支持创设独立董事制度。1978 年 6 月底，纽约证券交易所开创独立董事制度的先河，要求自该年 7 月 1 日起在该所注册的上市公司必须设置由独立董事组成的审计委员会。从此，独立董事作为一项正式的制度安排得以确立。虽然独立董事属于董事会内部监督，但其作用与双层制的监事会有异曲同工之妙。

通过比较不难发现，公司治理结构的两种基本模式各有利弊。各国公司立法确立的不过是公司治理结构的基本架构。我们应当根据公司自身实际，在法律框架内，选择最佳的公司治理结构。

三、有限责任公司的公司治理结构

有限责任公司的治理结构是指适应有限责任公司的产权结构，为保障股东利益而创立的公司组织机构之间相互合作、相互监督的制度安排。由于有限责任公司具有人合性，与股份有限公司相比，其治理结构表现出自身的特点：第一，组织机构设置简单、灵活。有限责任公司股东人数较少，相互之间关系密切，内部信任机制在一定程度上弱化了组织机构的功能，导致组织机构的设置具有较大的自由度。例如，并非所有的有限责任公司都必须设立董事会或者监事会。第二，股东积极参与公司各组织机构，两权分离程度较低。有限责任公司股东一旦出资即不得撤回出资，而且出资的转让受到严格限制，因而，股东十分重视参与公司的经营管理。其结果就是公司的董事、监事或者经理往往由股东直接担任。股东在履行作为公司管理者义务的同时，获得了公司的各种信息，可以有效地行使股东的监督权。这就使得有限责任公司股东的利益得到了较好的保护。

根据《公司法》的规定，有限责任公司可以设立股东会、董事会、经理和监事会作为其组织机构，并对其权限进行合理划分，以保证各组织机构分工合作、协调运行。值得注意的是，我国在有限责任公司治理结构中，还增加了职工参与管理的内容。这体现了立法对职工利益的保护，毕竟公司的发展也离不开职工的积极性和创造性。经济合作与发展组织（OECD）制定的《公司治理结构原则》规定，公司治理结构的内容之一就是注重利害相关者在公司治理结构中的作用，即"公司治理结构的框架应当确认利害相关者的合法权利，并且鼓励公司和利害相关者在创造财富和工作机会以及为保持企业财务健全而积极地进行合作"。

第二节 有限责任公司股东会

一、有限责任公司股东会的概念和特征

（一）有限责任公司股东会的概念

有限责任公司股东会是指有限责任公司的全体股东组成的公司权力机构，是股东在公司内部行使股东权的法定组织。《公司法》第36条规定："有限责任公司股东会由全体股东组成。股东会是公司的权力机构，依照本法行使职权。"

（二）有限责任公司股东会的特征

在有限责任公司治理机构中，股东会不可或缺，具有以下特征：

1. 股东会由有限责任公司全体股东组成

股东会在组成上具有全员性。股东无论出资额的大小，无论加入公司时间的长短，无论投资目的如何，均为股东会的成员，均有权依法出席股东会会议。在这里应当区分股东会和股东会会议。股东会是公司的组织机构，股东会的工作方式为会议形式即股东会会议。股东会由全体股东组成，但股东会会议并不要求全体股东必须出席。

2. 股东会是有限责任公司的权力机构

公司资本源于股东出资，公司运营必须体现全体股东的意思。股东会就是全体股东表达其意思并将分散的股东意思集中表现为公司意思的组织机构。因此，股东会是有限责任公司的权力机构，享有公司重大事务的决定权。作为意思机构，股东会对外不代表公司，对内不执行业务。

3. 股东会是有限责任公司的必设机构

《公司法》明确规定股东会是有限责任公司的必设机构，只是考虑到某些有限责任公司（如一人有限责任公司、国有独资公司、外商投资的有限责任公司）的特殊性才允许其不设股东会。通说认为，股东会虽然是有限责任公司的必设机构，但并非常设机构。

二、有限责任公司股东会的职权

作为有限责任公司的权力机构，股东会有权决定公司的一切重大事务。按照《公司法》第37条的规定，股东会行使下列十一项职权：

1. 决定公司的经营方针和投资计划；

2. 选举和更换非由职工代表担任的董事、监事，决定有关董事、监事的报酬事项；

3. 审议批准董事会的报告；

4. 审议批准监事会或者监事的报告；

5. 审议批准公司的年度财务预算方案、决算方案；

6. 审议批准公司的利润分配方案和弥补亏损方案；

7. 对公司增加或者减少注册资本作出决议；

8. 对发行公司债券作出决议；

9. 对公司合并、分立、解散、清算或者变更公司形式作出决议；

10. 修改公司章程；

11. 公司章程规定的其他职权。

对上述事项，有限责任公司股东以书面形式一致表示同意的，可以不召开股东会会议，直接作出决定，并由全体股东在决定文件上签名、盖章。

需要注意的是，例外情形下公司章程的修改无须股东会审议通过。《公司法》第73条规定："依照本法第七十一条、第七十二条转让股权后，公司应当注销原股东的出资证明书，向新股东签发出资证明书，并相应修改公司章程和股东名册中有关股东及其出资额的记载。对公司章程的该项修改不需再由股东会表决。"

三、股东会会议

股东会会议是股东会的工作方式。股东会通过召开会议，行使法律赋予的职权。

（一）股东会会议的种类

按照《公司法》的规定，股东会会议分为三种：

1. 首次会议

首次会议是有限责任公司全体股东完成出资后所召开的第一次会议，其目的在于通过公司章程、选举公司组织机构以及决定其他重大事项。《公司法》第38条规定："首次股东会会议由出资最多的股东召集和主持，依照本法规定行使职权。"

2. 定期会议

定期会议是指有限责任公司按照法律或者公司章程的规定定期召开的

股东会会议，通常每年召开一次或者两次。

3. 临时会议

临时会议是指有限责任公司根据需要在定期会议的间隔期间临时召开的股东会会议。临时会议一般都是处置公司突发性的重大事项。临时会议的召开也必须遵守法律和公司章程的规定。《公司法》第 39 条规定："……代表十分之一以上表决权的股东，三分之一以上的董事，监事会或者不设监事会的公司的监事提议召开临时会议的，应当召开临时会议。"

（二）股东会决议

一般而言，凡有限责任公司股东会职权范围内的事项，股东会均可作出决议。根据决议的方法和要求的不同，股东会决议可以分为普通决议和特别决议。

1. 普通决议

普通决议一般采取资本简单多数原则予以通过，即应经代表二分之一以上表决权的股东同意方为有效。《公司法》对普通决议的表决未作明确限定，而是授权公司章程予以规制。实践中，有限责任公司章程多规定股东会普通决议采取资本简单多数方式通过。

2. 特别决议

特别决议一般采取资本绝对多数原则予以通过。《公司法》规定，股东会对公司增加或者减少注册资本，分立、合并、解散或者变更公司形式，修改公司章程等重大事项应当作出特别决议，必须经代表三分之二以上表决权的股东通过。除此之外，有限责任公司股东会就其他重大事项作出决议时，可以采取普通决议方式。

无论是定期股东会还是临时股东会，无论是普通决议还是特别决议，股东会都应当对所议事项的决定作成会议记录，出席会议的股东应当在会议记录上签名。股东会会议记录具有证实会议决定的效力，应当妥善保存。

第三节 有限责任公司股东会决议的成立与效力

《公司法》第 22 条只规定了公司决议的无效和可撤销制度，关于股东会决议成立与生效的讨论原则上也适用于董事会决议，为行文方便，本书仅讨论股东会决议制度。无论是司法实践还是学术界均提出了股东会决议不成立的问题。凡是法律行为，皆有成立与生效的问题，股东会决议也不应当例外。"三分法"以法律行为为指引，在"二分法"的基础上增加了决议不成立（或者称之为决议不存在）制度，从而形成更加完善的股东会决议瑕疵制度体系，即决议不成立、决议无效和决议可撤销。《公司法司法解释四》增设了股东会决议不成立制度。

一、股东会决议的成立

（一）股东会决议的成立要件

股东会决议系一种特殊的单方法律行为。其特殊性体现在两个方面，一是成立的特殊性，一般意义上的单方民事行为，仅凭当事人一方的意思表示即可成立，而决议需要依赖众多非当事人的股东的意思表示趋于一致才能成立，也就是所谓的多数决——既可以存在不一致、不同向的意思表示，又不排斥全体一致；二是效力的特殊性，一般意义上的单方民事行为生效后仅约束当事人一方和相对人，而决议一旦达成，不仅约束作为当事人的公司，还约束全体股东、董事、监事乃至公司外部的第三人。[1] 关于法律行为成立的规则，似乎也应当适用于股东会决议。不过学者对此提出了异议。"……关于股东大会决议，因其意思形成方法带有团体法的特点，于其效力也强烈要求团体法律关系的稳定，大部分法律行为或意思表示的一般原则不适于决议。"[2] 本文对此不敢苟同。法律行为以意思表示为核心，无意思表示无法律行为。股东会决议虽有特殊性，但其毕竟为法律行为，法律行为的一般规则当然应当适用之，只是因其特殊性作适当变通而已，这只是原则与例外的关系。通说认为法律行为的一般成立要件，通常包括当事人、标的和意思表示。标的指法律行为至少在形式上确实以法律效果内容为追求而言。依当今之德国民法，只要追求法律效果内容，便有了法律行为的标的。由于意思表示必以法律效果为内容，所以一旦发生了意思表示，就可视为同时具备法律行为标的。[3] 如此一来，法律行为的一般成立要件就可以简化为当事人和意思表示。股东会决议是公司股东以股东会会议的方式就特定审议事项表达其意思而形成的公司的意思表示，因而股东会决议之当事人要件应为股东会会议体，股东会决议之意思表示要

〔1〕 吴高臣：《论股东大会决议的性质》，《首都师范大学学报（社会科学版）》2014 年第 6 期。
〔2〕 [韩] 李哲松：《韩国公司法》，吴日焕译，中国政法大学出版社 2000 年版，第 383 页。
〔3〕 龙卫球：《民法总论（第二版）》，中国法制出版社 2002 年版，第 444—446 页。

件应为审议事项符合多数决的要求。因而股东会决议的成立要件为:

1. 股东会会议体成立

就广义而言,股东大会具有两种存在方式:一种是作为抽象的、观念性的公司机关,该公司机关由公司全体股东组成,享有公司法规定的职权;另一种是作为具体的、现实性的职权行使方式的公司会议,股东大会只能以召集会议的方式行使职权。[1] 因此,股东会决议成立要件之一的当事人应当指该次召开的股东会会议体的主体资格,即是否具备作出决议的权利能力,而并非仅仅指出席会议的股东。有学者认为,当事人并非股东大会决议之成立要件,"一项股东大会决议呈现在人们面前时必定是作为一种客观存在物出现,它的出现不过是某些人行为结果的体现罢了。既然说决议是某些人行为的结果,那么,就不能说决议不存在这一程序瑕疵是因为决议作出时欠缺决议的行为主体——当事人。例如,无召集权人召集会议或者出席会议的股东人数不达足数要求但是大会仍然通过某项决议的情形下,只是大会的召集人或决议的作出人在主体资格上有所欠缺,不能构成有效决议的适格主体,但决议的主体依然是明确存在的。此时,我们是在进行当事人主体适格与否的法律价值判断,而不是法律行为的成立要件——当事人存在与否的事实判断"。[2] 笔者认为,此种观点事实上混淆了股东与股东会决议之当事人股东会会议体,后者恰恰是股东会决议的团体法特征之体现。而所谓股东会会议的召集以及出席会议的股东人数等涉及是股东会会议体是否存在的问题。胎儿孕育成熟而出生始能称之为人,无论胎死腹中还是出生后为死体均不能称之为人。同理,股东会会议体的组成也有一个过程,这一过程存在瑕疵完全可能影响股东会会议体的存在。因而,就股东会决议而言,其当事人存在与否的问题同样是事实判断而非价值判断。

从股东会决议的团体法特征出发,股东会由全体股东组成,应当保证每个股东出席股东会的机会,必须依法召集股东会,这就涉及召集人资格和股东会的通知与公告事宜;同时作为会议体,股东会正常运作必须保证其组成人员合法并且如期召开。因而,判断股东会会议是否具备决议能力,主要可以从上述几个方面考查。

---

〔1〕 叶林:《公司法研究》,中国人民大学出版社 2008 年版,第 185 页。

〔2〕 苏翠萍:《股东大会决议不存在制度研究》,载王保树主编:《商事法论集(总第 16 卷)》,法律出版社 2009 年版,第 228 页。

（1）召集人资格

股东会的召集人是指依法享有召集股东会权利的人。从各国公司立法来看，召集人大致包括董事会、少数股东、监事（会）、经理（室）、审计员、清算人、重整人以及法院命令召集。[1] 其中，又以董事会、少数股东、监事（会）为通常召集人。《公司法》亦作此规定，并规定了召集人的顺序，该法第 40 条规定："有限责任公司设立董事会的，股东会会议由董事会召集，董事长主持；董事长不能履行职务或者不履行职务的，由副董事长主持；副董事长不能履行职务或者不履行职务的，由半数以上董事共同推举一名董事主持。有限责任公司不设董事会的，股东会会议由执行董事召集和主持。董事会或者执行董事不能履行或者不履行召集股东会会议职责的，由监事会或者不设监事会的公司的监事召集和主持；监事会或者监事不召集和主持的，代表十分之一以上表决权的股东可以自行召集和主持。"据此，非召集人召集的股东集会不能称之为股东会，其所谓决议当然也不能称之为股东会决议；后一顺序的召集人超越顺序规则召集的股东集会也不能称之为股东会，其所谓决议当然也不能称之为股东会决议。

（2）股东会的通知与公告

只有依法发出股东会的通知与公告，公司股东才能知晓何时何地召开股东会，才会了解该次股东会的审议事项，才能决定是否参加股东会。因而股东会的通知与公告是影响股东会决议资格的另一个重要因素。《公司法》第 41 条第 1 款规定："召开股东会会议，应当于会议召开十五日前通知全体股东；但是，公司章程另有规定或者全体股东另有约定的除外。"

就股东会通知与公告的期限而言，召集人应当按照法律或者公司章程规定的期限发出通知与公告。一般而言，公司立法关于通知或公告期限的规定属于强制性规范，公司章程规定的期限不得短于法律规定，否则应当认定公司章程规定无效。当然，如果公司章程规定的期限长于法律规定，并不违反公司法的强制性规范，应当视为有效。因为公司章程规定的期限长于法定期限，将保证股东有更加充足的时间考虑和准备出席股东会会议。

就股东会通知与公告的内容而言，各国公司立法一般规定应包括会议召开的时间、地点和提案。只有知晓何时何地为何事召开股东会，股东才能决定是否参加股东会并对审议事项作出自己的判断。同时，提案也决定了股东会决议的范围，因为各国公司立法普遍认为股东会不得对未列入股

〔1〕 毛亚敏：《公司法比较研究》，中国法制出版社 2001 年版，第 158—159 页。

东会提案的内容进行审议。

就股东会通知与公告的对象而言，依据股东表决权的有无形成了两种不同的立法例：一种是全体股东模式，不论股东是否拥有表决权，股东会的通知应当送达每一位股东；另一种是部分股东模式，股东会只须通知有表决权的股东。虽然部分股东没有表决权，但其知情权不容否认，就此而言，前者有利于保护股东的知情权，我国采全体股东模式，因此股东会的通知与公告必须对全体股东发出。

（3）符合出席法定数的要求

股东会作为会议体，其组成人员就是出席会议的股东。为了防止出席股东代表性的不足，各国公司立法多规定了出席法定数。关于出席会议的股东通常有两个方面的要求：一是股东身份，二是出席会议股东的持股比例达到一定数量。

就股东身份而言，只有出席会议的股东拥有合法身份，才能保证会议体的组成拥有合法身份。因而，出席会议的股东身份就成为必须关注的问题。问题在于是否要求出席会议的股东必须有表决权呢？对于有限责任公司而言，公司立法总体上倾向于保护股东参加股东大会的权利，即使其没有表决权也不应剥夺其出席股东大会的权利。《公司法》第42条规定："股东会会议由股东按照出资比例行使表决权；但是，公司章程另有规定的除外。"该规定属于任意性规范，公司章程可以有与此不同的规定。实践中不少有限责任公司章程中存在直接排除部分股东表决权的规则。只要该排除部分股东表决权规则不存在其他违法情形，就应当认定该规则的法律效力。究其原因，有限责任公司系人合性公司，法律允许作为自治规则的公司章程按照公司的实际情况作出独具特色的表决权制度。那么，这部分无表决权的股东是否有权出席股东会呢？从有限责任公司的人合性出发，应当允许所有股东出席股东大会方能更好地维系股东之间的信任关系，因而即使被公司章程排除其表决权的股东依然有权出席股东会。德国主流观点亦认为，有限责任公司的股东有权出席股东会，即使其没有表决权。[1]

就出席会议股东的持股比例而言，只有达到一定数量，才能保证股东大会的代表性。不少国家立法对出席法定数有明确要求。我国公司法并无

---

〔1〕 参见［德］托马斯·莱塞尔、［德］吕迪格·法伊尔：《德国资合公司法（第3版）》，高旭军等译，法律出版社2005年版，第571页。

这方面的要求。[1] 这是否意味着只要有一个股东出席会议，不论其持股比例多寡均满足出席法定数的要求呢？笔者认为并非如此。因为股东大会系会议体，这涉及对会议的理解。

何为会议？一般而言，会议有两种含义：一是有组织有领导地商议事情的集会；二是一种经常商讨并处理重要事务的常设机构或组织。这里讨论的股东大会是指股东大会会议，因此应当采取第一种含义即集会。既然是集会，只有一个人出席恐怕不合适称之为会议。英国公司法判例即采纳了这一观点。1876 年 Sharp v Dawes 一案的重要结论就是只有一个股东不能构成股东大会会议。上诉法院法官梅利什指出："显而易见，根据英语语言的一般用法，一个股东出席不能构成股东大会会议，没有任何股东出席也不能构成股东大会会议。"[2] 据此，即使合法召集，但只有一个股东出席，也无法形成会议，只有两个以上的股东出席始能形成股东大会会议。当然并非任何股东大会均须两个以上股东出席，英国法律规定了例外情形：一是某个类别股东只有一人时，类别股东大会由其一人组成；二是一人公司，其股东大会由唯一股东组成；三是出现英国《2006 年公司法》第 303 条规定的特殊情况，由法院召集股东大会的，即使只有一个股东出席亦可构成股东大会会议。[3] 我国香港地区《公司条例》对于股东大会法定人数的规定，事实上也是对"会议"的解释。该条例第 585 条"成员大会的法定人数"规定："（1）如公司只有一名成员，该成员亲身出席或委派代表出席，即构成该公司成员大会的法定人数。（2）如上述公司的上述成员是法人团体，该成员透过其法团代表出席，亦属构成该公司成员大会的法定人数。（3）除第（1）款及公司的章程细则的条文另有规定外，2 名亲身出席或委派代表出席的成员，即构成该公司成员大会的法定人数。（4）如有关公司的某成员是法人团体，而该成员透过其法团代表出席，该成员须被计入该公司成员大会的法定人数。（5）在本条中——法团代表（corporate representative）指根据第 606 条获授权担任有关法人团体的代表的人。"笔者认为，英国的上述做法值得赞同，我国立法应当明确只有一个股东出席的股东会会议不构成股东会会议。

---

[1] 有学者对我国股东大会法定数进行了深入研究，并提出了完善我国立法的相关建议。参见钱玉林：《"资本多数决"与瑕疵股东大会决议的效力》，《中国法学》2004 年第 6 期。

[2] Michael Ottley, Brief Csae on Company Law 2nd edition, Cavendish Publishing Limited, 2002, pp 69 – 70.

[3] 林少伟：《英国现代公司法》，中国法制出版社 2015 年版，第 168—169 页。

（4）会议召开程序合法

在满足了召集人资格、股东会的通知与公告、出席会议的股东资格之后，还需要满足会议召开程序的要求，即按照通知与公告中发布的时间、地点召开会议，该次股东会会议体才真正形成，并具备决议能力。随意变更会议时间和地点将妨碍股东出席股东会权利的行使，因而原则上，会议时间和地点不得变更。当然随着科技进步，股东会网络投票兴起，这事实上意味着股东会会议在不同的地点举行。对此，我国香港《公司条例》第583条"在2个或多于2个地方举行成员大会"规定："（1）公司可使用令该公司身处不同地方的成员能够在成员大会上聆听、发言及表决的任何科技，在2个或多于2个地方举行成员大会。（2）第（1）款的效力，受有关公司的章程细则的条文规限。"笔者认为，香港公司立法顺应了网络时代的要求，这一做法值得赞同。

2. 审议事项符合多数决之要求

通说认为，意思表示的构成要素包括目的意思、效果意思和表示行为。目的意思是指明意思表示具体内容的意思要素。就股东会决议而言，其目的意思就是该次股东会会议的审议事项。一旦股东会就审议事项付诸表决，则意味着公司有意接受该目的意思的约束，因而股东会决议的效果意思和表示行为紧密相连，集中体现于审议事项的表决。基于此，审议事项符合多数决之要求这一要件，主要考查两个方面的因素：

（1）审议提案

虽然股东会通知与公告中发布了股东会的提案，但会议体并未依法组成，只有会议体正常工作即股东会召开时，其才可能形成目的意思，该目的意思就是与会股东审议的提案。换言之，股东会通知与公告中的提案，只是股东会这一会议体的组织因素，舍此无法组成合法的会议体，但并不是会议体的意思因素。只有会议体正常运作后，提案才转化为其意思因素。

（2）决议事项达到最低表决权数

股东会对审议事项进行审议，其结果有二：一是决定有关事项不予表决，则围绕该审议事项不会形成决议；二是将有关事项付诸表决，这才可能形成决议。对于表决事项各国公司法对于普通决议或者特别决议都规定了最低表决权数。一般而言，股东会对决议事项的表决同意数未达法定最低表决权数，则股东会决议不成立。如果公司章程规定的最低表决权数高于法定最低表决权数，而股东会决议事项的同意数已达到法定最低表决权数未达章程所定最低表决权数，股东会决议的成立与否存在争议。有学者认为该种情形股东会决议应视为成立，只不过因决议方法存在瑕疵而成为可撤销决议。[1] 笔者认为既然公司以章程条款的形式就最低表决权数在法律允许范围内作出了选择，这种选择当然具有相当于法律的效力，公司可以修改章程的方式改变这种选择，但在改变这一选择之前，必须遵循这一选择。秉承公司自治的理念，应当认定决议未达成。

需要说明的是，审议事项符合多数决之要求这一意思表示的解释当然适用意思表示解释的一般规则。我国通说认为就意思表示的解释对象应采折中主义理论，以表示主义为主，意思主义为辅。一般情况下采表示主义理论，在当事人因欺诈、胁迫、乘人之危、错误等原因为意思表示时，应采意思主义理论。而且表示主义也恰恰是团体法内部规范团体行为的立法理念。[2] 因而，对审议事项符合多数决之要求的解释应当遵循表示主义理论，即在决议达成时股东以表决的方式形成的决议过程中，全体股东的表决就是股东会的表示行为，作为表决结果的决议就是股东会的真实意思。从团体法角度出发，股东会决议是多个股东意思表示一致的结果，当个别股东因欺诈、胁迫、乘人之危、错误等原因为意思表示时，当然可能影响到其意思表示的自愿真实，从而影响股东会决议的效力。

（二）股东会决议不成立

股东会决议不符合成立要件，将导致股东会决议不成立。《公司法司法解释四》第5条规定了股东会决议不成立的四种具体情形，"股东会或者股东大会、董事会决议存在下列情形之一，当事人主张决议不成立的，人民法院应当予以支持：（一）公司未召开会议的，但依据公司法第三十七条第二款或者公司章程规定可以不召开股东会或者股东大会而直接作出决定，并由全体股东在决定文件上签名、盖章的除外；（二）会议未对决议事项进行表决的；（三）出席会议的人数或者股东所持表决权不符合公司法或者公司章程规定的；（四）会议的表决结果未达到公司法或者公司章程规定的通过比例的；（五）导致决议不成立的其他情形。"上述五种具体情形并不能涵盖股东会决议不成立的主要情形，纵然有"其他情形"的

---

[1]　钱玉林：《股东大会决议瑕疵研究》，法律出版社2005年版，第281页。

[2]　张钢成、赵维华：《有限责任公司股东资格确认问题研究》，《广西梧州师范高等专科学校学报》2005年第3期，第12页。

兜底条款，也不能掩盖其忽略当事人这一成立要件的不足。根据股东会决议的成立要件，股东会决议不成立的事由包括：

1. 召集人不适格

各国公司立法均对股东会会议的召集人作出明确规定，其目的就在于方便股东行使权利，维护股东利益和公司利益。因而若召集人不适格，虽然全体股东出席会议，该会议也不应称之为股东会会议，而只能称之为股东集会，即使该会议通过所谓决议，亦不能称之为股东会决议，即股东会决议根本不存在。

按照《公司法》的规定，召集人不在董事会、监事会和少数股东之列，则构成召集人不适格。而董事会会议由董事长主持，若董事长未经董事会决议擅自召集股东会应如何处理呢？我国台湾地区对该问题的认识存在分歧，鉴于董事长的特殊身份，多数案例倾向于采纳"撤销说"。国内有学者主张，董事长未经董事会决议擅自以个人名义召集股东会的，导致决议可撤销；董事会决议不召集股东会但董事长仍以董事会名义召集的，导致决议不存在。[1] 笔者认为，我国立法强调董事以董事会的方式集体行使权利，董事长也不例外。虽然董事长有其特定职权，但董事长代表不了董事会。就股东会的召集而言，董事长不是适格的召集人，所以董事长未经董事会决议擅自召集股东会形成的决议，应当认定为决议不存在。

2. 股东会的通知和公告存在瑕疵

股东会由全体股东组成。只有依法按期向所有股东发出符合法律规定的股东会会议通知或者公告，才能保证每一位股东出席股东会的机会。股东会会议通知和公告存在瑕疵，主要涉及四种情形：（1）通知和公告对象有遗漏；（2）通知和公告内容未载明会议时间、地点和审议事项；（3）通知和公告期限短于法律规定或者章程约定；（4）通知方式违法。

其中前两种情形属于重大瑕疵，构成股东会决议不存在的法定事由。股东会召集人遗漏通知股东参加股东会，股东无法知晓会议情况，其知情权受到侵害。股东会会议通知未列明必要事项，股东无法知晓会议内容和相关安排，无法决定是否参加股东会，其管理权受到侵害。而知情权和管理权都是股东的基本权利，因此依照法定内容向全体股东发出会议通知是股东会召集人的强制性义务。《公司法》第41条股东会议通知作出了明确

---

[1] 苏翠萍：《股东大会决议不存在制度研究》，载王保树主编：《商事法论集（总第16卷）》，法律出版社2009年版，第242—244页。

规定。[1]

后两种情形属于轻微瑕疵，构成股东会决议可撤销的法定事由。公司已经履行了其法定的通知义务，只是通知时限短于法定时限，但股东事先已经知晓公司将于何时何地召开股东会，并决定是否出席股东会和如何行使股东权利。另外，是否存在会议通知送达方式的违法呢？关于股东会会议通知的送达方式，通常为通知和公告。有限责任公司股东人数有限，可以依据股东名册发出股东会会议通知，当然，如果公司章程对股东会会议通知的送达方式作出了明确的规定（例如，约定通知方式仅限于以直接送达、邮寄送达或者电子邮件送达的书面通知），只要该规定不违反法律的强制性规定，就应当认可其合法性。因而，股东会会议通知送达方式违法与通知时限违法相同，虽然可能影响股东权利的行使，但并未达到剥夺的程序，属于轻微瑕疵，可纳入股东会决议可撤销的情形处置。

当然出于效率和意思自治的考量，股东会的通知和公告存在瑕疵例外情形之下，可以考虑允许采取补救措施。

3. 不符合出席法定数的要求

出席股东会的股东必须具备合法身份，因此不适格的股东必须被排除在出席会议股东之外。退一步而言，即使允许出席，也不计入出席法定数，不能行使表决权。《公司法》对有限责任公司股东会出席法定数虽无明文规定，但从公司自治角度出发，有限责任公司可以在公司章程中规定股东会会议出席法定数。

在股东会会议召开过程中，因种种原因股东往往会中途退场。那么股东中途退场，是否影响出席法定数呢？英美法系通常规定，只要出席了股东会，中途退场不影响出席法定数。例如，根据《美国示范公司法》第7.25（b）节的规定，出席法定数一旦形成，将在会议期间持续存在。我国公司立法并无明确规定，实践中不少股份有限公司作出了相应的规定，例如，北京华胜天成股份有限公司的《华胜天成股东大会议事规则》（2016年修订）第71条规定："根据本规则第十二章关于股东大会纪律的规定，在投票表决之前被主持人责令退场的股东和因中途退场等原因未填写表决票的股东所持有的股份不计入出席本次会议有效表决权的股份总

---

[1] 《公司法》第41条规定："召开股东会会议，应当于会议召开十五日前通知全体股东；但是，公司章程另有规定或者全体股东另有约定的除外。股东会应当对所议事项的决定作成会议记录，出席会议的股东应当在会议记录上签名。"

数。"该规定打破了出席法定数,是否妥当值得商榷。出席会议的股东人数及表决权数在股东会会议召开时已经确定,如其符合法定数之要求,不应受到股东在会议召开过程中中途退场的影响,但若股东人数仅剩一人,则会打破法定数。而根据《华胜天成股东大会议事规则》(2016年修订)第71条的规定,出席法定数随着股东中途退场等原因将发生变化。虽然该规定有利于股东会顺利召开并通过决议,但对出席法定数之法理有所违背,应当以出席法定数为计算有效表决权数。

4. 股东会召开程序违法

如前所述,股东会的会议时间和地点不能随意变更。如果没有按照股东会通知和公告中确定的时间和地点召开股东会,那么股东会会议体无法形成,纵然通过所谓决议,也应认定为决议不存在。

同时,公司实务中存在股东会主持人等拒绝部分股东参会的情形。股东会召集过程中,会议通知遗漏股东将导致股东会决议不成立。股东会召开过程中,主持人等现场拒绝股东参加会议,与遗漏通知部分股东的情形无二,直接侵害了股东出席股东会的权利,其后果就是股东会会议体组成不合法。此外,实践中还存在虚构股东会会议及决议的情形,即根本没有召开股东会,行为人却虚构了所谓的股东会决议,因股东会会议体并不存在,所谓决议当然也不是股东会决议,该等决议应视为不存在。同时,虚构股东会会议及决议的行为人还应当承担相应的法律责任。

5. 审议议题超出通知和公告范围

股东会对通知和公告中未列明的提案进行审议,事实上侵害了股东权利。究其原因,股东通常依据股东会会议通知中的提案决定是否出席,其在知悉股东会议题的前提下放弃出席股东会,也是行使股东权利的一种自愿选择;股东会审议超出通知和公告范围的提案,对于与会股东而言属于突然袭击,对于未参会的股东而言则侵害了其知情权、出席股东会并表决的权利。对于超出通知和公告范围的提案而形成决议,不少学者认为系程序瑕疵,其中有认为系召集程序瑕疵者,[1] 有认为系表决方法瑕疵者。[2] 笔者认为程序瑕疵的观点值得商榷,如前所述,提案属于目的意思,超出通知和公告范围的提案应视为该目的意思不存在,据此形成的决议自然也就不存在。

---

〔1〕 [韩]李哲松:《韩国公司法》,吴日焕译,中国政法大学出版社2000年版,第414页。

〔2〕 王保树主编:《商事法论集(总第15卷)》,法律出版社2009年版,第72页。

6. 决议事项未达到最低表决权数

股东会出席数符合法律或者公司章程规定，但表决权数未达到法律或者公司章程规定的最低表决权数，则该情形就属于表决权数瑕疵的决议。没有达到最低表决权数而形成的所谓决议，法律后果如何？学者主要存在决议不成立和决议可撤销两种观点。[1] 司法实践中，某法院根据某有限责任公司章程关于"股东会决议由代表二分之一以上表决权的股东通过"之规定，认为未达到最低表决权数的决议可撤销。[2] 笔者赞同决议不成立的观点。依据多数决原则，股东大会决议的形成必须满足最低表决权数的要求。如果决议事项未达到最低表决权数，则持有多数表决权的股东未形成一致意见，公司的目的意思不存在，决议当然不存在。如果决议事项未达到最低表决权数属于决议可撤销，则否决了资本多数决，否决了团体自治。举重以明轻，审议议案未付诸表决，当然不能形成决议。

此外，实践中有股东以缺乏会议记录主张股东会决议不存在的情形。《公司法》第41条第2款规定："股东会应当对所议事项的决定作成会议记录，出席会议的股东应当在会议记录上签名。"会议记录只是股东会召开情况的书面证明：有会议记录，能够更好地证明股东会的召开及决议情况；无会议记录，只要有其他相关证据同样可以证明股东会的召开及决议情况。同时，《公司法》第37条第2款允许有限责任公司股东书面决议，此时并无股东会决议记录。有学者指出，《公司法》以及其他规范性文件没有单纯地针对股东会会议不作记录，就应当承担法律责任的规定。因而，有无股东会记录的事实，不能成为认定股东会决议存在与否或者生效与否的依据。[3] 在韩国，股东大会会议记录是股东大会成立和决议的重要证据材料，但并不是唯一证据或者具有创设性效力。[4] 综上所述，会议记录并非股东会决议成立的要件。

（三）股东会决议不成立的救济

1. 股东会决议不成立的补救

法律行为的成立是一个事实判断，既然是一个事实，事实的不存在当事人可以补正。审视股东会决议的成立要件不难发现，除审议提案和决议

---

〔1〕 钱玉林：《股东大会决议瑕疵研究》，法律出版社2005年版，第190页。

〔2〕 李玲：《股东"追认"股东会决议是否有效》，《人民法院报》2010年8月4日第7版。

〔3〕 俞巍：《法院不能受理股东请求确认股东会决议有效的诉讼》，《人民司法》2008年第18期，第88页。

〔4〕 [韩] 李哲松：《韩国公司法》，吴日焕译，中国政法大学出版社2000年版，第394页。

事项达到最低表决权数外，其他各要件所涉及的基本为程序性问题。考虑到股东会决议的团体法特征，民主原则必须受到尊重，程序正义至关重要。因而一旦违反相关程序，即影响股东会决议的成立。股东会的召集并非易事，且股东会审议事项原则上与公共利益无关，乃意思自治的范畴，纵然可因程序瑕疵而致决议之不存在，从效率角度考量，除审议议题超出通知和公告范围、决议事项未达到最低表决权数无法治愈外，原则上应当允许采取补救措施治愈其程序瑕疵。股东会召集和召开程序瑕疵可以通过全体股东同意而得到补足。

（1）召集程序瑕疵的治愈

股东会应当由适格的召集人依照法定程序召集，以保证每个股东均有机会获得股东会的通知等充分信息。因此从严格保护股东利益的角度出发，未按法定程序召集的股东会议不是股东会会议，但是如果全体股东出席并同意召开股东会，则股东会召集程序的瑕疵可以治愈。因为这可以视为股东对自己的权利进行了处分。

根据《德国有限责任公司法》的相关规定，只要全体股东出席了股东大会，违反召集程序的规定也不影响股东会决议。[1] 法国立法亦持此种立场。日本公司立法，与德国、法国有所不同。德国、法国立法要求全体股东出席股东会，才能治愈股东大会召集的瑕疵，而日本立法则要求的是全体股东同意。由于有限责任公司的封闭性，其股东会由较少人数的股东构成会议体，可以基于全体股东的同意而省略召集程序随时召开股东会就公司经营管理重大问题作出决议。原《日本有限责任公司法》第38条对此予以确认。2005年《日本公司法》[2] 沿袭了这一制度，该法第300条规定："虽有前条的规定，但在有全体股东的同意时，可不经召集程序召开股东大会。……"因此，日本关于股东大会召集程序瑕疵的治愈条件是全体股东同意，这与全体股东出席存在差别。全体股东出席可以视为全体股东同意，但全体股东同意并不要求全体股东实际出席。从这种意义上说，日本公司立法对股东会召集程序瑕疵的治愈更为宽松。当然，根据日本公司法立法参与者的解释，可以省略的仅仅是召集程序，召集决定本身不能

---

〔1〕 ［德］托马斯·莱塞尔、［德］吕迪格·法伊尔：《德国资合公司法（第3版）》，高旭军等译，法律出版社2005年版，第228—229页、第569页。

〔2〕《日本公司法》实现了股份公司和有限责任公司的一体化，不再保留有限责任公司的形式，统称为股份公司，不过以资本公开性为标准在股份公司内部区别规制。

省略。[1]

值得注意的是，为了方便公司经营决策，英国公司法还存在关于股东大会会议通知日期短于法定时间的治愈规则。英国《2006年公司法》第307条规定，短时通知必须经有权参加股东大会并且享有表决权的多数股东同意。对于私人公司而言，这里的"多数"是指90%或者公司章程规定的更高比例；对于公众公司而言，这里的"多数"是指95%。[2]

笔者认为，从人合性角度出发，有限责任公司股东会召集程序的瑕疵可以因全体股东同意而治愈。根据诚实信用原则，权利一经放弃，就不得重新主张。因此，一旦股东会召集程序瑕疵得到治愈，嗣后股东不得以召集程序瑕疵唯由主张股东会决议不成立。

（2）召开程序瑕疵的治愈

股东会应当依法召开，始能形成股东会会议体。若没有召开会议，而由股东以书面形式对会议通知中的提案进行表决，其效力如何呢？依据公司法理，股东会会议召开程序的规定旨在保护股东的利益。一般而言，出席股东会并行使表决权是股东的个人权利，即使召开股东会会议，股东亦可以拒绝参加股东会；如果股东自愿放弃出席股东会，接受非会议形式的书面表决，法律应当尊重股东的选择。当然，从股东会的团体性出发，不召开股东会会议而采取书面表决应当取得全体股东一致同意。在此基础上，股东会召开程序的瑕疵得以治愈。

根据《美国示范公司法》第7.04节规定，经全体股东书面同意，可以不召开股东大会会议而书面表决审议事项。英国关于书面形式通过股东大会决议的规定颇具特色。根据英国《1985年公司法》，无论是私人公司还是公众公司，均可通过全体股东一致同意而免除股东大会会议的召开并以书面形式通过决议。但这种要求过于苛刻，不召开股东大会会议的书面表决较为少见。英国《2006年公司法》则允许私人公司在通常情况下以书面形式进行表决，这一规定不适用于公众公司。该规定不再强制性要求召开股东大会，意在鼓励私人公司采取书面决议的模式，因为会议程序确实过于繁杂，不利于提高公司运营效率。当然，私人公司以不召开股东大会会议而以书面形式进行表决虽然无须取得股东的同意，但必须遵循相应的传阅程序向每一位有表决权的股东送达书面决议副本。同时，如果书面决

第七章　有限责任公司的治理结构

---

〔1〕 张凝：《日本股东大会制度的立法、理论与实践》，法律出版社2009年版，第127页。
〔2〕 林少伟：《英国现代公司法》，中国法制出版社2015年版，第175页。

议已经被通过，即使未按照规定程序进行事先传阅，也不影响决议的效力。[1]

《公司法》第 37 条第 2 款规定：有限责任公司"对前款所列事项股东以书面形式一致表示同意的，可以不召开股东大会会议，直接作出决定，并由全体股东在决定文件上签名、盖章"。与英美法系国家和地区的股东大会会议召开程序瑕疵治愈制度相比，我国仅规定有限责任公司股东会召开程序瑕疵的治愈制度，英美两国将该制度同时适用于私人公司和公众公司，而且英国更进一步规定书面表决可以成为私人公司通常的股东表决形式。

2. 股东会决议不存在之诉

股东会决议不具备成立要件，当然不应发生效力，除了前述治愈措施外，还应当赋予相关之利害关系人诉请法院确认股东会决议不存在的权利。为此，需要对股东会决议不存在之诉展开分析。

（1）股东会决议不存在之诉的性质

根据各国关于不成立之诉的立法例的规定，任何有诉益者均可运用适当方法随时主张公司决议不存在，必要时可向公司所在地法院提起公司决议不存在之诉。此种诉讼的性质，与决议无效确认之诉一样，均为确认之诉，即当事人要求法院确认某种法律关系存在或不存在的诉讼。提起决议不存在之诉，即由当事人要求法院确认股东会决议成立与否的诉讼，所以为确认之诉。

（2）股东会决议不存在之诉的原告

那么，谁有权提起股东会决议不存在之诉呢？《公司法司法解释四》第 1 条规定："公司股东、董事、监事等请求确认股东会或者股东大会、董事会决议无效或者不成立的，人民法院应当依法予以受理。"究其原因，股东会决议作为团体法现象，通常仅涉及公司内部关系，即与股东、董事、监事有关，[2] 与公司以外的第三人无涉。且股东会决议生效后将对股东、董事、监事、公司具有拘束力，而股东会决议也就是公司的意思，因此只有公司以内受到股东会决议拘束的利害关系人即公司内部人可以作为原告提起股东会决议不成立之诉。从这种意义上说，只有公司内部人对股

---

[1] Paul L. Davis, Principles of Modern Company Law, 8th edition, Sweet & Maxwell, 2008, pp415 – 419.

[2] 这里的董事、监事需要作扩张解释，包括基于争议的股东大会决议当选或者卸任的董事、监事。

东会决议的成立与否才有诉讼利益。至于公司以外的第三人通常与公司之间的法律关系属于公司外部关系，该法律关系虽然可能建立在股东会决议的基础之上，但无论股东会决议成立或者生效与否，均不影响该法律关系的成立与生效。例外情形就是，股东会决议成为公司与第三人之间的法律关系的成立和生效要件时，第三人对股东会决议的不成立有法律上的利益。[1]

（3）股东会决议不存在之诉的被告

解决了谁有权提起股东大会决议不存在之诉后，还要面对告谁的问题。对此，韩国立法上并未明确股东会决议不存在之诉的被告，学者认为公司应为股东会决议瑕疵之诉的被告，因为"既判力涉及以公司为中心的所有的法律关系，如果将公司以外者作为被告会产生公司法律关系转为他人之间的诉讼的问题"。[2] 日本在 2005 年公司法颁布之前，对股东大会决议不存在之诉的被告在立法上也没有作出明确规定，学说与判例亦认为公司为适格被告。[3] 而《日本公司法》第 834 条第 16 项明确规定，股东大会决议不存在之诉的被告为公司。从团体法视角观察，股东会决议是股东会对审议事项依程序表决而形成的股东会的意思。对于公司其他内部人而言，股东会的意思就是公司的意思。因此，公司应当成为股东会决议不存在之诉的适格被告。《公司法司法解释四》第 3 条明确规定公司决议不成立、无效或者可撤销诉讼的被告为公司。

（4）股东会决议不存在之诉的起诉期限

原告何时可以提起股东会决议不存在之诉？《日本商法典》第 252 条规定："在议事录或登记簿上记载尚未通过的决议，或无召集权者召集会议等，不存在决议本身时，按照一般原则任何人利用任何方法随时可以主张决议不存在，必要时可以提起决议不存在之诉。"2005 年《日本公司法》虽然明确规定，但普遍认为坚持了上述做法。韩国商法虽然没有明确规定股东会决议不存在之诉的起诉期限，但亦持上述立场。笔者认为，囿于诉讼性质的差别，各国立法普遍明确规定股东会决议撤销之诉的起诉期限，也就是撤销权的行使期限，未明确股东会决议不存在之诉的起诉期限。依据民法原理，确认之诉旨在确认一个事实，与时间对权利的得失变

〔1〕 钱玉林：《股东大会决议瑕疵研究》，法律出版社 2005 年版，第 296 页。
〔2〕 ［韩］李哲松：《韩国公司法》，吴日焕译，中国政法大学出版社 2000 年版，第 418 页。
〔3〕 ［日］末永敏和：《现代日本公司法》，金洪玉译，人民法院出版社 2000 年版，第 128 页。

第七章 有限责任公司的治理结构

更无关，因而该类诉讼没有起诉期间，也不受诉讼时效期间的限制。从这种意义上说，股东会决议不存在之诉的起诉没有时间限制。

（5）股东会决议不存在之诉的判决效力

①原告胜诉判决的效力

法院受理后，一旦查明股东会决议不成立，应当作出原告胜诉的判决。判决的效力主要体现在两个方面：既判力和溯及力。

一是既判力问题。既判力观念渊源于罗马法，是指法院判决生效后，当事人和法院均受判决的拘束，当事人不得主张与之相反的内容，法院不得作出与之内容相反的新判决，当事人和法院都得服从和尊重法院所作出的法律判决。一般而言，既判力仅对法院和当事人具有约束力，但股东会决议不存在之诉为团体法上的诉讼，与传统民事诉讼中的个人法上的诉讼有所不同。原告提起诉讼的目的不仅在于维护自身利益，更在于维护公司利益。日本、韩国公司立法基于团体法律关系统一确定的考量，认可了判决的对世效力，即原告胜诉的判决对当事人之外的第三人也具有效力。[1] 这意味着任何人不得就该股东会决议提起确认成立及有效之诉讼。笔者认为，从股东会决议的拘束力出发，可资赞同。

二是溯及力问题。股东会决议不存在之诉原告胜诉判决是否具有溯及力呢？《日本公司法》第839条规定，涉及公司设立、组织变更、公司合并、股份交换、股份转移、公司分立、新股或者新股预约权发行、公司处分自己股权、减少公司资本等事项的公司组织诉讼的胜诉判决对将来失效，不具有溯及力。明确将对股东大会决议不存在之诉排除在外，根据该条的相反解释，股东大会决议不存在之诉的胜诉判决应当具有溯及力。这样一来是否会危及交易安全呢？公司根据不存在的股东会决议与第三人发生交易，一旦确认该所谓决议不存在，该交易是否应当溯及既往的消灭呢？其实不然，根据外观法理，只要第三人不知晓股东会决议有瑕疵，就应当承认交易的效力以维护交易安全。从团体法之区分原则出发，股东会决议不存在之诉胜诉判决的溯及力应区分内部关系和外部关系而有所不同。在公司内部，该判决具有溯及力，因该决议所发生之一切行为失去效力；在公司外部，因该决议而在公司与第三人之间发生的法律关系原则上应不受影响。

---

[1] 张凝：《日本股东大会制度的立法、理论与实践》，法律出版社2009年版，第304页；［韩］李哲松：《韩国公司法》，吴日焕译，中国政法大学出版社2000年版，第429页。

②原告败诉判决的效力

股东会决议不存在之诉原告败诉，判决的效力如何？法理上普遍认为，原告败诉判决不具有对世效力，仅对提起诉讼之原告具有既判力，其他适格被告可以再次提起股东会决议不存在之诉。《日本公司法》第838条规定："认可与公司组织的诉讼[1]相关的请求的确定判决，对第三人有效。"但该法并没有关于败诉判决对世效力的规定，依据反向解释，股东会决议不存在之诉原告败诉的判决不具有对世效力。

二、股东会决议的生效

（一）股东会决议的生效要件

既然股东会决议系一种特殊的单方法律行为，关于法律行为的生效规则，也应当适用于股东会决议。依据《民法总则》第143条规定，股东会决议的生效要件为：（1）股东会会议体具有决议的行为能力；（2）意思表示真实自愿；（3）不违反法律或者社会公共利益。分别详述如下。

1. 股东会会议体具有决议的行为能力

如在股东会决议成立要件部分所述，股东会会议体一旦成立，即具有作出决议的权利能力，相应地也就具备了作出决议的行为能力。究其原因，股东会会议体由股东组成，无论是自然人股东还是法人股东、其他组织股东，出席股东会均应具备完全民事行为能力。法人股东、其他组织股东自成立之时起即具备完全民事行为能力。法律虽对自然人股东的行为能力无特别限制，但是出席股东会的自然人股东应当具备完全民事行为能力，否则应当由其法定代理人代为出席表决。因为限制民事行为能力人，可以进行与他的年龄、智力、精神健康状况相适应的民事活动，其他民事活动由其法定代理人代理，或者征得其法定代理人同意；无民事行为能力人，由其法定代理人代理民事活动。出席股东会的股东将通过行使表决权参与公司经营管理决策，这一行为显然达到了缔结合同的要求，因此限制民事行为能力人、无民事行为能力人显然不具备行使表决权而参与公司经营管理决策的行为能力，只能由其法定代理人代为行使股东权利。因此出

---

[1] 根据《日本公司法》第二章"诉讼"第一节"关于公司组织的诉讼"，关于公司组织的诉讼包括：关于公司组织行为无效的诉讼、确认新股发行等不存在的诉讼、确认股东大会等决议不存在或无效的诉讼、撤销股东大会等的决议的诉讼、撤销持份公司设立的诉讼、公司解散的诉讼。

席股东会的股东及其代理人均应具备完全民事行为能力，其组成的股东会会议体相应地也就具备了决议能力。

2. 意思表示真实自愿

传统民法理论认为，意思表示真实自愿包括两个方面的含义：一是指当事人的内心意思与外部的表示行为相一致的状态；二是指当事人在意志自由的前提下，进行意思表示的状态。就公司内部而言，股东会会议体就是一个法律主体，其所进行的意思表示就是单方的意思表示。该意思表示分为内心意思和表示行为两个阶段，内心意思表现为股东会审议事项，属于股东会决议成立要件的考量因素，而表示行为表现为与会股东进行表决，属于股东会决议生效要件的考量因素。商法的外观主义法理亦应适用于股东会的表决，只要与会适格股东依据法律和公司章程进行表决，这一表决就是股东会大会会议体有意识的自主行为，因而股东会会议体的意思表示就是自愿的，就是真实的。

3. 不违反法律或者社会公共利益

股东会决议欲发生效力，除了满足上述两个生效要件外，其内容应不违反法律法规的强制性规定和社会公共利益。一般而言，这里的法律主要是指公司法。不过随着公司社会责任的兴起，公司成为利害关系人的公司。利害关系人理论认为，公司是由各利害关系人缔结契约而形成的社会组织；公司不仅仅是股东利益的集合，而且还包括股东、债权人、员工、消费者甚至政府、社区居民在内的各利害关系人的利益集合；公司的存在、发展必然会对各利害关系人产生影响，同时受到各利害关系人的影响，因而必须考虑股东以外的其他利害关系人的利益。这样一来，这里所谓的法律，除了公司法，还应包括保护利害关系人的其他法律，如民法、劳动法、环境保护法等。

值得注意的是，商事自治规则也是商法的渊源。所谓商事自治规则是商主体就其组织、运作、成员的权利义务、相对人权利义务等内容自主制定的，不与国家法律和行政规章相冲突的规则。其具体形式之一就是公司章程。[1] 因此，在这里需要对法律作扩张解释，包括不违反法律强制性规定的公司章程。为了清晰地表明团体法律关系的特点，笔者将股东会决议之生效要件"不违反法律或者社会公共利益"修正为"不违反法律或者社会公共利益或者公司章程"。一旦股东会决议违反了法律或者社会公共利

---

[1] 范健主编：《商法（第三版）》，高等教育出版社 2007 年版，第 18 页。

益或者公司章程，该股东会决议的效力状态只能为无效或者可撤销。

（二）股东会决议有效之诉

1. 关于确认股东会决议有效之诉的争议

《公司法》并未规定股东会决议有效的确认之诉，原告起诉是否具有充分的法律依据呢？依据《公司法》第 22 条的规定，股东有权提起股东会决议无效或者可撤销之诉，实践中股东要求确认股东会决议有效的诉讼亦不少见，学者意见存在分歧，各地法院的态度并不一致。针对股东会决议有效之诉，主要存在两种观点：

一是肯定说。该观点认为，法院应慎重地受理股东会决议有效确认之诉。对公司纠纷上确认之诉诉的利益，必须从民事诉讼法确认之诉的基本法理出发，结合公司纠纷的特征，加以确定。尽管股东请求确认股东会决议有效的诉讼在多数情况下缺乏诉的利益，但是如果股东基于股东会决议的效力未定，其法律地位和权利处于现实的危险中，且以确认之诉作为保护其合法权益的手段是妥当的，那么该股东请求确认股东会决议有效就具有诉的利益。此种情形之下，法院不能以《公司法》未明确规定为由拒绝受理，而应当创造性地司法，适时以股东会决议有效确认之诉的形式保障公司自治的实现。[1] 司法实践中亦有这方面的案例。[2]

二是否定说。该观点认为，法院不应当受理股东会决议有效确认之诉。究其原因，股东提起请求确认股东会决议有效的诉讼并不具备诉的利益，公司法也未规定此类诉讼类型，以及司法适度介入公司治理内部机制之考虑，当前对于股东提起确认股东会决议有效的诉讼不宜受理。[3] 亦有法院在裁判中指出：在当事人对股东会决议效力存在争议的前提下，原告一方主动提出要求确认有效之诉，由于有效是一种已经客观存在的常态，即使被认定有效，权利义务并没有改变，通过确认有效也不能改变双方当

---

[1] 范黎红：《股东请求确认股东会决议有效并非一律不具有诉的利益》，《法学》2008 年第 9 期，第 145—149 页。

[2] 上海法院系统近年来已审理多起股东大会决议有效确认方面的案例，有的案例原告除了要求确认股东会决议有效外，还要求相关义务人履行该决议中确定的相关义务，参见上海市第二中级人民法院（2014）沪二中民四（商）终字第 32 号民事判决书、上海市第一中级人民法院（2014）沪一中民四（商）终字第 125 号民事判决书；有的案例中，原告股东仅要求确认股东会决议有效，参见上海市第一中级人民法院（2013）沪一中民四（商）终字第 2059 号民事判决书。

[3] 俞巍：《股东请求确认股东会决议有效的诉讼不宜受理》，《法学》2008 年第 9 期，第 141—145 页。

事人的法律地位，应当认为原告没有诉的利益，与本案没有直接的利害关系。并且，根据《公司法》的规定，股东认为股东会会议召集程序、表决方式违反法律、行政法规或者公司章程，或者决议内容违反公司章程的，有权提起决议无效或撤销之诉，而《公司法》以及其他法律法规均没有规定股东有权提起确认股东会决议有效之诉，法律在此问题上未对确认决议有效作出规定，自有其价值考量。在没有其他股东提起确认股东决议无效之诉请的情况下，法院不应通过国家强制力过分干预公司自治范畴内的事务。[1]《北京市高级人民法院关于审理公司纠纷案件若干问题的指导意见》"五、关于股东会、董事会的召集及决议"第 10 条规定："股东仅请求确认股东会决议、董事会决议有效的，人民法院应裁定不予受理。"

上述两种观点的争议主要体现在三个方面：一是股东对股东会决议有效之诉是否具有诉的利益；二是公司法关于股东会决议诉讼的立法宗旨；三是公司自治的司法介入。其争议的焦点就在于股东就股东会决议有效确认之诉是否具备诉的利益。

诉的利益旨在考量当事人的诉讼请求是否具有裁判的必要性及其实际效果。诉的利益的形成与确认之诉密切相关。"具体而言，由于原理上说确认的对象是无限制的，因此，某人可以将现实中任何一人作为被告来提起诸如'要求确认自己饲养的猫业已死亡'这样的诉讼，但如此一来，就会产生以下两个问题，第一，对于这种起诉法院是否有受理并作出本案判决的必要？第二，通过本案判决使什么样的纠纷获得解决？为了排斥这种无意义的确认之诉就必须设置'确认（之诉）利益'这一要件，而且一旦在确认诉讼中设置了确认（之诉）的利益之要件，那么同样考虑到给付诉讼中也会存在着不同程度的类似问题，于是就有必要超越'确认之诉'或'给付之诉'之具体形式，最终形成一般形态的诉的利益之概念。"[2] 质

〔1〕 胡胜克、曹晓芳：《提起确认股东会决议有效不具有可诉性——兼与〈人民司法《公司股东可提起确认股东会决议有效之诉》〉一文商榷》，http：//wucheng. zjcourt. cn：88/art/2015/4/24/art_ 288_ 222705. html，访问时间 2015 年 12 月 9 日。2012 年广东省清远市清城区人民法院曾经裁定驳回股东确认股东会决议有效的请求，其理由就是股东会议是公司自治范畴的内部事务，如果没有股东就股东会决议提出异议之诉，法院则不应通过国家公权力直接干预公司自治范畴内的事务。参见杨向晖：《股东请求确认股东会决议有效 被裁定驳回起诉》，http：//www. chinacourt. org/article/detail/2012/06/id/529921. shtml，访问时间 2015 年 10 月 20 日。
〔2〕 ［日］高桥宏志：《民事诉讼法制度与理论的深层分析》，林剑锋译，法律出版社 2004 年版，第 281—282 页。

言之，当事人只有具备诉的利益，才能提起诉讼。与其他诉讼要件不同，诉的利益需要根据具体的诉讼情况，并紧密结合诉讼请求的内容加以判断。只有原告的权利或法律地位现实地处于不安状态，且以确认之诉作为解决纠纷的手段具有妥当性的情形之下，法律才认可原告诉的利益，原告才能提起确认之诉。[1] 因此，笔者将从两个方面分析股东会决议有效确认之诉诉的利益。

（1）原告的权利或者法律地位现实地处于不安状态

一般而言，依法召集召开的股东会会议作出的决议合法有效，对公司、股东、董事、监事等均具有拘束力，其有效性无须通过司法确认。这似乎印证了对股东会决议有效确认之诉持否定态度学者的意见：民事争议的产生是民事诉讼的前提，没有争议便没有诉讼。[2] 但并非所有请求确认股东会决议有效的诉讼都没有争议。在特定情形之下，如存在异议内部人（股东、董事、监事），虽异议内部人并未就股东会决议提起无效或者可撤销之诉，但其存在本身已经表明股东会决议的效力存在争议的可能性。比如上海市第一中级人民法院（2013）沪一中民四（商）终字第2059号民事判决书所涉案例中，原告股东因公司不依法召集召开股东会，自行召集召开股东会并形成决议，继而提起股东会决议有效确认之诉。该股东会决议通过后，公司并没有履行该决议确定义务。且原告起诉后，作为被告的公司和第三人的公司其他股东均在答辩状中对该股东会决议效力提出质疑。[3] 这说明原被告之间已经就股东会决议的效力发生争议，围绕股东会决议形成的权利义务关系已经处于不安状态，原告此时当然具有诉的利益。在郑百文重组决议诉讼案件中，原告提起诉讼的直接原因是该决议确定的权利义务因相关部门拒绝办理相关手续而无法履行，此时围绕股东大会决议形成的法律关系同样处于不安状态，应当承认原告具有诉的利益。

（2）以确认之诉作为解决纠纷的手段具有妥当性

从民事判决解决纠纷的实效性角度观察，如果当事人能够通过给付之诉行使请求权，那就不允许当事人提起确认之诉，因为只要通过给付之诉

---

〔1〕［日］高桥宏志：《民事诉讼法制度与理论的深层分析》，林剑锋译，法律出版社2004年版，第296页。

〔2〕俞巍：《法院不能受理股东请求确认股东会决议有效的诉讼》，《人民司法》2008年第18期，第86页。

〔3〕卢颖：《公司股东可提起确认股东会决议有效之诉》，《人民司法》2014年第22期，第56—57页。

就可以充分并且必要地解决纠纷，其实效性显然优于确认之诉。从这种意义上说，确认之诉是处于补充地位。只有在例外的情形，即确认之诉中诉的利益不能为给付之诉中诉的利益完全涵盖，才允许提起确认之诉。[1] 国内学者亦持类似主张，能够提出给付之诉或形成之诉就不能提出确认之诉。[2] 根据上述原理，就股东会决议效力发生争议，如果能够通过给付之诉解决，则不允许公司内部人提起确认之诉。问题在于股东会决议系团体法行为，而民事诉讼法基本是以个人法的民法为参照系构建的纠纷解决机制，这一机制运用于公司法律制度必然产生不适应的现象。公司内部人的权利义务并非如民法上的权利义务之相对性（一方当事人的权利就是对方当事人的义务），公司作为关系契约的产物，公司内部人之间的权利义务关系呈现网状的复杂结构。以董事任免为例，并非依据公司给付的违约金就能完全补偿无故解聘董事，这就不难理解为防止敌意收购而为董事设置的巨额补偿的金降落伞计划。从这种意义上说，当公司内部人诉的利益难以通过给付之诉充分满足（即给付之诉不足以涵盖原告依据股东会决议有效的确认之诉可获得的诉的利益）时，独立的确认之诉确有存在的必要。同时，也必须看到，并非所有的股东会决议的内容都具有给付内容，如审议批准董事会的报告、审议批准监事会或者监事的报告等就不包含给付行为。此外，有学者主张认为，考察作为解决纠纷手段的妥当性，仅从诉的利益考虑问题，没有系统思考确认之诉与给付之诉或者形成之诉之间的关系，将两者分离之后，可能成立"部分请求权"问题。[3] 这一主张亦值得深入研究。

综上所述，股东会决议有效确认之诉的利益，必须从民事诉讼法的基本原理出发，结合公司法的团体法特征加以分析。只要审慎地把握好诉的利益，就能防止滥诉，防止司法不适当地介入公司自治，不能以公司法明确规定为由将应当受理股东会决议有效确认之诉拒之门外。公司或者公司内部人对股东会决议持重大异议（如拒不履行股东会决议中确定的义务）或者相关部门拒不依据股东会决议办理相关手续，就可以认定围绕

---

〔1〕 ［日］高桥宏志：《民事诉讼法制度与理论的深层分析》，林剑锋译，法律出版社2004年版，第298页。

〔2〕 相庆梅：《从逻辑到经验：民事诉权的一种分析框架》，法律出版社2008年版，第104—115页。

〔3〕 王戈、陈思芸、周寓先：《论确认之诉诉的利益审查》，http：//cdfy.chinacourt.org/article/detail/2015/08/id/1698998.shtml，访问时间2015年12月2日。

股东会决议形成的法律关系事实上处于不安状态。此时只要公司内部人无法通过给付之诉获得充分救济，就应当允许其提起股东会决议有效的确认之诉。

2. 股东会决议有效之诉的具体制度

鉴于股东会决议有效之诉属于确认之诉，因此关于股东会决议不存在之诉的原告、被告、起诉期限和判决效力的相关论述同样适用于股东会决议有效之诉。需要说明的是，只要存在公司、公司内部人对股东会决议持有重大异议或者相关部门拒不依据股东会决议办理相关手续的情形，即使对股东会决议有效无异议的公司内部人亦具备原告资格，这也恰恰是实践中提起股东会决议有效确认之诉的常见情形。

三、股东会决议可撤销

从区分原则出发，作为单方民事法律行为的股东会决议属于公司内部法律关系与公司以外的第三人无关系，一旦出现意思表示不真实的情形完全可以归于无效。但是毕竟股东会决议不但与公司利益有关，同样与股东、董事、监事的利益有关，这种情形虽然局限于公司内部，但与民事法律行为可撤销的状况极为相似，公司或者部分公司内部人的利益可能受损，从公平原则出发应当承认意思表示不真实的股东会决议可撤销。同时，股东会会议召开并形成决议并非易事，虽然意思表示不真实可能损害公司或者内部人的利益，从效率理念出发，应在可能范围内维系股东会决议的效力，法律不主动干预其效力，而是赋予利益可能受损的公司或者内部人以撤销权。可撤销的股东会决议在撤销之前是有效的，但存在被撤销的可能性。从这种意义上说，可撤销的股东会决议其效力处于不确定的状态。在德国，董事会必须承认股东大会决议是可撤销的，必须在撤销权期间届满或者撤销之诉判决生效后，才能执行相关决议。例外情况下，公司不执行可撤销的股东大会决议遭受的损失比事后因撤销履行该决议行为所导致的损失更大，则董事会可以不必等待即可执行该决议。[1]《公司法》并无类似规定，笔者认为德国的做法值得适当借鉴。

---

[1] ［德］托马斯·莱塞尔、［德］吕迪格·法伊尔：《德国资合公司法（第3版）》，高旭军等译，法律出版社2005年版，第270页。

（一）股东大会决议可撤销的法定事由

《公司法司法解释四》第 4 条规定："股东请求撤销股东会或者股东大会、董事会决议，符合公司法第二十二条第二款规定的，人民法院应当予以支持，但会议召集程序或者表决方式仅有轻微瑕疵，且对决议未产生实质影响的，人民法院不予支持。"从立法可以看出，股东会决议可撤销的主要法定事由有三：股东会召集程序违法、股东会表决方式违反法律或者公司章程、股东会决议内容违反公司章程。

尽管各国立法普遍将股东会召集程序违法作为可撤销的法定事由，但是从股东会决议的成立要件出发，股东会的召集程序违法属于股东会决议不成立的法定事由。对于不承认股东会决议不成立制度的立法例，尚可认为不存在问题，但对于承认股东会决议不成立制度的立法例，将召集程序严重违法纳入股东会决议不成立的范畴考量，将召集程序轻微违法纳入股东会可撤销的范畴考量，则会陷入如何划分召集程序瑕疵严重与否的难题中。因为股东会召集程序瑕疵存在两种结果，决议不成立或者可撤销，划分标准就是瑕疵严重程度。而且对于程序瑕疵的严重与否，只能个别具体地判断。[1] 如前所述，召集人不适格之情形，国内学者观点不尽一致，我国台湾地区判例所持观点亦不尽相同。这种冲突本身就说明对程序正义的认识和把握存在不同。团体自治原则强调程序正义。在公司治理中我们面对的往往是"不完全的程序正义"，虽然存在所谓的实体正义，但是百分之百达到实体正义的程序却不存在，甚至实体正义并非总是那么明明白白，于是妥协就成为必要，假设只要经过了正当的程序结果就是合乎正义的，其结果就是理论上的不完全的程序正义在制度上却发挥了纯粹程序正义的作用。[2] 当然在公司治理中也可能面对"完全的程序正义"，存在所谓实体正义，也存在达到该实体正义的方法，不过面对复杂的利益纠葛，采取全体股东一致同意的做法往往难以实现，于是只能寻求多数决进行妥协。此时理论上的完全的程序正义亦转化成了纯粹程序正义。从这种意义上说，程序正义对于团体自治至关重要。加之存在股东会决议不成立的治愈制度，召集程序瑕疵均应纳入股东会决议不成立制度。当然，从效率角度考量，《公司法司法解释四》的做法值得肯定，召集程序瑕疵显著轻微，

---

〔1〕 张凝：《日本股东大会制度的立法、理论与实践》，法律出版社 2009 年版，第 301—303 页。

〔2〕 ［日］谷口安平：《程序的正义与诉讼（增补本）》，王亚新、刘荣军译，中国政法大学出版社 2002 年版，第 2— 4 页。

可以认定不影响决议成立。因而，笔者认为，股东会决议可撤销的法定事由有二：股东会表决方式违反法律或者公司章程、股东会决议内容违反公司章程。

1. 股东会表决方式违反法律或者公司章程

如前所述，股东会之意思表示真实自愿的生效要件，考察的就是股东会的表决，因而这里所谓的表决方式是指股东会表决的程序和方法。一旦股东会的表决方式违反法律或者公司章程，则意味着表示行为与内心意思不一致，这就形成了所谓意思表示不真实的情形，属于可撤销之列。一般而言，所谓表决方式违反法律或者公司章程，主要包括无表决权股东参与表决、参与表决股东意思表示瑕疵、表决方法瑕疵以及股东会主持人不适格或者滥用权力等情形。

（1）无表决权股东参与表决

一般而言，股东表决权属于固有权，但该固有权允许以法律或者公司章程的规定予以限制甚至排除。《公司法》第 42 条规定："股东会会议由股东按照出资比例行使表决权；但是，公司章程另有规定的除外。"据此，有限责任公司可以通过公司章程的形式对股东表决权作出特殊的规定，如特定股东无表决权等。一旦无表决权股东参与表决将会影响股东会决议的效力。无表决权股东依据其绝对有无表决权的不同，可以分为绝对无表决权股东和相对无表决权股东。前者是指按照法律或者公司章程规定对股东会的任何提案都没有表决权的股东，如持有自己股权的公司，后者是指按照法律或者公司章程规定仅对股东会特定提案没有表决权的股东，如关联股东。

持有本公司股权的公司不得在股东会行使表决权。因为公司持有自己的股份将导致公司资本的实质减少，危及债权人利益。如果允许公司行使所持有的自己股份之表决权，无异于公司作为股东参加自己股东会的奇葩现象，有悖于团体法的基本原则；亦难免导致董事代表公司行使表决权而影响股东会决议，有违公司治理之分权制衡原则。

关联股东就特定事项不得在股东会行使表决权。《公司法》第 16 条[1] 规定公司股东会审议关联担保时，关联股东无表决权。其实我国公司立法对

---

[1]《公司法》第 16 条第 2 款和第 3 款规定："公司为公司股东或者实际控制人提供担保的，必须经股东会或者股东大会决议。前款规定的股东或者受前款规定的实际控制人支配的股东，不得参加前款规定事项的表决。该项表决由出席会议的其他股东所持表决权的过半数通过。"

有限责任公司设置了表决权排除规则，如当股东会审议未履行或者未全面履行出资义务的股东的权利限制提案时，该股东的表决权即应受到限制。《公司法司法解释三》第18条第1款规定："有限责任公司的股东未履行出资义务或者抽逃全部出资，经公司催告缴纳或者返还，其在合理期间内仍未缴纳或者返还出资，公司以股东会决议解除该股东的股东资格，该股东请求确认该解除行为无效的，人民法院不予支持。"该条款虽未明确排除被除名股东对除名提案的表决权，但该提案显然与未履行出资义务股东的股东存在利害关系，该股东表决权应当被排除。司法实践亦持该见解。上海市第二中级人民法院（2014）沪二中民四（商）终字第1261号民事判决书所裁判的"宋余祥诉上海万禹国际贸易有限公司等公司决议效力确认纠纷案"中认为，根据《公司法司法解释三》第18条有关股东除名的规定，股东会对拒不出资股东予以除名的，该股东对该表决事项不具有表决权。

在不关乎股东大会出席法定数的情况下，无表决权股东参与表决所形成的决议符合股东大会决议，属于可撤销的情形。当然，如果排除了无表决权股东之表决，股东大会决议依然达到最低表决权数的要求，从效率原则和维系团体法律关系的稳定出发，可以认定该决议有效。

（2）参与表决股东意思表示瑕疵

股东在提案表决过程中意思表示瑕疵是否影响股东会决议效力呢？从团体法角度观察，股东会决议是特殊的单方法律行为，只有当意思表示瑕疵的股东影响到决议通过所需要的最低表决权数，参与表决股东意思表示瑕疵才会影响股东会决议的效力。质言之，如果存在错误或者欺诈，使得参与表决股东的意思表示均可能存在瑕疵，此时股东会决议可撤销；如果错误或者欺诈仅仅导致个别股东意思表示瑕疵，一般不会导致股东会决议可撤销。根据德国判例，公司向股东大会提交的与大会提案草案有关的报告是错误的或者不完整的，构成股东大会决议可撤销的法定理由。[1]《日本公司法》第301条和第302条在股东大会书面投票制度和电磁方法投票制度中为公司设置股东大会参考文书交付义务。股东大会参考文书旨在保障非现场参加股东大会的股东获得相关提案的充分信息，避免因其无法现场聆听有关提案的说明而影响其对提案赞成与否的判断。公司未向股东交付股东大会参考文书，或者交付的股东大会参考文书缺少法定记载事项或者存在虚假记载，除了公

---

〔1〕〔德〕托马斯·莱塞尔、〔德〕吕迪格·法伊尔：《德国资合公司法（第3版）》，高旭军等译，法律出版社2005年版，第272页。

司董事等承担行政处罚外，还构成股东大会决议可撤销的法定事由。关于德国、日本上述立法可以从意思表示角度分析，因公司提交的有关提案的相关资料不充分或者存在错误甚至根本未提交，导致参与表决的股东在错误或者受欺诈的情况下作出意思表示，该意思表示存在瑕疵，依法可以撤销。而依据瑕疵表决所产生的决议的效力当然也就受到影响。因而，只有影响到决议形成所需要的最低表决权数的股东表决瑕疵，股东会决议才可撤销。

（3）表决方法瑕疵

各国立法多对股东会提案的表决方法未作出明确规定，这样一来，举手、投票、起立甚至鼓掌似乎都可以成为合适的表决方法。笔者对此持反对意见，必须关注表决方法对公司民主乃至股东平等的影响。一般而言，对于同一项提案采用不同的表决方法，很可能产生不同的表决结果。质言之，表决方法对表决结果具有重要的影响。

英国公司法规定股东表决方式为举手表决和投票表决。英国《2006年公司法》第321条规定，除会议主席和会议延期这两项提案之外，公司不得排除股东要求投票表决的权利。《公司法》对表决方法并无限制，只是规定有限责任公司股东原则上按照持股比例行使表决权，股份有限公司股东原则上按照一股一权行使表决权。鉴于股东人数的差别，实践中有限责任公司股东多采取协商方式行使表决权，甚至连举手的形式都没有，不过绝大多数情况下仍然坚持资本多数决。从公司自治角度出发，公司章程在不违反法律强制性规定的情况下，可以对股东表决方法作出规定。一旦股东表决方法违反法律或者公司章程规定，即构成股东会决议可撤销的法定事由。

（4）股东会主持人不适格或者滥用权力

顾名思义，所谓股东会主持人就是主持股东会会议，使会议按照既定议程顺利召开，圆满结束的人。主持人亦称为会议主席、议长。一般而言，股东会主持人拥有以下职权：

①确认出席会议股东资格

股东会主持人应当对出席会议的股东进行资格审查，及时置备出席股东会的股东名单，保证出席会议股东在第一项提案表决前获得该名单。《德国股份法》第123条作出了类似规定，《日本公司法》虽无明确规定，但学者认为股东大会主持人应具有该等权力。[1]

---

〔1〕 张凝：《日本股东大会制度的立法、理论与实践》，法律出版社2009年版，第177页。

②按照既定议程推进会议

保障会议顺利进行，是股东会主持人的基本职责。股东会主持人的此项职权包括宣布股东会开会和闭会、报告出席会议股东情况、介绍提案的内容和背景、组织与会股东发言、组织提案审议与表决、宣布表决结果等。在会议召开过程中，股东会主持人应全面掌握会议进程，合理控制会议节奏，适时推进会议进展。这主要体现在提案审议时，股东会主持人应合理引导出席股东的讨论，制止离题的发言和毫无意义的争执。从形式标准角度观察，会议推进顺畅，股东会主持人对每个环节出现的问题都能妥当处理，不违反程序公正的基本要求，不存在程序瑕疵。从实质标准角度观察，通过会议进展，出席股东对所有提案进行了充分且必要的讨论，尤其是保护小股东的发言权，不存在出席股东对提案缺乏了解的情形，以合理的审议基础保障决议的合法性。日本学者将股东大会主持人的该项职权称为议事疏导权，体现在《日本公司法》第 315 条第 1 款之相关规定中，即"股东大会议长，维持该股东大会的秩序，整理议决事项"。我国公司立法虽然没有明确规定股东会主持人应按照既定议程推进会议，但"主持"本身即包含该等意思。[1]

③维持会议秩序

实践中，个别股东甚至公司外的第三人扰乱会场秩序的情形时有发生。为了保证会议的正常进行，会议主持人应宣布和执行会议纪律。依据《日本公司法》第 315 条第 2 款之规定，股东大会主持人在会场出现混乱或者有可能出现混乱时，有权责令不服从其命令或者扰乱会场秩序者退场。股东大会主持人对于妨碍会议正常进行的行为，应当先说服再警告，在不得已的情况下方可行使退场命令权，必要时可以请求警察协助，因为此种扰乱股东大会议事的行为，涉嫌威吓妨碍业务罪和不退出罪。[2] 当

---

[1] 《公司法》未明确规定股东会主持人的职权，国内学者很少详细探讨股东会主持人的职权，但关于会议主持人职责的一般探讨，原则上也可以适用于股东会主持人，当然细节上还是应当从股东会会议的特殊性出发加以分析。关于会议主持人职责的分析参见葛广智：《会议主持人有哪些职责》，《秘书之友》1995 年第 10 期；王首程：《会议主持人应该做些什么》，《秘书》2003 年第 7 期。

[2] 日本学者将股东大会议长的权力分为议事疏导权和秩序维护权（即本文中的"按照既定议程推进会议"和"维持会议秩序"），并认为两者无法明确区分，也没有区分的实益。笔者亦感到区分两者的困难，不过所谓"按照既定议程推进会议"更强调股东大会主持人的积极义务，而所谓"维持会议秩序"更强调股东大会主持人的消极义务。关于日本股东大会议长职权的详细论述，张凝：《日本股东大会制度的立法、理论与实践》，法律出版社 2009 年版，第 177—184 页。

然，股东会主持人对于非股东妨碍会议进行的行为同样拥有管理权限。有限责任公司股东会会议主持人的职权我国立法无明确规定，但我国立法规范了股份有限公司股东大会会议主持人的职权，该等立法规范对有限责任公司具有重要参考价值。《上市公司股东大会规则》第22条规定："董事会和其他召集人应当采取必要措施，保证股东大会的正常秩序。对于干扰股东大会、寻衅滋事和侵犯股东合法权益的行为，应当采取措施加以制止并及时报告有关部门查处。"从法理而言，我国将维持会议秩序的权力赋予股东会召集人有所不妥，召集人的职责就是召集会议，主持人才是会议的现场组织者，建议修订立法赋予股东会主持人维护会场秩序的权力。同时，股东会主持人对于股东大会的顺利推进发挥着重要的作用，对股东会决议的公正性将产生重要影响。我国《上市公司股东大会规则》第27条第4款规定："公司应当制定股东大会议事规则。召开股东大会时，会议主持人违反议事规则使股东大会无法继续进行的，经现场出席股东大会有表决权过半数的股东同意，股东大会可推举一人担任会议主持人，继续开会。"这足以表明股东会主持人之重要地位。因此，股东会主持人应当成为影响决议效力的因素。德国、日本均承认股东有权以股东大会主持人滥用权力为由主张股东大会决议效力瑕疵。我国公司立法虽未对此作出明确规定，但股东会主持人滥用权力确实将影响股东会决议的形成，属于意思表示形成过程中的瑕疵，此种情形下形成的股东会决议效力可撤销。

举轻以明重，股东会主持人不适格亦应当导致股东会决议可撤销。

2. 股东会决议内容违反公司章程

公司章程是公司组织和活动的基本准则，属于公司自治规则，因此又被称为公司宪章。从这种意义上说，股东会决议内容违反公司章程应当归于无效。我国台湾地区"公司法"第191条规定："股东会决议之内容，违反法令或章程者无效。"然而，公司章程作为公司自治的工具，应当允许股东对此作出调整。如果股东通过股东会决议形式作出了与公司章程规定不同的决定，可否将其视为事实上对公司章程的修改呢？如果经全体股东一致同意以决议或协议的形式或者虽然未经全体股东一致同意但以特别决议的形式作出了与公司章程不同的约定，那么事实上就构成了对公司章程的修改。究其原因，股东协议和股东会决议都是公司自治的工具，法律应当尊重公司自治。[1] 正是基于对公司自治的考虑，日本、韩国通过修改立法将股东会决议违反公司章程由无效的法定事由改为可撤销的法定事由。[2] 而德国则根据违反公司章程情形的不同将股东会决议的效力界定为无效或者可撤销。从现代公司立法更加尊重公司自治的倾向出发，股东会决议内容违反公司章程不宜直接宣告该决议无效，而是根据具体情形加以判断，如果赞成该股东会决议的表决权数已达到了特别决议所需要的最低表决权数，则该股东会决议有效；如果赞成该股东会决议的表决权数未达到特别决议所需要的最低表决权数，则该股东会决议可撤销。

此外，股东会会议通知的时间和方式不符合法律和公司章程规定，也属于股东会决议可撤销的法定事由，如前所述，遗漏通知股东，构成股东会决议不成立的法定事由。至于通知时间和方式可以适当变通。

（二）股东大会决议可撤销的救济

1. 股东大会决议可撤销的非诉讼救济

股东大会决议是公司自治的工具，从尊重公司自治的角度出发，应当给予可撤销的股东大会决议以非诉讼救济，如同股东大会决议不成立的治愈制度。从比较法出发，股东大会决议可撤销的非诉讼救济主要包括撤回和追认。但此两种救济是否妥当值得深入分析。

（1）可撤销股东大会决议的撤回

就法理而言，意思表示在生效前可以自由撤回，但民事法律行为在生效前原则上不得撤回。毕竟民事法律行为成立后即产生形式上的约束力，当事人将产生合理的期待权，这一期待权有予以保护的必要性。在所附期限届满或者所附条件成就之前，该民事法律行为虽然不必立即履行，但原则上当事人不得反悔，不得任意撤回，否则将可能构成违约或者缔约过失。当然如果该法律行为属于单方法律行为，通常仅仅赋予其他人权利，允许当事人予以撤回。从股东会制度的现实运行观察，股东会决议附条件和附期限的情形较少，多数股东会决议一经通过即行生效，因此撤回的适用空间较为有限。具体而言，可撤销股东会决议的撤回应当满足两个方面的条件：其一，撤回时间必须在股东会决议生效之前。所以，只有附条件

---

[1] 当然股东大会决议和股东协议存在明显差别，其中一点就是股东大会决议采取的是多数决，通常未经全体股东一致同意；而股东协议采取的是全体一致同意。

[2] 日本1981年修改其商法典时，将股东大会决议内容违反公司章程的效力状态由无效修订为可撤销。韩国1995年修改其商法典时，将股东大会决议内容违反公司章程的效力状态由无效修订为可撤销。

和附期限的股东会决议才存在撤回的可能性。主张在公司未依据股东会决议同第三人、股东发生变更或者消灭法律关系之前可以撤回股东会决议的说法，显然混淆了股东会决议的生效时间和公司依据股东会决议而行动的时间，忽视了团体法的区分原则。股东会决议的效力争议属于公司内部关系，与公司以外的第三人无关，公司依据效力瑕疵的股东会决议与第三人发生法律关系，无论最终该决议效力如何，均不影响公司与第三人之间的法律关系。因此，公司是否依据股东会决议与第三人、股东发生法律关系，与该股东会决议的撤回无关。其二，撤回必须采取与效力瑕疵的股东会决议同种类的股东会决议。详言之，普通决议以普通决议的方式予以撤回，特别决议以特别决议的方式予以撤回。

（2）可撤销股东大会决议的追认

国内学者讨论股东大会决议撤销制度，通常会讨论可撤销股东大会决议的追认制度。对于可撤销的股东大会决议，下次股东大会能否对该决议进行追认？对此《德国股份法》第244条规定："如果股东大会通过一项新决议来确认可撤销的决议，并且在提出撤销请求的期限内没有人对该决议提出撤销请求，或者撤销请求已经被合法地驳回，则不得再提出撤销请求。"《意大利民法典》第2377条第4款规定，在被提起撤销请求的决议已经由符合法律和公司章程规定的另一项决议取代的情况下不得撤销决议。由此可见，所谓决议追认是指以重新召集股东会对原瑕疵决议所涉及的提案进行审议形成新决议，则原决议不得撤销。究其实质，两决议就相同提案进行审议，新决议不存在瑕疵已然生效，则原决议的瑕疵已经没有任何实际意义，因此立法上禁止就原决议提出撤销请求。从这种意义上说，与其说是追认，不如说是对原提案的重新审议。这显然与传统民法的追认存在明显的差别，传统民法中追认的效果是使无效、可撤销或者效力待定的民事法律行为变为有效的民事法律行为，而决议的追认是指以相同提案为审议对象的新决议生效后，原效力瑕疵的决议就不得提起撤销请求，并非原决议的效力状态由可撤销变为有效。这种以传统民法的追认概念统辖团体法上的股东会决议，难免有削足适履的感觉，甚至引发股东"追认"股东会决议的争议。[1] 假设承认决议的追认，那么股东是否可以直接"追认"呢？一般而言，追认权应由本人行使。就股东会决议而言，"本人"应当为"股东会"而并非"股东"，所以追认的主体只能是股东

第七章　有限责任公司的治理结构

---

〔1〕　李玲：《股东"追认"股东会决议是否有效》，《人民法院报》2010年8月4日第7版。

会，股东事后对股东会决议的同意，只不过是其自身对股东会决议的认可，不构成对可撤销股东会决议的追认。

股东会有权就其职权范围内的任何提案进行审议，因此对于此前已经审议甚至作出决议的提案亦有权重新审议，当然包括可撤销的股东会决议。至于是否把这种重新审议通过的情形称为追认，鉴于其与追认的差别，笔者反对将其称为决议的追认，更愿意将其视为撤销权的消灭事由。

2. 股东会决议撤销之诉

（1）股东会决议撤销之诉的性质

按照通说，股东会决议撤销之诉使已经发生效力的决议归于无效，属于形成之诉。

（2）股东会决议撤销之诉的原告

德国、日本、韩国立法均规定股东会决议撤销之诉的原告为股东、董事和监事（包括和董事、监事处于类似地位的清算人等），而我国立法只规定股东为适格原告，且起诉时应保持公司股东身份。[1] 从团体法角度观察，股东会决议通常只涉及公司内部关系，只有公司内部人才能成为股东会决议撤销之诉的原告。而公司内部人不应仅仅局限于股东，因此原告范围应包括股东、董事和监事。

（3）股东会决议撤销之诉的被告

股东大会决议撤销之诉的被告为公司，与股东大会决议不存在之诉的被告为公司的法理相同，此处不再赘述。

（4）股东会决议撤销之诉的起诉期间

撤销权属于形成权，权利人一旦行使权利将引起民事法律关系的变更或者消灭。因此，各国立法普遍为撤销权设定了除斥期间，权利人只能在法律规定的期间内行使撤销权，且该期间不发生中止、中断和延长，权利人逾期不行使，撤销权本身归于消灭。《公司法》第22条第2款规定："股东会或者股东大会、董事会的会议召集程序、表决方式违反法律、行政法规或者公司章程，或者决议内容违反公司章程的，股东可以自决议作出之日起六十日内，请求人民法院撤销。"公司法属于团体法，撤销权的行使与否不仅涉及当事人公司的利益，还涉及公司内部人股东、董事、监事的利益甚至公司以外第三人的利益。面对更为复杂的公司法律

---

[1] 关于立法采取单纯股东主义的理由，参见杜万华主编：《最高人民法院公司法司法解释（四）理解与适用》，人民法院出版社2017年版，第62—64页。

关系，在瑕疵轻微仅为可撤销的情形下，立法必须追求法律关系的稳定而在一定程度上牺牲撤销权人的利益。因此，关于股东会决议瑕疵的撤销权除斥期间应当自决议作出之日起计算。原告逾期提起撤销之诉，应当予以驳回。《北京市高级人民法院关于审理公司纠纷案件若干问题的指导意见》第 11 条规定："股东会、董事会决议存在撤销原因，而当事人请求确认无效时，人民法院应审查原告是否在决议作出之日起 60 日内提起诉讼，如已超过此期限，则判决驳回诉讼请求；如在此期限内，则告知原告变更诉讼请求，原告同意变更的，按撤销之诉审理；原告不同意变更的，判决驳回其诉讼请求。"

(5) 诉讼担保

为了防止股东滥诉，各国公司立法通常规定了诉讼担保制度。我国借鉴日本、韩国等国的立法和司法经验，在《公司法》第 22 条第 3 款中规定了撤销之诉的诉讼担保制度，即"股东依照前款规定提起诉讼的，人民法院可以应公司的请求，要求股东提供相应担保。"值得注意的是，日本关于诉讼担保的立法变迁。1950 年日本商法修改，基于强化股东地位考量，删除了原法中关于非董事、监事股东提起撤销之诉提供担保的规定，不过基于防止股东权滥用的目的，诉讼担保制度在 1951 年修改商法时恢复并沿用至今。[1]《日本公司法》第 836 条规定："关于公司组织的诉讼，对股东或设立时股东可提起者，法院根据被告的申请，可对提起该关于公司组织诉讼的股东或设立时股东，命令设定相当的担保。但该股东是董事、监事、执行官或清算人时，或者该设立时股东是设立时董事或设立时监事时，不在此限。前款的规定，对债权人可提起关于公司组织的诉讼者，准用。被告提出第一款（含前款中准用的情形）申请，必须证明原告的诉讼提起是出于恶意的。"这里的恶意是指原告股东故意为难公司，其提起诉讼并非为了维护股东、公司的正当权益，至于是否损害公司利益在所不问。日本关于公司决议瑕疵撤销之诉的诉讼担保的制度变迁可以获得有益的启示：诉讼担保制度的确立与具体制度设计是股东权利保障和防止股东权利滥用平衡的结果，因而应当从股东权利保障的现状出发，分析诉讼担保制度的存废和具体制度安排。目前我国股东特别是中小股东的权利保障处于较为不利的境地，大股东利用其控股地位借助公司运行机制损害中小股东权益的情况时有发生，取消诉讼担保恐怕更为妥当。即使不废除

---

[1] 张凝：《日本股东大会制度的立法、理论与实践》，法律出版社 2009 年版，第 271—272 页。

诉讼担保制度，也应当借鉴日本现行立法的做法，通过司法解释对公司提出要求股东担保的情形进行合理限制：原告股东具有公司董事、监事身份的免除诉讼担保义务；除此之外，公司要求原告股东提供担保，必须证明股东为恶意诉讼，即股东明知不存在股东会决议可撤销的法定事由而依然提起诉讼。

（6）裁量驳回

所谓裁量驳回，是指在股东会决议瑕疵轻微，且该瑕疵不足以影响决议结果的情形下，法院可以驳回原告撤销股东会决议的诉讼请求的法律制度。股东会会议的召开费时费力，轻微瑕疵可能对决议结果没有任何实质影响，即使撤销后再召开股东会重新决议也会得到同样的结果。若仅仅存在轻微瑕疵就引起决议撤销的法律后果，有违效率原则。日本、韩国等国立法均有类似规定。《公司法司法解释四》第4条规定："股东请求撤销股东会或者股东大会、董事会决议，符合公司法第二十二条第二款规定的，人民法院应当予以支持，但会议召集程序或者表决方式仅有轻微瑕疵，且对决议未产生实质影响的，人民法院不予支持。"据此，适用裁量驳回应满足三个条件：第一，决议瑕疵为股东会召集程序或者表决方式违反法律、行政法规或者公司章程，决议内容违反公司章程的情形不属于裁量驳回的适用对象；第二，该瑕疵属于轻微瑕疵，至于何谓轻微瑕疵尚须结合该瑕疵对股东是否参加股东会以及充分获取相关信息为判断标准；第三，该瑕疵对股东会决议结果未产生实质影响，这是从决议结果角度审视该瑕疵的影响。值得注意的是，瑕疵对决议结果没有实质影响并不是判断该瑕疵是否重大的标准，即使瑕疵对决议结果没有实质影响，但该瑕疵危及公司、股东利益，应认定为重大瑕疵，此种情形则不能适用裁量驳回。因而，裁量驳回的适用需要法官根据个案的具体情况审慎考虑。必须注意的是，裁量驳回仅适用于股东会决议可撤销的情形，因为可撤销的股东会决议其瑕疵可因除斥期间的经过而治愈，因而股东会决议不成立或者无效的情形不适用裁量驳回制度。

（7）股东会决议撤销之诉的判决效力

①原告胜诉判决的效力

法院受理后，一旦查明股东会决议存在可撤销的法定事由，且不应适用裁量驳回制度，则应当作出原告胜诉的判决。判决生效后其效力主要涉及两个方面：既判力和溯及力。

与股东会决议不存在之诉同理，撤销之诉原告胜诉的生效判决亦应扩张其既判力，任何人不得就该股东会决议提起确认有效之诉讼。

那么，股东大会决议撤销之诉原告胜诉判决是否具有溯及力呢？从团体法之区分原则出发，股东大会决议撤销之诉胜诉判决的溯及力应区分内部关系和外部关系而有所不同。在公司内部，该判决具有溯及力，决议对公司及其股东、董事、监事和高级管理人员自始无效，因该决议所发生之一切行为失去效力，《公司法》第22条第4款关于判决效力的规定即印证了这一点——"公司根据股东会或者股东大会、董事会决议已办理变更登记的，人民法院宣告该决议无效或者撤销该决议后，公司应当向公司登记机关申请撤销变更登记"；在公司外部，因该决议而在公司与第三人之间发生的法律关系原则上应不受影响，毕竟第三人并不了解公司决策即意思形成的过程，除非公司能够以正当理由主张撤销该法律关系。《公司法司法解释四》第6条规定："股东会或者股东大会、董事会决议被人民法院判决确认无效或者撤销的，公司依据该决议与善意相对人形成的民事法律关系不受影响。"

②原告败诉判决的效力

与股东会决议不存在之诉同理，股东会决议撤销之诉原告败诉，仅对原告具有既判力，且该败诉判决不具有对世效力，其他适格原告可以在除斥期间内再次提起股东会撤销之诉。

四、股东会决议无效

大陆法系民事立法均将不违反强行法和公序良俗作为民事法律行为的生效要件，以克服成文法之不周延性。股东会决议作为民事法律行为，当然也应当将不违反强行法和公序良俗作为生效要件。违反该要件，通常将导致股东会决议无效。

（一）股东会决议无效的法定事由

《公司法》第22条规定股东大会决议内容违反法律、行政法规的无效。既然股东大会决议属于特殊的单方民事法律行为，关于民事法律行为无效的法律规范原则上应适用于股东大会决议无效的情形。《民法总则》第153条规定，违反法律、行政法规的强制性规定的民事法律行为无效。因此，股东会决议无效的法定事由包括：

1. 违反公司法的强制性规范

为了维系公司制度，各国公司立法和司法实践均禁止股东大会决议违反法律的强制性规范。德国将股份有限公司股东大会决议无效的原因归为三类：一是违反程序规则；二是违反法律的强制性规定，如利润分配等；三是违反法律的基本原则，如债权人保护等。上述关于股东大会决议无效的规定原则上适用于有限责任公司。[1] 日本判例表明，股东大会决议无效的情形包括：违反股东有限责任原则、违反股东平等原则、通过违法财务报表、违法分红、超越职权范围，等等。[2] 韩国关于股东大会决议无效的情形与日本相似，只是学者特别强调不公正决议（尤其是滥用多数决的决议）应当视为无效。[3] 《公司法》中亦存在诸多强制性规范，这些规范主要涉及公司的行为能力、股东固有权利、公司治理结构。一旦股东会决议违反了这些强制性规范，就会导致决议的无效。我国司法实践中股东会决议无效的纠纷多围绕上述强制性规范展开，以下情形殊值关注。

（1）违反公司行为能力方面的效力性规范

《公司法》对公司行为能力的限制主要包括两个方面：①对外投资的限制。《公司法》第15条规定："公司可以向其他企业投资；但是，除法律另有规定外，不得成为对所投资企业的债务承担连带责任的出资人。"质言之，公司不可以成为合伙企业的普通合伙人。②对外担保的限制。《公司法》第16条第2款规定："公司为公司股东或者实际控制人提供担保的，必须经股东会或者股东大会决议。"质言之，如果股东会决议内容为免除公司为公司股东或者实际控制人提供担保的股东会决议程序，则该股东会决议无效。

（2）剥夺或者限制股东固有权利

公司法理论按照股权性质的不同，将其分为固有权和非固有权。区分固有权和非固有权的意义在于，明晰哪些股东权利可以依公司章程或者股东会决议予以限制，哪些股东权利不可以依公司章程或者股东会决议予以限制。如果公司以股东会决议剥夺或者限制了股东固有权利，该决议应当无效。

然而，公司法的实践表明：股东固有权和非固有权的区分并不绝对，并非所有股东固有权均不能以股东会决议予以剥夺或者限制。一般而言，

---

〔1〕 ［德］托马斯·莱塞尔、［德］吕迪格·法伊尔：《德国资合公司法（第3版）》，高旭军等译，法律出版社2005年版，第263—268页、第586页。

〔2〕 张凝：《日本股东大会制度的立法、理论与实践》，法律出版社2009年版，第299—300页。

〔3〕 ［韩］李哲松：《韩国公司法》，吴日焕译，中国政法大学出版社2000年版，第419—420页。

表决权为股东固有权，但在符合法律或者公司章程规定的情况下可以予以限制甚至排除。《公司法》第 42 条规定："股东会会议由股东按照出资比例行使表决权；但是，公司章程另有规定的除外。"据此，有限责任公司可以通过公司章程的形式对股东表决权作出特殊的规定，既然公司章程也是以股东会决议的形式通过和修订的，股东会决议似乎可以对此作出特别决定。《北京市高级人民法院关于审理公司纠纷案件若干问题的指导意见》第 12 条指出："有限责任公司非经全体股东一致同意，不得变更《公司法》第三十五条、第四十三条规定的或者公司章程规定的利润分配方式、新股认缴方式和表决权行使方式。股东以相关股东会决议或者章程修改未经股东一致同意为由，请求人民法院确认无效的，应予支持。"[1] 据此，表决权、利润分配请求权、优先认缴新股的权利属于有限责任公司股东的固有权利，股东会决议可以对此作出与公司法不同的权利分配，但必须经全体股东一致同意，否则该股东会决议无效。该指导意见是在总结公司纠纷审判实践的基础上形成的，上述规定表明：在不违反法律强制性规定的前提下，应当充分尊重股东自治和公司自治，表决权、利润分配请求权、优先认缴新股的权利等股东固有权可以通过股东会决议或者公司章程的形式予以限制，只是法律规定的条件更为严格。相比之下，股权优先购买请求权虽然通常也被认定属于股东固有权，对其剥夺或者限制的条件更为宽松。根据《公司法》第 71 条第 4 款的规定，股权优先购买请求权可以公司章程予以剥夺或者限制。既然上述指导意见并未要求全体股东一致同意方可以为公司章程所修改，那么股东会当然可以以普通决议通过。上述分析表明：股东会决议可以剥夺甚至限制有限责任公司股东的某些固有权，其中表决权、利润分配请求权、优先认缴新股的权利等重要的股东固有权必须以全体股东一致同意的股东会决议予以通过。换言之，虽然现行《公司法》第 34 条和第 42 条为任意性规范，但法院将公司改变法律规定的方式作出了严格的规定，这一改变法律规定的方式属于强制性规定，违反该强制性规定的股东会决议无效。从这种意义上说，法律

---

〔1〕 该指导意见所援引的《公司法》系 2005 年修订之《公司法》，2013 年修订后相关条文内容虽无变化，但法条序号发生变化，2005 年《公司法》第 35 条、第 43 条变更为现行《公司法》第 34 条、第 42 条。现行《公司法》第 34 条规定："股东按照实缴的出资比例分取红利；公司新增资本时，股东有权优先按照实缴的出资比例认缴出资。但是，全体股东约定不按照出资比例分取红利或者不按照出资比例优先认缴出资的除外。"第 42 条的内容见上文。

对于有限责任公司股东的固有权采取了更加灵活的规制态度，除了出席股东会的权利、共同制订公司章程的权利、剩余财产分配请求权等固有权不允许以股东会决议等形式予以限制或者剥夺外，其他固有权可以按照法律允许的方式予以剥夺或者限制，违反上述强制性规定的剥夺或者限制股东固有权的股东会决议无效。

（3）改变公司治理结构

一般而言，关于公司治理结构（特别是公司机关的设置、各公司机关权限的划分）的法律规范应当为强制性规定，公司不得以股东会决议的形式予以改变。改变公司法关于公司治理结构强制性规定的股东会决议应当认定为无效。随着对有限责任公司人合性认识的不断深化，人们倾向于赋予有限责任公司更多自治空间。以 2003 年意大利有限责任公司制度改革为例。改革之前，在公司机关设置及其权限划分、公司监督等方面，有限责任公司与股份有限公司并无二致。这些适应资合性的法律制度僵化刻板，缺乏灵活性，无法适应有限责任公司股东的投资和经营需求。为此，意大利对有限责任公司制度进行了大刀阔斧的改革，在保留原有的偏重资合性的有限责任公司制度的同时，增加偏重人合性的有限责任公司制度，形成了两种可供选择的有限责任公司模式。投资人可以自由决定其投资设立的有限责任公司人合性色彩和资合性色彩的多少。人合性赋予股东充分的自治空间，由股东自由创设符合自身需要具有自身管理特色的有限责任公司。例如，在股东和执行机关权限划分上，只要不将公司事务全部交由出资人决策，以至于执行机构的权限成为一纸空文，那么法律就给予股东充分的自治空间。[1] 国内学者对我国有限责任公司制度的僵化亦有清醒的认识，期冀借鉴三资企业组织机构简单、企业治理灵活的做法，适应有限责任公司人合性色彩浓厚的特点。[2]

2. 违反法律的基本原则

虽不直接违反法律的强制性规范，若股东会决议违反法律的基本原则同样也应当归于无效，因为公序良俗原则、股东平等原则等法律基本原则当然属于强制性规定的范畴。《公司法》第 5 条第 1 款规定："公司从事经营活动，必须遵守法律、行政法规，遵守社会公德、商业道德，诚实守

---

〔1〕 吴越主编：《私人有限公司的百年论战与世纪重构——中国与欧盟的比较》，法律出版社 2005 年版，第 483—495 页。

〔2〕 叶林、段威：《论有限责任公司的性质及立法趋向》，《现代法学》2005 年第 1 期，第 62 页。

信，接受政府和社会公众的监督，承担社会责任。"

（二）股东大会决议无效之诉

根据民法原理，无效民事法律行为自始无效、当然无效、绝对无效、确定无效。因此股东会决议若存在无效的情形，无论是否有人主张其均处于无效状态，当然具有诉讼利益的当事人可以提起股东会决议无效之诉。因此，无效决议的法律救济除了确认无效之外，不存在补救措施。值得注意的是，德国立法允许在极少数情况下对未在商业登记簿登记注册的无效股东大会进行补救。[1] 这就意味着德国立法事实上对违反法律的严重程度进行了区分，虽然股东大会决议违反了法律的强制性规定，但相对较轻，只要有权提起诉讼的当事人未在特定时间内提起诉讼则该无效决议被治愈。这一做法虽然与无效民事法律行为的法理有所矛盾，但从公司实务角度考量，有助于维系团体法律关系的稳定，有利于降低纠纷解决的社会成本。因而，对于德国之股东大会决议无效之补救制度应当审慎考察，切不可断然否定。

1. 股东会决议无效之诉的性质

股东会决议无效之诉旨在否定涉诉股东会决议的效力，因而应当属于确认之诉，无论是否有人主张，存在特定违法事由的股东会决议均为无效。

2. 股东会决议无效之诉的原告

谁有权提起股东会决议无效之诉呢？日本通说认为任何人均可以提起股东大会决议无效之诉。[2] 本文认为，这一观点过于绝对，忽视了诉讼利益因素。按照民事诉讼法的基本原理，只有具有诉讼利益的人才能成为原告。依据团体法理论，股东大会决议通常只对公司内部即股东、董事、监事、高级管理人员等产生约束力，与公司以外的第三人无关。纵然公司依据无效的股东大会决议与公司以外的第三人建立了法律关系，根据区分原则，该股东大会决议的无效与否，通常不影响公司与第三人的法律关系，除非第三人事先已经知晓公司股东大会决议无效。从这种意义上说，只有公司内部人才对股东大会决议的效力具有利害关系，具有诉讼利益，属于适格的原告。因此《公司法司法解释四》第 1 条将股东会决议无效之诉的

〔1〕 ［德］托马斯·莱塞尔、［德］吕迪格·法伊尔：《德国资合公司法（第 3 版）》，高旭军等译，法律出版社 2005 年版，第 263 页；钱玉林：《股东大会决议瑕疵研究》，法律出版社2005 年版，第 285—287 页。

〔2〕 张凝：《日本股东大会制度的立法、理论与实践》，法律出版社 2009 年版，第 299 页。

原告从《公司法》第 22 条确定的股东扩展至董事、监事等公司内部人，殊值赞同。

3. 股东会决议无效之诉的被告

股东会决议无效之诉的被告为公司，与股东会决议不存在之诉的被告为公司的法理相同，此处不再赘述。

4. 股东会决议无效之诉的起诉期间和诉讼时效期间

大陆法系国家多认为股东会决议无效之诉不受任何时间限制，具有诉讼利益的当事人可以在任何时间提起股东会决议无效之诉。那么，股东会决议无效之诉是否受到起诉期间或者诉讼时效期间的限制呢？

（1）股东会决议无效之诉的起诉期间

如前所述，撤销权属于形成权，其权利的行使受到除斥期间的限制，当事人以诉讼方式行使撤销权时，其除斥期间又称为起诉期间。原告请求确认民事法律行为无效的权利究竟是请求权还是形成权，存在争议。一般而言，无效民事法律行为当然无效，这就意味着无效民事法律行为无须任何人主张即归于无效。既然无论主张与否，无效民事法律行为已然无效，围绕该民事法律行为不会产生当事人预期的法律后果，也就不存在变动现有法律关系的情形发生，要求确认该民事法律行为无效的权利也就难以称为形成权，只能是请求权了。既然如此，股东会决议无效之诉也就不存在所谓起诉期间问题了。我国公司立法的变迁也印证了这一判断。

《上海市高级人民法院关于印发〈关于审理公司纠纷案件若干问题的解答〉的通知》规定："一、股东依据新修订的公司法第二十二条第一款规定，请求法院确认公司股东会或者股东大会、董事会决议无效，是否必须在决议作出之日起 60 日内行使的问题""旧公司法对此未作规定。高院民二庭曾在 2003 年 12 月 18 日印发的沪高法民二〔2003〕15 号《关于审理涉及公司诉讼案件若干问题的处理意见（二）》〈以下简称原执法意见（二）〉第三条第 2 项规定，'有限责任公司股东主张撤销股东会决议或者认定股东会决议无效的，应当自股东会议结束之日起 60 日内提起诉讼；逾期起诉的，人民法院不予受理'。""新修订的公司法第二十二条对股东会或股东大会、董事会决议无效和撤销情形分别作了规定。根据该条第二款的规定，符合决议撤销情形的，股东可以自决议作出之日起 60 日内请求法院予以撤销。超过该规定期限提起的诉讼，法院不予受理。因此，该 60 日的规定仅是针对股东提起决议撤销诉讼而设定。对符合决议无效的情形，新修订的公司法未对股东提起诉讼的期限作出限制规定，故对于股东依据新修订的公司法第二十二条第一款规定提起的确认股东大会或股东会、董事会决议无效的诉讼，不应受 60 日的限制。原执法意见（二）第三条第 2 项的规定已与新修订的公司法该条规定不相符合，故不再适用。"

（2）股东会决议无效之诉的诉讼时效期间

德国、日本公司立法皆认为，原告可在任何时间提起股东会决议无效之诉，也就是说股东会决议无效之诉不受诉讼时效的限制。《公司法》第 22 条并未规定股东会决议无效之诉的诉讼时效期间，这是否意味着股东会决议无效之诉不受诉讼时效期间的限制呢？这需要进一步分析。《民法总则》第 188 条第 1 款规定："向人民法院请求保护民事权利的诉讼时效期间为三年。法律另有规定的，依照其规定。"据此，诉讼时效的客体为债权请求权，不但支配权、形成权、抗辩权不适用诉讼时效，而且非债权请求权也不适用诉讼时效。债权为特定当事人之间的权利义务关系。股东会决议作为团体行为，如议题为利润分配等的确可能会在股东、董事、监事等公司内部人与公司之间形成某种法律关系，但此种法律关系与债权关系存在明显的差别：股东、董事、监事等公司内部人并非股东会决议的当事人，且该种法律关系的形成依赖公司履行股东会决议；如议题为修改公司章程等则不会在股东、董事、监事等公司内部人与公司之间形成某种法律关系。因此，请求确认股东会决议无效的权利虽然为请求权，但不是债权请求权，应当不适用诉讼时效制度，原告可以随时提取股东会决议无效之诉。考虑到股东会决议的实施往往会产生复杂的法律关系，一旦认定无效势必将引起复杂的法律关系变动，可以借鉴德国公司立法的做法，建立股东会决议无效的补救制度以维护法律秩序。除了违反法律基本原则的股东会决议外，其他违反法律强制性规定的情形可以允许经过特定时间无人提出无效之诉而治愈。

5. 股东会决议无效之诉判决的效力

法院经审理查明，股东会决议存在无效的法定事由，且无治愈情形存在的，即应作出原告胜诉的判决。股东会决议无效之诉判决的效力与股东会决议撤销之诉的效力相同，此处不再赘述。

第四节　有限责任公司董事会

一、董事

董事是公司股东选举、推选或者委派产生的主管公司业务的管理者。

就董事和公司的关系而言，英美法系认为董事与公司之间是信托关系，董事处于受托人地位；大陆法系认为董事和公司之间是委任关系，董事处于受任人的地位。无论对董事和公司的关系作出何种判断，均对董事的任职资格和义务提出了明确要求。

（一）董事的任职资格

1. 品行条件

股东之所以选举董事行使公司的经营管理权，是基于其对董事品行的信任。《公司法》第146条规定："有下列情形之一的，不得担任公司的董事、监事、高级管理人员：（一）无民事行为能力或者限制民事行为能力；（二）因贪污、贿赂、侵占财产、挪用财产或者破坏社会主义市场经济秩序，被判处刑罚，执行期满未逾五年，或者因犯罪被剥夺政治权利，执行期满未逾五年；（三）担任破产清算的公司、企业的董事或者厂长、经理，对该公司、企业的破产负有个人责任的，自该公司、企业破产清算完结之日起未逾三年；（四）担任因违法被吊销营业执照、责令关闭的公司、企业的法定代表人，并负有个人责任的，自该公司、企业被吊销营业执照之日起未逾三年；（五）个人所负数额较大的债务到期未清偿。公司违反前款规定选举、委派董事、监事或者聘任高级管理人员的，该选举、委派或者聘任无效。董事、监事、高级管理人员在任职期间出现本条第一款所列情形的，公司应当解除其职务。"此外，《证券市场禁入规定》第4条指出："被中国证监会采取证券市场禁入措施的人员，在禁入期间内，除不得继续在原机构从事证券业务或者担任原上市公司、非上市公众公司董事、监事、高级管理人员职务外，也不得在其他任何机构中从事证券业务或者担任其他上市公司、非上市公众公司董事、监事、高级管理人员职务。被采取证券市场禁入措施的人员，应当在收到中国证监会作出的证券市场禁入决定后立即停止从事证券业务或者停止履行上市公司、非上市公众公司董事、监事、高级管理人员职务，并由其所在机构按规定的程序解除其被禁止担任的职务。"而2014年3月20日中央文明办等单位印发的《"构建诚信 惩戒失信"合作备忘录》则规定"失信被执行人为自然人的，不得担任企业的法定代表人、董事、监事、高级管理人员等"。[1]

---

[1] 目前部分政府部门以强制措施的名义对特定违法人员实施资格罚，这在惩治违法方面确实有效，但从立法角度进行分析，该等强制措施的合法性则不无疑问。

2. 身份条件

关于身份条件主要包括三个方面。一是董事是否必须为有限责任公司股东。《公司法》对此未作明确规定，即不要求董事必须是股东，实践中对非股东董事亦予认可。二是法人能否担任有限责任公司董事。《公司法》对此未作明确规定，但从《公司法》关于董事品行的要求来看，应当理解为不允许法人担任董事。三是外国人是否可以担任我国公司的董事。《公司法》未对董事人选的国籍作出限制规定，应当理解为允许外国人担任有限责任公司的董事。

3. 年龄条件

所谓年龄条件是指法律对担任董事是否存在年龄限制。从关于无民事行为能力人或者限制民事行为能力人不得担任董事的规定可以看出，《公司法》对董事人选年龄的下限（即年满 18 周岁）作出规定，但对年龄上限未作规定。

4. 其他条件

董事承担社会角色过多，难免角色混同，顾此失彼，难以忠诚勤勉地为公司服务。为此，《公司法》对董事的任职资格还作出了其他方面的要求。（1）国家公务员不得兼任公司的董事。（2）监事不得兼任本公司的董事。（3）国有独资公司的董事，未经国有资产监督管理机构同意，不得兼任其他有限责任公司、股份有限公司或者其他经营组织的负责人。

（二）董事的选任

一般而言，董事应当选举产生，但董事的选任因董事类别的不同而不同。普通的有限责任公司，其董事全部由股东会选举产生。而两个以上的国有企业或者其他两个以上的国有投资主体投资设立的有限责任公司，其董事会成员中应当有公司职工代表，董事会中的职工代表由公司职工民主选举产生；其他董事由股东会选举产生。国有独资公司董事会成员中应当有公司职工代表，董事会中的职工代表由公司职工民主选举产生；其他董事由国家授权投资的机构或者国家授权的部门按照董事会的任期委派或者更换。

值得注意的是，《公司法》对董事提名权并无明确规定，有限责任公司可以通过公司章程予以规定。

（三）董事的任期

《公司法》规定，普通的有限责任公司的董事任期不得超过三年，国有独资公司的董事任期为三年。董事任期届满，可以连选连任。在任期届满前，公司可以依法撤换董事，但是否可以无故解除董事职务呢？从董事任期制度的立法变迁可以窥见端倪。1993年《公司法》第47条规定"董事任期由公司章程规定，但每届任期不得超过三年。董事任期届满，连选可以连任。董事在任期届满前，股东会不得无故解除其职务"。这是任期届满前不得无故解除董事职务的由来。但该规定在2005年修改《公司法》时删除了，2005年《公司法》第46条规定："董事任期由公司章程规定，但每届任期不得超过三年。董事任期届满，连选可以连任。董事任期届满未及时改选，或者董事在任期内辞职导致董事会成员低于法定人数的，在改选出的董事就任前，原董事仍应当依照法律、行政法规和公司章程的规定，履行董事职务。"这一修改反映出立法机关对董事任期制度认识的变化。按照大陆法系的通说，董事与公司之间系委任关系，作为委托人的公司有权解除作为受托人的董事职务，只须承担违约责任即可。而现行《公司法》第45条延续了2005年《公司法》第46条的规定。实践中围绕任期届满前解除董事职务的争议时有发生。对此《公司法司法解释五》第3条规定："董事任期届满前被股东会或者股东大会有效决议解除职务，其主张解除不发生法律效力的，人民法院不予支持。董事职务被解除后，因补偿与公司发生纠纷提起诉讼的，人民法院应当依据法律、行政法规、公司章程的规定或者合同的约定，综合考虑解除的原因、剩余任期、董事薪酬等因素，确定是否补偿以及补偿的合理数额。"该司法解释明确两点：一是股东会可以依照法律和公司章程的规定解除董事职务；二是被解除职务的董事可以要求补偿，但能否获得补偿和获得多少补偿则需要综合考量。该司法解释中的"补偿"一词值得商榷。若公司依照法律和公司章程的规定有正当理由解除董事职务，公司并未违约则无须赔偿，公司可以对被解除职务的董事进行补偿；若公司无正当理由解除董事职务，则构成违约，当然应当赔偿被解除职务董事的损失而非补偿。

（四）董事的义务

董事作为公司管理层的重要成员，在执行职务时应尽到勤勉义务或者称为善良管理人的注意义务。同时董事应当忠实履行职务，维护公司利益，不得利用在公司的地位和职权为自己或者他人谋取非法利益。学者将后者称作董事的忠实义务。

《公司法》第147条规定："董事、监事、高级管理人员应当遵守法律、行政法规和公司章程，对公司负有忠实义务和勤勉义务。董事、监事、高级管理人员不得利用职权收受贿赂或者其他非法收入，不得侵占公司的财产。"

1. 忠实义务

何谓忠实义务？董事不得利用其职务优势谋取私利。利用职务优势使第三人从公司获利而自己再从第三人处取得利益，构成收受贿赂或者其他非法收入；利用职务优势直接从公司获得利益，构成侵占公司财产。《公司法》对董事忠实义务规定得比较全面，第148条规定："董事、高级管理人员不得有下列行为：（一）挪用公司资金；（二）将公司资金以其个人名义或者以其他个人名义开立账户存储；（三）违反公司章程的规定，未经股东会、股东大会或者董事会同意，将公司资金借贷给他人或者以公司财产为他人提供担保；（四）违反公司章程的规定或者未经股东会、股东大会同意，与本公司订立合同或者进行交易；（五）未经股东会或者股东大会同意，利用职务便利为自己或者他人谋取属于公司的商业机会，自营或者为他人经营与所任职公司同类的业务；（六）接受他人与公司交易的佣金归为己有；（七）擅自披露公司秘密；（八）违反对公司忠实义务的其他行为。董事、高级管理人员违反前款规定所得的收入应当归公司所有。"详言之，董事忠实义务包括：

第一，董事必须维护公司的资产。公司资产是公司开展业务活动的前提，因而维护公司资产是公司对董事的基本要求。这一义务其实也是概括性的，又可细分为不得有以下几个方面行为的具体义务：（1）挪用公司资金；（2）将公司资金以其个人名义或者以其他个人名义开立账户存储；（3）违反公司章程的规定，未经股东会、股东大会或者董事会同意，将公司资金借贷给他人或者以公司财产为他人提供担保；（4）擅自披露公司秘密；（5）接受他人与公司交易的佣金归为己有。董事认真履行上述义务，可以促进公司资产保值、增值，从而维护公司、股东、公司债权人以及其他利害关系人的合法权益。

第二，竞业禁止义务。董事作为公司管理层的重要成员，应当为实现公司最大利益而尽心竭力。由于其特殊地位，董事可以接触到大量的商业信息，董事应当把基于其地位和利用公司财产、信息等获得的商业机会提供给公司，不得篡夺自用；也不得为自己或者第三人的利益而与公司展开非法竞争。但是法律并非绝对禁止董事利用其职务与公司竞争，只是严格限制而已，即未经股东会同意，董事不得利用职务便利为自己或者他人谋取属于公司的商业机会，自营或者为他人经营与所任职公司同类的业务。一旦董事处于公司竞争者的地位，其就可能出于私心而对公司事务不尽心尽力，或者掠夺公司的商业机会，甚至利用其所了解的公司秘密损害公司利益。为此，根据《公司法》第148条规定，未经股东会同意，董事违反竞业禁止义务所获得的收益，应当归公司所有。

第三，自我交易限制义务。一般而言，自我交易有两种基本形态：一是直接交易，即形式上的自我交易，又称为董事自己代表行为，表现为自我雇佣和自我契约；二是间接交易，即实质上的自我交易，又称为董事双方代表行为，即与董事具有一定利害关系的第三人，如其近亲属、朋友、合伙人等与公司的交易均属于间接交易。自我交易为世界多数国家之公司法所严格限制，即董事与其任职的公司订立合同或者进行交易并不为法律所绝对禁止，但是应当为公司章程所允许或者得到股东会批准。《公司法》作出这一规定的目的是防止董事利用其地位，牺牲公司利益为自己或者第三人谋取利益。一旦董事违反规定进行自我交易，该交易效力如何？学者认为，该交易应属无效。[1] 笔者认为，对于此类交易应当分别情况，具体分析。对于那些对公司并无不利的交易，应当承认其效力；对于那些存在利益冲突的交易，一般应当以无效论。

2. 勤勉义务

何谓勤勉义务？董事应当谨慎、认真、勤勉地行使公司所赋予的权力，达到"善良管理人"的标准，即在类似情况下像处理自己事务一样处理公司事务；或者说尽到普通人在同样情况下处理同样事务所应尽到的注意义务。这就为董事行使权利确立一个一般性标准。该注意义务以普通人为标准。当然，如果董事具有高于普通人的知识技能，应当以此为标准，若其未运用其专业知识技能，应当认定其未尽到勤勉义务。

第一，依法从事经营活动。董事应当保证公司的商业行为符合国家的法律、行政法规以及国家各项经济政策的要求，商业活动不超越营业执照规定的业务范围；并且，未经公司章程规定或者董事会的合法授权，任何董事不得以个人名义代表公司或者董事会行事。董事以其个人名义行事时，在第三方会合理地认为该董事代表公司或者董事会行事的情况下，该董事应当事先声明其立场和身份。

第二，审慎行使决策权。为了降低公司经营的商业风险，公司董事必

---

[1] 王保树、崔勤之：《中国公司法原理》，社会科学文献出版社2000年版，第210页。

须审慎行使其经营决策权。具体而言，公司董事只有做到以下几点，才能够认为其尽到这一义务。其一，认真阅读本公司的各项商务、财务报告，及时了解公司业务经营管理状况，这是董事能够作出符合公司利益经营决策的前提。其二，亲自行使被合法赋予的公司管理处置权，不得受他人操纵；非经法律、行政法规允许或者得到股东会在知情的情况下批准，不得将其处置权转授他人行使。实践中，董事连续二次未能亲自出席，也不委托其他董事出席董事会会议，被视为不能履行职责。对此，董事会应当建议股东大会予以撤换。其三，严格依照议事规则作出经营决策。为了确保董事会的工作效率和科学决策，董事会可以制定董事会议事规则。董事会应当确定其运用公司资产所作出的风险投资权限，建立严格的审查和决策程序；重大投资项目应当组织有关专家、专业人员进行评审，并报股东会批准。为了促进董事依法审慎作出经营决策，董事还应当接受监事会对其履行职责的合法监督和合理建议。

董事不仅对公司负有勤勉义务，也承担因违反义务而产生的责任。《公司法》第 112 条第 3 款规定："董事应当对董事会的决议承担责任。董事会的决议违反法律、行政法规或者公司章程、股东大会决议，致使公司遭受严重损失的，参与决议的董事对公司负赔偿责任。但经证明在表决时曾表明异议并记载于会议记录的，该董事可以免除责任。"第 149 条规定："董事、监事、高级管理人员执行公司职务时违反法律、行政法规或者公司章程的规定，给公司造成损失的，应当承担赔偿责任。"第 150 条规定："股东会或者股东大会要求董事、监事、高级管理人员列席会议的，董事、监事、高级管理人员应当列席并接受股东的质询。董事、高级管理人员应当如实向监事会或者不设监事会的有限责任公司的监事提供有关情况和资料，不得妨碍监事会或者监事行使职权。"第 151 条规定："董事、高级管理人员有本法第一百四十九条规定的情形的，有限责任公司的股东、股份有限公司连续一百八十日以上单独或者合计持有公司百分之一以上股份的股东，可以书面请求监事会或者不设监事会的有限责任公司的监事向人民法院提起诉讼；监事有本法第一百四十九条规定的情形的，前述股东可以书面请求董事会或者不设董事会的有限责任公司的执行董事向人民法院提起诉讼。监事会、不设监事会的有限责任公司的监事，或者董事会、执行董事收到前款规定的股东书面请求后拒绝提起诉讼，或者自收到请求之日起三十日内未提起诉讼，或者情况紧急、不立即提起诉讼将会使公司利益受到难以弥补的损害的，前款规定的股东有权为了公司的利益以自己的名义直接向人民法院提起诉讼。他人侵犯公司合法权益，给公司造成损失的，本条第一款规定的股东可以依照前两款的规定向人民法院提起诉讼。"第152条规定："董事、高级管理人员违反法律、行政法规或者公司章程的规定，损害股东利益的，股东可以向人民法院提起诉讼。"

二、董事会

（一）董事会的概念

有限责任公司董事会是由公司股东会选举产生的董事组成的公司执行机构。

在有限责任公司组织机构中，董事会具有以下特征：

1. 董事会由股东会选举产生，对股东会负责

股东会是有限责任公司的权力机构，但其特点决定不适合直接负责公司的经营管理，由此产生选择执行机构的必要性。为了保护股东的利益，各国公司法通常将选择管理者的权利赋予了股东会，由其选举产生董事会。董事会负责执行股东会的决议，负责公司的经营管理，并定期向股东会报告工作。

2. 董事会是公司的执行机构

董事会作为有限责任公司的执行机构，对内负责公司经营管理，对外代表公司。就公司内部而言，与公司权力机构股东会相比，董事会是执行机构，负责执行股东会的决议。但董事会并非被动地执行股东会决议，而是具有自身的主动性。股东会的决议通常比较原则，董事会应当通过董事会会议形成具有可操作性方案，然后予以执行。就公司外部而言，董事会是公司代表机构，董事会的意思就是公司的意思，董事会的行为就是公司的行为。值得注意的是，董事会的权利是董事会集体的权利，任何董事未经合法授权，不得以个人名义行使董事会的权利。

3. 董事会是公司的必设和常设机构

除股东人数较少和规模较小的有限责任公司可以不设董事会外，绝大多数有限责任公司必须设立董事会，而且赋予董事会专门的职权，由董事会负责公司的日常经营管理。因此，董事会是有限责任公司的必设和常设机构。

（二）董事会的组成

有限责任公司设董事会，其成员为三人至十三人。国有独资公司以及

两个以上的国有企业或者其他两个以上的国有投资主体投资设立的有限责任公司，其董事会成员中应当有公司职工代表。董事会设董事长一人，可以设副董事长。董事长、副董事长的产生办法由公司章程规定。

（三）董事会的职权

作为有限责任公司的执行机构，董事会负责公司的经营管理。根据《公司法》第46条的规定，董事会行使下列十项职权：

1. 召集股东会，并向股东会报告工作；

2. 执行股东会的决议；

3. 决定公司的经营计划和投资方案；

4. 制订公司的年度财务预算方案、决算方案；

5. 制订公司的利润分配方案和弥补亏损方案；

6. 制订公司增加或者减少注册资本以及发行公司债券的方案；

7. 制订公司合并、分立、解散或者变更公司形式的方案；

8. 决定公司内部管理机构的设置；

9. 决定聘任或者解聘公司经理及其报酬事项，根据经理的提名，决定聘任或者解聘公司副经理、财务负责人及其报酬事项；

10. 制定公司的基本管理制度。

除此之外，公司章程还可以赋予董事会其他职权。

（四）董事会会议

1. 董事会会议的种类

董事会会议分为定期会议和临时会议。定期会议应当按照公司章程的规定按时召开。通常每年至少召开两次。因公司业务需要可以召开临时会议。

2. 董事会会议的召集

无论是定期会议还是临时会议，董事会会议由董事长召集和主持；董事长不能履行职务或者不履行职务的，由副董事长召集和主持；副董事长不能履行职务或者不履行职务的，由半数以上董事共同推举一名董事召集和主持。召开董事会会议，提前通知全体董事。《公司法》对会议通知的发出日期和内容未作规定，而是授权公司章程予以规定。通常应当提前十日发出会议通知，通常会议通知应当以书面形式发出，包括以下事项：会议议题、会议日期、会议地点。董事长应当在会议通知上签章，并注明通知发出日期。

必须注意的是，有限责任公司的经理、监事有权列席董事会会议，也应当向他们发出董事会会议通知。

3. 董事会会议决议

（1）董事会的议事方式和表决程序

《公司法》第 48 条规定："董事会的议事方式和表决程序，除本法有规定的外，由公司章程规定。董事会应当对所议事项的决定作成会议记录，出席会议的董事应当在会议记录上签名。董事会决议的表决，实行一人一票。"据此，公司章程应当就董事会会议决议作出必要的约定，至少应当明确以下问题：

①出席董事会会议的法定人数

为保证董事会决议的合法性、科学性、民主性，必须保证出席董事会会议人数占董事会成员的多数。有限责任公司可以根据自身的实际情况，在公司章程中确定出席董事会会议的法定人数。实践中，有限责任公司章程大多规定，董事会会议须有二分之一以上的董事出席方可举行。

《公司法》第 112 条就股份有限公司董事委托出席董事会和第 124 条就上市公司关联董事回避制度作出了规定，有限责任公司的该等事项《公司法》没有相应的明确规则。按照公司自治原则，有限责任公司可以通过公司章程就委托出席和关联董事回避制订规范。

②董事会有效决议所需要的表决权数

有限责任公司董事会有效决议所需要的表决权数由公司章程予以规定。从实践中看，主要有两种方式：出席董事过半数通过和全体董事过半数通过。

董事会决议是否分为普通决议和特别决议由公司章程予以规定。如果加以区分，对于普通决议可以适用简单多数原则；对于特别决议可以适用绝对多数原则。当然，各公司可以根据自身特点设计各自的董事会表决规则。

（2）董事会会议记录

董事会应当对所议事项的决定作成会议记录，出席会议的董事应当在会议记录上签名。

（3）职工参与

《公司法》第 18 条规定："……公司依照宪法和有关法律的规定，通过职工代表大会或者其他形式，实行民主管理。公司研究决定改制以及经营方面的重大问题、制定重要的规章制度时，应当听取公司工会的意见，

并通过职工代表大会或者其他形式听取职工的意见和建议。"第 44 条第 2
款规定："两个以上的国有企业或者两个以上的其他国有投资主体投资设
立的有限责任公司，其董事会成员中应当有公司职工代表；其他有限责任
公司董事会成员中可以有公司职工代表。董事会中的职工代表由公司职工
通过职工代表大会、职工大会或者其他形式民主选举产生。"

三、董事长和执行董事

（一）董事长

董事长是依照法律或者公司章程规定产生的代表董事会领导公司的董
事。国有独资公司的董事长、副董事长由国有资产监督管理机构从董事会
成员中指定，其他有限责任公司的董事长产生办法由公司章程规定。实践
中，董事长一般由董事选举或者股东推举产生。股份有限公司的董事长、
副董事长由全体董事过半数选举产生。

根据《公司法》的规定，董事长行使以下职权：

1. 主持股东会会议；
2. 召集和主持董事会会议；
3. 检查董事会决议的执行情况；
4. 公司章程规定的其他职权。

（二）执行董事

只有股东人数较少和规模较小的有限责任公司，可以设一名执行董
事，不设立董事会。执行董事的职权由公司章程规定。

第五节 有限责任公司法定代表人

一、法定代表人制度概述

公司代表人制度是关于公司对外代表权的制度安排。公司作为社会组
织，其意思表示必须借助公司机关进行。为了保护与公司交易的相对人的
利益，需要确定谁有权对外代表公司。而并非任何公司机关都具有代表公
司对外实施法律行为的权力。一般而言，股东会是公司的权力机关，负责
公司重大决策事宜；董事会是公司的执行机关，负责执行股东会决议，对
外代表公司，对内负责公司经营管理；监事会是公司的监督机关，负责监

督董事会、经理的业务活动和公司财务，保障公司依法经营。纵然如此，董事会也并非当然对外代表公司。各国公司立法基于不同的理论基础，确立了有所不同的公司代表人制度。

关于法人的代表机关，传统民法采取的董事代表制。《德国民法典》第 26 条规定，社团法人设董事会，董事会可以由数人组成，董事会代表法人，董事代表权的范围可通过章程加以限制；《日本民法典》第 52 条和第 53 条规定，法人应设理事一人或数人，理事就法人的事务代表法人，但不得违反章程的规定；我国台湾地区"民法"第 27 条第 2 项规定，董事对外代表法人的一切事务，董事为多数时，除章程另有规定外，各董事均有代表权。[1] 由此可见，大陆法系各国多允许公司通过章程确定公司代表人，其公司代表人制度具有鲜明的自治色彩。

与之不同，我国现行民事立法采取的是单一的法定代表人制度。所谓单一，是指我国公司代表人只能是一人；所谓法定，是指我国公司代表人的代表权来源于法律的直接规定。2017 年颁行的《民法总则》第 61 条第 1 款基本继承了《民法通则》第 38 条关于法定代表人的界定。《民法通则》第 38 条规定："依照法律或者法人组织章程规定，代表法人行使职权的负责人，是法人的法定代表人。"《民法总则》第 61 条第 1 款规定："依照法律或者法人章程的规定，代表法人从事民事活动的负责人，为法人的法定代表人。"另外，《民法总则》第 81 条第 3 款也肯定了《公司法》关于法定代表人人选的相应规则。《公司法》第 13 条规定："公司法定代表人依照公司章程的规定，由董事长、执行董事或者经理担任，并依法登记。公司法定代表人变更，应当办理变更登记。"根据《民法总则》第 81 条第 3 款规定，执行机构为董事会或者执行董事的，董事长、执行董事或者经理按照法人章程的规定担任法定代表人。

二、法定代表人的地位

在明晰了法定代表人的内涵之后，我们就可以界定有限责任公司法定代表人了。有限责任公司法定代表人是指代表有限责任公司并且执行业务的人。它属于公司常设代表机关；同时由于其单一性，故又属于独任机关。

---

[1] 柳经纬：《"斩不断、理还乱"的法定代表人制——评〈公司法〉第十三条关于法定代表人的新规定》，《河南省政法管理干部学院学报》2006 年第 4 期，第 107 页。

（一）对外代表公司

法定代表人对外代表有限责任公司，进行法律行为和诉讼行为，主要表现为代表公司与交易相对人签订合同、代表公司进行诉讼或者仲裁活动。法定代表人对外开展活动，属于代表行为，其以公司名义与第三人所为的行为就是公司的行为。因为依据代表法理，公司代表人是公司机关，公司与代表人属同一法律人格，不存在所谓两个法律主体。这显然不同于代理，在代理制度中，代理人和被代理人系两个法律主体，代理行为并非被代理人的行为，只是其法律效果基于代理宗旨而直接归属于被代理人。而且代理仅适用于法律行为，不适用于事实行为，而代表则不受此限制。所以公司代表人不同于代理人。

法定代表人代表公司进行与营业相关的一切行为，如何判断其意思表示呢？《民法总则》第61条第2款规定："法定代表人以法人名义从事的民事活动，其法律后果由法人承受。"以订立合同为例。《合同法》第32条规定："当事人采用合同书形式订立合同的，自双方当事人签字或者盖章时合同成立。"据此，公司法定代表人以法定代表人名义签字，构成公司的意思表示；同时，公司法定代表人即使没有签字，仅加盖了公司法定代表人的人名章，也构成公司的意思表示；此外，公司法定代表人既没有签字也没有加盖其人名章，但加盖了公司印章也构成公司的意思表示。从我国商业实践来看，人们普遍认可公司印章的效力，而法定代表人的签字则往往被忽略。正是因为如此，不少公司的法定代表人紧紧抓住"印把子"，形成了特有的"印章文化"。

法定代表人越权行事其法律后果如何呢？法定代表人既然通常是通过选任机关依照程序选任的，选任机关在不违反法律强制性规定的提前下，当然可以限制法定代表人的代表权。该限制可以记载于公司章程，也可以体现在股东会决议或者董事会决议当中。不过这种限制不能对抗善意第三人。《民法总则》第61条第3款规定："法人章程或者法人权力机构对法定代表人代表权的限制，不得对抗善意相对人。"《合同法》第50条规定："法人或者其他组织的法定代表人、负责人超越权限订立的合同，除相对人知道或者应当知道其超越权限的以外，该代表行为有效。"详言之，交易相对人对法定代表人代表权的内部限制不知情也不应当知情的，法定代表人的代表行为有效，公司应依照约定履行合同，否则公司应承担违约责任。当然公司可以依照内部规定，追究越权行事的法定代表人的责任。交易相对人明知或者应当知道公司对法定代表人代表权内部限制的，该代表行为处于效力待定状态。[1] 公司可以通过追认主张该代表行为有效，也可以不予追认主张该代表行为自始不生效力。考虑到交易相对人的恶意，其不应享有撤销权仅享有催告权。一旦公司主张代表行为自始不生效力，则公司法定代表人将以自然人的身份承担行为后果。

（二）对内执行业务

法定代表人对内执行公司业务，负责公司日常经营管理，主要表现为执行股东会和董事会决议。从这种意义上说，公司代表人并没有业务决定权。不过由于《公司法》规定，法定代表人要么是董事长（执行董事），要么是经理，使得法定代表人除了代表权之外，还拥有一定的决策权，在我国公司治理结构尚不健全的情况下，难免形成法定代表人专权现象。

三、法定代表人的确定与解任

（一）法定代表人的确定

1. 法定代表人的人选

依据《公司法》第 13 条的规定，公司法定代表人的人选包括董事长（执行董事）和经理。不过，究竟是董事长（执行董事）还是总经理担任法定代表人由股东决定，并记载于公司章程。这就意味着，法定代表人人选变更需要召开股东会，并修改公司章程。至于法定代表人具体人选的任职资格应当适用董事任职资格的规定。而《企业法人法定代表人登记管理规定》第 4 条则进一步明确任职资格的要求，即"有下列情形之一的，不得担任法定代表人，企业登记机关不予核准登记：（一）无民事行为能力或者限制民事行为能力的；（二）正在被执行刑罚或者正在被执行刑事强制措施的；（三）正在被公安机关或者国家安全机关通缉的；（四）因犯有贪污贿赂罪、侵犯财产罪或者破坏社会主义市场经济秩序罪，被判处刑罚，执行期满未逾五年的；因犯有其他罪，被判处刑罚，执行期满未逾三年的；或者因犯罪被判处剥夺政治权利，执行期满未逾五年的；（五）担任因经营不善破产清算的企业的法定代表人或者董事、经理，并对该企业的破产负有个人责任，自该企业破产清算完结之日起未逾三年的；

---

[1] 鉴于代理制度和代表制度的相似性，在法律没有对代表制度相关事项作出明确规定的情况下，可以类推适用代理制度的相关规定。参见周友苏：《新公司法论》，法律出版社 2006 年版，第 81 页。

（六）担任因违法被吊销营业执照的企业的法定代表人，并对该企业违法行为负有个人责任，自该企业被吊销营业执照之日起未逾三年的；（七）个人负债数额较大，到期未清偿的；（八）有法律和国务院规定不得担任法定代表人的其他情形的"。

2. 法定代表人的选任程序

一般而言，董事长（执行董事）、经理的选任程序就是法定代表人的选任程序。按照《公司法》相关规定，国有独资公司的董事长由国有资产监督管理机构从董事会成员中指定，其他有限责任公司的董事长产生办法由公司章程规定。从实践中来看，董事长一般由董事选举或者股东推举产生；执行董事由股东推举产生；经理由董事会聘任。鉴于国有资产管理机构事实上行使着股东会的职权，国有独资公司董事长的产生可以视为股东推举。这样一来，法定代表人的选任方式分为两种情形。就董事长担任法定代表人而言，可以由股东会选举产生，也可以由董事会选举产生；就经理担任法定代表人而言，由董事会聘任产生。

值得注意的是，《公司法》还规定了特殊情况下的法定代表人制度。一是监事或者监事会担任公司法定代表人的情形，包括：（1）董事、高级管理人员执行公司职务时违反法律、行政法规或者公司章程的规定，给公司造成损失的，监事会、不设监事会的公司的监事有权代表公司提起诉讼；（2）监事会、不设监事会的公司的监事发现公司经营情况异常，可以进行调查；必要时，可以聘请会计师事务所等协助其工作，费用由公司承担。二是清算组担任法定代表人的情形，即在公司清算期间，清算组实际上系公司法定代表人。《公司法》第184条规定："清算组在清算期间行使下列职权：（一）清理公司财产，分别编制资产负债表和财产清单；（二）通知、公告债权人；（三）处理与清算有关的公司未了结的业务；（四）清缴所欠税款以及清算过程中产生的税款；（五）清理债权、债务；（六）处理公司清偿债务后的剩余财产；（七）代表公司参与民事诉讼活动。"

（二）法定代表人的解任

《公司法》没有法定代表人解任的规定。根据代表法理，公司法定代表人可以因以下原因而解任：

1. 担任公司法定代表人的自然人丧失任职资格

如前所述，公司法定代表人的担任人应符合《公司法》关于董事任职资格的要求。一旦该担任人在任职期间丧失任职资格，应当由选任机关解除其职务。例如，法定代表人需要代表公司开展经营活动，因而其担任人必须具有完全民事行为能力，担任人死亡或者丧失行为能力将导致其解任。

2. 担任公司法定代表人的自然人丧失任职身份

公司法定代表人由董事长（执行董事）、经理担任。一旦法定代表人的担任人丧失董事长（执行董事）、经理身份，则当然丧失法定代表人地位。

3. 担任公司法定代表人的自然人辞职

法定代表人的担任人向公司选任机关提出辞职，若符合公司章程相关规定则辞职生效，该法定代表人担任人解任。

4. 法定代表人选任机关解任

法定代表人的选任机关有权决定法定代表人的具体人选，当然有权按照其意志解任该法定代表人。一般而言，法定代表人无论执行职务过程中是否存在过错，选任机关均可以予以解职。当然，无故解任公司法定代表人，公司可能需要赔偿该法定代表人因此遭受的损失。

四、法定代表人的变更

根据《公司法》第 13 条的规定，公司法定代表人变更应当依法办理变更登记。实践中，法定代表人变更后没有办理变更登记的情况时有发生，由此引发的纠纷也不时出现。那么登记的"法定代表人"和新产生但尚未登记的"法定代表人"不一致时，究竟谁是法定代表人呢？对此，《公司法》并未明确规定，不过我们可以从相关规定中窥测端倪。

（一）法定代表人登记的效力

《公司法》第 32 条第 3 款规定："公司应当将股东的姓名或者名称向公司登记机关登记；登记事项发生变更的，应当办理变更登记。未经登记或者变更登记的，不得对抗第三人。"由此可见，我国公司立法对股东登记采取的是登记对抗主义。多数学者认为，法定代表人登记也应遵循登记对抗主义。

具体而言，只要有限责任公司依据公司章程的选任程序，作出了依法更换法定代表人的决议或者决定，新产生的"法定代表人"即成为公司法定代表人，登记的"法定代表人"即解任。登记的"法定代表人"不得以未办理变更登记为由，向公司主张其仍为公司法定代表人，亦不得向第三人宣称其系公司法定代表人。公司也不得以新产生的"法定代表人"尚未登记为由，主张其并非公司法定代表人，新产生但未登记的"法定代表人"有权以公司名义对外行使民事行为和诉讼行为，其行为就是公司的行为。《最高人民法院关于适用〈中华人民共和国民事诉讼法〉的解释》第50条第2款规定："法定代表人已经变更，但未完成登记，变更后的法定代表人要求代表法人参加诉讼的，人民法院可以准许。"当然，如果选任新法定代表人的决议或者决定中明确规定，新法定代表人的委任自办理变更登记之日起生效，则应当尊重该决议或者决定。

基于登记的公信力，对于第三人而言，法律保护其对法定代表人登记的信赖。在已经选任新的法定代表人但未登记的情况下，公司不得以法定代表人变更的事实对抗法定代表人登记的效力，向第三人主张登记的"法定代表人"并非法定代表人。第三人与登记的"法定代表人"进行法律行为，就是与公司进行法律行为，第三人当然有权要求公司依照约定履行相关义务。除非该第三人已经知道或者应当知道公司法定代表人已经变更的事实。

最高人民法院（2014）民四终字第20号民事裁定书也印证了公司代表人变更应遵循团体法之区分原则："法律规定对法定代表人变更事项进行登记，其意义在于向社会公示公司意志代表权的基本状态。工商登记的法定代表人对外具有公示效力，如果涉及公司以外的第三人因公司代表权而产生的外部争议，应以工商登记为准。而对于公司与股东之间因法定代表人任免产生的内部争议，则应以有效的股东会任免决议为准，并在公司内部产生法定代表人变更的法律效果。"[1]

（二）法定代表人变更登记

《公司登记管理条例》第27条规定："公司申请变更登记，应当向公司登记机关提交下列文件：（一）公司法定代表人签署的变更登记申请书；（二）依照《公司法》作出的变更决议或者决定；（三）国家工商行政管理总局规定要求提交的其他文件。公司变更登记事项涉及修改公司章程的，应当提交由公司法定代表人签署的修改后的公司章程或者公司章程修

---

[1]《大拇指环保科技集团（福建）有限公司与中华环保科技集团有限公司股东出资纠纷案》，《最高人民法院公报》2014 年第 8 期，http://gongbao.court.gov.cn/Details/7f487bb61c8c587ca9dfd61c9f3c2c.html，访问时间 2017 年 6 月 12 日。

正案。变更登记事项依照法律、行政法规或者国务院决定规定在登记前须经批准的，还应当向公司登记机关提交有关批准文件。"据此，公司法定代表人变更登记需要提交法定代表人签署的变更登记申请书。实践中，不少公司法定代表人因更换事宜拒不履行职责，导致法定代表人更换工作障碍。为此《企业法人法定代表人登记管理规定》第 7 条规定："有限责任公司或者股份有限公司更换法定代表人需要由股东会、股东大会或者董事会召开会议作出决议，而原法定代表人不能或者不履行职责，致使股东会、股东大会或者董事会不能依照法定程序召开的，可以由半数以上的董事推选一名董事或者由出资最多或者持有最大股份表决权的股东或其委派的代表召集和主持会议，依法作出决议。"针对经选任程序变更后因原法定代表人拒绝签署变更登记申请书的情况，《企业法人法定代表人登记管理规定》第 6 条规定，无论是原法定代表人还是新产生拟任法定代表人签署变更登记申请书，工商部门均予以接受。

同时，为了维系公司登记的公信力，法定代表人变更还要注意时间要求。《公司登记管理条例》第 30 条规定："公司变更法定代表人的，应当自变更决议或者决定作出之日起 30 日内申请变更登记。"

五、单一法定代表人制度的弊端

长期以来，我国学者对源于国有企业管理体制的单一法定代表人制度持批判态度[1]，认为"单一性"和"法定性"是其弊端的根源。一般而言，法定代表人的法定性挤压了意思自治的空间，不利于公司治理目标的实现；而单一性则造成了法定代表人的独断专行。特别是后一弊端值得我们深思。在单一法定代表人制度下，公司内部分权制衡的治理结构可能被打破，法定代表人作为董事长或者经理原本就拥有一定职权，其往往可以超越董事会甚至股东会决议而独断专行，公司决策民主根本无从谈起。更有甚者，不少有限责任公司股东利用公司章程的自治空间，以合法形式确定公司法定代表人变更的超级多数规则（如变更董事长或者解聘经理需要

---

〔1〕 柳经纬：《论法定代表人》，《贵州大学学报（社会科学版）》2002 年第 2 期，第 13—21 页；刘玉杰：《公司法定代表人制度的缺陷》，《企业管理》2005 年第 12 期，第 27—29 页；刘琰：《论法定代表人制度的弊端与重构》，《重庆工商大学学报（社会科学版）》2006 年第 3 期，第 69—72 页。值得注意的是，有学者对经理担任法定代表人的弊端进行了深入的分析，参见柳经纬：《"斩不断、理还乱"的法定代表人制——评〈公司法〉第十三条关于法定代表人的新规定》，《河南省政法管理干部学院学报》2006 年第 4 期，第 107—111 页。

全体董事三分之二多数通过），达到自己当选法定代表人并长期把持公司的目的。从这种意义上说，公司法定代表人单一，可能导致董事会甚至股东会权力被架空从而危及公司治理结构，而后者恰恰是我们建立现代企业制度所追求的。正是因为如此，不少学者主张废除单一法定代表制度而实行董事代表制，笔者对此表示赞同。

第六节　有限责任公司经理

一、经理的法律地位

依据《公司法》的规定，有限责任公司经理是指有限责任公司董事会聘任的负责公司日常经营的高级管理人员。那么经理在公司中究竟处于何种地位则是值得研究的问题。经理由公司董事会聘任或者解聘，故其与董事会的关系是确定其法律地位的一个重要因素；同时经理一经聘任就成为公司的经理而不是董事会的经理，因此经理与公司的关系是确定经理法律地位的另一重要因素。

（一）经理与董事会的关系

董事会是公司的执行机关，不过随着社会分工的发展，董事会已经不能完全胜任公司业务的执行工作，需要专业人士的辅助。董事会从经理人市场选聘本公司的经理，并根据公司的实际情况，授予其相应的经营管理权。经理对董事会负责，董事会有权随时解聘其聘任的经理。从这种意义上说，经理的一切权力来自董事会，经理是附属于董事会而不是独立于董事会之外的公司机关。就经理与董事会的关系而言，经理是董事会业务执行的辅助者。

（二）经理与公司的关系

虽然经理由董事会聘任，不过董事会本身并不具有民事主体地位，所以董事会通过聘任经理的决议后公司与经理之间签订聘用合同，该聘用合同是公司与经理之间的基础法律关系。基于该合同，经理在权限范围内以公司名义与第三人进行民事活动，公司直接承担该等民事活动的法律后果。因而，经理通常被认为是公司的代理人。然而经理作为代理人与一般委托代理人存在明显差异：一是不需要持有授权委托书，二是拥有涉及公司经营管理方方面面的广泛权限，三是需要履行工商登记。

或许正是因为如此，不少学者将经理称作公司的代表人，因为代表人无须授权即可直接代表公司。笔者认为，从保护交易安全角度出发，将经理界定为公司的代表人更为妥当。[1] 作为董事会业务执行的辅助者，其拥有较为广泛的经营管理权，除非第三人知晓公司关于经理职权的限制，否则公司应当承担经理与第三人进行民事活动的后果。当然公司可以依据其与经理签订的聘任合同以及公司内部的相关规定，要求经理承担相应的法律责任。

所以，经理是董事会业务执行的辅助者，同时又是公司的代表人。

二、经理的任职资格

按照《公司法》的规定，经理和董事的任职资格基本相同。问题在于，董事能否兼任经理。该法第50条允许不设董事会的有限责任公司的执行董事兼任经理。因此，应当认定《公司法》允许董事兼任公司经理。

三、经理的职权

根据《公司法》第49条的规定，公司经理行使下列职权：

其一，主持公司的生产经营管理工作，组织实施董事会决议；

其二，组织实施公司年度经营计划和投资方案；

其三，拟订公司内部管理机构设置方案；

其四，拟订公司的基本管理制度；

其五，制定公司的具体规章；

其六，提请聘任或者解聘公司副经理、财务负责人；

其七，决定聘任或者解聘除应由董事会决定聘任或者解聘以外的负责管理人员；

其八，董事会授予的其他职权。

---

[1] 学者指出，我国并无经理权制度，我国公司法上与真正的经理权制度相似的制度是法定代表人制度。根据《德国商法典》和《日本商法典》的规定，所谓"经理权"是指实施企业经营行为以及因企业经营所产生的诉讼行为的权利。经理因此可以实施的行为包括诉讼行为、签订合同等法律行为，也包括生产、营销、人事管理中的其他行为。根据相关法律、法规的规定，企业法定代表人不但是企业唯一可以对外签订契约的人，而且是企业参与诉讼的唯一法定代表，其活动不仅产生对外效力，而且渗透于企业的所有经营过程中。从我国法律对法定代表人的规定来看，显然，法定代表人的主要功能是对外代表企业进行民事活动，对内管理企业经营，这恰恰是经理权制度的功能所在。参见张舫、李先映：《论商法中的经理权》，《河北法学》2007年第5期，第96—99页、第104页。

为了保证经理有效开展工作，经理有权列席董事会会议。

仔细分析上述关于经理职权的规定，不难发现，《公司法》规定的经理职权主要为管理权，而对于公司经营而言至为重要的代表权则未作明确规定。就法律层面而言，经理是否具有代表权则不无疑问。不过从司法实践来看，公司经理对外签署法律文件的行为通常被视为公司行为。

值得注意的是，《公司法》第49条对经理职权的规定体现了意思自治的原则，即在不违反法律法规的强制性规定和损害社会公共利益的前提下，公司章程可以对经理职权作出不同于以上八项职权的规定。有学者认为，法律列举规定不足以穷尽经理职权，使经理面对复杂多变的市场环境难免捉襟见肘，建议概括规定经理的职权："除非公司章程、董事会决议或聘任合同另有规定外，经理享有与经营管理有关的一切权力。"[1]笔者认为这一观点值得商榷，毕竟公司治理已经进入经理中心主义的时代，"在实际运作中，公司经理所拥有的权力大大超出了正式法律文件所载明的内容，他们在公司内部权力体系中代替了传统企业中所有者的位置，登上了公司权力阶梯的顶层，行使着公司资本运作的几乎所有权能"[2]。

四、经理的义务

经理同董事一样，在执行职务中承担着忠实义务和勤勉义务。具体内容参见本章第三节关于董事的义务的论述。

第七节　有限责任公司监事会

我国公司立法沿袭大陆法系的通常做法设有监事会制度，监事会负责监督公司管理层的经营管理行为。当然，我们也应当看到独立董事在公司治理结构中的作用。虽然我国公司立法并不要求有限责任公司设立独立董事，但有限责任公司可以根据自身实际选择设立独立董事以强化对公司管理层的监督。

---

〔1〕 雷义霞：《论经理法律地位——以新公司法为视角》，《商情（科学教育家）》2007年第12期，第185页。

〔2〕 李玉梅：《建立我国经理法律制度的思考》，《法制与经济》1997年第4期，第33页。

一、监事

监事是对公司董事会、经理执行业务和公司财务承担监督职责的人员。

（一）监事的任职资格

根据《公司法》的规定，监事不得由本公司的董事、高级管理人员兼任。除此之外，监事的任职资格与董事基本相同。

（二）监事的义务

监事同董事一样，在执行职务中承担着忠实义务和勤勉义务。

（三）监事的任期

监事的任期每届为三年。监事任期届满，连选可以连任。

二、监事会

（一）监事会的概念

监事会是由公司股东会选举产生、由全体监事组成的公司监督机构。

1. 监事会由股东会选举产生，对股东会负责

股东会是公司的权力机构，但并不直接从事经营管理，而是交由董事会以及经理具体负责，由此产生选择监督机构的必要性。为了保护股东的利益，《公司法》规定股东会选举产生监事会，监事会负责监督董事会、经理的业务执行和公司财务状况，并定期向股东会报告工作。

2. 监事会是公司的监督机构

监事会作为公司制衡董事会的机构，专门负责监督董事会、经理的业务活动和公司财务，保障公司依法经营。

3. 监事会是公司的必设和常设机构

除股东人数较少和规模较小的有限责任公司可以不设监事会外，公司必须设立监事会，而且赋予监事会专门的职权，即监督公司的经营管理。因此，监事会是有限责任公司的必设和常设机构。

（二）监事会的组成

有限责任公司设监事会，其成员不得少于三人。股东人数较少或者规模较小的有限责任公司，可以设一至二名监事，不设监事会。监事会应当包括股东代表和适当比例的公司职工代表，其中职工代表的比例不得低于三分之一，具体比例由公司章程规定。监事会中的职工代表由公司职工通

过职工代表大会、职工大会或者其他形式民主选举产生。职工代表进入监事会，对于维护公司职工的合法权益具有重要意义。

（三）监事会的职权

那些采用监事会制度的国家，关于监事会职权的规定不尽相同。在德国监事会的职权较为广泛，包括：决定公司基本政策、任免董事会成员、监督董事会工作、决定董事的报酬。但是监事会并不直接插手和干预公司的具体生产经营过程。董事会负责管理公司的日常经营业务，并代表公司与外界打交道。董事会必须定期向监事会汇报经营决策变化、公司的盈利水平、重大的业务往来等事宜。对某些特定项目或者决策，董事会在执行之前必须报经监事会批准。如遭监事会否决，董事会可以要求召开特别股东大会对被否决的议案进行表决。[1] 长期以来，我国的监事会制度流于形式，其对管理层的监督成为空谈，即使在公司治理结构相对比较完善的上市公司也是如此。《公司法》赋予监事会最具实质意义的职权就是检查公司财务。借助财务检查这一有力手段，监事会能够及时发现公司管理层的不正当行为，保护公司及其股东的合法权益。监事会职权的加强在一定程度上强化了其对董事会的制衡功能，有助于完善公司治理结构，发挥公司制度的优势。

根据《公司法》第53条的规定，监事会或者监事行使下列职权：

1. 检查公司财务。

2. 对董事、高级管理人员执行公司职务的行为进行监督，对违反法律、行政法规、公司章程或者股东会决议的董事、高级管理人员提出罢免的建议。

3. 当董事、高级管理人员的行为损害公司的利益时，要求董事、高级管理人员予以纠正。

4. 提议召开临时股东会会议，在董事会不履行本法规定的召集和主持股东会会议职责时召集和主持股东会会议。

5. 向股东会会议提出提案。

6. 依照公司法第151条的规定，对董事、高级管理人员提起诉讼。

董事、高级管理人员执行公司职务时违反法律、行政法规或者公司章程的规定，给公司造成损失的，有限责任公司的股东可以书面请求监事会或者不设监事会的有限责任公司的监事向人民法院提起诉讼。

---

[1] 卢昌崇：《从德国的"两会制"论我国公司治理机构设计》，《经济理论与经济管理》1994年第6期，第30页。

7. 公司章程规定的其他职权。

为了有效实施监督职能，监事有权列席董事会会议，并对董事会决议事项提出质询或者建议。监事会、不设监事会的公司的监事发现公司经营情况异常，可以进行调查；必要时，可以聘请会计师事务所等协助其工作，费用由公司承担。就此而言，监事会行使职权的方式与董事会有所不同。董事会作为执行机构，其行使职权只能采取集体决议的方式，而监事除了采取集体决议的方式外，监事个人还可以行使监督权。法律之所以作出如此规定，主要就是为了加强监事会的监督职能，及时发现董事、经理的不适当行为。

（四）监事会会议

有限责任公司的监事会每年度至少召开一次会议，监事可以提议召开临时监事会会议。监事会的议事方式和表决程序，除公司法有规定的外，由公司章程规定。监事会决议应当经半数以上监事通过。监事会应当对所议事项的决定作成会议记录，出席会议的监事应当在会议记录上签名。

第八节　事业合伙人研究

2013 年阿里巴巴集团控股有限公司（以下简称"阿里巴巴"）因事业合伙人制度香港上市被拒，转而赴美上市成功，从而将"事业合伙人"带进了大众的视野。其实，阿里巴巴并不是第一个吃螃蟹的人，华为投资控股有限公司（以下简称"华为"）1990 年就开启了事业合伙人制度的探索；[1] 海尔集团公司、万科企业股份有限公司、北京小米科技有限责任公司也进行着事业合伙人制度的创新与尝试。那么，事业合伙人是何种制度？它与公司法冲突吗？它与传统的公司治理是一种什么关系？

一、事业合伙人制度的概念与特征

（一）事业合伙人制度的概念

事业合伙人虽有"合伙人"之名，但并非法律意义上的合伙人。一般而言，合伙人是指依据合伙协议设立合伙企业，并对合伙企业债务承担无

---

〔1〕　鉴于本书研讨的是有限责任公司法律制度，而华为作为有限责任公司，其事业合伙人制度起步早且颇具特色，因此本书主要以华为事业合伙人制度为范本进行研究。从公开途径可以获取的华为事业合伙人制度相关资料主要是《华为基本法》和年度报告。

限或者有限责任的自然人或者法人。[1] 而事业合伙人与之不同,第一,关于名称,除了阿里巴巴将该制度称为"Alibaba Partership",万科企业股份有限公司将该制度称为"事业合伙人机制",多数公司并未将之称为合伙人,本书为与法律意义上的合伙人区分,将其称为事业合伙人;第二,推行该制度的公司以公司文化、公司价值为指引,赋予作为事业合伙人的员工一定的决策权,如阿里巴巴和华为赋予了事业合伙人董事提名权,其结果就是事业合伙人成为一种非典型的公司控制机制。一般而言,事业合伙人制度往往包含着特殊股权安排、员工激励机制、扁平化管理等内容。从这种意义上说,事业合伙人制度是以公司价值为指引,以特定员工为对象,以利益共享为基础,形成不同于传统的股权控制的创始人控制的公司治理机制。该特定员工就是事业合伙人。

(二) 事业合伙人制度的特征

实践中不同公司的事业合伙人制度不尽相同,以提取公因式的方法进行研究,可以发现事业合伙人具有以下特征:

1. 事业合伙人制度是创始人非股权控制公司的制度创新。传统公司治理模式下,公司创始人需要借助股权或者协议等掌握公司控制权。而创新型公司成长需要大量融资,资本的涌入必然造成创始人股权的稀释,而采用事业合伙人制度,可以使公司创始人在不持有大量股权的情况下,掌握公司的控制权。任正非作为自然人股东加上参与的员工持股计划,合计仅持有华为约1.4%的股权,[2] 但以他为代表的创始人借助持股员工代表会控制了公司。

2. 事业合伙人制度是创新的员工激励制度。随着共享经济的到来,人力资本拥有者的投资创业理念也在发生变化,对于依靠人力资本竞争的创新型公司而言股权激励恐怕是留住人才的最佳选择。事业合伙人制度包含股权激励手段,转变员工关系为"员工+股东"关系,形成利益乃至命运共同体,实现共享收益,共担风险,推动人力资本最佳配置。华为通过工

---

[1] 《合伙企业法》第2条规定:"本法所称合伙企业,是指自然人、法人和其他组织依照本法在中国境内设立的普通合伙企业和有限合伙企业。普通合伙企业由普通合伙人组成,合伙人对合伙企业债务承担无限连带责任。本法对普通合伙人承担责任的形式有特别规定的,从其规定。有限合伙企业由普通合伙人和有限合伙人组成,普通合伙人对合伙企业债务承担无限连带责任,有限合伙人以其认缴的出资额为限对合伙企业债务承担责任。"

[2] 参见《华为投资控股有限公司2017年年度报告》第85页,https://www.huawei.com/cn/press-events/annual-report/2017?ic_medium=hwdc&ic_source=corp_banner_ar17,访问时间2018年6月26日。

会实行员工持股计划，截至 2017 年 12 月 31 日员工持股计划参与人数为 80818 人。员工持股计划将公司的长远发展和员工的个人贡献及发展有机地结合在一起，形成了长远的共同奋斗、分享机制。[1]

3. 事业合伙人制度是创新的管理方式。事业合伙人作为非典型的公司治理机制是对传统公司治理的补充，加强了员工在公司治理中的地位。事业合伙人可以经公司内部决策程序成为管理层成员，并非所有的管理层成员都是事业合伙人。华为员工持股代表会拥有董事提名权，但董事任免仍经公司股东会审议。华为的股东为任正非和工会。[2] 工会履行股东职责，

---

〔1〕 参见《华为投资控股有限公司 2017 年年度报告》第 85 页，https：//www. huawei. com/cn/press–events/annual–report/2017？ ic_ medium = hwdc&ic_ source = corp_ banner_ ar17，访问时间 2018 年 6 月 26 日。

〔2〕《中华人民共和国工会法》第 14 条第 2 款规定："基层工会组织具备民法通则规定的法人条件的，依法取得社会团体法人资格。"华为工会依法登记取得法人资格，依法登记为华为股东。因此，华为工会持股合法。但目前意欲以工会或者职工持股会持有公司股权基本不予支持。2000 年 7 月 7 日民办函〔2000〕110 号《民政部办公厅关于暂停对企业内部职工持股会进行社团法人登记的函》中指出："1998 年国务院颁布了新修订的《社会团体登记管理条例》，该条例第三条第三款规定'不属于本条例登记范围的：……；机关、团体、企业事业单位内部批准成立、在本单位内部活动的团体。'由于职工持股会属于单位内部团体，不应再由民政部门登记管理。"2000 年 12 月 11 日证监会法律部〔2000〕24 号《中国证监会关于职工持股会及工会能否作为上市公司股东的复函》中指出："根据国务院《社会团体登记管理条例》和民政部办公厅 2000 年 7 月 7 日印发的《关于暂停对企业内部职工持股会进行社团法人登记的函》（民办函〔2000〕110 号）的精神，职工持股会属于单位内部团体，不再由民政部门登记管理。对此前已登记的职工持股会在社团清理整顿中暂不换发社团法人证书。因此，职工持股会将不再具有法人资格。在此种情况改变之前，职工持股会不能成为公司的股东。另外，根据中华全国总工会的意见和《中华人民共和国工会法》的有关规定，工会作为上市公司的股东，其身份与工会的设立和活动宗旨不一致，可能会对工会正常活动产生不利影响。因此，我会也暂不受理工会作为股东或发起人的公司公开发行股票的申请。"2002 年 11 月 5 日证监会法协字〔2002〕115 号《中国证券监督管理委员会法律部关于职工持股会及工会持股有关问题的法律意见》进一步指出："一、我会停止审批职工持股会及工会作为发起人或股东的公司的发行申请主要有两点考虑：其一，防止发行人借职工持股会及工会的名义变相发行内部职工股，甚至演变成公开发行前的私募行为。其二，在民政部门不再接受职工持股会的社团法人登记之后，职工持股会不再具备法人资格，不再具备成为上市公司股东及发起人的主体资格，而工会成为上市公司的股东与其设立和活动的宗旨不符。二、我部认为，与发行申请人有关的工会或职工持股会持股的三种情形，建议分别处理：1. 对已上市公司而言，在受理其再融资申请时，应要求发行人的股东不存在职工持股会及工会，如存在的，应要求其按照法律部〔2000〕24 号文要求规范。2. 对拟上市公司而言，受理其发行申请时，应要求发行人的股东不属于职工持股会及工会持股，同时，应要求发行人的实际控制人不属于职工持股会及工会持股。3. 对于工会或职工持股会持有拟上市公司或已上市公司的子公司股份的，可以不要求其清理。"综上，职工持股会作为公司内部团体，无法取得法律人格，因此无法成为公司股东；工会虽可依法登记为法人，成为公司股东与其作为工会的设立与活动宗旨冲突，因此原则上无法成为公司股东。

行使股东权利的机构是持股员工代表会。持股员工代表会由全体持股员工代表组成，代表全体持股员工行使有关权利，其中最重要的权利就是董事提名权和表决权。2018 年 3 月华为董事会换届，持股员工代表会（由 49 名持股员工代表组成）提名 17 位董事候选人（多数董事候选人系持股员工代表），全部当选。[1] 从某种意义上说，员工进入管理层，可以改变原先层级分明的管理方式，实现扁平化管理，公司更加开放多元，决策更加高效科学。

二、事业合伙人制度的理论基础

2013 年香港证券交易所之所以拒绝阿里巴巴上市申请，就是因为其上市规则规定不能设有双重股权，必须坚持同股同权的原则。该规则的理论基础就是股东同质化理论。2017 年 12 月 15 日，香港证券交易所针对早前发布的《有关建议设立创新板的框架咨询文件》发表咨询总结，实行上市制度重大改革，允许创新型公司采取双重股权结构入港上市。这在一定意义上揭示了事业合伙人的理论基础股东异质化理论。

传统的公司治理存在股东同质化的假设。英国古典经济学家亚当·斯密指出："股份公司的经营，全由董事会处理。董事会在执行任务上不免受股东大会的支配，但股东对于公司业务多一无所知，如他们没有派别，大抵会心满意足地接受董事会每年或者每半年分配给他们的红利，不找董事的麻烦。"[2] 这一假设被后世的经济学家和法学家所继承。股东的同质化主要包含三个方面内容：一是资本同质，即股东是无差异资本的载体；二是目的同质，即每个股东出资的目的都是一致的，都是通过公司的经营使得自己的投资能够利益最大化；三是资质同质，即每个股东的知识背景、经营能力一致，他们都能理解并通过股东权利的行使达到自己的目的。在股东"同质化"的假设下，既然股东都是同的，那么资本的多少便成为划分权利的唯一依据，"同股同权，一股一权"。

股东的同质化假设实现了股东形式上的平等，资本多数决有利于提高公司决策与运行效率，但其缺陷亦逐渐显现。一方面，以资本多数决的方

---

〔1〕 参见《华为投资控股有限公司 2017 年年度报告》第 86 页，https：//www.huawei.com/cn/press-events/annual-report/2017？ic_medium=hwdc&ic_source=corp_banner_ar17，访问时间 2018 年 6 月 26 日。

〔2〕 ［英］亚当·斯密：《国民财富的性质和原因的研究（下卷）》郭大力、王亚南译，商务印书馆 1974 年版，第 303 页。

式仅能满足形式上的平等,加剧了大股东与小股东之间实质的不平等,容易侵害小股东的权益。另一方面,人都是具体的,抽象平等的股东只存在于假设之中,股东同质化忽视了股东作为人的实质内涵,人的本质是一切社会关系的总和。易言之,股东并不是同质的。随着公司治理的演进,股东异质性逐渐被接受认可。基于投资目的的不同,股东分为经营股东和投资股东。作为经营股东的公司创始人,其专业知识、经营创意、信息获取皆优于投资股东,其更加关心公司的长远发展,而投资股东更加在意投资利益的获得。公司法理论逐渐关注到两类不同股东对控制权、经营权、分红权态度的差异,承认分红权和表决权的适度分离,催生了类别股。基于公司合同理论,公司是各利害关系人共同"投资"的结果:股东投入的是股权资本,债权人投入的是债权资本、员工投入的是人力资本、消费者投入的是市场资本、政府投入的是公共环境资本、社区居民投入的是经营环境资本。进入现代社会,人力资本成为公司的核心竞争力,保持核心竞争力的公司才能永续存在。那么员工是否以其拥有的人力资本获得类别股或者获得一定的公司经营权甚至表决权呢? 答案是显而易见的。认同公司价值的员工与公司休戚与共,给予其事业合伙人身份就是承认其特殊的股东身份。因而,事业合伙人制度的实质就是承认股东异质性,给予不同股东不同的权利义务。

三、事业合伙人制度与我国公司治理的衔接

(一) 传统公司治理催生事业合伙人制度

至于事业合伙人制度为什么在当下社会产生,则源于经济发展对公司治理结构改革的客观需求。信息技术催生众多创新型公司,新行业的开辟、新产品的研发需要大量的资金,互联网 + 传统行业也需要大量的资金。公司的融资需求空前高涨,上市发行如千军万马过独木桥,使得股权众筹、私募股权投资等涌动。资本涌入的结果之一就是公司创始人的股权被稀释,产生公司易主的风险。而现代公司的创始人团队往往是公司发展的灵魂,失去创始人的公司难免落入平庸。宝万之争中,资本与情怀的对决就是公司控制权的争夺。[1] 该案虽发生在上市公司,但对所有现代公司均有警示与借鉴意义。我国传统的公司治理模式以股东会为权力配置中

---

[1] 关于宝万之争详细论述,参见中国商法网之"商法事件与要案"栏目之"万科股权大战之'三国杀'",http://www.commerciallaw.com.cn/index.php/home/cases/caselists/id/13.html,访问时间 2018 年 6 月 26 日。

心，作为权力机关股东会选举产生作为执行机关的董事会与作为监督机关的监事会，董事会聘用经理等高级管理人员。这种科层制的结构促进了公司治理的现代化。但股东的异质性问题被忽视，在资本多数决之下，股东会形式化问题严重，股东会被大股东控制，中小股东选择理性的冷漠，难以发挥制衡作用。这一弊端在传统公司中尚可接受，但对依赖人力资本的创新型公司则明显水土不服。如何在股权融资与保持公司控制权之间寻求平衡，是现代公司治理考虑的重要问题。事业合伙人制度就是这方面的制度创新，是现行法律框架内公司自治的产物。

（二）事业合伙人与传统公司治理结构的关系

1. 事业合伙人与股东会的关系

事业合伙人直接或者间接持有一定数量的公司股权，与普通股东具有利益的一致性，但是又有其特殊性。第一，事业合伙人是一群志同道合的股东，其目的在于实现公司价值。从人合性的古典公司到资合性的上市公司，公司似乎沿着去人合性的道路演进，但现代公司实践表明，"只谈钱不谈感情"不能满足公司长远发展的需要。优秀的公司需要志同道合的"合伙人"并肩战斗。正如天使投资人徐小平所说："一定要用共同利益追求兄弟情谊。"[1] 这可能是一种公司制度的"返祖"现象，但却体现出现代公司强调伙伴关系的共同趋势。事业合伙人的选任体现了浓厚的人合性色彩，其一般都是由公司的创始人、高级管理人员组成。第二，事业合伙人分享了股东会的职权。一般而言，事业合伙人的持股比例不足以决定董事人选，华为公司为例外，其事业合伙人合计持股比例接近99%。但事业合伙人可以根据公司章程的规定，享有董事候选人简单多数乃至超级多数的提名权。质言之，作为股东会成员的事业合伙人是一群特殊的股东，通过对多数的董事候选人的提名，辅之以其他合法手段，将公司控制在自己手中。从这种意义上说，事业合伙人以合法的方式"独占"了股东会选举董事的权力，事实上构成对股东会权力的分割与分享。

2. 事业合伙人与董事会的关系

现代公司治理已经基本完成了由股东会中心主义向董事会中心主义的过渡，因而"谁控制了董事会，谁就控制了公司"。如前所述，事业合伙人是提名董事候选人的组织，董事会多数甚至全体成员都由事业合伙人提

---

〔1〕 徐小平：《什么样的人才是好的合伙人》，《企业观察家》2017 年第 11 期，第 96—98 页。

名。基于提名权的重要性，可以作出一个合理的推测，这些董事至少与事业合伙人在公司文化、公司价值层面具有同质性。一方面，这在相当程度上可以保障董事会与事业合伙人认同相同的公司文化，追求具有相同的公司价值。但另一方面，事业合伙人在相当程度上控制了董事会，从而间接地掌控着公司的经营管理。事业合伙人作为公司内部人，难免形成内部人控制。"所谓内部人控制，是指在现代公司所有权与经营权两权分离的条件下，公司内部人事实上掌握了公司的直接控制权，他们的利益在公司中得到了充分体现，从而损害着所有者的利益。"[1]

3. 事业合伙人与监事会的关系

华为公司的持股员工代表会不但拥有董事候选人提名权，还享有监事候选人提名权。从这种意义上说，监事会也间接产生于事业合伙人。监事会显然难以监督产生其的机构，故而华为 2017 年报告中并未提及有监事列席持股员工代表会的情形。[2] 即使那些事业合伙人不拥有监事候选人提名权的公司，监事会依法也难以监督事业合伙人。《公司法》第 53 条规定了监事会的职权，其主要职权就是监督公司财务、监督董事和高级管理人员、股东会提案权等，显然并不包括监督公司股东等其他内部人。事业合伙人作为股东，并不在监事会法定监督范围之内。从实践中看，目前事业合伙人只能依靠其遴选退出机制对其成员实现内部监督，监事会对事业合伙人内部关系无权过问。

4. 事业合伙人与高级管理人员的关系

《华为基本法》第 17 条第 2 款规定："我们实行员工持股制度。一方面，普惠认同华为的模范员工，结成公司与员工的利益与命运共同体。另一方面，将不断地使最有责任心与才能的人进入公司的中坚层。"事实上，持股员工代表涵盖华为董事会的大部分席位，而大部分董事又兼任高级管理人员，这些高级管理人员管理公司的各个主要业务。[3] 这样一来，持股员工代表与董事、高级管理人员紧密结合，形成事业合伙人对公司经营管理的控制，从而实现了所有权和经营权在一定程度上的合一，这是对两权

---

〔1〕 周军：《公司控制权研究》，人民出版社 2016 年版，第 276 页。

〔2〕 华为监事会成员共 10 名，由持股员工代表会选举产生并经股东会表决通过。监事列席董事会会议和 EMT（Executive Management Team）会议。参见《华为投资控股有限公司 2017 年年度报告》第 89 页，https：//www. huawei. com/cn/press－events/annual－report/2017？ic_medium＝hwdc&ic_source＝corp_banner_ar17，访问时间 2018 年 6 月 26 日。

〔3〕 关于华为董事兼任高级管理人员的情况，参见华为公司官网之"关于华为"栏目之"管理层信息"，https：//www. huawei. com/cn/about－huawei/executives，访问时间 2018 年 6 月 26 日。

分离在一定程度上的否定。这也反映了人合性在公司经营管理中的重要性。当然，我们也不应当过度强调这种人合性的优势，毕竟事业合伙人监督机制的阙如使得内部人控制的风险加大。

（三）事业合伙人存在的问题

事业合伙人作为公司价值的传承机制和创始人的公司控制机制，减少了代理成本，在一定程度上弥补了传统公司治理结构的不足，但也存在一些值得思考的问题。

1. 事业合伙人限制股东权利

选举管理者是股东的一项重要权利。实行事业合伙人制度的公司通过赋予事业合伙人董事提名权，乃至事业合伙人与大股东形成一致行动协议，使得事业合伙人事实上获得了选任董事的权力。《华为基本法》第18条规定："华为可分配的价值，主要为组织权力和经济利益；其分配形式是：机会、职权、工资、奖金、安全退休金、医疗保障、股权、红利，以及其他人事待遇。我们实行按劳分配与按资分配相结合的分配方式。"这从侧面印证了上述分析。事业合伙人获得的往往就是股东失去的，这也事实上构成了对股东权利尤其是中小股东权利的限制乃至剥夺。这就要求公司在设计事业合伙人制度时必须平衡事业合伙人与股东之间的利益，否则难免引发二者之间的矛盾。晋商顶身股制度的弊病就是很好的警示。[1]

2. 事业合伙人缺少监督机制

如前所述，监事会的监督对象是董事、高级管理人员，不包括事业合伙人。即使公司设置独立董事，其监督对象也是董事、高级管理人员，不包括事业合伙人。因此，事业合伙人事实上处于没有监督或者自我监督的状态。而事业合伙人的内部规则往往又缺乏透明度，正如万科高级副总裁谭华杰所言："万科事业合伙人大会是事业合伙人内部的自治组织，审议的是事业合伙人集体财产的相关问题，不干涉公司经营管理的任何事项。"[2] 其实事业合伙人作为公司内部人怎能对公司经营管理没有影响呢？

---

〔1〕 晋商最早实现了所有权与经营权分离：东家出资，掌柜经营。顶身股制度就是晋商东伙合作制的产物。资本所有者除给经营者支付薪金外，还允许经营者以个人的劳力顶一定的股份参与分红。顶身股制把所有者与经营者的利益紧紧相连，调动了经营者的积极性，也造就晋商人才遴选机制。但不容忽视的是，随着经营者顶身股数量的不断增加，其与所有者的矛盾也逐渐凸显。参见张桂萍：《山西票号的身股制度与人才管理》，《首都师范大学学报（社会科学版）》2005年第2期。

〔2〕 《万科合伙人计划缺乏透明度 核心高管被指拥有约60%权益》，http：//www.xinhuanet.com/fortune/2016-07/05/c_129116116.htm，2017年12月27日访问。

为了避免其损害公司及股东的利益，需要有效的监督。

3. 事业合伙人产生机制不够完善

除了工作年限、持有股权等条件外，事业合伙人的遴选条件主观性较强，如对公司文化、公司价值的认同等难以量化，缺乏客观性。《华为基本法》第 19 条规定："……股权分配的依据是：可持续性贡献、突出才能、品德和所承担的风险。……"其员工持股计划的主观性亦较为明显。事业合伙人的加入掌握在关键少数人的手中。实践中，关键少数人离开公司，公司内斗的情形并不少见。因此，作为公司创新治理机制的事业合伙人制度需要公平、公正、公开。

第九节　股东代表诉讼

一、股东代表诉讼的概念

什么是股东代表诉讼？一般而言，股东代表诉讼（Shareholder's Representative Action），又称股东派生诉讼（Shareholder's Derivative Suits），衍生诉讼、代位诉讼，是指当公司的正当权益受到他人侵害，特别是受到有控制权的股东、母公司、董事和管理人员等的侵害，而公司怠于行使诉权时，符合法定条件的股东以自己的名义为公司的利益对侵害人提起诉讼，追究其法律责任的诉讼制度。股东代表诉讼起源于英国的衡平法，是随着英国判例对"福斯诉哈博特尔"规则所确立的一些"例外规则"而逐渐建立和完善的。英美法通过判例确定的股东代表诉讼制度对大陆法系国家产生了直接的影响，并被大陆法系国家在立法中所吸收。股东代表诉讼制度是现代公司法的一项重要内容，成为弥补公司治理结构缺陷及其他救济方法不足的必要手段，在保护中小股东权益等方面发挥着重要作用。2005 年修订后的《公司法》第一次以法律的形式正式确立了股东代表诉讼制度，而 2017 年颁行的《公司法司法解释四》则从多方面完善了股东代表诉讼制度。

二、股东代表诉讼的特征

股东代表诉讼与股东直接诉讼不同，与代表人诉讼也不同。通过对股东代表诉讼与股东直接诉讼以及代表人诉讼进行区分，我们能够清晰地了解股东代表诉讼的特征。

（一）股东代表诉讼与股东直接诉讼的区别

行为人违法造成公司或者股东利益损害的相关诉讼包括公司直接诉讼、股东直接诉讼、股东代表诉讼。公司利益受到损害，公司起诉违法行为人，系公司直接诉讼；股东利益受到损害，股东起诉违法行为人，系股东直接诉讼；公司利益受到损害，不行使诉权从而间接损害股东利益，股东以自己的名义为公司的利益起诉违法行为人，这就是股东代表诉讼。《公司法》第151条第1款和第3款规定的是公司直接诉讼，第2款和第3款规定的是股东代表诉讼；第152条规定的是股东直接诉讼。《公司法司法解释四》第23条则进一步明确股东直接诉讼的情形："监事会或者不设监事会的有限责任公司的监事依据公司法第一百五十一条第一款规定对董事、高级管理人员提起诉讼的，应当列公司为原告，依法由监事会主席或者不设监事会的有限责任公司的监事代表公司进行诉讼。董事会或者不设董事会的有限责任公司的执行董事依据公司法第一百五十一条第一款规定对监事提起诉讼的，或者依据公司法第一百五十一条第三款规定对他人提起诉讼的，应当列公司为原告，依法由董事长或者执行董事代表公司进行诉讼。"

值得注意的是，某些情况下，股东代表诉讼和股东直接诉讼并非泾渭分明，特别是董事同时侵害股东和公司利益的情形。那么，究竟如何区分股东代表诉讼和股东直接诉讼呢？股东代表诉讼与股东直接诉讼的区别主要有：

第一，股东代表诉讼是基于股东所在公司的法律救济请求权产生的，这种权利不同于股东传统意义上的因其出资而享有的股权，而是由公司本身的权利传来，由股东行使的。而股东直接诉讼的诉权系股东自身的权利。直接诉讼中，股东基于个人权利受到侵害的事实，为了自身直接利益向侵害人提起诉讼；而在代表诉讼中，受到直接侵害的是公司团体性利益，股东利益仅受到间接影响，原告股东在公司怠于行使诉权时代位公司提起诉讼，且诉讼结果对其他相同处境的股东有拘束力。[1] 由此可见，股东直接诉讼只是一种普通的单独的诉讼，而派生诉讼则兼具代位诉讼和代表诉讼双重性质。

第二，股东直接诉讼源于股东作为出资人的地位，因而每位股东均享有提起直接诉讼的资格；股东代表诉讼既源于股东作为出资人的地位，又

---

[1] 李黎明主编：《中日企业法律制度比较》，法律出版社1998年版，转引自宣伟华、林雅娜：《中日股东诉讼制度比较与借鉴》，http://www.grandall.com.cn/bestweb/ghlaw/info/corpus/showcorpus.jsp？corpus_id=771，访问时间2004年8月21日。

源于其作为公司代表人的地位，因而仅有满足法定条件（例如，持股数额不低于一定比例，持股期间不短于一定期限）的股东才有权提起股东代表诉讼。

第三，股东直接诉讼中，股东行使的是一种自益权，股东基于个人利益受到损害提起诉讼，因此不论原告股东胜诉或败诉，诉讼后果仅及于原告股东个人；股东代表诉讼中，股东行使的则是一种共益权，股东基于公司的团体性利益受到侵害且公司拒绝或者怠于行使诉权而代位公司提起诉讼，因此若原告股东胜诉，胜诉利益归于公司，而非原告股东；若原告股东败诉，不仅原告股东负担诉讼费用，而且诉讼结果对其他相同处境的股东有拘束力，其他未起诉的股东不得就同一事由再度起诉。

第四，股东直接诉讼的被告或为公司，或为公司大股东、董事、管理层，但不得为公司外第三人；股东代表诉讼的范围则较广，任何侵害公司利益，而公司无正当理由拒绝或怠于对其行使诉权的侵害人，均可能成为股东代表诉讼的被告，包括公司大股东、董事、管理层，以及公司外的第三人。

（二）股东代表诉讼与代表人诉讼

代表人诉讼是群体诉讼制度在我国民事诉讼中的表现形式。代表人诉讼是将具有共同利益关系的多数当事人一方组合起来，将诉讼实施权授予其中的一名或几名当事人，由他们代表其他有共同利益关系的全体当事人起诉、应诉，法院作出的判决对全体当事人都有拘束力的一种诉讼制度。

股东代表诉讼和代表人诉讼均属于代表他人进行的诉讼，二者在诉讼程序的构造上有相似之处，比如：代表人提起诉讼，均借助于他人的诉权，而不是基于其独立的原始诉权；当事人的诉讼身份具有复杂性和多重性，都存在程序当事人和实体当事人的分离现象；法院裁判的结果都归属于被代表的未直接参加诉讼的当事人，判决的效力都有适度扩张现象。但它们适用于不同的领域：股东代表诉讼适用于公司法领域，在其他诉讼领域，无所谓股东代表诉讼；代表人诉讼则是一个普适性制度，其所适用的领域原则上没有限制。立法上之所以要规定代表人诉讼，是为了避免一方当事人人数众多而给诉讼带来的不便与烦难；而设立股东代表诉讼的原因是在公司该提起诉讼而不提起诉讼的情况下保护股东的合法权益。代表人诉讼中，代表人代表的是包括本人在内的众多的当事人整体，而股东代表诉讼中代表人代表的是股东所在的公司。因此，在代表人诉讼中，代表人既是当事人，又是其他被代表者的代理人，兼有双重身份；在股东代表诉讼中，原告股东仅是当事人，不具有诉讼代理人的身份。正因为代表人诉讼中的代表人具有诉讼代理人的身份，因而其诉讼权利是受限制的，而股东代表诉讼中的原告股东，在没有与被告恶意串通的情况下，可以自由行使诉讼权利。

可见，股东代表诉讼不属于代表人诉讼的范畴，但如果提起诉讼或参加诉讼的股东人数众多，则股东代表诉讼也可以转化为代表人诉讼。

三、股东代表诉讼的被告

《公司法》第 151 条对股东代表诉讼的适格被告表述为："董事、监事、高级管理人员"和"他人"。

"董事、监事、高级管理人员"属于公司内部人员，董事、监事范围明确，那么何为高级管理人员呢？《公司法》第 216 条规定，"高级管理人员，是指公司的经理、副经理、财务负责人，上市公司董事会秘书和公司章程规定的其他人员"。《公司法》的这一规定表明，股东可以在公司章程中将公司的其他人员界定为高级管理人员，实践中不少公司将销售负责人、技术负责人等纳入高级管理人员范畴。

"他人"是指除了"董事、监事、高级管理人员"其他侵害公司合法权益的人员。虽然《公司法》并未明确规定公司的控股股东、其他股东、实际控制人等属于股东代表诉讼的适格被告，但这些人均无疑可以包含在"他人"之中。

因此，我国股东代表诉讼的适格被告不仅包括公司的内部人员，也包括公司之外的任何第三人，即凡是对公司实施了不正当行为而侵害公司合法权益给公司造成损失的人，在公司怠于对其行使诉权的情形下，都可以成为股东代表诉讼的被告。叶林教授指出，"董事、监事和高级管理人员"与"他人"充当被告的法律基础不同："董事、监事和高级管理人员"对公司负有忠实义务和勤勉义务，承担责任的基础在于其违反该等义务；"他人"通常对公司无忠实义务和勤勉义务，承担责任的基础在于其违反其他法律义务。[1]

〔1〕 叶林：《股东派生诉讼规则之司法解释的逻辑和要点》，《人民法院报》2017 年 9 月 5 日第 2 版。

第七章 有限责任公司的治理结构

四、股东代表诉讼的原告

既然称之为"股东代表诉讼",则其原告当然是股东了。不过,其他国家和地区的立法均对提起代表诉讼的股东资格进行了或多或少的限制。这些限制中主要包括两项原则:一是"当时股份持有"原则,即原告须在不正当行为发生时已经是公司的股东,并且从那时起至今仍是公司的股东;二是原告股东主观必须是善意的,即股东提起代表诉讼只能是为了公司利益,而不是通过该种诉讼行为损害公司利益或者其他股东的利益,甚至与侵害主体达成私下和解而牟取私利。法律之所以要限制股东代表诉讼原告的资格,其目的是防止股东滥用代表诉讼提起权损害公司利益,而且过多的诉讼也将影响公司的正常经营活动。[1]

《公司法》第151条对股东代表诉讼制度的原告资格作出了规定,其中有限责任公司的股东均为适格原告。而《公司法司法解释四》第24条第2款则对其他股东参与诉讼进行了规范:"一审法庭辩论终结前,符合公司法第一百五十一条第一款规定条件的其他股东,以相同的诉讼请求申请参加诉讼的,应当列为共同原告。"

五、股东代表诉讼中公司的法律地位

《公司法》并没有规定公司在股东代表诉讼中的法律地位。而股东代表诉讼和公司利益息息相关,公司应当成为股东代表诉讼的当事人。但法学界对于公司诉讼地位的观点不尽相同,有原告说、名义被告说、共同诉讼参加人说、有独立请求权第三人说和无独立请求权第三人说等诸多观点。《公司法司法解释四》采取无独立请求权第三人说,其第24条第1款规定:"符合公司法第一百五十一条第一款规定条件的股东,依据公司法第一百五十一条第二款、第三款规定,直接对董事、监事、高级管理人员或者他人提起诉讼的,应当列公司为第三人参加诉讼。"公司的诉讼权利由原告股东行使,体现了公司并没有独立的诉讼请求。从以往的司法实践来看,公司多作为无独立请求权的第三人参加诉讼,其可以不主张任何实体权利,只是提供证据,协助法院查清案件事实。公司参与诉讼的目的在于使公司知晓诉讼进程、承受诉讼结果、防止原告股东不当诉讼行为以及为诉讼提供证据。因此,公司应作为无独立请求权的第三人参加股东代表

---

[1] 周友苏:《新公司法论》,法律出版社2006年版,第611页。

诉讼。值得注意的是，此种情形下的公司与民事诉讼法第 56 条规定无独立请求权第三人并不完全相同，公司并非对股东代表诉讼的诉讼标的没有独立的请求权，而是怠于行使诉权。那么如何理解"应当列公司为第三人参加诉讼"呢？股东在提起代表诉讼时应当将公司列为第三人；股东未将公司列为第三人的，公司知悉诉讼后应主动申请参加诉讼，法院亦应通知公司参加诉讼。

六、股东代表诉讼的客体范围

根据《公司法》第 151 条的规定，股东代表诉讼的客体范围包括两种情形：一是董事、监事、高级管理人员执行公司职务时违反法律、行政法规或者公司章程的规定，给公司造成损失，应当承担赔偿责任的情形；二是他人侵犯公司合法权益，应当承担赔偿责任的情形。由此可见，股东代表诉讼的客体包括公司内部人员侵害公司合法权益的行为和公司外部人员侵害公司合法权益的行为。简言之，股东代表诉讼的客体为所有侵害公司合法权益的行为。不过，结合《公司法》相关规定，有限责任公司股东代表诉讼的客体范围包括以下三种具体情形。

第一种，《公司法》第 21 条规定的公司的控股股东、实际控制人、董事、监事、高级管理人员利用其关联关系损害公司利益的情形。

一般而言，所谓控股股东是指其持有的股权占公司股本总额 50% 以上的股东；持有股权的比例虽然不足 50%，但依其持有的股权所享有的表决权已足以对股东大会的决议产生重大影响的股东。所谓实际控制人，是指虽不是公司的股东，但通过投资关系、协议或者其他安排，能够实际支配公司行为的人。所谓关联关系，是指公司控股股东、实际控制人、董事、监事、高级管理人员与其直接或者间接控制的企业之间的关系，以及可能导致公司利益转移的其他关系。但是，国家控股的企业之间不仅因为同受国家控股而具有关联关系。具体而言，所谓关联关系，既包括公司股东的相互交叉，也包括公司共同由第三人直接或者间接控制，或者股东之间、公司的实际控制人之间存在直系血亲、姻亲、共同投资等可能导致利益转移的其他关系。[1] 公司的控股股东、实际控制人、董事、监事、高级管理

---

[1] 《指导案例 68 号：上海欧宝生物科技有限公司诉辽宁特莱维置业发展有限公司企业借贷纠纷案》，http: //www. court. gov. cn/shenpan – xiangqing – 27841. html，访问时间 2017 年 12 月 8 日。

人员利用其关联关系损害公司利益的情形主要表现为有失公允的关联交易。根据法律规定和交易惯例，公司与关联人之间的关联交易应签订书面协议。协议的签订应当遵循平等、自愿、等价、有偿的原则，协议内容应明确、具体。公司应将该协议的订立、变更、终止及履行情况等事项按照有关规定向股东或者社会公众予以披露。公司应采取有效措施防止关联人以垄断采购和销售业务渠道等方式干预公司的经营，损害公司利益。关联交易活动应遵循商业原则，关联交易的价格原则上应不偏离市场独立第三方的价格或收费的标准。

不过，从实践中来看，非上市公司章程中通常对关联交易事项未作约定，而上市公司章程则对关联交易事项作出了明确规定。那么，对于上市公司而言，其审议关联交易事项时，应当严格遵守法律和公司章程规定的程序，并且公司应对关联交易的定价依据予以充分披露。上市公司的关联交易决策程序能够减少关联交易损害公司利益的机会。关联交易决策程序中的两点值得非上市公司学习和借鉴：

一是关联董事、关联股东的回避制度。上市公司董事会或者股东会审议关联交易事项时具有关联关系的董事或者股东应当回避。何谓关联董事呢？通常，关联董事包括下列董事或者具有下列情形之一的董事：（1）交易对方；（2）在交易对方任职，或在能直接或间接控制该交易对方的法人单位任职的；（3）拥有交易对方的直接或间接控制权的；（4）交易对方或者其直接或间接控制人的关系密切的家庭成员；（5）交易对方或者其直接或间接控制人的董事、监事和高级管理人员的关系密切的家庭成员；（6）因其他原因使其独立的商业判断可能受到影响的人士。上市公司董事会审议关联交易事项时，关联董事应主动回避，不参加讨论和表决，并不计入表决法定人数；关联董事未主动回避时，由董事长提请其回避。关联董事也不得代理其他董事行使表决权。该董事会会议由过半数的无关联关系董事出席即可举行，董事会会议所作决议须经无关联关系董事过半数通过。出席董事会的无关联董事人数不足三人的，应将该事项提交股东大会审议。上市公司董事会在审议关联交易事项时，如有特殊情况，有关联关系的董事无法回避时，董事会在报告公司所在地中国证监会派出机构后，可以按照正常程序进行表决，并在董事会记录中作出详细说明。何谓关联股东？通常，关联股东包括下列股东或者具有下列情形之一的股东：（1）交易对方；（2）拥有交易对方直接或间接控制权的；（3）被交易对方直接或间接控制的；（4）与交易对方受同一法人或自然人直接或间接控制的；（5）因与交易对方或者其关联人存在尚未履行完毕的股权转让协议或者其他协议而使其表决权受到限制或影响的；（6）可能造成公司对其利益倾斜的其他法人或自然人。股东大会审议关联交易事项时，关联股东应当放弃表决权，其所代表的股份不计入该项表决有效票总数内。如有特殊情况，关联股东无法回避时，公司在征得有权部门的同意后，可以按照特别决议方式进行表决，并在股东大会决议公告中作出详细说明。

通过关联董事、关联股东回避制度能够有效避免审议关联交易过程中的利益冲突，使得董事会、股东大会公平面对关联交易，这就为关联交易的审议创造了一个公平的环境。

二是重点审议制度。从实践中来看，损害公司利益的关联交易主要有两类：其一，公司本身并无需求的关联交易，该种关联交易的发生纯粹为了交易对方的利益；其二，价格有失公允的关联交易，该种关联交易虽为公司所需要，但交易价格背离市场价格，有失公允。为此，公司董事会、股东会审议关联交易事项时，应当关注交易的必要性和公允性，应当关注是否可能损害公司和非关联股东的利益，必要时，应当聘请独立财务顾问出具专项报告。《公司法司法解释五》以公司利益为关联交易效力的判断标准。该解释第 1 条第 1 款规定："关联交易损害公司利益，原告公司依据公司法第二十一条规定请求控股股东、实际控制人、董事、监事、高级管理人员赔偿所造成的损失，被告仅以该交易已经履行了信息披露、经股东会或者股东大会同意等法律、行政法规或者公司章程规定的程序为由抗辩的，人民法院不予支持。"

如果公司的控股股东、实际控制人、董事、监事、高级管理人员与公司进行关联交易违反了公司关于关联交易审议的程序，损害了公司利益，而公司又怠于对关联人提起诉讼，则符合法律规定的股东可以关联人为被告依法提起股东代表诉讼。

值得注意的是，《公司法》第 21 条规定之行为人损害公司利益的情形原则上属于侵权行为，而公司与关联人之间产生的关联交易属于合同行为，公司享有的请求权基础并不相同。为了更好地维护公司利益，关联交易的双方都应当成为股东代表诉讼的被告。为此，《公司法司法解释五》第 2 条规定："关联交易合同存在无效或者可撤销情形，公司没有起诉合同相对方的，符合公司法第一百五十一条第一款规定条件的股东，可以依据公司法第一百五十一条第二款、第三款规定向人民法院提起诉讼。"

第二种，《公司法》第 149 条规定的董事、监事、高级管理人员执行公司职务时违反法律、行政法规或者公司章程规定，给公司造成损失的情形。

董事、监事、高级管理人员执行公司职务时违反法律、行政法规或者公司章程规定，给公司造成损失的，应当承担赔偿责任。此种赔偿责任的构成要件为：

一是行为人是公司的董事、监事、高级管理人员。

二是行为人在履行职务过程中存在违法行为。这里的"违法"是违反法律、行政法规或者公司章程。从实践来看，行为人除了遵循法律、行政法规外，往往还需要遵循部门规章、地方性法规等"活法"（living law）。行为人违反了"活法"的规定，从严格意义上说，不属于这里所说的"违法"。但如果这些"活法"的内容被纳入了公司章程，则行为人应当予以遵循。一般而言，这里所谓违法，主要是指行为人违反了《公司法》规定的忠实义务和勤勉义务。

第三种，《公司法》第151条第3款规定的他人侵犯公司合法权益，给公司造成损失的情形。

如前所述，这里的他人是指公司股东、董事、监事、高级管理人员以外的第三人。一般而言，所谓"他人侵犯公司合法权益"的行为构成侵权，但也不排除特定情形之下他人以违约等行为损害公司合法权益的情形。

对于他人以侵权行为损害公司合法权益的，应当符合侵权责任的构成要件。《民法总则》第176条规定："民事主体依照法律规定和当事人约定，履行民事义务，承担民事责任。"因此，如果他人的加害行为属于一般侵权行为，应当以过错为成立要件；如果他人的加害行为属于特殊侵权行为，不以过错为构成要件。

对于他人以违约等行为损害公司合法权益的，应当符合其相应责任的构成要件。实践中，较为常见的情形就是他人违约给公司造成损失，而公司怠于行使诉权。典型案例就是：1993年张家港市涤纶长丝厂诉香港大兴工程有限公司案。该案中张家港市涤纶长丝厂与香港吉雄有限公司合资成立张家港吉雄化纤有限公司，该合资公司在经营过程中与香港大兴工程有限公司发生购销合同纠纷，因控制合资企业的港方香港吉雄有限公司与卖方香港大兴工程有限公司有直接利害关系，其拒绝召开董事会以合资企业名义起诉香港大兴工程有限公司，致使张家港市涤纶长丝厂利益受到损害而无法得到法律保护。最高人民法院在1994年11月4日作出的《最高人民法院关于对中外合资经营企业对外发生经济合同纠纷，控制合营企业的外方与卖方有利害关系，合营企业的中方应以谁的名义向人民法院起诉问题的复函》指出，张家港市涤纶长丝厂"可在合营企业董事会不作起诉的情况下行使诉权，人民法院依法应当受理"。

七、股东代表诉讼的前置程序

派生诉讼的前置程序，又被称为竭尽公司内部救济原则，股东在提起派生诉讼前，必须请求公司董事会、监事会等提起对违法当事人追究责任的诉讼。股东在一般情况下不能直接向法院起诉，而应先征求公司的意思，即以书面形式请求监事会（监事）或董事会（执行董事）作为公司代表起诉董事、监事、高级管理人员或侵害公司权益的第三人。当股东的书面请求遭到明确拒绝，或者自收到请求之日起 30 日内未提起诉讼，该股东有权为了公司的利益以自己的名义直接向人民法院提起诉讼。前置程序的规定充分尊重了公司的法人主体资格，并在一定程度上防止了滥诉。

为了避免僵化的前置程序可能带来的消极影响，法律又规定了前置程序的免除条件。根据公司法的规定，当"情况紧急、不立即提起诉讼将会使公司利益受到难以弥补的损害"时，股东可以不受前述前置条件的限制，直接提起代表诉讼。至于何谓"情况紧急"，并无配套的司法解释。可以参照 2003 年《最高人民法院关于审理公司纠纷案件若干问题的规定（一）（征求意见稿）》第 45 条的规定：（1）有关财产即将被转移；（2）有关权利行使的期间或者诉讼时效即将超过；（3）其他紧急情况，必须立即起诉。如若不起诉，公司可能会被吊销经营许可证，影响公司的存亡；董事、监事、高级管理人员等人员多数为加害人，或受侵害人的实际控制，或实际参与侵权行为，又或者明示或默示批准过侵权行为等。以上类似紧急情形，则前置程序可以豁免。[1] 司法实践中，深圳市中级人民法院对"情况紧急"制定了判断规则，"股东以公司法第一百五十一条第二款'情况紧急、不立即提起诉讼将会使公司利益受到难以弥补的损害'为由直接向人民法院起诉的，人民法院应结合以下因素，判断其理由是否成立：1. 针对公司的侵权行为正在进行，经过前置的内部救济程序将产生对公司难以弥补的损害结果；2. 等待答复将使公司的权利期间届满；3. 侵

---

〔1〕 刘凯湘：《股东代表诉讼的司法适用与立法完善——以〈公司法〉第 152 条的解释为中心》，《中国法学》2008 年第 4 期，第 161 页。

害人正在转移公司财产或者公司财产可能发生灭失；4.其他等待答复可能造成公司损失扩大或无法挽回的情形"。[1]

八、股东代表诉讼原告胜诉利益的处理

国外公司立法关于股东代表诉讼原告胜诉的利益处理基本一致，即原告胜诉则公司给予诉讼费用补偿。《公司法司法解释四》第 25 条规定："股东依据公司法第一百五十一条第二款、第三款规定直接提起诉讼的案件，胜诉利益归属于公司。股东请求被告直接向其承担民事责任的，人民法院不予支持。"第 26 条规定："股东依据公司法第一百五十一条第二款、第三款规定直接提起诉讼的案件，其诉讼请求部分或者全部得到人民法院支持的，公司应当承担股东因参加诉讼支付的合理费用。"这两个条文规定了胜诉利益处置，包括两个方面：一是胜诉利益归公司（包括全资子公司），原告不得请求被告直接向原告承担责任；二是确认了对于原告股东因参加诉讼而支出的合理费用，公司应负补偿的义务，因为公司已因原告股东的代表诉讼行为获得了实质性的利益。关于胜诉股东的费用补偿范围，各国立法没有统一的规定，[2] 但是一般来说应该包括：律师报酬、交通费、食宿费、误工损失费、复印费、电话费、电报费和电传费等不能从败诉被告处获得补偿的费用。[3] 而《公司法司法解释四》则作出了明确的规定，由公司补偿的费用必须是原告股东为获得胜诉判决而必须支付的合理费用，既然所有股东间接分享了原告胜诉的收益，也应当间接分担代表诉讼的成本方显公平合理。

---

〔1〕《广东省深圳市中级人民法院关于审理股东代表诉讼案件的裁判指引》（2015 年 10 月 15 日深圳市中级人民法院审判委员会民事行政执行专业委员会第 14 次会议讨论通过）第 10 条。

〔2〕具体可参见《美国标准公司法》第 7.46.1；英国《民事诉讼规则》第 19.9 条第 7 款；日本 2005 年《公司法》第 852 条第 1 款；韩国《商法典》第 405 条第 1 款。

〔3〕刘凯、司明：《股东代表诉讼配套制度的完善》，《法学杂志》，2008 年第 2 期，第 154 页。

第八章　有限责任公司的合并与分立

第一节　有限责任公司组织形态的变更

一、公司组织形态变更的含义

公司组织形态的变更，是指不中断公司的法人资格而将公司由一种法定形态变为另一种法定形态的行为。这一制度的重要意义在于保持公司法人资格不中断，避免一种公司类型转变为另一种公司类型必须经过解散清算程序，有利于公司持续经营。就有限责任公司而言，在经营过程中，由于上市、股权激励或者其他原因，可能需要变更组织形态。按照《公司法》的规定，有限责任公司可以变更为股份有限公司。除此之外，有限责任公司能否变更为其他企业形态？《公司法》禁止有限责任公司向普通合伙企业投资，也禁止向非按照《公司法》成立的公司投资。举轻以明重，有限责任公司应不可以变更为普通合伙企业和非公司企业法人。究其原因，有限责任公司和股份有限公司为现代企业制度，较之其他企业形态具有更为完善的治理结构，原则上不应变更为其他企业形态，实践中工商部门似乎也持这一观点。

二、有限责任公司变更为股份有限公司的条件

有限责任公司变更为股份有限公司必须满足一定条件。

（一）基本条件——具备股份有限公司的设立条件

有限责任公司变更为股份有限公司，究其实质应当为一种设立股份有限公司的特殊形式。因而，《公司法》第9条第1款规定，"有限责任公司变更为股份有限公司，应当符合本法规定的股份有限公司的条件"。该法第76条规定："设立股份有限公司，应当具备下列条件：（一）发起人符合法定人数；（二）有符合公司章程规定的全体发起人认购的股本总额或者募集的实收股本总额；（三）股份发行、筹办事项符合法律规定；（四）

发起人制订公司章程，采用募集方式设立的经创立大会通过；（五）有公司名称，建立符合股份有限公司要求的组织机构；（六）有公司住所。"具体而言，有限责任公司变更为股份有限公司的基本条件主要包括以下几个方面：

1. 发起人符合法定人数

设立有限责任公司要求的股东人数为 50 人以下，股份有限公司与此有所不同。《公司法》第 78 条规定："设立股份有限公司，应当有二人以上二百人以下为发起人，其中须有半数以上的发起人在中国境内有住所。"

2. 有符合公司章程规定的全体发起人认购的股本总额或者募集的实收股本总额

我国实行注册资本认缴资本制。《公司注册资本登记管理规定》第 2 条第 2 款、第 3 款规定："股份有限公司采取发起设立方式设立的，注册资本为在公司登记机关依法登记的全体发起人认购的股本总额。股份有限公司采取募集设立方式设立的，注册资本为在公司登记机关依法登记的实收股本总额。"《公司法》第 84 条规定："以募集设立方式设立股份有限公司的，发起人认购的股份不得少于公司股份总数的百分之三十五；但是，法律、行政法规另有规定的，从其规定。"

3. 股东共同制订公司章程

公司章程是规定公司的组织和行为基本规则的重要文件，是公司设立的核心文件。公司章程由全体发起人共同制订。股份有限公司章程记载的事项也与有限公司公司章程有所不同。《公司法》第 81 条规定："股份有限公司章程应当载明下列事项：（一）公司名称和住所；（二）公司经营范围；（三）公司设立方式；（四）公司股份总数、每股金额和注册资本；（五）发起人的姓名或者名称、认购的股份数、出资方式和出资时间；（六）董事会的组成、职权和议事规则；（七）公司法定代表人；（八）监事会的组成、职权和议事规则；（九）公司利润分配办法；（十）公司的解散事由与清算办法；（十一）公司的通知和公告办法；（十二）股东大会会议认为需要规定的其他事项。"一般而言，第 81 条前 11 项为绝对必要记载事项，第 12 项为相对必要记载事项和任意记载事项。《公司法》对股份有限公司的公司章程相对必要记载事项作了较为简单的规定。第 105 条第 1款规定："股东大会选举董事、监事，可以依照公司章程的规定或者股东大会的决议，实行累积投票制。"第 119 条第 2 款规定："监事会的议事方式和表决程序，除本法有规定的外，由公司章程规定。"至于任意记载事项，公司股东可以根据公司的实际情况将除绝对必要记载事项和相对必要记载事项外的其他事项订入公司章程。

4. 有公司名称和住所，建立符合要求的组织机构

这是关于公司人格的基本要求。关于公司名称和住所此处不再赘述，主要讨论组织机构问题。《公司法》对有限责任公司组织机构的要求相对比较宽松，允许股东人数较少和规模较小的有限责任公司可不设董事会和监事会，而只设一名执行董事和一至二名监事；对股份有限公司组织机构的要求较为严格，原则上必须设立股东大会、董事会、经理和监事会，对于上市公司还必须设立独立董事。

（二）其他条件

除了具备股份有限公司设立的基本条件外，法律往往还对有限责任公司变更为股份有限公司设置了其他一些特殊限制。《公司法》第95条规定："有限责任公司变更为股份有限公司时，折合的实收股本总额不得高于公司净资产额。有限责任公司变更为股份有限公司，为增加资本公开发行股份时，应当依法办理。"

三、有限责任公司变更为股份有限公司的程序

有限责任公司变更为股份有限公司除了符合法律规定的条件外，还要遵循法定的程序。

（一）董事会制订变更公司形式的方案

有限责任公司董事会根据实际情况拟订公司变更形式的方案，经董事会审议通过后提交公司股东会讨论。

（二）股东会作出变更公司形式的决议

股东会审议变更公司形式的议案，必须经代表三分之二以上表决权的股东同意方能通过。

（三）实施变更公司形式的决议

公司董事会落实股东会关于变更公司形式的决议，实现公司变更。其中最为重要的工作就是编制资产负债表和财产清单，核实公司净资产。

（四）有关部门批准

有限责任公司变更为股份有限公司可能涉及有权机关的批准。《公司法》第6条第2款规定："法律、行政法规规定设立公司必须报经批准的，

应当在公司登记前依法办理批准手续。"

（五）变更登记

有限责任公司变更为股份有限公司，除了公司形式发生变更外，公司资本、公司章程等将随之变更，为此，应当向登记机关申请变更登记。变更登记完成之日为公司变更完成之日。

四、有限责任公司变更为股份有限公司的效力

由于公司组织形态变更并不导致公司法人资格的中断，因而公司变更的效力体现为保持同一公司法人资格。一般而言，公司变更的效力主要表现为：

（一）债务承担

既然公司变更后保持同一公司法人资格，那么原有限责任公司的权利义务由变更后股份有限公司概括承受。《公司法》第 9 条第 2 款规定："有限责任公司变更为股份有限公司的，或者股份有限公司变更为有限责任公司的，公司变更前的债权、债务由变更后的公司承继。"当然，原有限责任公司取得的相关资质或者权利，变更后的股份有限公司需要向有权机关申请办理变更登记。

（二）公司存续期间连续计算

实践中，不少有限责任公司之所以选择公司组织形式变更就是为了保持同一公司法人资格。因为保持同一公司法人资格，意味着公司存续期间从有限责任公司成立之日起算，而不是从变更为股份有限公司之日计算。这对于那些以上市为目的的公司组织形式变更而言，具有重要意义。因为存续三年是股份有限公司上市的基本条件。根据《证券法》第 13 条的规定，公司公开发行新股，应当符合的条件之一就是"最近三年财务会计文件无虚假记载，无其他重大违法行为"。如果说《证券法》第 13 条的规定只是暗含股份有限公司上市的条件之一就是必须存续三年以上的话，那么《首次公开发行股票并上市管理办法》则直接提出了股份有限公司必须存续三年的要求。该办法第 9 条规定："发行人自股份有限公司成立后，持续经营时间应当在 3 年以上，但经国务院批准的除外。有限责任公司按原账面净资产值折股整体变更为股份有限公司的，持续经营时间可以从有限责任公司成立之日起计算。"由此可见，保持同一公司法人资格，对于有限责任公司变更为股份有限公司具有多么重要的意义。

第二节　有限责任公司的合并

一、公司合并概述

（一）公司合并的概念

公司合并是指两个以上公司结合为一个公司的法律行为。有限责任公司在存续期间必然谋求自身最大限度的发展。如果说增资是公司内生式发展的典型方式，合并就是公司外延式扩张的重要手段。借助公司合并，有限责任公司可以实现短期内公司规模迅速扩张，整合资源优势，增强市场竞争力。因而各国公司立法均允许公司合并。

（二）公司合并的形式

根据《公司法》第172条的规定，公司合并可以采取吸收合并和新设合并两种形式。

1. 吸收合并

简而言之，所谓吸收合并，就是一个公司吸收其他公司的合并。具体而言，两个以上公司吸收合并后，其中一个公司继续存在，其他公司予以解散。试举一例。甲乙两个公司合并后，甲公司继续存在，乙公司并入甲公司而不复存在，乙公司的权利义务由甲公司概括承受，乙公司的股东变更为甲公司的股东。这种合并就是吸收合并。

2. 新设合并

简而言之，所谓新设合并，就是两个以上公司合并设立一个新的公司。具体而言，两个以上公司新设合并后，产生一个新公司，合并各方全部解散。试举一例。甲乙两个公司合并后，产生新公司丙，甲乙两公司归于消灭，其权利义务均由丙公司概括承受，其股东变更为丙公司的股东。这种合并就是新设合并。

（三）公司合并的法律特征

公司合并具有以下特征：

1. 两个以上公司结合为一个公司

吸收合并中，一个公司吸收了其他公司，除该公司存续外，其他公司的主体资格归于消灭。新设合并中，参与合并的公司均归于消灭，取而代之的是一个新的公司。由此可见，无论是吸收合并还是新设合并，其结果就是参与合并的多个公司转化为一个公司存在。

2. 因合并而归于消灭的公司的权利义务由存在的公司概括承受

《民法总则》第 67 条第 1 款规定："法人合并的，其权利和义务由合并后的法人享有和承担。"吸收合并中，被吸收的公司的权利义务由吸收公司概括承受。新设合并中，参与合并的公司的权利义务由新设的公司概括承受。由此可见，无论是吸收合并还是新设合并，均不会损害参与合并的公司的债权人的合法权益。

3. 因合并而归于消灭的公司的股东转变为存在的公司的股东

吸收合并中，被吸收的公司的股东转变为吸收公司的股东。新设合并中，参与合并的公司的股东转变为新设公司的股东。由此可见，无论是吸收合并还是新设合并，均不会损害参与合并的公司的股东的合法权益。

（四）公司合并与相关概念的比较

1. 公司并购

我国公司立法没有使用"公司并购"这一概念。一般而言，公司并购（Mergers and Acquisitions／M&A），是指一切涉及公司控制权转移和合并的行为，包括兼并（Mergers）和收购（Acquisitions）两种方式。[1] 其中兼并即公司合并的形式之一——吸收合并，收购就是公司收购。兼并（吸收合并）是公司合并与公司并购的交集。从这种意义上说，公司并购与公司合并是既相互区别又有所联系的概念。

2. 公司收购

我国证券立法使用了"公司收购"这一概念。证券法上的公司收购，是指收购人通过购买目标公司的资产或者股权达到控制目标公司的行为，包括资产收购和股权收购。收购人持有目标公司股权达到一定比例，可以进行公司合并，目标公司的法人资格归于消灭。《证券法》第 99 条规定："收购行为完成后，收购人与被收购公司合并，并将该公司解散的，被解散公司的原有股票由收购人依法更换。"当然，收购人也可以依法保留目

---

〔1〕 值得注意的是，我国一些部门规章中使用了"并购"这一概念，其含义与学者的认识并不一致。例如，《商务部关于外国投资者并购境内企业的规定》第 2 条规定："本规定所称外国投资者并购境内企业，系指外国投资者购买境内非外商投资企业（以下称'境内公司'）股东的股权或认购境内公司增资，使该境内公司变更设立为外商投资企业（以下称'股权并购'）；或者，外国投资者设立外商投资企业，并通过该企业协议购买境内企业资产且运营该资产，或，外国投资者协议购买境内企业资产，并以该资产投资设立外商投资企业运营该资产（以下称'资产并购'）。"

标公司法人资格，不进行公司合并。由此可见，公司收购本质上是买卖行为，收购人需要向被收购人支付对价，公司收购未必导致公司合并；公司合并本质上是公司人格的合并，必然涉及某一公司人格的消灭。这也就解释了在作为组织法的公司法中规范公司合并而在作为交易管理法的证券法中规范公司收购的原因。

二、公司合并的程序

公司合并涉及公司的解散、变更和设立等一系列问题，关系股东、债权人、管理人员以及公司员工的利益。为了保证公司合并合法有序进行，切实保护相关各方的利益，公司立法规定了严格的程序规范。根据《公司法》的相关规定，结合法律实践，公司合并应按照下列程序进行：

（一）达成合并意向

参与合并的各方在平等协商的基础上，就公司合并的有关事宜达成初步意向，确定工作日程，为公司合并工作的进一步开展奠定基础。

（二）编制资产负债表和财产清单

参与合并的各方应当编制资产负债表和财产清单。一方面有利于参与合并的各方了解对方的财产状况，另一方面有利于保护参与合并各方的债权人的利益。

（三）作出合并决议

公司合并应当由公司董事会制订公司合并的方案。除一人有限责任公司和国有独资公司以外的其他公司的合并，由股东会就合并方案进行表决。公司合并的决议属于特别决议，必须经代表三分之二以上表决权的股东通过。一人有限责任公司由股东作出书面决定，并由股东签名后置备于公司。国有独资公司合并由国有资产监督管理机构决定；其中，重要的国有独资公司合并应当由国有资产监督管理机构审核后，报本级人民政府批准。

（四）通知及公告债权人

《公司法》第 173 条规定："……公司应当自作出合并决议之日起十日内通知债权人，并于三十日内在报纸上公告。债权人自接到通知书之日起三十日内，未接到通知书的自公告之日起四十五日内，可以要求公司清偿债务或者提供相应的担保。"如果公司未依法通知及公告债权人，则应依据《公司法》第 204 条的规定由公司登记机关责令改正并承担行政罚款。

（五）签订合并协议

公司合并应当由参与合并的各方签订合并协议。根据公司法律实践，合并协议应当包括以下主要内容：（1）合并各方的名称、住所；（2）合并后存续的公司或者新设的公司的名称、住所；（3）合并各方的资产状况及处理办法；（4）合并各方的债权债务处理办法。按照《公司法》的规定，合并各方的债权债务应当由合并后存续的公司或者新设的公司承继。《最高人民法院关于审理与企业改制相关的民事纠纷案件若干问题的规定》第30条对兼并（吸收合并）协议的生效时间作出了规定，"企业兼并协议自当事人签字盖章之日起生效。需经政府主管部门批准的，兼并协议自批准之日起生效；未经批准的，企业兼并协议不生效。但当事人在一审法庭辩论终结前补办报批手续的，人民法院应当确认该兼并协议有效"。

（六）履行合并协议

参与合并的各方应当全面履行合并协议，完成公司合并。合并后存续的公司或者新设的公司应当召开股东会，通过有关合并事宜的决议。

（七）办理合并登记

公司合并应当依法办理工商变更手续。因公司合并，登记事项发生变更的，办理公司变更登记；公司解散的，办理公司注销登记；设立新公司的，办理公司设立登记。

三、公司合并中的反垄断规制

公司合并可以提高有限责任公司产品、服务的市场占有率甚至形成垄断。为此，各国立法在允许公司合并的同时，普遍进行反垄断审查。反垄断法第四章"经营者集中"专门规范经营者合并（当然包括公司合并）引起的反垄断问题，建立了事前申报和审查制度。

第三节 有限责任公司的分立

一、公司分立概述

（一）公司分立的概念

公司分立是指一个公司分解为两个以上公司的法律行为。如果说公司合并是公司规模扩张的重要手段，那么公司分立则是调整公司组织结构、业务经营、降低投资风险的有效举措，甚至是解决公司股东纠纷的手段。如股东就公司经营发生严重分歧，影响公司存续，此时公司分立不失为一种解决方式。

（二）公司分立的形式

公司分立可以采取新设分立和派生分立两种形式。

1. 新设分立

简而言之，所谓新设分立，就是一个公司分割其全部资产设立两个以上新公司。具体而言，一个公司新设分立后，原公司予以解散，产生两个以上新公司。试举一例。公司甲分立后，甲公司不复存在，产生新公司乙和丙，甲公司的权利义务由乙公司和丙公司合理分担，甲公司的股东变更为乙公司和（或）丙公司的股东。这种分立就是新设分立。

2. 派生分立

简而言之，所谓派生分立，就是一个公司分割其部分资产设立一个以上新公司。具体而言，一个公司派生分立后，该公司继续存在，同时产生一个以上新公司。试举一例。公司甲分立后，甲公司继续存在，同时产生新公司乙，甲公司的权利义务由甲、乙两公司合理分担，甲公司的全部或者部分股东变更为乙公司的股东。这种分立就是派生分立。

（三）公司分立的特征

公司分立具有以下特征：

1. 一个公司分解为两个以上公司

新设分立中，一个公司转化为两个以上新公司，该公司主体资格消灭。派生分立中，一个公司分化出一个以上新公司，而且该公司继续存在。由此可见，无论是新设分立还是派生分立，其结果就是分立后存在两个以上公司。

2. 分立公司的权利义务由存在的公司合理分担

《民法总则》第 67 条第 2 款规定："法人分立的，其权利和义务由分立后的法人享有连带债权，承担连带债务，但是债务人和债权人另有约定的除外。"《公司法》第 176 条规定："公司分立前的债务由分立后的公司承担连带责任。但是，公司在分立前与债权人就债务清偿达成的书面协议另有约定的除外。"具体而言，公司分立前可以就分立后的债务清偿与债权人达成协议，在此基础上分立后的公司应当就分立前的权利义务达成协议，分立后的公司应按照协议约定清偿债务、享有权利。没有约定或者约定不明的，分立后的公司应当就分立前的债务承担连带责任。《最高人民法院关于审理与企业改制相关的民事纠纷案件若干问题的规定》第 13 条规定："分立的企业在承担连带责任后，各分立的企业间对原企业债务承担有约定的，按照约定处理；没有约定或者约定不明的，根据企业分立时的资产比例分担。"由此可见，公司分立不会损害债权人的合法权益。

3. 分立公司的股东转变为存在的公司的股东

新设分立中，分立公司的股东转变为新设的公司的股东。派生分立中，分立公司的股东部分或者全部转变为分立公司和新设的公司的股东。由此可见，无论是新设分立还是派生分立，均不会损害分立公司股东的合法权益。

二、公司分立的程序

（一）作出分立决议

公司分立应当由公司董事会制订公司分立的方案。除一人有限责任公司和国有独资公司以外的其他公司的分立，由股东会就分立方案进行表决。公司分立的决议属于特别决议，必须经代表三分之二以上有表决权的股东通过。一人有限责任公司分立由股东作出书面决定，并由股东签名后置备于公司。国有独资公司分立由国有资产监督管理机构决定；其中，重要的国有独资公司分立应当由国有资产监督管理机构审核后，报本级人民政府批准。

（二）编制资产负债表和财产清单

分立公司应当编制资产负债表和财产清单。一方面有利于分立各方了解分立公司的财产状况，另一方面有利于保护分立公司债权人的利益。

（三）通知及公告债权人

《公司法》第 175 条规定："……公司应当自作出分立决议之日起十日内通知债权人，并于三十日内在报纸上公告。"这一规定的主要目的在于保护债权人利益。不过与 1993 年《公司法》相关规定比较，上述规定简化了通知及公告债权人程序，有利于公司分立，不过似乎对债权人的保护力度有所降低。1993 年《公司法》赋予债权人对公司分立的异议权，即第 185 条规定："……公司应当自作出分立决议之日起十日内通知债权人，并于三十日内在报纸上至少公告三次。债权人自接到通知书之日起三十日内，未接到通知书的自第一次公告之日起九十日内，有权要求公司清偿债务或者提供相应的担保。不清偿债务或者不提供相应的担保的，公司不得分立。……"债权人的异议权可能阻却公司分立，不过公司分立毕竟会影响债权人的利益。对此债权人可以依据《合同法》第90条的规定获得保护，即"……当事人订立合同后分立的，除债权人和债务人另有约定的以外，由分立的法人或者其他组织对合同的权利和义务享有连带债权，承担连带债务。"

（四）签订分立协议

公司分立应当由分立的各方（当事人）签订分立协议。根据公司法律实践，分立协议应当包括以下主要内容：（1）分立各方的名称、住所；（2）分立后存续的公司或者新设的公司的名称、住所；（3）分立各方的资产划分及处理办法；（4）分立公司的债权债务处理办法。按照《公司法》的规定，公司分立前的债务按所达成的协议由分立后的公司承担。实践中，关于分立协议中的当事人究竟为谁较为混乱：有将原公司的股东列为当事人者，有将原公司和分立后的公司列为当事人者，还有将原公司的股东、原公司和分立后的公司均列为当事人者。从公司分立的基本含义出发可以发现，公司分立的后果就是产生了至少一个新公司，公司分立其实是一种特殊的公司设立行为。因而分立协议的当事人应当是原公司的股东。

（五）履行分立协议

分立各方应当全面履行分立协议，完成公司分立。分立后存续的公司或者新设的公司应当召开股东会，通过相关决议。

（六）办理分立登记

公司分立应当依法办理工商变更手续。在新设分立的情况下，分立公司办理注销登记，新设立的公司办理设立登记；在派生分立的情况下，分立公司办理变更登记，派生的公司办理设立登记。

第九章 有限责任公司的解散和清算

第一节 有限责任公司的解散

一、公司解散的概念

公司解散，是指已经成立的公司，因发生法律或者公司章程规定的解散事由而停止其积极的业务活动，处理公司未了结事务的法律行为。与自然人死亡相类似，公司终止后也存在着"继承"问题，即权利义务的善后处理事宜。

二、公司解散的原因

按照是否依股东意愿而解散，公司解散可以分为任意解散和强制解散。任意解散是指公司因股东约定或者决议而解散，与股东以外的人的意志无关。强制解散是指公司因主管机关的决定或者法院的判决而解散，与股东的意志无关。

（一）任意解散

《公司法》第 180 条前 3 项规定的公司解散原因就属于任意解散的情形。

1. 公司章程规定的营业期限届满或者公司章程规定的其他解散事由出现

关于公司的营业期限，《公司法》未作出明确规定，在公司章程中也属于任意记载事项。不过，只要公司章程中对营业期限有约定，营业期限届满，股东又不决定延期的，公司即可解散。

2. 股东会决议

公司因股东意志而设立，当然也可以因股东意志而解散。公司存续过程中，股东会可以以种种事由而决定解散公司，如公司设立的宗旨无法实现、公司业绩不佳等。甚至可以说，只要股东愿意，根本不需要任何理由，股东会都可以作出解散公司的决定。

3. 公司合并或者分立

公司合并或者分立，可以导致公司解散。在吸收合并中，一个公司吸收了其他公司，除该公司存续外，其他公司的主体资格归于消灭。在新设合并中，参与合并的公司均归于消灭。在新设分立中，一个公司转化为两个以上新公司，该公司主体资格消灭。值得注意的是，因公司合并或者分立导致公司解散，均不必履行清算程序。因为归于消灭的公司的权利义务由相关公司概括承受或者合理分担。

（二）强制解散

《公司法》第180条后两项规定的公司解散原因就属于强制解散的情形。

1. 依法被吊销营业执照、责令关闭或者被撤销

公司在生产经营过程中，违反法律法规的强制性规定，主管机关有权责令其解散。一般而言，导致公司被责令解散的主要违法事由包括：办理公司登记时隐瞒真实情况，虚报注册资本；擅自改变公司登记事项；从事违法经营活动；不按照规定办理公司年检；等等。此外，《公司法》第211条第1款规定："公司成立后无正当理由超过六个月未开业的，或者开业后自行停业连续六个月以上的，可以由公司登记机关吊销营业执照。"

2. 诉讼解散

有限责任公司在经营过程中难免陷入僵局使得公司无法开展任何活动，从而陷入瘫痪。为此，应当为股东提供解决僵局的法律手段。《公司法》第182条规定："公司经营管理发生严重困难，继续存续会使股东利益受到重大损失，通过其他途径不能解决的，持有公司全部股东表决权百分之十以上的股东，可以请求人民法院解散公司。"这就是《公司法》提供的解决公司僵局的手段。

（1）公司僵局的概念

所谓公司僵局（Corporation Deadlock）是指因股东间或公司管理人员之间的利益冲突和矛盾导致公司的有效运行机制失灵，股东会或董事会因对方的拒绝参会而无法有效召集，任何一方的提议都不被对方接受和认可，即使能够举行会议也无法通过任何议案，公司的一切事务处于一种瘫痪状态。

（2）解决公司僵局的原则

①自力解救优先原则

公司僵局形成后，首先要由当事人自行协商解决，给予股东对僵局所

持意见的充分考虑和协商；如果协商不成，则可以通过向股东或者第三人转让股权的方式解决僵局。

②主体维持原则

解散公司对僵局来说是最彻底的解决方案，但对那些经营状况良好或者处于上升阶段的公司，因为其内部决策或者管理机制暂时失灵即终止其存在，成本显然过高，构成对资源的浪费。因此必须穷尽其他手段还不能解决时，才能诉请解散公司。即使在诉讼解决过程中，如果能采取解散公司以外的其他措施解决公司僵局，亦应当采取其他措施。《公司法司法解释二》第5条规定："人民法院审理解散公司诉讼案件，应当注重调解。当事人协商同意由公司或者股东收购股份，或者以减资等方式使公司存续，且不违反法律、行政法规强制性规定的，人民法院应予支持。当事人不能协商一致使公司存续的，人民法院应当及时判决。经人民法院调解公司收购原告股份的，公司应当自调解书生效之日起六个月内将股份转让或者注销。股份转让或者注销之前，原告不得以公司收购其股份为由对抗公司债权人。"基于有限责任公司股东重大分歧案件的审判经验，《公司法司法解释五》第5条进一步强调了调解在协商解决股东分歧中的作用，"人民法院审理涉及有限责任公司股东重大分歧案件时，应当注重调解。当事人协商一致以下列方式解决分歧，且不违反法律、行政法规的强制性规定的，人民法院应予支持：（一）公司回购部分股东股份；（二）其他股东受让部分股东股份；（三）他人受让部分股东股份；（四）公司减资；（五）公司分立；（六）其他能够解决分歧，恢复公司正常经营，避免公司解散的方式。"

③限制股东诉讼解散公司原则

如果只要公司经营管理发生严重困难，就允许股东提起解散公司的诉讼，一方面可能导致股东为了达到其他目的滥用该权利，如以诉讼解散作为讨价还价的手段；另一方面，判决解散公司往往会不合理地对僵局一派有利而牺牲另一派的利益。

（3）公司僵局司法救济的适用条件

股东以诉讼手段解决公司僵局应当符合以下条件：

①公司经营管理发生严重困难，并且继续存在会使股东利益受到重大损失

如何理解《公司法》第182条所谓"公司经营管理发生严重困难"呢？显然应由法院自由裁量。对此《公司法司法解释二》第1条规定："单独或者合计持有公司全部股东表决权百分之十以上的股东，以下列事

由之一提起解散公司诉讼，并符合公司法第一百八十二条规定的，人民法院应予受理：（一）公司持续两年以上无法召开股东会或者股东大会，公司经营管理发生严重困难的；（二）股东表决时无法达到法定或者公司章程规定的比例，持续两年以上不能做出有效的股东会或者股东大会决议，公司经营管理发生严重困难的；（三）公司董事长期冲突，且无法通过股东会或者股东大会解决，公司经营管理发生严重困难的；（四）经营管理发生其他严重困难，公司继续存续会使股东利益受到重大损失的情形。股东以知情权、利润分配请求权等权益受到损害，或者公司亏损、财产不足以偿还全部债务，以及公司被吊销企业法人营业执照未进行清算等为由，提起解散公司诉讼的，人民法院不予受理。"

②穷尽其他手段不能解决僵局

在提取诉讼之前，股东已经穷尽了其他救济途径依然无法解决公司僵局，唯有诉讼一条路。

③有权提起诉讼的原告必须持有公司全部股东表决权百分之十以上的股东

3. 宣告破产

公司因不能清偿到期债务，被依法宣告破产的，应当予以解散，进入破产程序，进行破产清算。破产程序可以由债权人启动，也可以由债务人启动。公司因不能清偿到期债务而自行申请破产的，不属于强制解散。公司因不能清偿到期债务而由债权人申请破产的，属于强制解散。破产是公司解散的原因之一，但破产清算并不是公司法上的清算。该种清算由民事诉讼法调整。破产清算属于诉讼行为，在人民法院的主持下依据《破产法》进行；公司法上的清算属于非讼行为，在清算组的主持下依照《公司法》进行。

三、公司解散的后果

（一）成立清算组，进入清算程序

根据《公司法》的规定，公司解散应当成立清算组。其中因公司章程规定的营业期限届满或者公司章程规定的其他解散事由出现、股东会决议、依法被吊销营业执照、责令关闭或者被撤销、诉讼解散而解散的，应当在十五日内成立清算组。清算组成立后，清算程序正式启动。

（二）公司成为清算中的公司

公司解散后，其权利能力受到限制，不能再进行正常的经营活动，只能在清算范围内进行活动。除为实现清算目的由清算组代表公司处理未了结业务外，公司不得开展新的经营活动。此时的公司成为清算中的公司。这就意味着，解散后的公司不仅其经营范围受到限制，而且公司的机关也要发生变化，即成立清算组接替执行机关的职权。在公司清算过程中，清算组对内管理法人事务，对外代表法人开展清算工作。公司法定代表人也相应受到限制。《公司法司法解释二》第 10 条规定："公司依法清算结束并办理注销登记前，有关公司的民事诉讼，应当以公司的名义进行。公司成立清算组的，由清算组负责人代表公司参加诉讼；尚未成立清算组的，由原法定代表人代表公司参加诉讼。"

第二节　有限责任公司的清算

一、公司清算的概述

（一）公司清算的概念

公司清算是指结束解散公司既存的法律关系，处理解散公司的剩余财产，消灭解散公司法人资格的程序。根据《公司法》的规定，公司解散除因合并或者分立无须清算和因破产适用破产清算外，其他情形均应按照《公司法》进行清算。

（二）公司清算的方式

依据适用对象和性质的不同，公司清算分为普通清算和特别清算。

1. 普通清算

普通清算是指由公司自行组织清算组进行的清算。在普通清算中，公司自行组织的清算组依法开展清算活动，国家公权力并不直接介入其中。依据《公司法》第 183 条的规定，自愿解散和强制解散均可适用普通清算。

2. 特别清算

特别清算是指不能由公司自行组织清算组，或者普通清算过程中发生障碍，而由有权机关介入进行的清算。根据《公司法》第 183 条的规定，应当清算的公司逾期不成立清算组进行清算的，债权人可以申请人民法院指定有关人员组成清算组进行清算，人民法院应当受理该申请，并及时组织清算组进行清算。《公司法司法解释二》第 7 条则进一步扩展了适用特别清算的情形，即"公司应当依照公司法第一百八十三条的规定，在解散事由出现之日起十五日内成立清算组，开始自行清算。有下列情形之一，债权人申请人民法院指定清算组进行清算的，人民法院应予受理：（一）公司解散逾期不成立清算组进行清算的；（二）虽然成立清算组但故意拖延清算的；（三）违法清算可能严重损害债权人或者股东利益的。具有本条第二款所列情形，而债权人未提起清算申请，公司股东申请人民法院指定清算组对公司进行清算的，人民法院应予受理"。

二、清算组

（一）清算组的组成

公司解散后应当依法组成清算组，负责公司清算事务。

1. 普通清算的清算组组成

在普通清算的情形之下，根据《公司法》的规定，有限责任公司的清算组由股东组成。

2. 特别清算的清算组组成

逾期不成立清算组进行清算的，债权人可以申请人民法院指定有关人员组成清算组进行清算。人民法院应当受理该申请，并及时组织清算组进行清算。《公司法司法解释二》明确规定了特别清算情形下清算组的组成及其成员的更换，该解释第 8 条指出："人民法院受理公司清算案件，应当及时指定有关人员组成清算组。清算组成员可以从下列人员或者机构中产生：（一）公司股东、董事、监事、高级管理人员；（二）依法设立的律师事务所、会计师事务所、破产清算事务所等社会中介机构；（三）依法设立的律师事务所、会计师事务所、破产清算事务所等社会中介机构中具备相关专业知识并取得执业资格的人员。"第 9 条指出："人民法院指定的清算组成员有下列情形之一的，人民法院可以根据债权人、股东的申请，或者依职权更换清算组成员：（一）有违反法律或者行政法规的行为；（二）丧失执业能力或者民事行为能力；（三）有严重损害公司或者债权人利益的行为。"

（二）清算组的职权

根据《公司法》第 184 条的规定，清算组在清算期间行使下列职权：

1. 清理公司财产，分别编制资产负债表和财产清单；
2. 通知、公告债权人；

3. 处理与清算有关的公司未了结的业务；

4. 清缴所欠税款以及清算过程中产生的税款；

5. 清理债权、债务；

6. 处理公司清偿债务后的剩余财产；

7. 代表公司参与民事诉讼活动。

清算组成员应当忠于职守，依法履行清算义务。清算组成员不得利用职权收受贿赂或者其他非法收入，不得侵占公司财产。清算组成员因故意或者重大过失给公司或者债权人造成损失的，应当承担赔偿责任。

三、公司清算的程序

公司清算应当遵循下列程序：

（一）成立清算组

按照法律规定，依法成立清算组。

（二）通知及公告债权人申报债权

清算组应当自成立之日起 10 日内通知债权人，并于 60 日内在报纸上公告。债权人应当自接到通知书之日起 30 日内，未接到通知书的自公告之日起 45 日内，向清算组申报其债权。债权人申报债权，应当说明债权的有关事项，并提供证明材料。清算组应当对债权进行核定并登记。债权人对清算组核定的债权有异议的，可以要求清算组重新核定。清算组不予重新核定，或者债权人对重新核定的债权仍有异议，债权人以公司为被告向人民法院提起诉讼请求确认的，人民法院应予受理。债权人在规定的期限内未申报债权，在公司清算程序终结前补充申报的，清算组应予登记。

（三）清理财产清偿债务

清算组在清理公司财产、编制资产负债表和财产清单后，应当制订清算方案，并报股东会或者有关主管机关确认。公司财产能够清偿公司债务的，分别支付清算费用、职工工资和劳动保险费用，缴纳所欠税款，清偿公司债务。公司清偿公司债务后的剩余财产，按照股东的出资比例分配。

债权人补充申报的债权，可以在公司尚未分配财产中依法清偿。公司尚未分配财产不能全额清偿，债权人有权主张股东以其在剩余财产分配中已经取得的财产予以清偿；但债权人因重大过错未在规定期限内申报债权的除外。

清算组在清理公司财产、编制资产负债表和财产清单后，发现公司财产不足清偿债务的，应当立即向人民法院申请宣告破产。公司经人民法院裁定宣告破产后，清算组应当将清算事务移交人民法院。债权人或者清算组以公司尚未分配财产和股东在剩余财产分配中已经取得的财产，不能全额清偿补充申报的债权为由，向人民法院提出破产清算申请的，人民法院不予受理。

（四）清算终结

公司清算结束后，清算组应当制作清算报告，报股东会或者有关主管机关确认，并报送公司登记机关，申请注销公司登记，经公司登记机关核准，公司终止。若公司债权债务未清理完毕即办理了注销登记，利害关系人可以申请行政复议恢复公司登记。[1] 若公司在诉讼过程中依法注销登记，导致一方当事人不存在的，法院应裁定终结诉讼。[2] 值得注意的是，吊销营业执照的公司只要没有依法办理注销登记，其主体资格依然存在，有权以公司的名义进行诉讼。

四、清算中的民事责任

（一）清算组成员的民事责任

1. 清算组未履行或者未正确履行通知和公告债权人义务的民事责任

公司清算时，清算组应当按照法律的规定，将公司解散清算事宜书面通知全体已知债权人，并根据公司规模和营业地域范围在全国或者公司注册登记地省级有影响的报纸上进行公告。清算组未履行或者未正确履行通知和公告义务，导致债权人未及时申报债权而未获清偿，债权人有权要求清算组成员对因此造成的损失承担赔偿责任。

2. 清算组执行未经有关机关确认之清算方案的民事责任

公司自行清算的，清算方案应当报股东会决议确认；人民法院组织清算的，清算方案应当报人民法院确认。未经确认的清算方案，清算组不得执行。执行未经确认的清算方案给公司或者债权人造成损失的，公司、股东或者债权人有权要求主张清算组成员承担赔偿责任。

3. 清算组违法从事清算事务的民事责任

《公司法司法解释二》第 23 条规定："清算组成员从事清算事务时，

---

〔1〕 参见广东省广州市中级人民法院（2014）穗中法审监民再字第 81 号民事裁定书。
〔2〕 参见广东省广州市中级人民法院（2012）穗中法民五重字第 1 号民事裁定书。

违反法律、行政法规或者公司章程给公司或者债权人造成损失，公司或者债权人主张其承担赔偿责任的，人民法院应依法予以支持。有限责任公司的股东、股份有限公司连续一百八十日以上单独或者合计持有公司百分之一以上股份的股东，依据公司法第一百五十一条第三款的规定，以清算组成员有前款所述行为为由向人民法院提起诉讼的，人民法院应予受理。公司已经清算完毕注销，上述股东参照公司法第一百五十一条第三款的规定，直接以清算组成员为被告、其他股东为第三人向人民法院提起诉讼的，人民法院应予受理。"

（二）股东、实际控制人的民事责任

有限责任公司股东负有组织清算的义务，违反该等义务造成公司债权人损失的，应当承担民事责任。在特定情形下，公司实际控制人亦应承担相应责任。

1. 未及时组织清算的民事责任

根据《公司法司法解释二》第18条的规定，有限责任公司的股东未在法定期限内成立清算组开始清算，导致公司财产贬值、流失、毁损或者灭失，债权人有权要求公司股东在其造成损失范围内对公司债务承担赔偿责任。上述情形系实际控制人原因造成，债权人有权要求实际控制人对公司债务承担相应民事责任。

2. 无法清算的民事责任

根据《公司法司法解释二》第18条的规定，有限责任公司的股东因怠于履行义务，导致公司主要财产、账册、重要文件等灭失，无法进行清算，债权人有权要求公司股东对公司债务承担连带清偿责任。上述情形系实际控制人原因造成，债权人有权要求实际控制人对公司债务承担相应民事责任。最高人民法院指导案例9号"上海存亮贸易有限公司诉蒋志东、王卫明等买卖合同纠纷案"指出："有限责任公司的股东、股份有限公司的董事和控股股东，应当依法在公司被吊销营业执照后履行清算义务，不能以其不是实际控制人或者未实际参加公司经营管理为由，免除清算义务。"[1]

3. 恶意处置公司财产或者骗取公司注销的民事责任

根据《公司法司法解释二》第19条的规定，有限责任公司的股东、

---

〔1〕《指导案例9号：上海存亮贸易有限公司诉蒋志东、王卫明等买卖合同纠纷案》，http://www.court.gov.cn/shenpan - xiangqing - 13306.html，访问时间2014年5月20日。

实际控制人在公司解散后，恶意处置公司财产给债权人造成损失，或者未经依法清算，以虚假的清算报告骗取公司登记机关办理法人注销登记，债权人有权要求公司股东、实际控制人对公司债务承担相应赔偿责任。

4. 未经清算即注销公司的民事责任

根据《公司法司法解释二》第 20 条的规定，公司解散应当在依法清算完毕后，申请办理注销登记。公司未经清算即办理注销登记，导致公司无法进行清算，债权人有权要求有限责任公司的股东、实际控制人对公司债务承担清偿责任。

公司未经依法清算即办理注销登记，股东或者第三人在公司登记机关办理注销登记时承诺对公司债务承担责任，债权人有权要求股东或者第三人对公司债务承担相应民事责任。

5. 无法清算和未经清算即注销公司的责任分担

在上述无法清算和未经清算即注销公司的情形下，有限责任公司的股东、实际控制人为二人以上的，其中一人或者数人按照法律规定承担民事责任后，有权要求其他人员按照过错大小分担责任。

第十章　有限责任公司的财务会计制度

第一节　财务会计制度概述

一、公司账簿的概念

财务会计制度是公司法的重要内容。公司依法建立公司账簿是财务会计制度的重要体现。所谓有限责任公司账簿是指有限责任公司依据法律规定而制作的反映公司财产状况和经营状况的账簿。有限责任公司必须按照有关法律法规的规定，设立公司账簿，而且公司账簿记载的内容和记载的方法也必须严格遵循法律的要求。公司不得在法定的会计账簿以外另立会计账簿，否则，由县级以上人民政府财政部门责令改正，处以人民币 5 万元以上 50 万元以下的罚款。

二、设立公司账簿的意义

公司账簿的设立，对于加强有限责任公司的内部管理和外部监督，维护公司利益和社会利益的平衡具有重要意义。

（一）保障公司良性运营

借助公司账簿，公司能够及时了解自身的财产状况和经营状况，并以此作为公司经营决策和长期发展的基础，保障公司的短期规划和长远目标始终符合公司的实际情况。只有这样，公司才会始终处于良性运营之中。

（二）保护股东利益

有限责任公司在一定程度上实现了所有权和经营权的分离，公司的经营由董事会及经理负责。借助公司账簿，股东能够及时了解公司的财产状况和经营状况，较好地对公司进行监督，防止公司管理层损害股东利益。

（三）保护相对人及债权人利益

借助公司账簿，相对人可以了解公司的资信状况，决定是否与公司进行商业交易。相对人一旦决定与公司进行交易，其就有可能成为公司的债权人。从这种意义上说，公司账簿也为债权人的利益提供保护。

（四）保护社会利益

一方面，政府主管部门借助公司账簿可以了解公司的经营状况，依法实施工商管理、税收监管等，维护交易安全和公共利益。另一方面，加强公司财务会计制度，有利于公司的良性运行，维护公司员工的利益。

三、公司账簿的分类

一般而言，公司账簿可以分为会计凭证、会计账簿和财务会计报告三类。

（一）会计凭证

会计凭证是记录公司日常经营活动情况并作为依据的书面凭证。公司在经营过程中发生的货币收付、货物进出等，必须由经办人取得或者填制会计凭证，以此作为结算依据。会计凭证记载的事项必须真实、客观、可靠，公司不得制作虚假会计凭证。

会计凭证分为原始凭证和记账凭证。原始凭证是指公司进行交易时取得或者填制的用以记录或者证明交易发生和完成情况的原始书面凭证。审核无误的原始凭证，才能作为制作公司记账的原始依据。记账凭证是指根据审核后的原始凭证或者原始凭证汇总表，按照交易内容分类填制的，可以直接作为记账依据的凭证。

（二）会计账簿

会计账簿是指以会计凭证为依据，按照一定的程序和方法，全面、系统、连续和分类记载与反映公司经营活动的簿册。

按照用途的不同，会计账簿可分为序时账簿、分类账簿和备查账簿。序时账簿是指按照交易活动发生的时间先后逐项记载交易活动内容的账簿，即通常所说的流水账。分类账簿是指按照会计科目分类记载全部交易活动内容的账簿。备查账簿是指对某些序时账簿和分类账簿不能记载或者记载不全的交易活动内容进行补充记载的账簿。

（三）财务会计报告

财务会计报告是指有限责任公司依法向主管部门提供的反映其财务状况和经营业绩的书面文件。

根据《企业会计准则—基本准则》第44条的规定，财务会计报告包括会计报表及其附注和其他应当在会计报告中披露的相关信息和资料，会计报表至少应当包括资产负债表、利润表和现金流量表等报表。根据《企业会计财务报告条例》第 12 条的规定，会计报表附表至少包括利润分配表。

第二节 财务会计报告

一、有限责任公司财务会计报告的种类

有限责任公司的财务会计报告反映了公司的财务状况和经营成果。《公司法》第 164 条规定："公司应当在每一会计年度终了时编制财务会计报告，并依法经会计师事务所审计。财务会计报告应当依照法律、行政法规和国务院财政部门的规定制作。"财务会计报告通常应当包括下列财务会计报表及附属明细表：（1）资产负债表；（2）利润表；（3）现金流量表；（4）利润分配表；（5）会计报表附注。

（一）资产负债表

资产负债表是反映有限责任公司在某一特定日期财务状况的报表。资产负债表的项目，应当按资产、负债和所有者权益的类别，分项列示。资产是有限责任公司拥有或者控制的能以货币计量的经济资源，包括各种财产、债权和其他权利。资产分为流动资产、长期投资、固定资产、无形资产、递延资产和其他资产。负债是有限责任公司所承担的能以货币计量、需要以资产或劳务偿付的债务。负债分为流动负债和长期负债。所有者权益是有限责任公司股东对公司净资产的所有权，包括有限责任公司股东对公司的投入资本以及形成的资本公积金、盈余公积金（包括法定公积金和任意公积金）和未分配利润等。

（二）利润表

利润表是反映有限责任公司在一定期间的经营成果及其分配情况的报表。利润表的项目，应当按利润的构成和利润分配各项目分项列示。利润分配部分各个项目也可以另行编制利润分配表。其中营业利润、投资收益和营业外收支净额应当作为利润构成。所得税、提取的法定公积金、公益金、未弥补亏损等应当作为利润分配。

（三）现金流量表

现金流量表是反映一定时期内有限责任公司经营活动、投资活动和筹

资活动对其现金及现金等价物所产生影响的财务报表。该表可以提供公司一定期间内现金流入和流出的有关信息，揭示企业的偿还能力和变现能力。现金流量表可以弥补资产负债表和利润表的不足。它既能反映公司资产、负债和所有者权益的增减变化，也能说明增减变化的原因；既能反映公司资金的运用过程，也能反映公司本期损益的各项业务和公司损益变动的原因。

（四）利润分配表

利润分配表是反映有限责任公司利润分配情况和年末未分配利润情况的会计报表，是利润表的附属明细表。利润分配表的构成为：当年税后利润、可供股东分配的利润、公司累计尚未分配的利润。利润分配表有助于了解公司利润分配的详细情况。

（五）会计报表附注

有限责任公司在编制会计报表时，往往需要添加附注。会计报表附注是为帮助理解会计报表的内容而对报表的有关项目等所作的解释，其内容主要包括：所采用的主要会计处理方法；会计处理方法的变更情况、变更原因以及对财务状况和经营成果的影响；非经常性项目的说明；会计报表中有关重要项目的明细资料；其他有助于理解和分析报表需要说明的事项。

二、财务会计报告的制作、送交与报送

（一）财务会计报告的制作

有限责任公司应当在每一会计年度终了时制作财务会计报告。《中华人民共和国会计法》第 11 条规定："会计年度自公历 1 月 1 日起至 12 月 31 日止。"据此，有限责任公司制作财务会计报告的基准日为 12 月 31 日，至于何时制作完成，由公司章程予以规定。无论如何，公司的财务会计报告必须在公司召开年度股东会前完成，否则股东根本无法了解公司上一会计年度的经营状况。而有限责任公司召开股东会必须在会议召开 15 日前通知全体股东。由此可见，财务会计报告最迟应当在股东会会议通知发出之日制作完成。企业财务信息也是企业年度报告的内容。《企业信息公示暂行条例》第 8 条规定："企业应当于每年 1 月 1 日至 6 月 30 日，通过企业信用信息公示系统向工商行政管理部门报送上一年度年度报告，并向社会公示。当年设立登记的企业，自下一年起报送并公

示年度报告。"第9条规定，企业年度报告的内容之一就是企业从业人数、资产总额、负债总额、对外提供保证担保、所有者权益合计、营业总收入、主营业务收入、利润总额、净利润、纳税总额信息。该项信息显然依赖财务会计报告。据此，有限责任公司财务会计报告的制作完成不得迟于每年6月。

对于一人有限责任公司而言，其制作完成的财务会计报告必须依法经会计师事务所审计。而其他有限责任公司除非法律有特别规定，否则其年度财务会计报告不必审计。

（二）财务会计报告的送交

《公司法》第165条第1款规定："有限责任公司应当依照公司章程规定的期限将财务会计报告送交各股东。"《公司法》作出该规定的目的在于保证股东及时了解公司的财务状况，为股东决策提供必要的信息。

（三）财务会计报告的报送

有限责任公司应当按照有关法律的规定，将其财务会计报告报送政府有关部门，如税务机关、工商机关等。

第三节　公司当年税后利润的分配

一、公司当年税后利润分配的顺序

通过对弥补亏损、利润分配和法定公积金提取的相关规定，可以发现公司当年的利润应当先缴纳税款，税后利润的使用顺序为：弥补前年度亏损、提取法定公积金、提取任意公积金、利润分配。其中弥补前年度亏损是指弥补5年内公司的亏损。《中华人民共和国企业所得税法》第18条规定："企业纳税年度发生的亏损，准予向以后年度结转，用以后年度的所得弥补，但结转年限最长不得超过五年。"按照《公司法》的规定，有限责任公司税后利润分配的顺序为：

（一）弥补上一年度亏损

公司的法定公积金不足以弥补上一年度公司亏损的，应当先用当年利润弥补亏损。

（二）提取法定公积金

所谓"法定"，是指法律的强制规定，任何人不得违反。公司分配当年税后利润时，应当提取利润的百分之十列入公司法定公积金，公司法定公积金累计额为公司注册资本的50%以上的，可不再提取。公司的公积金（包括法定公积金、任意公积金和资本公积金）用于弥补公司的亏损，扩大公司生产经营或者转为增加公司资本。但法定公积金转为资本时，所留存的该项公积金不得少于转增前公司注册资本的25%。

（三）提取任意公积金

所谓"任意"，是指是否提供完全遵循股东的意愿。公司在从税后利润中提取法定公积金后，经股东会决议，可以提取任意公积金。

（四）盈余分配

所谓"盈余"，是指公司弥补亏损和提取公积金后所余利润。有限责任公司的盈余按照股东实缴的出资比例分配，股东之间另有约定的除外。根据资本维持原则，公司无盈余不得向股东分配利润。《企业财务通则》第51条规定："企业弥补以前年度亏损和提取盈余公积后，当年没有可供分配的利润时，不得向投资者分配利润，但法律、行政法规另有规定的除外。"

二、公司当年税后利润分配的决定

除一人有限责任公司和国有独资公司，普通的有限责任公司由董事会制订公司的利润分配方案和弥补亏损方案，股东会审议批准公司的利润分配方案和弥补亏损方案。一般而言，有限责任公司当年税后利润分配的决定权归股东会。股东会必须依法分配公司利润，否则应当承担相应的法律责任。

股东会违法分配公司利润主要有三种情形：

一是公司不按照《公司法》规定提取法定公积金，包括不提取和不按法定比例提取。对此，有关主管机关应当责令如数补足应当提取的金额，并可对公司处以人民币20万元以下的罚款。

二是违反了公司税后利润分配的顺序，即在公司弥补亏损和提取法定公积金之前向股东分配利润。对此，必须将违法分配的利润退还公司。

三是违反了资本维持原则，即公司无盈余却向股东分配利润。对此，必须将违法分配的利润退还公司。

第十一章　有限责任公司小股东的特殊保护

第一节　有限责任公司小股东保护概述

大股东对小股东的"掠夺"（Expropriation）是一个普遍性的话题。所谓掠夺，是指大股东利用控制地位通过损害小股东利益增加自身利益的行为。由于大股东处于控股地位，其就可以通过控制公司股东会以及管理层，将自己的意志转为公司的意志。如果大股东完全从自身利益出发，公司就会变成大股东合法掠夺小股东的工具。Shleifer 和 Vishny 亦主张，一旦持股比例超过一定限度，大股东几乎将取得公司的完全控制权，并且倾向于利用公司获取少数股东无法分享的私人控制利益。大股东和小股东在诸多方面存在利益冲突，包括大股东通过不分红利增加自身财富，将公司利润转移到自己控股的其他公司，等等[1] 这就提出了一个问题：是否应当对小股东进行特殊保护？

一般认为，资本多数决的弊端是造成小股东被"掠夺"的重要原因之一。毋庸讳言，资本多数决具有合理性，其弊端也不应被忽视。第一，从民法理论而言，资本多数决原则与禁止权利滥用原则存在潜在的冲突。民法的本位随着时代的不同而演变。近代民法倡导个人本位，"所有权绝对"成为民法的三大原则之一，权利成为法律的中心观念，对资本多数决的绝对强调即与此自由主义的法律思想及自由放任的经济政策相吻合。进入现代社会，资本主义国家出现严重的社会问题，均与民法的三大原则有关，于是民法思想为之一变，由极端尊重个人权利变为重视社会公共利益，所有权绝对原则受到限制，各国法律明确规定禁止权利滥用。[2] 但在公司治理过程中，拥有控制权的股东出于自利心理，可以借助资本多数决原则置其他股东和公司的利益于不顾，从而出现资本多数决的滥用。第二，从公

---

[1]　Andrei Shleifer and Robert Vishny, "A Survey of Corporate Governance", 1997 Journal of Finance, Vol. 52, pp737 – 783.

[2]　关于民法本位之变迁，参见梁慧星：《民法总论》，法律出版社 2001 年版，第 34—37 页。

司实务而言，绝对强调资本多数决原则有可能破坏公司的治理结构，损害小股东的利益。由于资本多数决让资本说话，拥有多数资本的股东的意志总是处于支配地位，少数股股东的意志总是无足轻重。因此，资本多数决原则可能会使股东会、董事会流于形式。其后果就是股东会成为大股东的议事机构，小股东完全成为陪衬，从而破坏了公司的治理结构。

大股东对公司的决定权和小股东对公司事务的干预权和监督权同时实行，是现代公司法倡导股东平等原则的重要反映，是一个问题的两个方面。[1] 但是资本多数决却忽视了小股东的干预权和监督权，没有给予其生存的空间。正是资本多数决原则使股东地位趋于实质的不平等。大股东的意志得以合法地强加于小股东，小股东的意志与之在公司的投资完全分离。有鉴于此，世界各国纷纷对资本多数决原则加以修正，力图保证股东平等。[2] 这就是说，对小股东进行特殊保护是股东平等原则使然。股东平等原则是现代公司的一项重要原则，为世界各国公司法所采纳。小股东与大股东应当享有同样的权利，小股东的权利应当得到法律的保障。法律不应当忽视小股东的权益，而完全由小股东自己去寻求其他保护自身利益的手段。虽然这样可能并不直接影响效率，但是会破坏法律公平[3]，从而违反法律的基本价值判断。

由于有限责任公司的股东通常直接参与公司经营管理，大股东在股东会拥有控制地位的同时也就控制了公司管理层。不管大股东是否意识到这一点，也不管大股东是否有意识地利用了其控股地位，事实上多数情况下管理层就是大股东推举出来的代表。从这种意义上说，只要小股东拥有对抗大股东机会主义行为的手段，也就同时拥有了对抗公司管理层的手段。不过，世界各国公司立法并没有赋予小股东足够的法律手段对抗大股东的机会主义行为，例如，在英美法系国家，封闭公司的小股东除非事先约定

---

〔1〕 张民安：《公司少数股东的法律保护》，载《民商法论丛（第9卷）》，法律出版社1998年版，第98页。

〔2〕 See K. R. Abbott, Company Law, 5ᵗʰ ed., London：DP Publications Ltd., 1993, pp276 - 296；Stephen Griffin, Company Law Fundamental Principles, 2ⁿᵈ ed., London：Pitman Publishing, 1996, pp297 - 308.

〔3〕 科斯认为，在交易成本为零时，权利的初始分配并不影响效率；但是存在交易成本时，合法权利的初始界定会对经济制度的运行效率产生影响。后者显然才符合现实情况，涉及公平问题。申言之，公平也会影响效率，因为小股东利益被漠视的状况一旦持续下去，就会影响投资者的信心，最终影响效率。参见［美］科斯：《社会成本问题》，《财产权利与制度变迁——产权学派与新制度学派译文集》，上海三联书店、上海人民出版社1994年版，第3—58页。

退出条款（Exit Article），诉讼成为解决其与大股东利益冲突的主要手段。[1] 因为如果给予小股东足够的法律手段，同样会引发小股东机会主义的风险。那么，是否存在保护小股东的一般机制呢？对于上市公司而言，市场机制能够为小股东提供一定程度的保护，因为如果上市公司缺乏保护小股东利益的有效措施，小股东可以选择"用脚表决"，当然法律也为上市公司小股东提供了必要的制度保障；对于有限责任公司而言，资本封闭性的特点使得小股东很难获得"用脚表决"的机会，给予其"用手表决"的机会似乎是较为可行的救济手段。如前所述，既然法律给予小股东足够的特别保护手段的理由并不充分，那么有限责任公司小股东如何获得用手表决的机会？一般而言，一方面来自法律特定情形之下的特别规定，另一方面来自股东之间的谈判。

第二节　小股东对抗大股东的法定权利

在借鉴国外先进经验的基础上，《公司法》给予小股东特定情形之下对抗大股东的权利。小股东拥有的可以用来对抗大股东的法定权利，其实也是任何股东拥有的权利，只是对小股东而言，这些权利对于保护其自身利益更为重要。依据《公司法》的规定，有限责任公司小股东主要拥有以下几种用以对抗大股东的法定权利。

一、关联股东回避制度

为了避免大股东或者实际控制人利用其有限责任公司的特殊地位牟取私利，《公司法》规定为他们提供担保，必须提交有限责任公司股东会进行表决，而且该等股东或者实际控制人作为关联人必须回避表决。《公司法》第16条第2款、第3款规定："公司为公司股东或者实际控制人提供担保的，必须经股东会或者股东大会决议。前款规定的股东或者受前款规定的实际控制人支配的股东，不得参加前款规定事项的表决。该项表决由出席会议的其他股东所持表决权的过半数通过。"把利益相关的股东排除在股东决议的表决之外，法律没有将其作为一般原则加以接受。因为法律对股东和董事法律地位的分析存在一个基本的不同。董事的权利是信托权利，即赋予董事该权利的目的是提高公司（股东）的利益。然而，股东的

---

[1] See Sandra K. Miller, "How Should U. K. and U. S. Minority Shareholder Remedies for Unfairly Prejudicial or …", American Business Law Journal, Summer 99, Vol. 36 Issue 4, p579, p54.

裁量权，尤其是投票权，被认为不是为了别人的利益而赋予他们行使的。因为股东没有不将自己置于利益冲突地位的一般义务。当然，法律也为股东的自利表现设置了某些例外的限制。[1] 实践中，大股东与有限责任公司还会发生除了担保之外的其他关联交易事项，这也难免损失公司以及小股东的利益。因而不妨借鉴上市公司的关联交易制度，建立全面的关联股东回避制度，而不仅仅局限于担保。当然，这就需要有限责任公司的股东协商并形成一致意见，要么写入公司章程，要么制订专门的关联交易制度。

二、重大事项的同意权

依据《公司法》第43条的规定，股东会对公司增加或者减少注册资本、分立、合并、解散或者变更公司形式、修改公司章程等重大事项应当作出特别决议，必须经代表三分之二以上表决权的股东通过。我们看到《公司法》只是在特别重大事项上赋予了小股东否决权，至于其他事项则留给股东协商解决。这就为小股东获得对抗大股东的约定权利提供了法律依据。

三、退出权——异议股东股权购买请求权

法律并没有赋予小股东单方面退出公司的权利，因为这与股东投资的原则相违背，股本被视为对公司财政的永久贡献（直到公司解散），股东处分股权的通常办法是出售给另一投资者。[2] 不过法律在特殊情形之下，给予了小股东退出公司的权利，不过并不是单方面的。只有多数股东作出的决议涉及某些特定事项，才会触发小股东的退出权。《公司法》第74条规定："有下列情形之一的，对股东会该项决议投反对票的股东可以请求公司按照合理的价格收购其股权：（一）公司连续五年不向股东分配利润，而公司该五年连续盈利，并且符合本法规定的分配利润条件的；（二）公司合并、分立、转让主要财产的；（三）公司章程规定的营业期限届满或者章程规定的其他解散事由出现，股东会会议通过决议修改章程使公司存续的。自股东会会议决议通过之日起六十日内，股东与公司不能达成股权收购协议的，股东可以自股东会会议决议通过之日起九十日内向人民法院提起诉讼。"实践中，有限责任公司多年不分红的现象极为普遍，小股东通过行使异议股东股权购买请求权，可以对抗大股东类似的侵害行为。

---

〔1〕 ［英］保罗·戴维斯：《英国公司法精要》，樊云慧译，法律出版社2007年版，第234—236页。
〔2〕 ［英］保罗·戴维斯：《英国公司法精要》，樊云慧译，法律出版社2007年版，第243页。

四、公司增资的优先认缴权

有限责任公司增加注册资本时，股东享有按照实缴的出资比例优先认缴的权利。公司增资可能改变公司的股权结构，进而对股东权益产生微妙影响。借助优先认缴权，可以防止小股东的股份被稀释，保持现有股权结构，维护公司内部既有的平衡格局。

五、股东查阅权

《公司法》第 33 条规定："股东有权查阅、复制公司章程、股东会会议记录、董事会会议决议、监事会会议决议和财务会计报告。股东可以要求查阅公司会计账簿。股东要求查阅公司会计账簿的，应当向公司提出书面请求，说明目的。公司有合理根据认为股东查阅会计账簿有不正当目的，可能损害公司合法利益的，可以拒绝提供查阅，并应当自股东提出书面请求之日起十五日内书面答复股东并说明理由。公司拒绝提供查阅的，股东可以请求人民法院要求公司提供查阅。"借助查阅权，小股东可以了解公司的财务状况，从而有效行使监督经营管理的权利。

六、提起派生诉讼的权利

《公司法》第 151 条规定："董事、高级管理人员有本法第一百四十九条规定的情形的，有限责任公司的股东、股份有限公司连续一百八十日以上单独或者合计持有公司百分之一以上股份的股东，可以书面请求监事会或者不设监事会的有限责任公司的监事向人民法院提起诉讼；监事有本法第一百四十九条规定的情形的，前述股东可以书面请求董事会或者不设董事会的有限责任公司的执行董事向人民法院提起诉讼。监事会、不设董事会的有限责任公司的监事，或者董事会、执行董事收到前款规定的股东书面请求后拒绝提起诉讼，或者自收到请求之日起三十日内未提起诉讼，或者情况紧急、不立即提起诉讼将会使公司利益受到难以弥补的损害的，前款规定的股东有权为了公司的利益以自己的名义直接向人民法院提起诉讼。他人侵犯公司合法权益，给公司造成损失的，本条第一款规定的股东可以依照前两款的规定向人民法院提起诉讼。"借助派生诉讼，小股东可以对抗大股东乃至公司管理层损害公司利益的行为。

七、提起公司决议之诉的权利

大股东凭借资本多数决可以左右股东会决议，可以决定董事会的多数人选进而影响董事会决议。一旦股东会决议或者董事会决议违反法律或者公司章程规定，其成立或者效力存在疑问，则小股东可以依据《公司法》第 22 条和《公司法司法解释四》的相关规定提起决议不成立、决议可撤销和决议无效之诉。

第三节　小股东对抗大股东的约定权利

除了赋予小股东对抗大股东的法定权利外，《公司法》还为股东之间诸多问题的解决留出了自治空间，小股东还可以通过与大股东协商获得约定权利来对抗大股东的机会主义行为。

一、提高小股东的表决权数

《公司法》第 42 条规定："股东会会议由股东按照出资比例行使表决权；但是，公司章程另有规定的除外。"而《公司法》仅第 43 条对有限责任公司股东表决权行使作出了明确规定，即"股东会的议事方式和表决程序，除本法有规定的外，由公司章程规定。股东会会议作出修改公司章程、增加或者减少注册资本的决议，以及公司合并、分立、解散或者变更公司形式的决议，必须经代表三分之二以上表决权的股东通过"。据此，除了上述特别重大事项，有限责任公司股东会职权内的其他重大事项表决可以采取其他表决权计算方法，例如，限制大股东的最多的表决权数，或者直接提高小股东的表决权数。如果有限责任公司的股东通过协商改变了表决权的计算方法，则应当将其写入公司章程。如果全体股东已经达成了改变表决权计算方法的协议，不过并未写入公司章程，该股东协议的效力如何是一个值得探讨的问题。从民事法律行为角度考察，该股东协议系股东的真实意思，也不违反法律规定，应当认定股东协议有效。这就形成了公司章程与股东协议关于表决权计算方法的冲突。如前所述，公司章程是有限责任公司的基本行为规范，公司内部的规章制度不得与公司章程相抵触。依据《公司法》第 22 条第 2 款的规定，股东会的表决方式违反公司章程的，股东可以自决议作出之日起 60 日内，请求人民法院撤销。这说明改变了表决权计算方法的股东协议属于可撤销的民事行为。因而，为了保证改变表决权计算方法的约定具有法律效力应当将其纳入公司章程。

二、否决权——超级多数规则

（一）股东会决议的超级多数规则

根据《公司法》的规定，股东会决议分为普通决议和特别决议。其中，普通决议的表决《公司法》授权公司章程规范，实践中一般采取资本简单多数原则予以通过，即应经代表二分之一以上表决权的股东同意方为有效；特别决议一般采取资本绝对多数原则予以通过，即应经代表三分之二以上表决权的股东同意方为有效。不过无论是"二分之一"还是"三分之二"均是股东会决议通过的底线，法律上并不禁止股东之间通过协商提高该底线，实践中有些有限责任公司股东通过协商提高了上述底线，出现了股东会决议的超级多数规则。股东会决议的超级多数规则的采纳，意味着小股东手中的表决权的价值提高了，小股东更有机会否决股东会的议案。从这种意义上说，借助超级多数规则，小股东获得了股东会议案的否决权。

一般而言，公司成立之际，股东关系较为和谐，容易就公司重大事项达成一致意见。此时，小股东可以通过协商将自己代表推选入董事会，如果公司采纳了股东会决议的超级多数规则，那么作为小股东代表的董事将很难被大股东"驱逐"出董事会。那么，小股东就能够及时了解公司经营的相关信息，也能够对董事会决议产生重大影响，这就可以在一定程度上减少大股东损害小股东利益的风险。

（二）董事会决议的超级多数规则

有限责任公司董事会有效决议所需要的表决权数由公司章程予以规定。从实践中看，主要有两种方式——出席董事过半数通过和全体董事过半数通过。如果股东协商后决定董事会决议的通过采取超级多数原则，那么作为小股东代表的董事将在董事会决议中发挥较为重大的影响，甚至左右董事会决议的通过与否。

对于公司经营而言，通常经理较为重要。为此，经理人选的确定往往成为董事会争议的焦点。如果董事会决议采取简单多数规则，则大股东控制了董事会，事实上也就拥有了经理的任免权。如此聘任的经理难免唯大股东马首是瞻。如果董事会决议采取超级多数规则，经理的任免则可能充分反映公司的需求，有利于公司利益（包括小股东利益）的维护。

当然，超级多数规则也有明显的弊端，可能妨碍公司的经营管理。如果公司经营中的任何重大问题都采取超级多数规则通过，则给予了小股东过大的否决权利，小股东有可能因为一己之私而对某项议案投反对票，甚至公司股东会、董事会无法通过任何决议从而陷入公司僵局。因此，一旦决定采取超级多数规则，有限责任公司的股东应当制订较为详细的规则，明确哪些重大事项适用该规则。

三、监事会控制权

由于《公司法》赋予了监事会实质性的监督权——检查公司财务。监事会怀疑公司管理层行为不端，可以聘请会计师事务所等专业机构介入审查公司财务状况。因此，如果小股东能够与大股东协商达成一致意见，小股东控制监事会，那么小股东可以通过监事会监督公司管理层的行为。由于监事会拥有检查公司财务的职权，就成为悬在公司管理层头上的达摩克利斯之剑，督促公司管理层为公司利益而不仅仅是为大股东利益行事。

四、关联董事回避制度

《公司法》第21条规定："公司的控股股东、实际控制人、董事、监事、高级管理人员不得利用其关联关系损害公司利益。违反前款规定，给公司造成损失的，应当承担赔偿责任。"这就从责任的角度确认了上述人员特别是董事的诚信义务。如何以具体制度保障其诚信义务的履行则是一个值得研究的问题。《公司法》第124条确立了上市公司关联董事回避制度，即"上市公司董事与董事会会议决议事项所涉及的企业有关联关系的，不得对该项决议行使表决权，也不得代理其他董事行使表决权。该董事会会议由过半数的无关联关系董事出席即可举行，董事会会议所作决议须经无关联关系董事过半数通过。出席董事会的无关联关系董事人数不足三人的，应将该事项提交上市公司股东大会审议。"该条款其实就是董事诚信义务在上市公司中的具体化。关于有限责任公司董事回避义务的具体履行问题《公司法》未作明确规定，将其留给股东协商解决。笔者认为，有限责任公司的股东不妨借鉴上市公司的做法通过协商在公司章程中确立关联董事回避制度，防止大股东利用其控股地位借助关联交易损失小股东利益。

除此之外，小股东还可以通过其他约定权利（如累计投票制等）来对抗大股东。当然，上述约定权利并非适用于每一家有限责任公司，而是需要股东根据公司的具体情形作出适当的选择，而且即使是同一家公司也需要根据不同时期的不同情形作出不尽相同的选择。对于小股东而言，在投资过程中与其他股东特别是大股东充分协商确立合理的保护机制应当是其对抗大股东机会主义行为的最佳选择。

主要参考文献

1. ［德］托马斯·莱塞尔等：《德国资合公司法（第3版）》，高旭军等译，法律出版社2005年版。

2. ［法］伊夫·居荣：《法国商法》（第1卷），罗结珍、赵海峰译，法律出版社2004年版。

3. ［加］布莱恩·R. 柴芬斯：《公司法：理论、结构和运作》，法律出版社2001年版。

4. ［美］弗兰克·伊斯特布鲁克、［美］丹尼尔·费希尔：《公司法的经济结构》，张建伟、罗培新译，北京大学出版社2005年版。

5. ［美］罗伯特·C. 克拉克：《公司法则》，胡平等译，工商出版社1999年版。

6. ［日］末永敏和：《现代日本公司法》，人民法院出版社2000年版。

7. ［日］志村治美：《现物出资研究》，于敏译，法律出版社2001年版。

8. ［英］保罗·戴维斯：《英国公司法精要》，樊云慧译，法律出版社2007年版。

9. ［韩］李哲松：《韩国公司法》，吴日焕译，中国政法大学出版社2000年版。

10. 卞耀武主编：《当代外国公司法》，法律出版社1995年版。

11. 陈醇：《权利结构理论：以商法为例》，法律出版社2013年版。

12. 邓辉：《公司法政治学研究初论》，复旦大学出版社2015年版。

13. 董安生、王文钦、王艳萍：《中国商法总论》，吉林人民出版社1994年版。

14. 范健、蒋大兴：《公司法论（上卷）》，南京大学出版社1997年版。

15. 范健主编：《商法（第三版）》，高等教育出版社2007年版。

16. 葛伟军编著：《案例公司法》，法律出版社2018年版。

17. 顾祝轩：《民法概念史·总则》，法律出版社2014年版。

18. 贺少锋：《公司法强制性规范研究》，厦门大学出版社2010年版。

19. 江平主编：《新编公司法教程》，法律出版社1994年版。

20. 蒋大兴：《公司法的展开与评判——方法·判例·制度》，法律出版社2001年版。

21. 蒋大兴：《公司法的观念与解释Ⅰ：法律哲学＆碎片思想》，法律出版社2009年版。

22. 蒋大兴：《公司法的观念与解释Ⅱ：裁判思维＆解释伦理》，法律出版社2009年版。

23. 蒋大兴：《公司法的观念与解释Ⅲ：裁判逻辑 & 规则再造》，法律出版社 2009 年版。

24. 孔祥俊：《公司法要论》，人民法院出版社 1997 年版。

25. 雷兴虎主编：《公司法新论》，中国法制出版社 2003 年版。

26. 李建伟：《股东知情权研究：理论体系与裁判经验》，法律出版社 2018 年版。

27. 李志刚：《公司股东大会决议问题研究——团体法的视角》，中国法制出版社 2012 年版。

28. 梁慧星：《民法总论》，法律出版社 2001 年版。

29. 林成铎：《有限责任公司股东退出机制研究》，中国政法大学出版社 2009 年版。

30. 林少伟：《英国现代公司法》，中国法制出版社 2015 年版。

31. 刘俊海：《股份有限公司股东权的保护（修订本）》，法律出版社 2004 年版。

32. 刘连煜：《公司法制的新开展》，中国政法大学出版社 2008 年版。

33. 罗培新：《公司法的合同解释》，北京大学出版社 2004 年版。

34. 梅慎实：《现代公司治理结构规范运作论（修订版）》，中国法制出版社 2002 年版。

35. 钱玉林：《股东大会决议瑕疵研究》，法律出版社 2005 年版。

36. 沈四宝：《西方国家公司法概论（修订版）》，北京大学出版社 1986 年版。

37. 施天涛：《公司法论（第二版）》，法律出版社 2006 年版。

38. 石纪虎：《股东大会制度法理研究》，知识产权出版社 2011 年版。

39. 史际春、温烨、邓峰：《企业和公司法》，中国人民大学出版社 2001 年版。

40. 汤欣：《公司治理与上市公司收购》，中国人民大学出版社 2001 年版。

41. 王保树、崔勤之：《中国公司法原理（最新修订第三版）》，社会科学文献出版社 2006 年版。

42. 王保树主编：《中国商事法》，人民法院出版社 1996 年版。

43. 王保树主编：《最新日本公司法》，于敏、杨东译，法律出版社 2006 年版。

44. 王利明：《民法总则研究（第三版）》，中国人民大学出版社 2018 年版。

45. 吴高臣：《目标公司小股东的法律保护——以要约收购为背景》，中国海关出版社 2003 年版。

46. 吴建斌主编：《日本公司法规范》，法律出版社 2003 年版。

47. 吴越主编：《私人有限公司的百年论战与世纪重构——中国与欧盟的比较》，法律出版社 2005 年版。

48. 相庆梅：《从逻辑到经验：民事诉权的一种分析框架》，法律出版社 2008 年版。

49. 徐国栋：《民法基本原则解释——以诚实信用原则的法理分析为中心（增删本）》，中国政法大学出版社 2004 年版。

50. 徐国栋：《民法哲学》，中国法制出版社 2009 年版。

51. 杨代雄：《民法总论专题》，清华大学出版社 2012 年版。

52. 叶林：《公司法研究》，中国人民大学出版社 2008 年版。

53. 叶林:《中国公司法》,中国审计出版社 1997 年版。

54. 张开平:《公司权利解构》,中国社会科学出版社 1999 年版。

55. 张凝:《日本股东大会制度的立法、理论与实践》,法律出版社 2009 年版。

56. 赵继明、吴高臣:《中国律师办案全程实录:股东代表诉讼》,法律出版社 2007 年版。

57. 赵旭东主编:《公司法学》,高等教育出版社 2003 年版。

58. 周友苏:《新公司法论》,法律出版社 2006 年版。

59. 朱慈蕴:《公司法人格否认法理研究》,法律出版社 1998 年版。

60. 朱慈蕴:《公司法原论》,清华大学出版社 2011 年版。

61. Frank H. Easterbrook and Daniel R. Fischel, The Economic Structure of Corporate Law, Harvard University Press, 1991.

62. K. R. Abbott, Company Law, 5th ed., London: DP Publications Ltd., 1993.

63. L. C. B. Gower, Gower's Principles of Modern Company Law, 5th edition, Sweet & Maxwell, 1992.

64. Lawrence E. Mitchell, Progressive Corporate Law, Westview Press, 1995.

65. Lewis D. Solomon & Alan R. Palmiter, Corporations: Examples and Explanations, 3rd ed., Aspen Law & Business, 1999.

66. Otto Gierke, Natural Law and the Theory of Society 1500 to 1800, Cambridge University Press, 1934.

67. Otto Gierke, Political Theories of the Middle Age, Cambridge University Press, 1951.

68. Otto Von Gierke, Community in Historical Perspective, Cambridge University Press, 2002.

69. Paul L. Davis, Principles of Modern Company Law, 8th edition, Sweet & Maxwell, 2008.

70. Robert W. Hamilton, Cases and Materials on Corporations, Including Partnerships and Limited Partnerships, 3rd ed., West Publishing Company, 1990.

71. Stephen Griffin, Company Law Fundamental Principles, 2nd ed., London: Pitman Publishing, 1996.